"博学而笃志，切问而近思。"
（《论语》）

博晓古今，可立一家之说；
学贯中西，或成经国之才。

复旦博学·复旦博学·复旦博学·复旦博学·复旦博学·复旦博学

主编简介

杨立新，中国人民大学民商事法律科学研究中心主任、法学院教授、博士生导师、最高人民检察院专家咨询委员、国家五五普法高级讲师团成员、台湾大学高级访问学者，兼任国家行政学院、国家法官学院、国家检察官学院、北京大学法学院、宁夏大学、福建师范大学法学院、西南财经大学法学院、南方医科大学人文学院、中国计量学院法学院、通化师范学院、吉首大学兼职（客座）教授，现任中国民法学研究会副会长、中国婚姻法学研究会常务理事、世界侵权法学会亚洲区执委、东亚侵权法学会理事长。从1975年起从事审判工作、检察工作和法学研究、教学工作，先后担任吉林省通化市中级人民法院副院长、最高人民法院民事审判庭审判员、最高人民检察院检察委员会委员、民事行政检察厅厅长、检察员；烟台大学法学院副教授。1980年开始进行法学研究并发表法学研究作品，研究方向为民商法学，参加《合同法》《物权法》《婚姻法》的立法工作，是《侵权责任法》起草的主要法律专家，目前正在参加《民法总则》和民法典分则的起草编纂工作。出版论著70余部，在《中国社会科学》《法学研究》《中国法学》等刊物发表论文约500篇；多次到剑桥大学、伦敦大学、加利福尼亚大学、一桥大学、早稻田大学、庆熙大学、岭南大学、悉尼大学、台湾大学、政治大学、东吴大学、铭传大学、香港城市大学和澳门大学等著名学府访问讲学。

博学 法学系列

侵权责任法

（第二版）

杨立新 主编

张铁薇 林旭霞 马 桦 副主编

复旦大学出版社

内容提要

本教科书以《中华人民共和国侵权责任法》的规定为基础，结合大陆法系和英美法系侵权行为法的立法经验和研究成果，采用全新的侵权责任法体系。全书共分十六章，分别阐释侵权责任法导论、侵权责任构成、侵权责任形态、多数人侵权行为与责任、侵权损害赔偿和侵权责任类型。本书从教学与实践相结合的要求出发，对侵权责任法的基本原理和具体规则，结合司法实践经验，进行系统、深入的阐释和说明，力求创新。在侵权责任构成部分，对侵权责任归责原则、侵权责任构成要件、侵权责任抗辩事由以及侵权责任竞合等规则，分别加以说明。在侵权责任形态部分，作者创新性地提出了我国侵权责任形态体系的概念，分别说明了侵权责任的自己责任与替代责任、单方责任与双方责任以及单独责任与共同责任等不同形态，结构完整，切合司法实际。在多数人侵权行为与责任部分，全面说明了共同侵权行为与连带责任、分别侵权行为与按份责任和连带责任、竞合侵权行为与不真正连带责任的最新理论概括，具有新颖性、结合实用性。在侵权责任形态部分，借鉴英美法系侵权行为类型化的经验，结合我国《侵权责任法》第四章至第十一章的规定，进行详细解说。本教材理论体系严谨，观点明确，逻辑性强，说明法理结合实际案例，深入浅出，体现了我国侵权责任法研究的学科前沿，是优秀的侵权责任法教科书。

主　编　杨立新
副主编　张铁薇　林旭霞　马　桦
撰稿人　杨立新　张铁薇　马　桦
　　　　林旭霞　王华杰　刘生亮

主 编 简 介

主编杨立新,中国人民大学民商事法律科学研究中心主任、法学院教授、博士生导师,最高人民检察院专家咨询委员,国家五五普法高级讲师团成员,台湾大学高级访问学者,兼任国家行政学院、国家法官学院、国家检察官学院、北京大学法学院、宁夏大学、福建师范大学法学院、西南财经大学法学院、南方医科大学人文学院、中国计量学院法学院、通化师范学院、吉首大学兼职(客座)教授,现任中国民法学研究会副会长、中国婚姻法学研究会常务理事、世界侵权法学会亚洲区执委、东亚侵权法学会理事长。从1975年起从事审判工作、检察工作和法学研究、教学工作,先后担任吉林省通化市中级人民法院副院长、最高人民法院民事审判庭审判员、最高人民检察院检察委员会委员、民事行政检察厅厅长、检察员;烟台大学法学院副教授。1980年开始进行法学研究并发表法学研究作品,研究方向为民商法学,参加《合同法》《物权法》《婚姻法》的立法工作,《侵权责任法》起草的主要法律专家,目前正在参加《民法总则》和民法典分则的起草编纂工作。出版论著70余部,在《中国社会科学》《法学研究》《中国法学》等刊物发表论文约500篇;多次到剑桥大学、伦敦大学、加利福尼亚大学、一桥大学、早稻田大学、庆熙大学、岭南大学、悉尼大学、台湾大学、政治大学、东吴大学、铭传大学、香港城市大学和澳门大学等著名学府访问讲学。

副主编简介

副主编张铁薇,黑龙江鹤岗市人,中国人民大学法学院民商法学专业博士,黑龙江大学法学院教授,博士生导师,中国民法学研究会理事,美国维克森林大学法学院、台湾东吴大学法学院访问学者。主持、参加了国家社科基金项目、教育部社科基金项目、黑龙江省社科基金项目、黑龙江省教育厅人文社科基金项目的研究和黑龙江大学杰出人才基金项目等多项课题研究,出版学术专著《共同侵权行为制度研究》,参编、撰写多部教材和学术著作,在《法学家》《比较法研究》《光明日报》《法制日报》《求是学刊》《学术交流》《中国律师》等报刊公开发表专业学术论文30多篇。

副主编林旭霞,福建师范大学法学院教授,博士生导师,法学博士,中国民法学研究会理事,主要研究方向民法学。主持国家社科基金项目,在《中国法学》《东南学术》《福建论坛》《福建师范大学学报》等学术刊物发表学术论文40多篇,著有专著《物权制度与效率研究》等,参加编写民法学教材多部。

副主编马桦,四川成都人,中国人民大学法学院民商法学专业博士,西南财经大学法学院副教授,德国柏林经济学院访问学者。曾供职于四川省财政厅和北京律师事务所。在《法学前沿》《国际金融研究》等学术刊物上发表论文多篇,合著《企业法公司法案例精解精析》《刑法案例教程》,在《国际商报》上主持"金融资产管理"连载专栏。

其他撰稿人简介

王华杰,河南商业高等专科学校法学教授,校德育部副主任兼任法律教研室主任、校学术委员会办公室主任,兼任河南金通源律师事务所律师、郑州仲裁委仲裁员等职。致力于民商法尤其是商法基础理论研究,著有《经济法》《证券法》《民法学》《计算机与网络法》等专著与教材,发表数十篇法学学术论文。

刘生亮,黑龙江省高级人民法院民事法官,中国人民大学法学院民商法学专业博士,曾任八一农垦大学法学副教授。合著《侵权责任法理论与实务》《民法学教参》等专著和教材,在《判解研究》《浙江社会科学》等社科杂志发表论文30余篇。

第二版修订说明

本书的 2013 年 12 月版,实际上是本书的第二版,由于原来的书名是《侵权行为法》,故在《中华人民共和国侵权责任法》公布实施后改书名为《侵权责任法》,因而作为第一版。目前我对本书进行了修订,是《侵权责任法》第二版,但实际上是本书的第三版。

本书自 2005 年初版以来,受到法律院校师生的厚爱,也得到广大读者的关注,都认为本书理论联系实际,特别结合司法实践中的典型案例,说明侵权责任法的理论和实际应用问题,繁简适当,知识点突出,便于掌握。我和本书的作者衷心感谢各位师生和读者的支持。

本书第二版的修订主要集中在三个方面。第一,在第七章增加了第五节"侵权责任并合",这是研究《侵权责任法》和《消费者权益保护法》《食品安全法》《广告法》等新增加诸多的连带责任规则适用后,概括出的一个侵权责任法的新规则,与侵权责任竞合和侵权责任聚合都不相同,特别需要说明。第二,将原书的第八章至第十一章对于侵权责任形态的说明,压缩成为一章,即第八章,分为四节,分别说明侵权责任形态概述、自己责任和替代责任、单方责任和双方责任以及单独责任和共同责任。第三,增加新的第九章"多数人侵权行为与责任",特别说明了最近几年对多数人侵权行为与责任研究的最新理论概括,以及总结出的责任分担规则,共分为四节,分别阐释多数人侵权行为与责任的一般理论、共同侵权行为与连带责任、分别侵权行为与按份责任和连带责任以及竞合侵权行为与不真正连带责任的内容和规则。此外,对于原第十一章之后的其他各章序号,依次改变为第十章至第十六章。本书经过上述修订,精简了原来比较繁琐的关于侵权责任形态的说明,增加了侵权责任并合规则,以及内容丰富的多数人侵权行为与责任的理论和具体责任分担规则,使本书的内容更为合理、丰富,结构更加紧凑。

追求理论联系实际,将知识点与实践说明紧密结合,使教材更具可读性,便于法科学生掌握,是我对编写法学教材的追求。不过,由于功力所限,距离追求的目标尚有较大差距。对于本教材存在的问题,欢迎广大法律院校师生和读者批评指正。

中国人民大学民商事法律科学研究中心
杨立新
二零一六年八月十八日于北京

第一版出版说明

由我主编的《侵权行为法》教材在复旦大学出版社 2005 年出版以来,已经经历了五年时间。在这五年时间里,最重要的变化就是《中华人民共和国侵权责任法》的诞生。我作为这部法律的主要起草人之一,参加了这部法律起草的全过程,眼看着它的草案一天一天成熟,最后通过立法,成为全世界成文法中第一部以侵权法命名的法律。

《侵权责任法》既保持了大陆法系的侵权法传统,也借鉴了英美法系侵权法的优势,同时,又有我国二十多年的立法和司法经验作为法律基础,因此,规定的侵权责任法律制度很成熟,具有人民性、先进性和科学性,受到世界各国同行的重视。

作为一部大学本科的法律学教材,必须依据现行法律制度进行阐释和说明,使学生能够掌握最新的法律制度内容,获得最新的法学研究成果。因此,在《侵权责任法》通过之后,我们就对该教材进行了修订,使之能够体现《侵权责任法》的规定,体现时代精神。

本次修订的主要四个方面如下。

第一,将原来的《侵权行为法》书名改为《侵权责任法》,使之与现行法律相一致。

第二,对教材的体例进行重新整理,不再分编,直接按照章节编写,大体体现总则性规定的说明和分则性规定的说明。全书共分十八章,第一章至第十五章阐释的是《侵权责任法》总则性规定部分,第十六章至第十八章阐释的是分则性规定部分。

第三,全书的内容,按照《侵权责任法》的规定进行了全面修改,特别是对于侵权责任类型,除了一般侵权责任部分之外,其他全部按照《侵权责任法》对侵权责任类型的规定作了新的说明,完全体现《侵权责任法》对侵权责任类型的规定。

第四,增加了一些新的案例,对正文进行说明,使教材内容更容易理解。

《侵权责任法》刚刚通过,尽管我已经参加了该法全部的起草过程,但对法律的理解还刚刚开始,很多问题需要继续进行深入研究。对于书中存在的缺点和不足,敬请批评指正。

中国人民大学民商事法律科学研究中心
杨立新
二零一零年二月二十六日于北京

原　序

侵权行为法作为民法的权利保护法，在民法的理论体系中的地位越来越重要，与其理论地位相适应，它在现实生活中的作用也越来越重要。这不仅取决于它的权利保护法的职能和地位，也取决于它在社会生活中的实际功能。正因为如此，制定中国民法典，已经确定了将侵权行为法脱离债法的体系，作为民法相对独立的组成部分的基本方针，并且正在进行中。相信在不远的将来，具有中国特色的《中国民法典·侵权行为法编》就会展现在世界民法之林。

正是在这样的形势下，我国的侵权行为法理论研究在制定民法典的过程中有了迅猛的发展，取得了丰硕的成果。在起草民法典侵权行为法编的过程中，我们提出"以大陆法系为体，英美法系为用，广泛吸纳司法实践经验"的侵权行为法立法方针，在坚持大陆法系侵权行为法传统的基础上，更多地借鉴英美法系侵权行为法的立法经验和理论成果，更多地吸收我国侵权行为法的司法实践经验，制定一部具有中国特色的、融合大陆法系和英美法系立法经验、理论与实践紧密结合的侵权行为法。在这样的方针指导下，侵权行为法理论研究和司法实务研究出现了日新月异的新局面，新成果层出不穷，典型案例越来越多，对民事权利保护越来越完善。可以说，我国的侵权行为法理论建设出现了前所未有的大好形势。

在这样的形势面前，法律院系也越来越重视侵权行为法学的教学工作。目前，绝大多数的法律院系本科教育都设置了侵权行为法学科，将其设为必修课或者选修课，作为重点学科进行教学。这反映了这门学科的重要性以及在社会生活中的重要作用，也展现了侵权行为法的社会价值。

要搞好侵权行为法学的教学工作，必须有好的侵权行为法教科书。而写作一部好的教科书，需要具备很多条件。最起码的条件，就是要有一部好的法律，而我们现在恰恰就是缺少已经生效的新的侵权行为法。同时，由于我国的侵权行为法尚未通过立法，因此作为立法基础的侵权行为法理论也正在探索之中，尚未形成非常成熟、完善的理论。在这样的情况下，撰写侵权行为法教科书，就必须既要照顾现有法律的基础，又要反映立法的动向，同时还要有理论上的新探索、新成果。在这样的基础上写作侵权行为法教科书，确实存在很多困难。因此，当复旦大学出版社的张永彬副总编在两年前邀请我主持编写《侵权行为法学》时，我一直在犹豫，不敢贸然答应。后来经过反复思考，感到在教学实践的急需、司法实践的需要的压力下，不能因为存在某些困难就不敢接受这样的任务，因此，就开始了这部教科书的写作工作。经过一年多的努力，我和我的同事们终于完成了写作工作。在做完了最后的校订工作之后，这部书终于可以付梓了。

本教科书的体系和内容以服务于本科教育为目标设置，也考虑到民法学专业和法律硕士专业研究生的教学需要，以及司法实务部门的法官、律师、检察官的实际需要，深度设置较为适宜，特别是在阐释学理和规则中，选择了数十个具有说服力的典型案例相配合，使教科书的表述更为形象、生动，既不给本科生的教学增加阅读和理解的过重负担，也使研究生和司法实务人员在阅读本书后能够有所收益。在阐释中,坚持以现行法律为基础,广泛吸收最新理论研究成果,对于侵权行为法的前沿性问题也适当进行说明。

在本书的撰写中,尽管各位学者尽了最大的努力,也花费了大量的时间,但是由于撰稿人和我本人认识水平的局限,以及我国立法和侵权行为法理论研究的发展,仍不可避免地会存在谬误之处,衷心希望广大读者予以批评,使本书在再版时能够更加完善。

中国人民大学法学院　杨立新
二零零五年五月八日于北京西郊世纪城

目 录

第一章 侵权行为及侵权行为一般条款 ……………………………………… 1
- 第一节 侵权行为的概念 …………………………………………………… 1
- 第二节 侵权行为一般条款 ………………………………………………… 4
- 第三节 侵权行为与其他违法行为的联系与区别 ………………………… 9
- 第四节 侵权行为形态 ……………………………………………………… 14

第二章 侵权责任法 …………………………………………………………… 18
- 第一节 侵权责任法的概念和在民法体系中的地位 ……………………… 18
- 第二节 我国侵权责任法的立法目的 ……………………………………… 21
- 第三节 侵权责任法与其他法律的联系与区别 …………………………… 22
- 第四节 侵权责任法的渊源 ………………………………………………… 25
- 第五节 侵权责任法的结构 ………………………………………………… 26
- 第六节 侵权特别法 ………………………………………………………… 28
- 第七节 侵权责任法司法解释 ……………………………………………… 31

第三章 侵权法的历史发展 …………………………………………………… 35
- 第一节 中国古代侵权法 …………………………………………………… 35
- 第二节 中国近代侵权法 …………………………………………………… 39
- 第三节 国外侵权法的历史发展 …………………………………………… 41
- 第四节 现代侵权法的主要发展方向 ……………………………………… 46

第四章 侵权责任归责原则 …………………………………………………… 48
- 第一节 归责原则概述 ……………………………………………………… 48
- 第二节 过错责任原则 ……………………………………………………… 53
- 第三节 过错推定原则 ……………………………………………………… 56
- 第四节 无过错责任原则 …………………………………………………… 58

第五章 侵权责任构成要件 …………………………………………………… 63
- 第一节 侵权责任构成要件概说 …………………………………………… 63
- 第二节 违法行为 …………………………………………………………… 66

第三节　损害事实 ·· 70
　　第四节　因果关系 ·· 74
　　第五节　主观过错 ·· 80

第六章　免责事由与诉讼时效 ·· 86
　　第一节　免责事由概述 ·· 86
　　第二节　法定免责事由 ·· 87
　　第三节　非法定免责事由 ··· 95
　　第四节　侵权行为的诉讼时效 ··· 99

第七章　侵权责任方式与侵权责任请求权 ··· 102
　　第一节　侵权责任方式 ·· 102
　　第二节　民事制裁方式 ·· 105
　　第三节　侵权请求权及优先权保障 ··· 107
　　第四节　侵权责任竞合与侵权责任聚合 ··· 111
　　第五节　侵权责任并合 ·· 121

第八章　侵权责任形态 ··· 126
　　第一节　侵权责任形态概述 ·· 126
　　第二节　自己责任和替代责任 ··· 129
　　第三节　单方责任和双方责任 ··· 133
　　第四节　单独责任和共同责任 ··· 139

第九章　多数人侵权行为与责任 ··· 142
　　第一节　多数人侵权行为及责任的概念与体系 ···································· 142
　　第二节　共同侵权行为与连带责任 ··· 144
　　第三节　分别侵权行为与连带责任和按份责任 ···································· 151
　　第四节　竞合侵权行为与不真正连带责任 ·· 154

第十章　侵权损害赔偿规则 ··· 158
　　第一节　侵权损害赔偿的概念和性质 ·· 158
　　第二节　侵权损害赔偿关系的当事人 ·· 161
　　第三节　侵权损害赔偿规则 ·· 164
　　第四节　数种原因造成损害结果的赔偿数额计算 ································· 169

第十一章　人身损害赔偿 ·· 175
　　第一节　人身损害赔偿概述 ·· 175

第二节	人身损害的常规赔偿	179
第三节	丧失劳动能力的赔偿	182
第四节	造成死亡的赔偿	183
第五节	人身损害的抚慰金赔偿	185
第六节	定期金赔偿	188
第七节	未出生的胎儿受到损害的赔偿和死者尸体损害赔偿	189

第十二章　财产损害赔偿 192
第一节	财产损害赔偿概述	192
第二节	财产损害数额的计算	195
第三节	财产损害赔偿的方法	199
第四节	侵害特定纪念物品的精神损害赔偿	200

第十三章　精神损害赔偿 204
第一节	精神损害赔偿概说	204
第二节	精神损害赔偿责任	208
第三节	精神损害赔偿金的计算	210

第十四章　一般侵权责任 215
第一节	故意或者过失侵害人身	215
第二节	故意或者过失侵害人格	219
第三节	妨害家庭关系	228
第四节	侵害物权	231
第五节	侵害债权	234
第六节	侵害知识产权	236
第七节	媒体侵权	239
第八节	商业侵权	241
第九节	恶意利用诉讼程序	244

第十五章　责任主体特殊的侵权责任 247
第一节	监护人责任	247
第二节	暂时丧失心智损害责任	252
第三节	用人者责任	253
第四节	网络侵权责任	261
第五节	违反安全保障义务的侵权责任	264
第六节	学生伤害事故责任	270

第十六章 其他特殊侵权责任 ······ 276
第一节 产品责任 ······ 276
第二节 机动车交通事故责任 ······ 283
第三节 医疗损害责任 ······ 289
第四节 环境污染责任 ······ 297
第五节 高度危险责任 ······ 303
第六节 饲养动物损害责任 ······ 308
第七节 物件损害责任 ······ 311

参考书目 ······ 317

第一章 侵权行为及侵权行为一般条款

本章要点

本章以《侵权责任法》第 2 条和第 6 条第 1 款为依据，从介绍各国学者不同观点开始，阐释侵权行为的概念和特征，阐释侵权行为一般条款及其作用，说明了侵权行为与其他违法行为的联系与区别，并介绍了侵权行为的各种不同形态。

第一节 侵权行为的概念

一、侵权行为概念的内涵

（一）大陆法系、英美法系对侵权行为概念的界定

1. 大陆法系

在大陆法系，把侵权行为作为债的发生根据，在学说上有颇为深入的研究，对侵权行为概念的揭示，具有成文法体系学说的特点，即从成文立法的规定出发，阐释侵权行为的概念。

在德国，学者认为侵权行为实际上就是"在一定的条件下，一方当事人如果没有对对方的权利和利益予以必要的尊重，无论是故意的还是过失的，他将要承担责任"[①]。在法国，大多数学者根据《法国民法典》第 1382 条规定，认为侵权行为就是一种损害赔偿的责任[②]。日本学说认为："由其行为引起对他人的损害，以至发生赔偿责任的场合，称其行为谓不法行为。"[③]

在我国台湾地区，史尚宽先生认为："侵权行为者，因故意或过失不法侵害他人之权利或故意以背于善良风俗之方法，加损害于他人之行为也。简言之，为侵害他人权利或利益之违法行为。"[④]刘清波先生对侵权行为所下的定义最为简洁，即"侵权行为者，因故意或过失侵害他人之权利，应负损害赔偿责任之谓也。"[⑤]

2. 英美法系

在英美法系，侵权责任法是一个独立的法律部门，学者对侵权行为概念的研究颇为深入、独到。英国学者约翰·福莱明认为："侵权行为是一种民事过错，而不是违反合同，对这种过错，法院将在一种损害赔偿的诉讼形式中提供补救。"[⑥]英国的另一位学者 P·H·温菲尔德认为："侵权行为的责任系由违反法律事先规定的义务引起，此种义务针对一般公民而言，违反此种义务的

[①] [德]克雷斯蒂安·冯·巴尔著：《欧洲比较侵权责任法》上册，张新宝译，法律出版社 2001 年版，第 6 页。
[②] 《国际比较法百科全书·侵权行为》，纽约海洋出版公司 1974 年版，第 77 页。
[③] [日]《新版新法律学辞典》，中国政法大学出版社 1991 年中文版，第 841 页。
[④] 史尚宽：《债法总论》，台湾荣泰印书馆 1978 年版，第 101 页。
[⑤] 刘清波：《民法概论》，台湾开明印书馆 1979 年版，第 225 页。
[⑥] [英]约翰·福莱明：《侵权责任法》，牛津大学出版社 1971 年英文第 4 版，第 1 页。

补救方法,就是对未清偿的损害赔偿的诉讼。"①美国学者莫里斯指出:"如果简单地概括侵权行为,可以说它是私法上的过错。"②《牛津法律大辞典》认为,该术语表示可以引起民事诉讼的伤害或不法行为,侵权行为规则要求不得加害于他人的义务,以及加害了他人,则应对之进行补救或赔偿的义务,不是由当事人的协议而设定的,而是根据一般法律的实施产生的,与当事人的协议无关③。

上述诸多对侵权行为的定义,归纳起来,分为四种不同的典型学说。一是"过错说",强调侵权行为是一种过错行为,如福莱明、莫里斯的定义。二是"违反法定义务说",将侵权行为与违约行为相区别,确认侵权行为是违反法律事先规定的义务的行为,如温菲尔德的主张。三是"责任说",认为侵权行为就是应负损害赔偿责任的行为,如日本、法国学者的意见。四是"致人损害说",认为侵权行为是加损害于他人权利的行为,如台湾学者的主张。

(二) 国内学者对侵权行为概念的界定

在国内侵权法理论中,对侵权行为概念的研究不断深入。学者对于侵权行为的定义主要有:一是认为,侵权行为是一种侵犯社会公共财产、侵犯他人财产和人身权利的不法行为,是指因作为或不作为而不法侵害他人财产权利和人身权利的行为④;二是认为,侵权行为是指行为人由于过错侵害他人的财产、人身,依法应承担民事责任的行为,以及法律特别规定应对受害人承担民事责任的其他致害行为⑤;三是认为,侵权行为就是指行为人由于过错侵害他人的财产和人身,依法应承担民事责任的行为,以及依法律特别规定应当承担民事责任的其他损害行为⑥;或者认为,侵权行为就是指行为人由于过错侵害他人的人身和财产并造成损害,违反法定义务,依法应当承担民事责任的行为⑦。

国内民法学者对于侵权行为概念的研究是相当深入的,比较准确地揭示了它的内涵,但仍有不尽如人意之处。一是有些定义过于简单,对于侵权行为的完整内涵没有揭示出来;二是将侵害财产权列于侵害人身权之前,因而有重财产权保护而轻人身权保护的嫌疑⑧;三是由于《民法通则》将侵权行为的法律后果规定为民事责任,《侵权责任法》明确规定侵权责任,因而有的定义强调侵权行为以损害赔偿为主的法律后果不够;四是对于无过错责任原则的表述不够准确。

(三) 侵权行为的概念和特征

侵权行为是指行为人由于过错,或者在法律特别规定的场合不问过错,违反法律规定的义务,以作为或不作为的方式,侵害他人人身权利和财产权利及利益,依法应当承担损害赔偿等法律后果的违法行为。

侵权行为有如下四个特征。

1. 侵权行为是一种违法行为

违法性是侵权行为的基本性质,其依据有两个。一是德国法系各国对侵权行为的称谓,均含不法的含义。德国法的侵权行为直译应为不许行为,日本法则直接称为不法行为,瑞士法的德文标题直译为不许行为,法文标题则为不法行为。二是用过错、损害赔偿和作为与不作为等均难以

---

① [英] 温菲尔德、约瑟威茨:《侵权法》,伦敦史威特和马克思威尔出版公司1991年版,第7页。
② [美] 莫里斯:《论侵权行为》,布鲁克林出版公司1953年版,第1页。
③ 《牛津法律大辞典》,光明日报出版社1988年中文版,第886页。
④ 杨立新:《侵权损害赔偿》,吉林人民出版社1990年版,第3页。
⑤ 佟柔主编:《中国民法》,法律出版社1990年版,第557页。
⑥ 王利明等:《民法·侵权责任法》,中国人民大学出版社1993年版,第12页。
⑦ 王利明:《侵权行为概念之研究》,《法学家》2003年第3期,第63页。
⑧ 王泽鉴:《中共民法通则侵权责任的基本问题》,台湾《法学丛刊》第131期。

涵盖侵权行为的全部内容,只有以违法行为才能为之。如过错不能涵盖无过错责任原则调整的侵权行为,损害赔偿不能涵括侵权行为的全部民事责任,作为与不作为更不能确定侵权行为的法律性质。

从违法行为这一性质出发考察：首先,侵权行为不是合法行为,而是一种违反法律规定的行为,侵权行为这一概念的本身,就体现了法律的谴责;其次,侵权行为违反的法律是国家关于保护民事主体民事权利的保护性法律规范和禁止侵害民事主体民事权利的禁止性法律规范;再次,侵权行为违法的方式是违反法律事先规定的义务,包括作为的义务和不作为的义务。

2. 侵权行为是一种有过错的行为

侵权行为是具有过错的行为,只在法律有特别规定的情况下,才不要求侵权行为的构成须具备主观过错的要件。正如美国学者莫里斯所说的,如果简单地概括侵权行为,可以说它是私法上的过错。除在法律特别规定的产品责任、环境污染责任、高度危险责任、饲养动物损害责任等特殊场合下的特殊侵权行为可以不具备过错这一主观要件以外,侵权行为都是含有行为人故意或过失的违法行为。

3. 侵权行为是包括作为和不作为两种方式的行为

侵权行为首先必须是一种客观的行为,而不能是思想活动。其次,这种客观的行为,可以是作为的方式,也可以是不作为的方式,其具体方式的形成根源,在于法律赋予行为人法定义务的形式。除了作为和不作为的方式之外,侵权行为没有其他表现方式。

4. 侵权行为是承担以损害赔偿为主要责任方式的行为

侵权行为是应当承担损害赔偿责任的行为,同时也包括其他形式的民事责任的行为。侵权行为造成损害,必然引起损害赔偿法律关系,行为人承担的主要法律后果,就是损害赔偿。按照我国《侵权责任法》,侵权行为的法律后果还包括恢复原状、返还财产、停止侵害、消除影响、恢复名誉和赔礼道歉的法律责任,但这些民事责任形式都不能代替损害赔偿在侵权行为中的法律地位和作用。

二、侵权行为的外延

法律概念的外延,是指一个法律概念所确指的对象的范围。侵权行为的外延,是指侵权行为这一法律概念所涵盖的范围。

在罗马法上,完整的私犯的外延包括私犯和准私犯。在法国法上,侵权行为被高度概括,完整的外延包括侵权行为和准侵权行为,前者是为自己的行为负责的侵权行为,后者是为他人的行为负责的行为或者为自己管领下的物件造成的损害负责的侵权行为。自德国法以来,对于准私犯、准侵权行为这些概念所包含的内容,统称为特殊侵权行为。更重要的是,德国侵权法从违法性的角度,将侵权行为界定为违反法定义务的侵权行为,违反保护他人的法律的侵权行为以及故意违背善良风俗致人损害的侵权行为。在英美法,则不从这些方面区分侵权行为的外延,而是采取界定侵权行为种类的方法界定侵权行为的范围。德国法区别受保护的利益,而异其主观的构成要件;英美法上的侵权行为依其所侵害的利益,而有不同的构成要件、救济方法和抗辩①,均据此确定了侵权行为的外延。

我国《侵权责任法》第16条、第19条和第22条对我国侵权行为概念的外延作了规定,即我国侵权行为包括下述三种：(1)第16条规定的侵害生命权、健康权和身体权的侵权行为;(2)第19条规定的侵害财产权益的侵权行为,包括侵害物权、债权、知识产权的侵权行为;(3)第22条

---

① 王泽鉴：《中共民法通则侵权责任的基本问题》,台湾《法学丛刊》第131期。

规定的侵害其他人身权益的侵权行为,包括侵害姓名权(名称权)、肖像权、名誉权、隐私权、荣誉权以及身份权等的侵权行为。

第二节 侵权行为一般条款

一、侵权行为一般条款和一般侵权行为

在成文法国家的民事立法中,对侵权行为的规定采用的是一般化的方法进行的。立法在规定侵权行为的法律中,也就是多数在民法典的债法编中专门规定侵权责任法的内容。而在侵权责任法的内容中,首先就要规定侵权行为一般条款,通过侵权行为一般条款来确定一般侵权行为。

这些立法中侵权行为一般条款的典型表现,如《法国民法典》第1382条规定:"任何行为使他人受到损害时,因自己的过失行为而致行为发生之人对该他人负赔偿的责任。"① 《德国民法典》第823条规定:"(1)因故意或者过失不法侵害他人生命、身体、健康、自由、所有权或者其他权利者,对他人因此而产生的损害负赔偿义务。(2)违反以保护他人为目的的法律者,负相同的义务。如果根据法律的内容并无过失也可能违反此种法律的,仅在有过失的情况下,始负赔偿义务。"《意大利民法典》第2043条规定:"任何故意或者过失给他人造成不法损害的行为,行为实施者要承担损害赔偿的责任。"

侵权行为一般条款,有的学者认为就是在成文法中居于核心地位的,作为一切侵权请求权之基础的法律规范②。所有的基于侵权行为的请求权都要符合这一条文,也就是一个国家民法典调整的侵权行为的全部请求权的请求基础。在这个条文之外,不存在另外任何侵权行为请求权的基础,这个条文一统天下③。在大陆法系的侵权法中,基本上都存在着这样的侵权行为一般条款。也有的学者认为,将侵权行为一般条款理解为所有侵权行为的全面概括,是将侵权行为一般条款做了过大的解释,侵权行为一般条款就是规定一般侵权行为的条款④。

这两种意见的分歧在于,前者认为侵权行为一般条款规定的是全部的侵权行为、一切侵权行为,其公式为:

$$侵权行为一般条款=全部侵权行为$$

而后者认为,侵权行为一般条款不过是规定了一般侵权行为,概括的是大部分侵权行为,而另外的侵权行为则由特殊侵权行为的特别规范来补充,其公式为:

$$一般侵权行为+特殊侵权行为=全部侵权行为$$

一般说来,前一种主张是有道理的。可以作为证明的,例如《欧洲统一侵权行为法典》草案,就是采用这种意见来规定侵权行为一般条款。其第1条规定的就是基本规则(一般条款):"(1)任何人遭受具有法律相关性的损害,有权依据本法之规定请求故意造成损害的人、因违反

---

① 该引文引自商务印书馆1983年翻译出版的《拿破仑法典》,第189页。
② 张新宝:《侵权责任法的一般条款》,《法学研究》2001年第4期,第42页。
③ 参见张新宝:《侵权责任法的一般条款》,中国人民大学民商事法律科学研究中心民商法前沿系列讲座的第22讲。引自中国民商法律网。
④ 杨立新:《论侵权行为一般化和类型化及其我国侵权责任法立法模式的选择》,《河南政法管理干部学院学报》2003年第1期,第3页。

义务而造成损害的人或者对损害依法负有责任的其他人赔偿。（2）损害的发生处于紧急情势时，将遭受损害的人享有本法赋予的防止损害发生的权利。（3）为了本法的目的：具有法律相关性的损害指的是本法第二章所规定的具有法律相关性的损害；故意和违反义务的判定以本法第三章第一节，以及第四章所规定的特殊情形下所造成的具有法律相关性的损害为依据。（4）本条所指权利由本法其他条款予以规定。"还可以证明的，是前文所引述的《埃塞俄比亚民法典》第2027条规定。这两种规定，显然是采纳的规定全部侵权行为请求权的主张。但是，绝大多数成文法国家侵权法采用的是后一种立法例。

事实上，各国侵权法对侵权行为一般条款的规定有两种：一种是规定侵权行为一般条款只调整一般侵权行为，这是大陆法系通常的做法，例如法国等立法；另一种规定侵权行为一般条款是调整全部侵权行为，而不是仅仅规定一般侵权行为，这就是《埃塞俄比亚民法典》以及《欧洲统一侵权行为法典》草案的做法。

二、大陆法系侵权行为一般化的发展过程

大陆法系侵权责任法采用一般化的立法模式，经历了一个不断的发展过程，这个过程几乎贯穿大陆法系侵权责任法发展的整个过程。这个过程大致分为五个阶段。

（一）古代法时期

在历史上，无论是两河流域的立法，还是其他国家古老的立法，凡是关于侵权责任法律规定，都是具体规定，并没有对侵权行为作出一个概括的、一般化的条文。在4000多年以前的乌尔第三王朝的《乌尔纳姆法典》中，以及在《苏美尔法典》中，关于侵权行为的规定都是极为具体的规定，例如"殴打自由民之女，致堕其身内之物者，应赔偿银三分之一明那"①。

中国同样是这种情况。在中国的古代立法中，关于侵权行为的立法散见于古代律令的各个篇章，就不同的侵权行为作出不同的规定，直到《唐律·杂律》的规定中，有过侵害财产权的较为概括的条文，即"诸弃毁亡失及误毁官私器物者，各备偿（赔偿）"。这一条文就具有较高的概括性，表明了我国古代侵权责任法发展的先进程度②。但这一条文并不是侵权行为一般条款，而仅仅是关于侵害财产权的侵权行为具有一定概括性的条文。

（二）罗马法时期

古代罗马法尤其是后期的罗马法，对侵权行为的一般化进程起到了巨大的推动作用，开启了大陆法系侵权责任法一般化的历史进程。这就是罗马法关于私犯和准私犯的规定。

早期罗马法对侵权行为并没有作出私犯和准私犯的划分，采用的也是规定具体侵权行为的做法。查士丁尼制定罗马法典，将侵权行为分为私犯和准私犯，其中私犯就是后来被概括为一般侵权行为的侵权行为。尽管罗马法在区分私犯和准私犯的界限上没有严格的区别，只是以后有新的违法行为产生，称之为准私犯③，但是凑巧的是，这种私犯和准私犯的划分，恰好反映了私犯所涵盖的是现代意义上的一般侵权行为、准私犯所涵盖的是特殊侵权行为，以及这两种侵权行为类型的基本分野，因而，罗马法为近代侵权责任法的一般化立法奠定了坚实的基础。

（三）法国法时期

直至1804年《法国民法典》的诞生，人类社会才真正完成了侵权行为一般化的侵权责任法立法进程。这就是，将侵权行为的基本内容进行了最为概括的、最为一般化的规定，在第1382条和

---

① 参见杨立新：《侵权法论》，吉林人民出版社2000年版，第113页。
② 关于中国古代侵权责任法的概括性的说明，请参见杨立新：《疑难民事纠纷司法对策》，吉林人民出版社1991年版，第207页。
③ 参见周枏：《罗马法原论》，商务印书馆1994年版，第785页。

第1383条两个关于一般侵权行为(只排除少数的准侵权行为)的条文中,概括了大部分侵权行为,任何行为侵害了他人的权利造成损害,只要符合这个侵权行为一般条款规定的要求,就可以请求损害赔偿,以救济自己的损害,不必再去寻找具体的侵权行为的法律规定,改变了只有按照这样的具体条文规定,才能请求损害赔偿的习惯做法。因此,《法国民法典》第1382条和第1383条才是真正的侵权行为一般条款,这就是将侵权行为做了最大限度概括的一般化条文①。《法国民法典》关于侵权行为一般化的规定模式,开启了大陆法系侵权行为一般化立法的先河。从此,成文法国家制定民法典规定侵权行为法律规范,都是按照《法国民法典》对侵权行为做一般化规定的做法,一直沿袭下来。各国民法尽管在具体的写法上有所不同,但是基本做法并没有离开这个立法模式。

(四) 德国法时期

德国制定民法典同样走的是侵权法一般化的道路,所不同的是,《德国民法典》在规定了侵权行为一般条款的同时,对特殊侵权行为作了较为具体的规定。《德国民法典》第823条规定:"(1)因故意或者过失不法侵害他人生命、身体、健康、自由、所有权或者其他权利者,对他人因此而产生的损害负赔偿义务。(2)违反以保护他人为目的的法律者,负相同的义务。如果根据法律的内容并无过失也可能违反此种法律的,仅在有过失的情况下,始负赔偿义务。"第826条规定:"以违背善良风俗方式故意对他人施加损害的人,对他人负有损害赔偿义务。"这种采用将各种诉因类型化的方法,将侵权行为概括为对权利的侵犯、违反保护性规定和违反善良风俗的一般条款,同样规定的是一般侵权行为②。此外,《德国民法典》规定了特殊侵权行为,与这三种诉因的一般侵权行为一起,构建了德国民法对所有侵权行为的法律规范。德国侵权法的基本特点,仍然是坚持侵权行为一般化的立法模式,但对一般侵权行为的诉因类型作出了规定,这就是侵权行为违法性的三种基本类型,而不是像《法国民法典》那样仅仅规定了故意或者过失③。

(五) 当代法时期

所谓的当代法时期,就是指埃塞俄比亚法和欧洲统一侵权法典草案规定侵权行为一般条款的做法。1960年制定的《埃塞俄比亚民法典》第2027条规定:第一,任何人应对因过犯给他人造成的损害承担责任,而不论他为自己设定的责任如何;第二,在法律有规定的情形,一个人应对因其从事的活动或所占有的物给他人造成的损害承担责任;第三,如果某人根据法律应对第三人负责,他应对该第三人因过犯或依法律规定发生的责任负责。尤其值得注意的是,该法典条文排列的顺序,是把这一个条文放在侵权法最为显著的地位,是在全部侵权行为五章规定之前,而不是放在这五章中的任何一章之中。这样的一般条款概括的显然是全部侵权行为。正在起草的《欧洲统一侵权责任法典》草案也是采用这种方式规定侵权行为一般条款。

应当说,这种对侵权行为一般条款的规定,就是侵权行为一般条款的最新发展,同时,侵权法既规定侵权行为一般条款,也规定侵权行为的类型。

---

① 关于《法国民法典》第1382条和第1383条的关系,国内翻译的文本有不足,这就是将第1382条翻译为"过错"或者"过失",而将第1383条翻译为"懈怠"和"疏忽"。这样,这两条条文的内容就会发生重合,无法确认这两个条文的区别。因此,我认为前者指的是"故意",后者指的是"过失"。德国学者克雷斯蒂安·冯·巴尔在他的《欧洲比较侵权责任法》一书中是这样解释的:在《法国民法典》第1383条中,其所宣称的法律内容是,一个人不仅对故意行为(《民法典》第1382条)承担责任,而且由于他或她的过失或疏于注意造成的损害承担责任。可见,第1382条规定的是故意侵权,第1383条规定的是过失侵权。参见该书第18页。

② [德]克雷斯蒂安·冯·巴尔著:《欧洲比较侵权责任法》上册,张新宝译,法律出版社2001年版,第21页。

③ 有的学者认为,在德国侵权责任法中不存在侵权行为一般条款。我们注意到了这种意见。

三、大陆法系侵权责任法规定侵权行为一般条款的意义

大陆法系成文法民法典的基本立法方式是具体化,对各种民事权利及其行使制定具体的规则,因而民法典才有了几千个条文的庞大规模。但是,其中只有侵权责任法却采用一般化的立法方法。在成文法的民法典立法中规定侵权行为一般条款的意义在于:

(1) 简化立法。即尽量用最简单的条文规定最丰富、最大量的侵权责任法的含量,而不在几千个条文的民法典中再构建一个复杂的侵权责任法,使民法典更为庞大、复杂。

(2) 将侵权行为一般条款高度浓缩,使之成为一个弹性极大的、与时俱进的法律,能够包容任何符合这一条款要求的侵权行为,使这一条文成为一般侵权行为的高度概括,对具体的侵权行为不再一一作出具体规定。

(3) 赋予法官概括的裁判准则,使法官在这一条文面前享有高度的自由裁量权,依据这一侵权行为一般条款,对所有的一般侵权行为作出判决。法官在这样的条文下,可以充分发挥自己的司法创造性,对任何新型的案件作出符合侵权行为一般条款的判决。

四、在司法实践中正确适用侵权行为一般条款

(一) 我国《侵权责任法》规定侵权行为一般条款的方式

世界各国和地区侵权法对侵权责任一般条款的规定,有两种典型模式:一是法国、德国式;二是埃塞俄比亚式。前者为小的侵权行为一般条款,后者为大的侵权行为一般条款。

我国《侵权责任法》侵权行为一般条款采用的是大小搭配的双重模式,既有第2条规定的大的侵权行为一般条款,又有第6条第1款规定的小的侵权行为一般条款,分别起到不同的作用。

《侵权责任法》第2条作为侵权行为一般条款,借鉴的是埃塞俄比亚侵权法的侵权行为一般条款立法模式,是极为有利的。它的作用是将所有的侵权行为都概括在一起,无论进行何种程度的侵权行为类型规定,即使随着社会的发展出现新型的侵权行为,都能够概括在这个条文之中,因此,《侵权责任法》对具体侵权行为类型的规定,写多写少并没有特别严重的问题。如果采取"小"的侵权行为一般条款模式,则仅仅能够覆盖一般侵权行为,而对于特殊侵权行为就必须进行完全、完整的规定,出现新的特殊侵权行为时必须补充立法,因此并不是一个理想的选择。《侵权责任法》第2条选择的是最新的侵权行为一般条款立法模式。应当看到的是,我国《侵权责任法》不只是一部侵权赔偿法,除了损害赔偿责任之外,还包括第15条规定的其他7种侵权责任方式,而这些并不是第6条和第7条所能够概括的,因此,更需要第2条来作出调整。因此,《侵权责任法》设立第2条是非常重要的。

《侵权责任法》第6条第1款规定的过错责任则是小的侵权行为一般条款,对于一般侵权行为,我国《侵权责任法》并没有作出类型化的规定,仍然必须依照过错责任的一般规定适用法律,确定一般侵权责任的请求权基础仍然是第6条第1款。

两个一般条款相互搭配,各自起到不同的作用,构成了我国《侵权责任法》的一个鲜明特点,有别于其他任何国家的侵权法关于侵权行为一般条款的规定。

(二) 大的侵权行为一般条款的含义

《侵权责任法》第2条第1款规定"侵害民事权益,应当依照本法承担侵权责任"的真实含义,包括以下三点。

(1) 该条文强调的是"侵权责任",而不是赔偿责任。与此相对应的,就是《侵权责任法》中第15条规定的8种侵权责任方式,即停止侵害、排除妨碍、消除危险、返还财产、恢复原状、赔偿损失、赔礼道歉、消除影响、恢复名誉。这是全部的侵权责任方式。第2条规定"承担侵权责任"的意图,就是要把这8种责任方式完全概括进来;而第6条和第7条规定的侵权责任则是对狭义损

害的救济,它只是第 2 条规定内容的一大部分,而不是全部。

(2) 立法者规定本条是要以违法性来确定侵权责任的范围。《侵权责任法》第 2 条规定"侵害民事权益,应当依照本法承担侵权责任",等于规定了违法性要件①。我国侵权法理论通说及司法实践都肯定违法性是侵权责任的构成要件,对此不应当有所怀疑。凡是侵害民事权益,具有违法性的行为,都是侵权责任的范围。

(3)《侵权责任法》第 2 条与第 6 条和第 7 条相对应,即第 6 条和第 7 条都概括在第 2 条之中。《侵权责任法》第 6 条分成两部分,第 1 款规定的是过错责任,第 2 款规定的是过错推定责任;第 7 条规定的是无过错责任。就一般情况而言,这两个条文的内容似乎已经概括了全部侵权责任。应当看到的是,第 6 条和第 7 条规定的侵权责任构成要件中须具备损害要件,而具备损害要件的侵权行为对应的责任方式应当是损害赔偿,因此,这两个条文所概括的应当是承担损害赔偿责任的侵权行为,至于承担其他责任方式,不需具备损害要件的,应当由第 2 条调整。

这是一个具有中国特色的侵权行为一般条款,不仅可以概括第 6 条和第 7 条规定的内容,还可以概括第 15 条以及其他不适用第 6 条和第 7 条调整的其他侵权责任,构成我国《侵权责任法》侵权行为一般条款与归责原则以及其他侵权责任的特殊结构。尽管这样的一般条款在侵权法立法中是罕见的,但其在逻辑上是成立的。

(三) 小的侵权行为一般条款的适用方法

《侵权责任法》第 6 条第 1 款作为小的侵权行为一般条款,仍然起着调整一般侵权责任的作用,统领一般侵权责任。法官在小的一般条款面前,可以创造性地发挥主观能动性,对任何具备这样的构成要件的民事违法行为认定为侵权行为,对行为人予以侵权损害赔偿的制裁,对受害人受到损害的权利和利益进行救济。

(1) 法官对此必须有明确的认识和准确的理解。小的侵权行为一般条款的基本含义,是将全部一般侵权责任概括在一起,使其具有高度概括性,具有极大的容量,把所有的一般侵权责任都概括在其中。因此,法官在办理侵权案件时,必须准确掌握小的侵权行为一般条款的概念,充分发挥它的"与时俱进"和创造性功能,掌握一般侵权责任的基本规则,做到准确适用。

(2) 法官应当掌握一般侵权责任的基本规则,也就是小的侵权行为一般条款的基本规则。这就是适用一般的过错责任原则,它的责任构成要件是违法行为、损害事实、因果关系和主观过错。只要是一个行为具备这些要求,就认定为一般侵权责任,适用小的侵权行为一般条款作出判决。

(3) 法官应当敢于依照小的侵权行为一般条款裁判,而不能遇到不熟悉或者以前没有遇到的新的侵权行为,就要找法律的明文规定,没有明文规定就不敢办。法官一定要明确,凡是具备小的侵权行为一般条款的要求的侵权行为,就用小的侵权行为一般条款来调整,依其确定侵权责任。

案例 1-1
  某镇治疗性病的医院骗财,影响很坏,某报社记者前去调查,采写文章曝光,其中写了一个患者,使用了化名,并予以注明。另一个镇与该化名的人也患此病,认为侵害了名誉权,向法院起诉,并与记者协商,让记者妥协,许诺予以适当的经济利益。一审法院判决原告胜诉。二审法院判决驳回原告的诉讼请求。记者和报社起诉该原告恶意诉讼,追究其侵权责任。法院依据《民法通则》第 106 条第 2 款规定,支持其诉讼请求。

---

① 2009 年 1 月 4 日在中国人民大学召开的"侵权责任法立法建议研讨会"上,有些学者提出了这样的建议。

第三节 侵权行为与其他违法行为的联系与区别

在法律上,违法行为在性质上各不相同,既有刑事违法行为,也有民事违法行为和行政违法行为。侵权行为的性质是民事违法行为,但它并不是民事违法行为的全部,民事违法行为还包括违约行为等其他民事违法行为。

一、侵权行为与犯罪行为

(一)侵权行为与犯罪行为关系的发展

在历史上,侵权行为和犯罪行为是有密切联系的两种行为。在法律发展的最早时期,侵权行为与犯罪行为是不加区分的,一般的国家都把这两种违法行为规定在一起。在法律的逐步发展过程中,这两种行为才逐渐地区分开来。从我国的情况看,就是这样的发展过程。我国最早的古代律令,就把刑事犯罪和民事违法行为规定在一起。这从现存的古代典籍中就可以看出来。在国外,无论是《乌尔纳姆法典》,还是两河流域地区的法典,也都是将侵权行为和犯罪行为规定在一起的。到罗马法时期,开始将犯罪行为和侵权行为作初步的区别,但是,即使是罗马法中的私犯和准私犯,里边也都包括有犯罪行为,并不都是侵权行为。国外在将法律区分为公法和私法之后,开始严格区分侵权行为和犯罪行为;在我国,则在清末变法时期,才开始区分公法和私法性质的不同,将侵权行为与犯罪行为严格区分开来。

在当代,侵权行为是民事违法行为,犯罪行为是刑事违法行为,分别由民法和刑法这两种不同的基本法来调整,无论在性质上还是在构成上,都是有严格区别的。这就是在法律适用上通常所说的"罪与非罪"的界限。

(二)侵权行为与犯罪行为的区别

侵权行为与犯罪行为有以下五项明显的区别。

1. 法律依据不同

犯罪行为是依照《刑法》的规定,应受刑法处罚的行为。只有那些触犯刑律具备了刑法规定的犯罪构成的行为,才能认定为犯罪行为,离开《刑法》的规定,就没有犯罪行为可言。侵权行为是《侵权责任法》规定的违法行为,所违反的法律是民事法律,令侵权人承担民事责任的依据就是民法,而不是其他法律。

2. 侵害客体不同

犯罪行为侵害的客体,既包括主体的人身权利和财产权利,还包括受我国法律保护的一定的社会关系,如政治的、军事的、经济的、文化的等,保护的客体极其广泛。侵权行为所侵害的客体,主要就是两大类,一是人身权利,二是财产权利,其他的社会关系不能成为侵权行为的客体。这样看来,犯罪行为的客体更为广泛,而侵权行为的客体相对而言,则比较狭窄。

3. 社会危害程度不同

就法律的要求而言,犯罪行为必须是具有社会危害性的行为,即必须达到具有社会危害性的程度才能成为犯罪行为,不具有社会危害性的行为不能成为犯罪行为。侵权行为不必具有社会危害性,只要具备损害他人权利的违法性,就可以构成。例如,《刑法》第275条规定的是侵害他人公私财物罪,《侵权责任法》第19条规定的是侵害财产的侵权行为。这两种违法行为之间的最大区别,就是社会危害程度的不同。侵害公私财物,达到具有一定的社会危害性的程度,就是刑事犯罪,依照《刑法》第275条治罪;造成一定的损害但还没有达到具有一定社会危害性的程度的,就只能作为侵权行为来处理。

4. 行为人的主观恶性不同

刑法和民法对犯罪行为和侵权行为的行为人的主观恶性要求是不一样的。刑法要求犯罪行为的行为人的主观恶性必须达到一定的程度,即主观恶性较大的危害社会的行为才能认为是犯罪,没有达到这样的程度就不能认为是犯罪行为。因此,刑事犯罪主要的是故意犯罪,行为人对其行为仅具有过失者,只有在法律有明文规定的情况下,才能认定为犯罪,否则不能作为犯罪处理。侵权行为绝大部分是过失行为,如果是故意,则须不具备较为严重的社会危害性。仍以侵害公私财物为例。故意侵害公私财物,构成《刑法》第275条规定的侵害公私财物罪;而过失侵害公私财物,则不能构成犯罪,只能构成侵权行为,依照《侵权责任法》第19条追究侵权责任。故意侵害他人的身体健康,造成轻伤害,构成伤害罪;过失致人轻伤害则不能构成犯罪,只能构成侵权行为。

5. 法律对其行为的形态的要求不同

犯罪行为无论是既遂、未遂还是预备,都可能构成,既遂当然构成犯罪,未遂在多数情况下也构成犯罪,在法律有规定的情况下,犯罪预备也作为犯罪处理。而侵权行为只能是既遂的行为,即造成损害结果的才能构成,无论是未遂还是预备,也无论情节多么严重,只要是没有造成损害结果,就不能认其为构成侵权行为。

(三)侵权行为与犯罪行为的联系

虽然侵权行为与犯罪行为有如此的区别,但它们还是有一定的联系的。

首先,这两种行为都是违法行为,在违法性这一点上,是完全一致的。只不过犯罪行为违反的法律是刑事法律,而侵权行为违反的是民事法律。

其次,这两种行为都是应当受到法律制裁的行为,虽然制裁的责任方式不一样,一种是民事制裁,一种是刑事制裁,但在应当接受法律制裁这一点上,是一样的。

再次,在侵害人身权利和财产权利这一点上,侵权行为与犯罪行为是一样的,犯罪行为中有侵害人身权利的和侵害财产权利的,侵权行为则完全是侵害人身权利和财产权利,虽然在损害的后果和主观状态上,侵权行为与犯罪行为有区别,但是又有重合问题,即侵害人身权利和财产权利的行为在构成犯罪的时候,无疑也是构成了侵权行为。这就形成了侵权责任与刑事责任的竞合问题。按照《刑法》第36条和《侵权责任法》第4条第1款的规定,既应当追究行为人的刑事责任,也应当追究行为人的民事责任。这是民事责任与刑事责任的目的不同使然。因为民事责任的目的在于对受害人的损害的救济,而刑事责任的目的在于惩罚和预防。

案例 1-2

北京市某医院著名眼科医生有两位病患急待角膜移植,但是苦于眼库没有库存角膜。一天,有一位患者病逝,存放在太平间。该医生为了能使两位病患恢复健康,重见光明,潜入太平间,将死者两只角膜摘下,立即为两名病患进行角膜移植,获得成功。死者近亲属第二天送殡,发现死者眼角膜丢失,报警。经过侦查,该医生供述为自己所为。公安机关报捕,检察机关批捕,将该医生进行逮捕。这个行为是侵权行为,而不是犯罪行为。消息见报后,引起社会强烈反响,在舆论干预下,对该医生无罪释放。

二、侵权行为与行政法的违法行为的联系与区别

侵权行为与行政法上的违法行为也是既有联系又相互区别的两大类违法行为。在研究侵权责任法的著作和文章中,人们比较注意的是犯罪行为与侵权行为、违约行为与侵权行为的区别,

不特别注意研究侵权行为与行政法上的违法行为的联系与区别。实际上,这两种违法行为也是应当严格区分的。

行政法上的违法行为,按照通说,是指行政法律关系当事人违反行政法律规范,侵害法律保护的行政关系而尚未构成犯罪的行为①。行政违法行为包括两种,一是行政违法行为,二是违法行政行为。前者是指行政相对一方的自然人、法人或者其他组织违反行政法律、法规规定的行政管理秩序,依法应当承担行政法律责任的行为;后者是行政主体或者公务员违法行使行政权力,依法应当承担行政法律责任的行为。这两种行政法上的违法行为,都与侵权行为有密切的联系,又有重大的区别。

（一）侵权行为与行政违法行为的联系与区别

自然人、法人或者其他组织违反行政法律、法规规定的行政管理秩序的行为,属于行政法调整的违法行为。行政管理主体对于违法行为人,可以依法予以行政制裁,分别不同的具体行为予以不同的行政处罚。在这一点上来说,行政违法行为与侵权行为是不同的。但是,行政违法行为的行为人在实施行政违法行为的时候,如果侵害了其他自然人、法人或者其他组织的民事权利,造成损害,这种行为就同时又构成了侵权行为。因此,侵权行为与行政违法行为的区别是:(1)侵权行为是民事法律规定的违法行为,行政违法行为是行政法律规定的违法行为;(2)侵权行为是应当承担民事法律责任的违法行为,行政违法行为是应当承担行政法律责任的违法行为;(3)侵权行为的法律后果主要是损害赔偿,行政违法行为的法律后果主要是行政法律处罚;(4)侵权行为的行为人所承担的法律责任,是向受害人承担的责任,即向受害人给付损害赔偿,行政违法行为的行为人所承担的法律责任,主要是向国家承担的责任。侵权行为与行政违法行为的联系是,在既违反行政管理秩序,又侵害了其他自然人、法人或者其他组织的民事权利的行政违法行为中,这种违法行为既违反了行政法律,又违反了民事法律,既应当向国家承担行政处罚的责任,又应当向受害人承担损害赔偿的责任。在这种情况下,构成民事法律和行政法律的法规竞合,行为人应当同时接受民事法律和行政法律的制裁,构成行政附带民事损害赔偿责任。

（二）侵权行为与违法行政行为的联系与区别

行政机关是行政管理的权利主体,有权对行政相对方实施行政管理行为。如果行政管理行为违反法律,则构成违法行政行为。从这个意义上说,违法行政行为与侵权行为是不同的。

这两种违法行为的区别有如下三个方面。

(1) 违法行政行为发生在行政管理领域之中,受行政法律调整;侵权行为发生在几乎整个社会领域,是民法所调整的违法行为。

(2) 违法行政行为的行为主体只能是行政主管机关,不可能由其他主体所构成;侵权行为的主体不受任何限制,几乎所有的公民、法人和其他组织都可以成为侵权行为的行为人。

(3) 违法行政行为所承担的法律责任是行政责任,主要形式是自行纠正、撤销、返还权益、恢复原状、责令履行职责;侵权行为的法律责任则主要是损害赔偿,并没有违法行政行为的行政责任中的那些责任形式。

行政违法行为和侵权行为又有密切的联系。当违法行政行为侵害了行政相对方的民事权利的时候,就构成行政侵权行为,成为侵权行为中的一种具体的特殊侵权行为,即《民法通则》第121条所规定的特殊侵权行为。因此,当违法行政行为构成行政侵权行为的时候,违法的行政机关既要承担违法行政行为的行政责任,又要对受害人承担损害赔偿的侵权责任。这就又构成行政附带民事损害赔偿的责任的一种具体形式。

---

① 罗豪才主编:《行政法学》,中国政法大学出版社1996年版,第319页。

三、侵权行为与违约行为的联系与区别

违约行为是指合同之债的一方当事人由于过错不履行或者不完全履行合同义务的违法行为。侵权人不履行合同,就是违背自己在合同中承诺的合同义务,根本没有实施履行合同的行为;不完全履行也称为不适当履行,是侵权人虽然有履行合同义务的行为,但是这种履行合同的行为不符合或者不完全符合合同和法律的要求。违约行为虽然违反的是自己与对方当事人约定的义务,但是这种约定义务是依照法律设定的,法律对这种合同法律关系予以保护,因而法律所保护的合同权利和义务是具有一定的强制性的。一方当事人违反合同义务,构成违约行为,也就是构成民事违法行为。在民法中,侵权行为与违约行为是两种最典型的民事违法行为,在它们之间既有相互联系的一面,也有相互区别的一面。

(一)侵权行为与违约行为的联系

侵权行为与违约行为的联系有以下三个方面。

1. 侵权行为与违约行为都是民事违法行为

这两种行为都是违法行为,违反的都是民事法律。在这一点上,侵权行为与犯罪行为和行政违法行为是完全不同的。侵权行为与后两种违法行为是不同部门法中的违法行为,违反的是民法、刑法和行政法,分别属于民法、刑法和行政法的调整范围。侵权行为与违约行为都是违反民法的行为,都属于民法调整的范围。因此,侵权行为与违约行为在构成上有一致之处,例如,这两种民事违法行为的构成都需要具备过错、行为和因果关系的要件,其中行为的要件都必须违反民法的规定。这些都是一致的。在有些情况下,违约行为和侵权行为就是一个行为,发生民事责任的竞合问题。例如,购买商品,在使用中因商品的缺陷而致消费者或者其他人以损害。这一行为,出卖人既违反了买卖标的物的瑕疵担保责任,构成违约行为;同时,出卖人也违反了保护他人的人身权利和财产权利的法定义务,构成侵权行为。在这种情况下,在历史上,原本是将其作为违约行为来处理的,但是,后来发现按照违约行为来处理,对于保护受害人的合法权益不利,因而将这种行为就规定为侵权行为,责令出卖商品的销售者或者商品的制造人承担侵权的民事责任,使受害人的合法权益能够得到更好的保护。这也证明了这两种民事违法行为之间的密切的联系。

2. 侵权行为与违约行为都是要承担民事责任的违法行为

侵权行为与违约行为既然都是民事违法行为,那么,其必然的法律后果就是承担民事责任,法律强制侵权人或者违法行为人承担法定的民事责任,既制裁违法行为人的违法行为,同时,也对违法行为的受害人进行救济。在这一点上,侵权行为与违约行为是一致的,不同于犯罪行为和行政违法行为。后两种违法行为的行为人所承担的刑事责任和行政责任着眼的是制裁和惩罚,对于受害人的救济几乎不加考虑。而侵权行为和违约行为都是民事违法行为,民事责任的基本着眼点在于救济受害人的损害,保障受害人的权利的实现。

3. 侵权行为与违约行为所承担的主要民事责任形式是一样的

侵权行为的民事责任的主要形式是损害赔偿,辅助形式有返还财产、恢复原状等;违约行为的民事责任的主要形式是继续履行和损害赔偿,如果只是合同不履行或者不完全履行,其民事责任形式应当是继续履行;如果违约行为造成了对方当事人的财产损失,则违约人应当承担损害赔偿的责任。在侵权行为和违约行为都造成了受害人的损失的情况下,这两种民事违法行为的法律后果都是损害赔偿。就赔偿的一般原则和具体内容而言,也是基本一致的。

(二)侵权行为与违约行为的区别

侵权行为与违约行为毕竟不是一种民事违法行为,因而它们之间确实存在明显的区别。这些区别体现在以下五个方面。

1. 行为产生的前提不同

违约行为产生的前提是，当事人之间必须存在特定的权利义务关系，这种权利义务关系的性质还必须是有效的合同法律关系，是相对权，对人权。不存在这种特定的合同法律关系，就不存在违约行为。侵权行为产生的前提，并没有这种特定法律关系的要求，也不必存在这种特定的法律关系。在侵权行为产生之前，加害人和受害人之间，不具有特定的法律关系，只是存在不特定的人身权法律关系和财产权法律关系，其性质属于对世权和绝对权，而不是相对权。

2. 行为所违反的义务的性质不同

侵权行为违反的义务是法定的义务，其性质是不作为的义务，即法律保护民事主体的人身权利和财产权利，任何人都负有不得侵犯的不作为的义务，行为人的行为侵害了民事主体的上述权利，就构成了作为的违法行为。因此，侵权行为的违法性表现为违反法定义务。违约行为所违反的义务，主要是约定的义务，这种义务的产生，不是基于法律的规定，而是基于当事人之间的约定，是基于当事人之间的一致的意思表示而成立的义务。违约行为的违法性也包括违反法定义务，例如法律所规定的缔约当事人之间的相互通知、相互保护的义务，法律规定的合同消灭之后的附随义务都是法定义务，违反者也构成违约行为，但是违约行为的违法性主要表现在违反约定义务方面，违反约定的或者法定的义务的行为，就构成违约行为。

3. 行为的主体不同

侵权行为的主体是不特定的，不要求侵权人必须具备何种必要的条件，任何民事主体都可以成为侵权人。换言之，一切绝对权的法律关系中的不特定的义务人，都可以成为侵权人，不管他是完全民事行为能力人，还是限制民事行为能力人、无民事行为能力人①。违约行为的主体必须是特定的，即违约行为的行为人必须是合同关系中的当事人，不是合同当事人，就没有资格成为违约行为人。由于合同当事人必须是完全民事行为能力人，因而违约行为人也必须是完全民事行为能力人。

4. 行为侵害的对象不同

侵权行为侵害的对象必须是绝对权，即人身权利和财产权利，违约行为所侵害的对象不是人身权和财产权这样的绝对权，而是合同债权，是相对权，且只包括合同一种债权。因此，侵权行为的侵害对象的范围比违约行为的侵害对象的范围要宽泛得多。

5. 承担的法律责任的形式有所不同

侵权行为与违约行为的主要的民事责任形式虽然都是损害赔偿，但是在其他方面，民事责任的具体形式毕竟是不一样的。例如，侵权行为的行为人可以承担精神损害赔偿责任，但违约行为的行为人则不能承担精神损害赔偿责任。侵权行为民事责任中有赔礼道歉、恢复名誉、消除影响的形式，对违约行为则不能适用这些民事责任形式。在侵权行为中较为广泛适用的返还财产、恢复原状这些民事责任形式，在违约行为中也不能适用。在侵权行为与违约行为都可以适用的损害赔偿形式，在具体内容上也有所不同。违约行为的损害赔偿都是赔偿的因合同义务不履行而造成的财产损害，不包括人身损害和精神损害；而侵权行为的损害赔偿既包括财产损害，也包括人身损害和精神损害。

案例 1-3

某甲购买商品，在使用中因商品的缺陷而致人身损害，请求赔偿。这一行为，出卖人既违反了买卖标的物的瑕疵担保责任，构成违约行为；同时，出卖人也违反了保护他人的人身权利

---

① 在这一点上，各国的立法例各不相同，应当注意区别。对此，请参见本书关于监护人的侵权责任的论述。

和财产权利的法定义务,构成侵权行为。在这种情况下,历史上原本是将其作为违约行为来处理的,但是,后来发现按照违约行为来处理,对于保护受害人的合法权益不利,因而将这种行为规定为侵权行为,责令出卖商品的销售者或者商品的制造人承担侵权的民事责任,使受害人的合法权益能够得到更好的保护。

第四节 侵权行为形态

一、侵权行为形态的概念和特征

（一）侵权行为形态的概念

侵权行为形态,是指侵权行为的不同表现形式,是对各类具体侵权行为的抽象和概括。区分各类侵权行为形态,无论是在理论上还是在实践上,对于确定各种侵权行为所应适用的归责原则、责任构成要件、赔偿形式、赔偿范围和免责条件等,都具有重要意义。

侵权行为是一种非常复杂的民事违法行为,有多种多样的表现形式。这些纷繁复杂的侵权行为有一定的规律可循。侵权责任法学正是通过深入研究,寻找这样的规律,按照这样的规律,遵循一定的标准,将它们概括为不同的类型,找出各类侵权行为形态的规律和规则,提出各类侵权行为形态的解决办法。

研究侵权行为形态的意义,在于揭示某一类侵权行为与其他不同类型的侵权行为形态的不同特性,揭示这一类侵权行为形态自己的共性,因而使对侵权行为的研究不断深化,使侵权责任法的研究不断地接近侵权行为的本质。对侵权行为形态的研究与对侵权行为的宏观研究不同,对侵权行为的宏观研究解决的是侵权行为的整体、共性、全部;与对具体侵权行为的研究也不同,具体侵权行为研究的是侵权行为的微观,是对具体侵权行为的揭示。对侵权行为形态的研究是一种中观的研究,在侵权责任法学研究中具有承上启下的重要作用。

（二）侵权行为形态的特征

侵权行为形态具有法定性、客观性和交叉性的法律特征[①]。侵权行为形态的三个法律特征如下。

1. 侵权行为形态的客观性

侵权行为形态是侵权行为本质的客观表现,就是说侵权行为形态是客观存在的,是不同的侵权行为外在的表现形式。这种客观的存在,不是以人的意志为转移的,既不是人们对侵权行为的主观臆想、随意所为,更不是学者的任意推断,而是侵权行为实实在在的客观存在。人们对它们的概括,只是对侵权行为形态客观形式的揭示。

侵权行为形态的客观存在,并不是说它是无法推知、无法掌握的。恰恰相反,只要人们掌握了侵权行为形态客观存在的规律,就可以用准确的语言描述它。侵权责任法学就是研究、揭示侵权行为的内在规律,包括侵权行为形态的规律性,并运用这些规律创建侵权责任法,制裁侵权行为,达到保护自然人、法人合法权益,维护安定、公平的社会秩序的目的。

侵权行为形态的客观性,要求对侵权行为的研究必须实事求是,尊重侵权行为的客观规律,对侵权行为形态的确认必须以客观的经济社会条件为根据,脱离一定社会的经济生活条件,随意

---

① 参见王利明主编:《民法·侵权责任法》,中国人民大学出版社1993年版,第238—240页。

把某种行为确认为侵权行为或者不承认该种侵权行为,都会失去客观的物质和精神基础,违背社会公平、正义的要求,不能发挥侵权责任法的功能①。

2. 侵权行为形态的法定性

侵权行为形态的法定性,是指侵权行为形态是由法律规定的,是进一步强调侵权行为形态的固定化程度。人们对侵权行为经过几千年的研究,已经基本掌握了侵权行为形态的客观存在,因而通过法律的形式,将各种侵权行为形态固定下来。用法律固定下来的侵权行为形态,已经不是侵权行为自然的客观形式,而是体现了人的意志,其中最重要的,就是赋予它法律的强制性。人们不论对于侵权行为形态认识还是不认识,都必须遵守它,不能根据自己的主观臆想"创设"侵权行为的形态。

3. 侵权行为形态的交叉性

侵权行为的各种形态并不是绝对的,而是相对的,是依据不同的标准而作出的不同的分类。因而,侵权行为的各种形态之间没有绝对严格的界限,没有不可逾越的可能。在各种侵权行为形态中,是互相交叉的。例如,一个积极的侵权行为,可能同时是共同侵权行为,又是特殊侵权行为,还可能是与有过失的形态。这种侵权行为形态的交叉,说明了侵权行为形态的复杂性,那就是从不同的角度出发,一个侵权行为就有不同的表现形态,而不能因此证明侵权行为形态是不确定的。

二、一般侵权行为和特殊侵权行为

确定一般侵权行为和特殊侵权行为两种形态的标准,可以有不同的标志,如归责原则、责任构成要件等。事实上,这样两种侵权行为形态最主要的区分标准,是适用侵权责任归责原则的不同:一般侵权行为形态的侵权责任形式适用过错责任原则,侵权责任形态主要是自己责任,即自己对自己的行为所造成的损害承担责任;而特殊侵权责任则适用过错推定原则或者无过错责任原则,责任形态基本上是替代责任,即对他人行为所造成的损害结果或者对自己管领下的物件所造成的损害承担责任。

(一) 一般侵权行为

一般侵权行为,是指侵权行为一般条款规定的侵权行为,即行为人基于自己的过错而实施的、适用过错责任原则和侵权责任的一般构成要件的侵权行为,它的侵权责任方式是自己责任。所以,一般侵权行为的责任主体也就是行为主体。一般侵权行为的行为人必须是具有民事行为能力的人,即能够辨认自己的行为目的、性质及其后果的能力和支配、控制自己行为的能力的自然人。一般侵权行为适用过错责任原则,不仅应以过错为责任的构成要件,而且应以过错为责任的最终构成要件。一般侵权行为适用统一的责任构成要求,这就是所有的一般侵权行为都必须具备违法行为、损害事实、因果关系和主观过错这四个要件,没有任何例外。在适用法律上,按照统一的规定,一律适用统一的赔偿标准。在免责事由上,也都按照法律的统一规定进行。

(二) 特殊侵权行为

特殊侵权行为是相对于一般侵权责任而言的,是指欠缺侵权责任的一般构成要件,并适用过错推定原则和无过错责任原则归责的侵权行为,其侵权责任承担的方式,是间接责任。

案例 1-4

1996年,孙某被车辆撞倒受伤,诱发"癔症型"精神病,经常发作。2001年7月,孙某因为宅基地问题与人争执,再次发病,被家人关在家中。7月23日,孙某趁其丈夫外出,拿了一把菜

---

① 参见王利明主编:《民法·侵权责任法》,中国人民大学出版社1993年版,第239页。

> 刀,藏匿在身后窜出家门,发现对门正在玩耍的李某母子两人,便两眼发直,走上前去,挥刀向李某母子砍去,致3岁的儿子被砍6刀,母亲也被砍3刀。孙某砍伤李某母子后,又砍伤5人,然后将自己砍伤。法院判决孙某的丈夫承担赔偿责任28 148.10元。

特殊侵权行为有四个特点。一是归责原则适用的特殊性。一般侵权责任适用过错责任原则,而特殊侵权行为则依《民法通则》和有关民事法规的规定,适用过错推定原则和无过错责任原则,以保护受害人的合法权益。二是责任构成要件的特殊性。特殊侵权行为的成立不能按一般侵权行为的责任构成要件确定,它由法律根据具体情况规定。这些特殊要件不具有普遍性,每一种特殊侵权行为所要求的特别条件各有不同,不具备该特别条件就不能构成该特殊侵权责任。三是举证责任的特殊性。由于特殊侵权责任适用过错推定责任原则和无过错责任原则归责,所以,实行举证责任倒置,其倒置证明的范围并不是全部侵权责任要件,而只是过错证明。损害事实、因果关系的要件,仍应由赔偿权利人证明;在适用过错推定原则推定过错时,加害人予以否认的,应举证证明自己无过错;在适用无过错责任原则时,加害人主张损害是由受害人或第三人的过错所致时,应当负责举证。加害人证明自己的主张成立的,才可以免责或者减轻责任。四是间接责任是其主要形式,即侵权行为的替代责任。

三、单独侵权行为和共同侵权行为

根据侵权行为的行为主体数量的不同,可以将侵权行为分为单独侵权行为与共同侵权行为两种形态。

(一)单独侵权行为

单独侵权行为是指单独的一个人实施的侵权行为。单独侵权行为是相对于共同侵权行为而言,一个人,包括一个自然人或者一个法人实施的侵权行为,就是单独侵权行为。

(二)共同侵权行为

共同侵权行为,是指两个或两个以上的行为人,基于共同故意或者客观的关连共同,侵害他人合法民事权益,应当承担连带责任的侵权行为。

共同侵权行为的主体须为多个人,即共同侵权人须由两人或两人以上构成。共同侵权人可以是自然人,也可以是法人。共同侵权行为的行为人之间,在主观上具有共同过错,即有共同致人损害的故意,或者具有客观的关连共同,基于此,而使数个行为人的行为连结为共同行为。

在单独侵权行为中,由于加害人只有一个人,因此过错和责任的认定相对简单。在共同侵权行为中,由于加害人是多数人,对共同过错的认定就比较复杂,需要从行为、结果、因果关系等多方面进行综合考察。在单独侵权行为中,只存在一种法律关系,即加害人与受害人之间的关系,而在共同侵权行为中,实际上存在两种法律关系,即加害人与受害人之间的关系、共同加害人之间的关系。

四、积极侵权行为和消极侵权行为

根据侵权行为的行为方式不同,可以将侵权行为分为作为的侵权行为和不作为的侵权行为两种侵权行为形态,也称作积极侵权行为和消极侵权行为。

(一)积极侵权行为

积极侵权行为,是指以作为的方式实施的侵权行为。行为人违反法律规定的不作为义务而实施作为的行为,造成受害人的人身、财产以及精神损害的,构成积极的侵权行为。

在社会共同生活中,人们都处在民事法律关系之中,每一个自然人和法人都是人身权利和财产权利的主体,在自己是自己所享有的权利的权利人的同时,又都是其他权利人的义务人。对于自己所享有的权利,可以自由行使和处分。作为其他权利人的义务人,又都负有不可侵犯的义务。这种义务是法定义务,任何人都不得违反。在这种法定义务中,绝大多数内容,是法律规定的不作为的义务,即作为义务人,必须履行不得侵害权利人的权利的不作为义务。违反这种义务,就构成作为的积极侵权行为。

积极侵权行为的特点,是行为人主动实施违法行为,侵害对方当事人的人身权和财产权。在侵害财产权的侵权行为中,侵占、毁坏他人的财产,阻碍财产所有权人依法行使权利,等等,都是积极侵权行为。在侵害人身权侵权行为中,殴打他人、剥夺他人生命、伤害他人健康、侮辱他人名誉、非法限制他人的人身自由等,都是积极侵权行为。

(二) 消极侵权行为

消极侵权行为,是指以不作为的方式实施的侵权行为。行为人违反法律规定的作为义务而不作为,致使受害人受到损害的,应当承担侵权责任。

确定消极侵权行为的前提,是行为人负有特定的作为义务,这种特定的作为义务,不是一般的道德义务,而是法律所要求的具体义务。特定的法定作为义务的来源:(1)来自法律的直接规定,如《婚姻法》规定,父母有管教未成年子女的义务、母亲对于哺乳期子女有抚养义务、亲属之间负有扶养义务等。(2)来自业务上或职务上的要求,如修建地下工作物应负预防危险的作为义务、游泳场救护员负有抢救落水者的作为义务等。违反上述职务上或业务上的作为义务而不作为者,为不作为的侵权行为。(3)来自行为人先前的行为,行为人先前的行为给他人带来某种危险,对此,必须承担避免危险的作为义务。

本 章 小 结

本章对侵权行为进行了全面论述。首先阐述了侵权行为的概念。侵权行为是指行为人由于过错,或者在法律特别规定的场合不问过错,违反法律规定的义务,以作为或不作为的方式,侵害他人人身权利和财产权利及其利益,依法应当承担损害赔偿等法律后果的行为。其次介绍了侵权行为的法律特征。本章重点介绍侵权行为一般条款的概念和作用,特别介绍了我国《侵权责任法》规定的大小搭配的双重一般条款的立法模式,说明其调整功能和适用方法。比较了侵权行为与其他违法行为。侵权行为的性质是民事违法行为,与犯罪行为、行政法上的违法行为和违约行为等其他违法行为既有联系又有区别。最后介绍了侵权行为形态,即侵权行为的各种不同的表现形态,研究它对于确定各种侵权行为所应适用的归责原则、责任构成要件、赔偿形式、赔偿范围和免责条件等都具有极为重要的意义。侵权行为形态可分为一般侵权行为和特殊侵权行为、单独侵权行为和共同侵权行为、作为的侵权行为和不作为的侵权行为。

【关键术语】

侵权行为　侵权行为一般条款　其他违法行为　侵权行为形态

【思考题】

1. 怎样正确理解侵权行为的概念?
2. 侵权行为一般条款应当如何理解?我国侵权责任法规定侵权行为一般条款的特点是什么?
3. 侵权行为有哪些特征?
4. 侵权行为与违约行为有哪些区别和联系?
5. 侵权行为有哪些形态?研究侵权行为形态的意义是什么?

第二章 侵权责任法

本章要点

本章依照《侵权责任法》第1条、第2条和第5条规定,主要介绍了侵权行为法的概念、特征、功能、渊源、结构以及侵权责任法在我国民法中的地位,重点介绍侵权特别法和侵权法司法解释。最后比较了侵权责任法与其他法律的联系与区别。

第一节 侵权责任法的概念和在民法体系中的地位

一、侵权责任法的概念

(一)侵权责任法的概念

侵权责任法是指有关侵权行为的定义和种类以及对侵权行为如何制裁、对侵权损害后果如何补救的民事法律规范的总称①。

狭义的侵权责任法,是指以《侵权责任法》命名的法律,是《中华人民共和国侵权责任法》,这是全世界成文法中第一部以侵权法命名的侵权法。广义的侵权责任法,是指《侵权责任法》以及侵权责任特别法。《侵权责任法》第5条规定:"其他法律对侵权责任另有特别规定的,依照其规定。"这些特别法,以及侵权法的法规、司法解释等,也属于广义的侵权法。

(二)侵权责任法的特征

侵权责任法作为民法的一个具有相对独立地位的法律,有其独特的逻辑体系和完整的结构。与民法的其他法律即物权法、债法、人身权法、知识产权法、继承法和亲属法相比,侵权责任法具有如下四个特征。

1. 侵权责任法的表现具有高度概括性

侵权责任法的内容极其广泛,涉及范围特别宽。但是,从各国的民事立法来看,侵权责任法的内容都极为简洁、概括。例如,《法国民法典》共有2 283条,但是有关侵权法的第四编第二章却只有5条条文,只占0.21%;《德国民法典》有2 385条,有关侵权行为的规定有31条,在各国侵权责任法中是较多的,但也只占1.3%;《日本民法》共有1 044条,有关侵权行为的规定有16条,占1.53%;《意大利民法典》为2 969条,侵权法的条文17条,占0.57%。我国《侵权责任法》共有92条,是立法条文较多的侵权法,仅次于埃塞俄比亚的侵权法。

对于内容极其广泛的一种法律,却能用极其简要的法律条文加以规定,不能不说侵权责任法的条文极具概括性。这就是侵权行为一般条款的功劳。假如没有侵权行为一般条款,侵权责任法绝对不会这样的简洁。例如,《法国民法典》第1382条、《德国民法典》第823条、《日本民法》第

---

① 王利明、杨立新著:《侵权行为法》,法律出版社1996年版,第11页。

709条和我国《民法通则》第106条第2款,都极具概括性。正如法国学者泰尔瑞伯尔(Tarriple)所说的那样:"这一条款广泛地包括了所有类型的损害,并要求对损害作出赔偿,赔偿的数额要与受损害的程度相一致。从杀人到轻微伤人,从烧毁大厦到拆除一间价值甚微的板棚……对任何损害都适用同一标准。"①正因为如此,侵权责任法才具有这样的高度概括性。

2. 侵权责任法的内容极具复杂性

侵权责任法是一种非常复杂的法律。这是因为,一方面,侵权行为不仅发生在财产关系和人身关系的领域,而且广泛地发生在其他各种领域之中,在劳动关系、环境保护关系、自然资源管理关系等,举凡有人类生活和活动的场合,就有侵权行为发生的可能;另一方面,在现代社会当中,大量的法律关系发生竞合现象,侵权行为与犯罪行为、侵权行为与行政违法行为之间的竞合大量发生,许多犯罪行为可以同时构成侵权行为,多数违反行政管理的行政违法行为也都构成侵权行为,其中所有的违反治安管理造成损害的行政违法行为,都构成侵权行为。此外,侵权责任法的渊源也极其复杂,法律规范的内容、层次、等级各不相同。正是由于侵权责任法所概括的侵权行为极为复杂和其自身的规范形式也极为复杂,因而侵权责任法是一种极为复杂的法律。

3. 侵权责任法的内容和体系相当完备且系统

尽管侵权法的内容十分概括,又十分复杂,但是它却有完备的立法体系和完善的理论系统。这是由于侵权责任法的发展历史所决定的。在几千年以前产生的侵权责任法,在罗马法时期,就有了较为完整的立法体系和较为完善的理论系统,又经过了一千多年的不断完善和发展,侵权责任法已经经过了千锤百炼,成为成熟的法律。侵权法的完整性和完善性表现于:在立法上,侵权责任法的条文虽然不多,但是它的逻辑严谨,内容完备,在短短的条文中,概括了侵权行为的一般概念、种类、归责原则、制裁手段和救济方法等所有的内容,使侵权责任法成为一部立法最精炼、内容最广泛、体系最完整的法律。这是任何一部法律都不能达到的。在理论上,侵权法学也是具有完备体系的法学理论系统,其理论体系的厚度并不亚于刑法理论。在国外,侵权法学专著数量众多;在我国,近几年侵权责任法学专著也不断问世,侵权法学的研究已经到了一个相当深入的程度。

4. 侵权责任法是具有强制性的法律

侵权责任法以保护民事主体的民事权利为主要调整目标。它的主要功能不在于对民事权利的确认,而是在于对民事权利的保护。在这一点上,侵权责任法与其他民法部门法有着明显的区别。例如,物权法和合同法虽然也有对权利受到侵害的救济手段的规定,但是,这两种法律的基本功能却在于授权,确认民事主体享有什么样的物权和合同权利。继承法则在更大的范围内,规定继承的权利及其实现的方法和程序。至于人身权法,则完全是授权,而将对人身权利的保护问题,全部交由侵权责任法去完成。民法的这些部分其基本内容是任意性法律,而不是强制性法律。而侵权责任法则不是,侵权责任法主要着眼于对侵权行为的制裁和对侵权行为受害人的法律保护,这种制裁和保护都是与侵权人实施侵权行为的初衷相违背的,与其意愿和目的完全相反,因而,侵权责任法的规范绝大多数是强行性的规范,而不是任意性的规范,不允许当事人对侵权行为的归责原则、责任构成、举证责任等强行规定协议改变,也不允许行为人将自己应当承担的侵权责任转嫁他人,更不允许侵权人拒绝承担侵权责任。

当然,也不排除侵权责任法的一些规范具有任意性,权利人可以处分自己享有的赔偿权利,可以与对方当事人协商解决侵权赔偿纠纷。这是因为侵权行为仍然是债的发生根据之一,侵权行为产生的赔偿请求权仍然具有债权的性质。但是,这些都不能否定侵权责任法的强制性规范特点。

---

① 《国际比较法百科全书·侵权行为·为自己的行为之责任》,纽约海洋出版公司1975年版,第13页。

二、侵权责任法在民法中的相对独立地位

侵权责任法究竟是一种什么样的法律,依照不同的法律传统,有不同的理解。

(一)两大法系的基本做法

大陆法系各国在制定民法典中规定侵权法的基本思路,都把侵权法作为债法的具体内容来安排。基本做法是把侵权法放在债法之中,作为债法的一个组成部分。例如,《法国民法典》虽然将侵权责任法放在一个独立的编中,但是其标题是"非经约定而发生的债",认其为债的性质。《德国民法典》则将侵权法放在债法的第七章"各个债的关系"中,作为最后的一种债的关系,即侵权行为之债,加以规定。《日本民法典》突出侵权法的地位,将侵权法与契约之债、不当得利之债和无因管理之债并列,认其为侵权行为之债。《意大利民法典》的做法则与《日本民法典》基本相同。中国台湾民法典的做法,则是将其作为债的发生根据,规定在债法中的"债的发生"一节。《俄罗斯联邦民法典》将侵权行为的后果作为债的一种形式,规定在债编之中,为"因损害所发生的债"。

这些做法的基本立意,在于侵权行为所产生的权利义务与合同产生的权利义务本质相同,因此同属于债权法,称之为侵权行为之债。侵权行为之债与合同之债的区别在于,前者为法定之债,后者为任意之债,但两者权利本质相同,均属于相对权和请求权,具有共同的本质和效力,其转移、变更、清偿、消灭,以及可分债权与不可分债权,种类债权与特定债权,选择债权债务、单独债权债务等,适用同样的规则即债权总则的规定①。这样做的好处是根据侵权法的债的本质,将其归入债法的体系之中,接受债法总则的约束。

英美法系的基本特点是非法典化的判例法,没有成文的民法典,但是在其法律的基本体系中,侵权法是相对独立的民法部门,与财产法、合同法等民法部门法的地位是平等的。同时,英美法系的民法没有债法的总的概念,因此,不考虑侵权责任法与债法的协调问题,也没有必要与合同法之间的共同之处进行平衡,侵权责任法就有了相对独立的地位。英美法系的侵权法与大陆法系的侵权法,就相似的侵权行为事实可能有近似的判定结果,但就侵权行为诉讼的方式、形式、法律理由等等而言,两种法系具有显著不同的特点②。英美法系的这种做法,使侵权法在民法体系中的地位大大提高,更有助于凸显侵权法在调整民事法律关系中的作用,更好地实现侵权法的职能。

(二)两大法系的融合和我国的研究成果

随着历史的发展,世界上的两大法系无论是在立法形式上还是在法学理论上,都在相互融合、渗透,相互之间越来越借鉴对方的优点和长处,以补充、完善自己,使两大法系之间的界限越来越模糊。在英美法系,侵权法的成文法倾向越来越明显,制定了一些成文的单行侵权法,改变了一直延续下来的判例法的习惯。在大陆法系,虽然还没有一个国家制定独立的单行侵权法,但是制定单行的侵权特别法的越来越多;尤其是在理论上,已经打破了侵权法是债法的组成部分的传统观念,越来越倾向于把侵权法作为民法的一个相对独立的法律部门。在我国,立法者在制定《民法通则》的时候,就把侵权行为的规定从债权规定中拿出来,放在"民事责任"中作出单独的规定。这就使侵权责任法的相对独立地位有了进一步的增强;在理论上,越来越多的学者把侵权责任法作为一个相对独立的民法部门法来研究,"侵权责任法学"的主张已经得到普遍的承认,立法机关已经把这种理论作为立法基础,专门制定了《侵权责任法》。

---

① 参见梁慧星:《民商法论丛》第13卷,《中华人民共和国民法典大纲(草案)》,法律出版社2000年版,第822页。
② 参见徐爱国:《英美侵权责任法》,法律出版社1999年版,第9页。

（三）我国《侵权责任法》的立法基本思想

我国《侵权责任法》立法的基本思想如下。

按照大陆法系的做法，将侵权责任法置于债法之中，是符合侵权行为所产生的权利义务的本质的，那就是侵权行为所产生的权利义务关系就是债权债务关系，其基本规则适用债法的原则。但是，20世纪的侵权责任法发展十分迅猛，其内容不断扩张，尤其是在具体的侵权行为形式上，不断发展变化，成为现代社会调整利益关系，保护人的权利的极为重要的法律部门。在这样的情况下，侵权责任法日益试图冲破债法的局限，寻求自己在民法体系中的相对独立地位，以更好地发挥自己的作用和职能。

相比较而言，英美法系对侵权责任法赋予相对独立地位的做法，就有更为重要的借鉴意义。首先，赋予侵权责任法以民法体系中的相对独立地位，就使侵权责任法不局限于债法的限制，而是在债法的原则指导下，突出自己的特点，发挥自己的独特调整作用。其次，给予侵权责任法以相对独立的地位，就使侵权责任法的发展具有保障自身伸展、扩充的空间，不受侵权行为是"债的发生根据""债的一个具体形式""具体债的关系"的束缚，可以按照自己本身的发展规律充分发展。再次，也是最重要的，给予侵权责任法以相对独立地位，就是给侵权责任法在民法体系中以独立表演的舞台，这对于充分发挥侵权责任法在调整社会经济利益，调整社会关系，保护人的权利方面，更能够发挥其职能。

《侵权责任法》正是基于这样的考虑，借鉴英美侵权法的做法，将侵权责任法首先规定为一部单独的民法基本法，使其脱离债法的体系。在将来编纂民法典的时候，将其作为独立一编，与物权法、债权法、亲属法、继承法和知识产权法相并列，使其成为民法体系中专司民事权利保护功能的相对独立部分。

第二节 我国侵权责任法的立法目的

《侵权责任法》是我国民法的基本组成部分，着重解决民事主体的民事权利保护问题。该法第1条规定："为保护民事主体的合法权益，明确侵权责任，预防并制裁侵权行为，促进社会和谐稳定，制定本法。"其立法目的有如下四个方面。

一、救济受到损害的民事权利，保护民事主体的合法权益

民法是权利法，其全部内容都是在规定民事主体享有的民事权利，以及行使民事权利的基本规则。《侵权责任法》在民法中的基本性质是民事权利保护法，其功能在于为民事主体的民事权利提供保障。民事权利受到非法侵害时，《侵权责任法》确认被侵权人一方取得侵权请求权，侵权人一方构成侵权责任，通过由侵权人承担侵权责任的方式，救济被侵权人的民事权利，使其恢复至没有受到损害时的状况，保护民事主体的民事权利。因此，《侵权责任法》最重要的立法目的就是保护民事主体的民事权利不受侵害，保证民事权利受到侵害时能够得到及时救济。

侵权责任法保护的民事权益范围，第2条第2款作了规定，即"本法所称民事权益，包括生命权、健康权、姓名权、名誉权、荣誉权、肖像权、隐私权、婚姻自主权、监护权、所有权、用益物权、担保物权、著作权、专利权、商标专用权、发现权、股权、继承权等人身、财产权益"。据此，侵权责任法保护的民事权益范围作如下理解：

（1）民事权益包括权利和利益。条文中"人身、财产权益"的表述，表明《侵权责任法》所保护的内容，既包括民事权利，也包括民事利益，即包括人身权利和财产权利、人身利益和财产利益。

（2）民事权利应当包括但不限于列举的那些权利，应当列举的《侵权责任法》保护的权利范

围是：①人格权，包括生命权、健康权、身体权、姓名权、名称权、肖像权、名誉权、信用权、荣誉权、隐私权、婚姻自主权、人身自由权等；②身份权，包括配偶权、亲权、亲属权、监护权；③物权，包括所有权、用益物权和担保物权；④债权，股权；⑤知识产权，包括著作权、专利权、商标专用权、发现权；⑥继承权。

（3）《侵权责任法》保护的民事利益是合法利益。在这一规定中，没有对《侵权责任法》保护的民事利益进行限制。对此，可以采取德国法的方法确定：首先，凡是法律已经明文规定应当保护的合法利益，应当是《侵权责任法》保护的范围，例如死者的人格利益和胎儿的人格利益，以及其他人格利益；其次，故意违反善良风俗致人利益损害的行为，是《侵权责任法》调整的范围；再次，利益损害应当达到重大程度，民事利益的轻微损害不应当作为侵权责任法保护的范围，以更好地对民事主体的行为自由予以保护。例如，造成口部健康损害影响亲吻，造成双上肢截肢影响"挠痒痒"的利益损害，均不是重大利益损害，不应予以《侵权责任法》特别保护。

二、确定侵权请求权的构成要件，明确侵权责任

《侵权责任法》保护民事权利、救济民事权利损害的基本方法，是赋予受到侵害的民事权利主体以侵权请求权，被侵权人可以请求侵害其民事权利的侵权人承担损害赔偿等侵权责任。因此，《侵权责任法》的性质是责任法，而不仅仅是行为法，其全部内容都是规定法律对侵权责任的要求。它不仅要规定确定侵权责任的归责原则和一般构成要件，规定侵权责任的方式、免责事由等侵权责任的一般要求；还要规定侵权责任的具体类型，规定特殊侵权责任的构成要求。因此，《侵权责任法》就是确定侵权责任的民事基本法，是通过确认侵权责任实现保护民事权利目的的法律。

三、主要以财产性的民事责任惩罚侵权人，制裁侵权行为

大陆法系侵权法并不强调侵权责任的惩罚性，而强调其补偿性。其实，《侵权责任法》的惩罚性主要表现在两个方面：一方面，《侵权责任法》强制侵权人承担财产性民事责任，补偿被侵权人的权利损害，使侵权人接受不得不支付财产的惩罚，特别是精神损害赔偿更具有惩罚作用；另一方面，我国《侵权责任法》采取适当承认惩罚性赔偿金的做法，对于造成人身权受到损害的恶意侵权行为，确定有限度的惩罚性赔偿金，更好地发挥对侵权人的惩罚性作用，制裁违法行为。

四、预防侵权行为，促进社会和谐稳定

不论是对民事权利人的保护，还是对侵权行为的制裁或惩罚，其重要目的之一，都是对侵权行为的预防。《侵权责任法》的这种预防作用类似刑法中的一般预防，通过对侵权行为的制裁和对侵权人的财产惩罚，发挥《侵权责任法》的调整功能，在社会中发挥一般的警示作用，教育群众遵守民事法律、尊重民事权利、履行民事义务、不侵害他人的民事权利，进而规范市民社会秩序，使民事法律关系的流转正常进行，促进社会的和谐和稳定，保障人民安居乐业。

第三节 侵权责任法与其他法律的联系与区别

一、侵权责任法与刑法

刑法和侵权责任法一样，都是统治阶级意志的体现，是保护自然人和法人的合法权益、维护社会公平和正义、保障社会经济和生活秩序的重要法律形式。

（一）侵权责任法与刑法的联系

侵权责任法和刑法是联系相当紧密的两部法律。首先，大部分的犯罪行为与侵权行为相联

系,有些犯罪行为就是侵权行为的进一步发展的结果。在刑法中规定的侵害财产权利、人身权利的犯罪,其实就是侵权行为的进一步发展。当侵权行为还没有具备犯罪所要达到的社会危害性的程度的时候,它就是侵权行为,需要民事法律制裁手段予以制裁。当侵权行为进一步发展,达到了一定的社会危害性的时候,侵权行为就转化为犯罪行为,就应当接受刑罚的制裁。例如,故意侵害健康权,如果造成轻微伤,则为侵权行为;如果造成轻伤害,则构成犯罪。过失侵害健康权,造成轻伤害,则为侵权行为;造成重伤害,则构成犯罪。其次,很多犯罪行为需要侵权责任法的救济手段进行救济。在侵害财产权和人身权的犯罪中,由于犯罪行为给被害人造成财产损失的,要以刑事附带民事的制裁手段,救济被害人的损失,使被害人受到损害的权利得以恢复,同时,也对罪犯给以必要的财产惩罚。因此侵权法与刑法具有密切的联系。

(二)侵权责任法与刑法的区别

侵权责任法和刑法相比较,具有如下四个区别。

1. 在法律体系中的地位不同

在英美法系,侵权法为独立的法律;在大陆法系,侵权法为民法的组成部分。在我国,侵权责任法也不是独立的法律部门,只是民法中的一个重要部门法。而《刑法》却是一个独立的法律部门,是国家的基本法。因此,侵权责任法和刑法在法律地位上是不同的。

2. 调整对象不同

侵权责任法是规定侵权行为及其民事责任的法律,调整的是侵权行为和因侵权行为产生的损害赔偿责任的关系,这些法律关系均为民事法律关系。而《刑法》作为规定犯罪和刑罚的法律,主要调整犯罪与刑罚的关系。只有那些触犯刑律,具备了刑法规定的犯罪要件的行为,才受刑法调整;而对于尚未构成犯罪,造成他人损害的不法行为,由《侵权责任法》调整。

3. 适用的目的不同

侵权责任法适用的目的,主要是补偿受害人因侵权行为所受的损害,通过赔偿的办法使已经受到侵害的财产关系和人身关系得到恢复和补救。当然,侵权责任法也具有教育不法行为人、预防违法行为的目的。刑法规定的刑罚方法,在适用中的主要目的是惩罚犯罪行为人,并教育和警戒犯罪行为人和社会上可能犯罪的分子,达到预防犯罪的目的。补偿和惩罚,是两种法律适用目的的显著区别。

4. 法律性质不同

侵权责任法所规定的侵权责任,在适用上具有一定程度的任意性,即受害人有权决定是否要求行为人赔偿,就赔偿问题可由当事人协商,受害人可以要求行为人仅负部分赔偿责任。刑法是国家的强制法,体现了刑罚的强制性。除少数自诉案件以外,刑事责任不得由受害人自由免除,刑事责任的承担也不能由受害人决定。

二、侵权责任法与行政法

行政法,是规定国家行政机构的组织及其管理活动的法律规范的总和,它与以调整平等主体之间的财产关系和人身关系为任务的民法以及侵权责任法,既有密切联系,又有显著区别。

(一)侵权责任法与行政法的联系

侵权责任法和行政法之间具有密切的联系,主要表现在如下两个方面。

(1)有些侵权行为本身就是行政违法行为,构成民事责任和行政责任的竞合。例如,在公共场所侵害公民的健康权、身体权,尚未造成严重后果的,既是侵权行为,又是行政违法行为;既应当承担行政责任,如治安管理处罚的制裁,又应当赔偿受害人的财产损失。因此,《侵权责任法》第4条第1款规定:"侵权人因同一行为应当承担行政责任或者刑事责任的,不影响依法承担侵权责任。"

(2) 在国家赔偿责任上,既是《侵权责任法》规定的责任,又是行政法规定的责任,是行政法执法过程中发生的侵权行为,是在公法领域中的私法行为。这种侵权行为兼具侵权行为和违法行政行为两种性质,应接受两种法律的调整。

(二) 侵权责任法与行政法的区别

侵权责任法与行政法有原则的区别。主要表现在以下三个方面。

(1) 行政法是国家基本法,具有独立的法律地位,与刑法、民法同处于相同的地位。而侵权责任法只是民法的组成部分,没有独立的法律地位。

(2) 行政法调整的是国家的行政管理行为,调整的是纵向的关系。侵权责任法与民法一样,调整的是平等主体之间的人身关系和财产关系,调整的是横向的关系。

(3) 行政法确定的行政责任,是惩罚性的责任,行为人承担的责任,是对国家承担的责任,例如罚款,应当上缴国家而不能归个人所有。侵权责任法所规定的民事责任,主要性质是补偿性,补偿的是受害人的损失,赔偿款所有权的归属是受害人。

三、侵权责任法与合同法

(一) 侵权责任法与合同法的联系

侵权责任法和合同法是联系最密切的法律,主要表现在以下四个方面。

(1) 侵权责任法和合同法都是民法的组成部分,担负的都是保护自然人和法人的合法权益、补偿受害人的损失、恢复被侵害的权利人的民事权利等任务。

(2) 合同行为和侵权行为都是债的发生根据,对合同行为和侵权行为要适用民法关于债的一般规定。

(3) 合同责任和侵权责任同为民事责任,在责任要件、免责条件、责任形式等方面具有民事责任的共同特点。

(4) 由于责任竞合的不断发展,侵权责任法和合同法已具有逐渐相互渗透和融合的趋势。

(二) 侵权责任法与合同法的区别

尽管如此,侵权责任法和合同法毕竟是民法中相互独立的法律,各自具有相对独立的地位,侵权责任和合同责任也不是完全一样的责任,它们的性质和界限是不能混淆的。侵权责任法和合同法的主要区别表现在以下三个方面。

1. 法律规范的性质不同

合同法大量规范是任意性规范,它要求充分尊重当事人的意志,鼓励当事人在法定的范围内行为。只要当事人所缔结的合同不违反法律和政策,法律就承认其效力。只有在当事人违反合同的约定的时候,对于如何制裁违约行为,才由强制性的规范调整,且仍可由当事人进行协商。侵权行为是侵害他人人身和财产的行为,是法律所禁止的行为。侵权行为虽可产生债的关系,但此种债务与合同当事人自愿设立的合同之债的关系是完全不同的。侵权责任法所规定的侵权责任,虽然受害人一方可以自由处分,但是,侵权责任法律规范的性质是强行法规范,行为人对受害人负有的赔偿责任,也是对国家所负有的责任,行为人是否愿意承担责任和在多大范围内承担此种责任,不以行为人的意志为转移。

2. 保护的权益范围不同

侵权责任法和合同法都要以损害赔偿为其责任形式,且将损害赔偿作为主要的责任形式,以达到补救受害人损失的目的。但在运用损害赔偿责任时,两种法律所具体保护的权益范围不同。合同法保护的是相对权,是订约当事人依据合同所产生的权利;而侵权责任法所保护的是绝对权,是民事主体的人身权和财产权。由于侵权责任法和合同法所保护的权益范围不同,因而它们在民法中所担负的任务和职能并不相同。

3. 规范的内容不同

由于侵权责任法调整的是因侵权行为产生的责任关系,而合同法调整的是交易关系,因而它们在责任的归责原则、构成要件、责任主体、举证责任、责任方式、诉讼时效、免责条件等方面的规定上各不相同。

第四节 侵权责任法的渊源

一、宪法渊源

侵权责任法的渊源是指侵权责任法律规范借以表现的形式,它主要表现在各国家机关在其权限范围内制定的各种法律文件之中。

宪法渊源是侵权责任法的最高指导原则。《宪法》是国家的根本大法,具有最高的法律效力。《宪法》中关于财产所有制和所有权的规定,关于保护公民的人身权和财产权的规定,都是我国侵权责任法的渊源。侵权责任法的一切原则、规则,都是依据宪法的原则制定的,任何条文都不得违反宪法的原则。一切违反宪法原则的规定均属无效,一切违反宪法原则的法律解释均属无效。例如,在《宪法》中,规定人格尊严是人的基本权利,保护人格尊严是宪法原则。在司法实践中,则将人格尊严作为一般人格权,应用侵权责任法的规定加以保护。

在司法实践中,最高人民法院曾经两次引用宪法确定侵权责任法的适用。第一次是关于对工伤事故事先免责条款的效力问题的司法解释,第二次是关于侵害受教育权是否可以请求损害赔偿的司法解释。这两个司法解释都说明了宪法作为侵权责任法的最高法律渊源地位。

二、民法渊源

民法渊源是侵权责任法的主要渊源;这是大陆法系的传统做法。在我国,《侵权责任法》是我国侵权责任法的主要渊源。

《侵权责任法》是具有重要意义的民事权利保护法,是人民性和科学性并举,着重解决民事主体民事权利保护问题的法律,是侵权责任基本法。它作为我国民法的重要组成部分,在社会中将发挥越来越重要的作用,成为中国民事主体的民事权利保护神,发挥其应有的法律调整功能。

三、其他法律、法规渊源

侵权责任法的其他法律渊源,是指单行民事、经济、行政法律和行政法规中有关侵权行为的法律规范。在这些法律渊源中,一是单行法律,如《国家赔偿法》是我国专门规定国家机关行政赔偿和司法赔偿侵权责任的单行法律。二是其他法律,国家制定的大量的单行民事、经济、行政法律和法规中也都有侵权行为的规定。例如《残疾人保护法》、《未成年人保护法》、《妇女权益保障法》、《消费者权益保护法》、《反不正当竞争法》、《产品质量法》和《道路交通安全法》等,都规定了大量的侵权责任法规范。三是单行侵权法规,如《工伤保险条例》就是对这些特别侵权行为制定的单行侵权法规。四是其他法规中的侵权责任法规范,在国务院制定的行政法规中,这样的侵权责任法规范大量存在。这些其他法律、法规中关于侵权行为的规定,极大地丰富了我国侵权责任法的具体内容,并成为我国侵权责任法的重要组成部分。

四、司法解释渊源

最高司法机关关于处理侵权案件的指导性文件,以及对侵权案件如何适用法律所作的解释、批复、答复等司法解释,也是侵权责任法的渊源。一是对侵权责任法的规范性解释,如最高人民法院《关于贯彻执行〈中华人民共和国民法通则〉若干问题的意见(试行)》中关于侵权责任的规定、《关于人民法院审理名誉权案件若干问题的解答》、《关于确定民事侵权精神损害赔偿责任若干问题的解释》和《关于审理人身损害赔偿案件适用法律若干问题的解释》等,就是这种规范性解释。二是批复性解释,是最高人民法院对于具体案件或者具体问题所作的司法解释。这种司法解释更具灵活性、实用性和指导性,是侵权责任法的重要组成部分。

五、行政规章和地方法规渊源

国务院各委、部、局、署、办发布的行政规章中关于侵权行为的规范,地方各级人民代表大会、地方各级人民政府、民族自治地区的自治机关在宪法、法律规定的权限内制定的决议、命令、地方性法规、自治条例、单行条例中有关侵权行为的规定,也都是侵权责任法渊源。如教育部制定的《学生伤害事故处理办法》等,也属于侵权责任法的组成部分。

第五节 侵权责任法的结构

一、狭义侵权法的总则和分则结构

研究侵权责任法的结构,是研究侵权责任法是由哪几个部分构成的。它与侵权责任法的渊源既相联系,又有区别。侵权责任法渊源研究的是它的外在表现形式,侵权责任法的结构研究的是它的内在组成部分。

(一)总则性规定和分则性规定的区别

我国《侵权责任法》在结构体例上,对两大法系侵权法的立法结构都有借鉴,采用新的方法,大体上为总则、分则结构。总则采用大陆法系侵权法的一般性规定,分则采用英美侵权法的类型化规定。《侵权责任法》一共有12章,分成总则性规定和分则性规定两部分:第一部分为第一章到第三章,是侵权法的总则部分,规定了侵权责任的一般规定、责任构成、责任方式以及不承担责任和减轻责任的免责事由;从第四章至第十一章属于分则性规定,第四章关于责任主体的特殊规定中规定的是责任主体特殊的侵权行为类型,第五章到第十一章规定的是特殊侵权责任类型,相当于一个不完善的侵权法分则。

《侵权责任法》的这种结构安排,既借鉴了大陆法系侵权法的立法结构,又借鉴了英美侵权法的立法结构,是两大法系侵权法立法结构的融合。《侵权责任法》的适用规则是:一般侵权责任适用总则性规定,分则作出特殊规定的,适用分则的特殊规定;特殊侵权责任适用分则规定,同时适用总则的相应规定。这两个部分结合起来,就构成了侵权责任法的完整体系,适用方法非常明确,也很容易掌握。

(二)区分总则性规定和分则性规定的意义

区分《侵权责任法》的总则性规定和分则性规定的意义,在于法律适用方法不同:总则性规定,在所有的侵权责任纠纷案件中几乎都要适用;分则性规定,则应当根据侵权责任类型选择适用,适用方法属于"对号入座"。

二、广义侵权法的普通法和特别法结构

我国广义上的侵权责任法的结构,是由侵权普通法和侵权特别法两个部分组成的[①]。

我国的侵权普通法,是指我国《侵权责任法》。侵权特别法是指我国立法中,非民事法律中的侵权法律规范的总和,包括侵权行为的单行法和其他非民事法律中的侵权责任法律规范。

---

① 关于侵权特别法的问题,参见杨立新:《侵权特别法通论》,吉林人民出版社1991年版。

（一）侵权普通法与侵权特别法的区别

因此，侵权普通法与侵权特别法两者之间是一般和特殊的关系。两者的区别具体体现如下。

1. 适用范围的区别

《侵权责任法》是侵权普通法，它的适用范围是普遍的，即适用于一切侵权行为；而大量的侵权特别法的规定，仅适用于特定领域和特定事项。例如，《国家赔偿法》只适用于国家赔偿领域，《道路交通安全法》只适用于道路交通事故的赔偿，《内河交通安全管理条例》、《公路管理条例》中关于侵权行为的规定仅适用于该特定领域。

2. 对人效力的区别

对于一切侵权人普遍适用的侵权责任法，是侵权普通法；而仅适用于特定的侵权人的规定属于侵权特别法。例如，《侵权责任法》的规定对一切侵权人都发生效力；而《邮政法》专门规定了邮政侵权损害赔偿责任，这些规定仅适用于在邮政企业范围内发生的邮政企业或邮政工作人员，因从事邮政业务而致受害人损害的情况，因而属于侵权特别法。

3. 具体内容的区别

《侵权责任法》的内容是普遍适用的，包括侵权行为的概念、归责原则、责任构成、赔偿原则、赔偿方法以及诉讼时效；而侵权特别法所规定的侵权行为，在具体内容上总是有所区别。可见，侵权普通法和侵权特别法的区别主要体现在具体内容上，而不在表现形式上。以诉讼时效为例，《民法通则》关于侵权行为诉讼时效的规定，普通诉讼时效为2年，侵害人身权的诉讼时效为1年，最长时效为20年；而《环境保护法》关于诉讼时效的规定，则不加区分，一律为3年。

（二）区别侵权普通法和侵权特别法的意义

普通法和特别法只是一个相对的概念。某一法律或法律规范相对于此一法律规范是普通法，相对于另一法律规范则是特别法。例如，《环境保护法》关于环境污染侵权责任的规定，相对于《侵权责任法》的规定是特别法，而相对于《海洋环境保护法》中关于海洋环境污染侵权责任以及其他单行环境保护法则是普通法。

区分侵权普通法和侵权特别法的主要意义在于：根据特别法应优先于普通法适用的规则，在适用侵权责任法时，侵权特别法应优先于侵权普通法而适用；只有在不存在或不能适用侵权特别法时，才应适用侵权普通法。这是法律适用的一般原则在侵权责任法律规范适用上的具体运用。

案例 2-1

1995年3月8日晚7时许，贾某某与家人及邻居在北京市某餐厅聚餐，餐厅提供服务所使用的卡式炉燃烧气是北京某气雾剂公司生产的"白旋风"牌边炉石油气，炉具是另一个城市厨房配套设备用具厂生产的"众乐"牌卡式炉。当用完第一罐气后换置了第二罐气又用了10分钟时，卡式炉燃气罐发生爆炸，致使贾某某面部、双手烧伤，送往医院治疗，诊断为深2度烧伤，烧伤面积8%，面部结下严重瘢痕。卡式炉爆炸原因是这种燃气罐不具备盛装该种石油气的能力，而卡式炉仓内漏气也是事故发生的重要诱因。据此，法院判决气雾剂公司和厨房配套设备用具厂共同承担侵权责任，除了承担其他赔偿责任之外，并依据《消费者权益保护法》的规定，判决赔偿精神损害抚慰金性质的残疾赔偿金10万元。

第六节 侵权特别法

一、侵权特别法的一般情况

我国的侵权特别法在形式上分为三大类，具体内容如下。

（一）单行的侵权特别法

我国单行的侵权特别法，目前只有《国家赔偿法》。《国家赔偿法》是专门调整国家机关作为侵权人的侵权赔偿法律关系的专门法，包含行政赔偿法和冤狱赔偿法这两部分内容。《国家赔偿法》对于国家赔偿的种类、国家赔偿的原则、国家赔偿的主体、国家赔偿的范围和具体办法等，都作了规定。

（二）主要内容是侵权特别法的立法

在近几年的立法中，通过了一批重要的法律，其中包含大量的侵权特别法规范。这是侵权特别法的主体内容，如《道路交通安全法》、《产品质量法》、《未成年人保护法》、《妇女权益保障法》、《残疾人保护法》、《消费者权益保护法》、《反不正当竞争法》和《老年人保护法》等。在这些法律中，或者是从一个方面，或者从几个方面，对侵权普通法作了大量补充，完善了侵权责任法的内容，起了重要的作用。其中特别重要的是，《道路交通安全法》对道路交通事故处理规则的规定，《产品质量法》对产品责任的规定，《消费者权益保护法》对人格尊严的保护的规定，都是极为重要的侵权法规范，在现实生活中和司法实践中发挥了极为重要的作用。

（三）其他法律中关于侵权行为的具体条款

在其他一些法律中，多数都规定了与该法有关的侵权行为的具体赔偿内容。在这些法律中，侵权特别法的主要内容如下。

1. 依据侵权普通法的除外条款作出新的规定

例如，2008年修订的《水污染防治法》第85条第2款至第4款关于"由于不可抗力造成水污染损害的，排污方不承担赔偿责任；法律另有规定的除外"。"水污染损害是由受害人故意造成的，排污方不承担赔偿责任。水污染损害是由受害人重大过失造成的，可以减轻排污方的赔偿责任。""水污染损害是由第三人造成的，排污方承担赔偿责任后，有权向第三人追偿"的规定。

2. 在侵权普通法的原则指导下，增加新的规定

例如，《海洋环境保护法》第92条免责条款中的第1款，在规定了战争行为、不可抗拒的自然灾害等不可抗力可以免责的条款外，又增设"负责灯塔或者其他助航设备的主管部门在执行职责时的疏忽或者其他过失行为"作为免责条件；在该条第2款，增加了"完全是由于第三者的故意或过失造成污染损害海洋环境的，由第三者承担赔偿责任"的条文，它虽与过错责任原则的基本宗旨相一致，但以明文加以规定这种情况，等于又创设了新的概括性条文。

3. 不在侵权普通法的约束下，又创造了新的原则性规定，只限于该法适用的范围之内

例如，2009年《食品安全法》第55条规定："社会团体或者其他组织、个人在虚假广告中向消费者推荐食品，使消费者的合法权益受到损害的，与食品生产经营者承担连带责任。"这种规定创设了新的原则性规定，具有新意。

4. 丰富了侵权普通法的具体内容

这种情况是指某一侵权特别法规范并没有超出与其相对应的侵权普通法规范的内容，但在法律规范的"假设"中增加了具体的内容，使该法律规范更易于在实践中执行和掌握的情形。最突出的是《商标法》和《专利法》，分别规定了侵犯商标专用权、侵犯专利权的具体行为，而该法律

规范内的"处理""制裁"并没有变化。

5. 固定了侵权普通法的内容

这种情况是指新的侵权特别法并没有规定新的内容,只是重新强调了在某一方面所出现的侵权行为的规定,使之固定化,以适应该法律着重强调此种侵权行为的需要。例如《婚姻法》第23条,专门规定了父母对子女致人损害的赔偿责任。

二、侵权特别法的作用和立法特点

(一) 我国侵权特别法内容丰富的原因

从前述内容看,我国侵权特别法的内容是相当丰富的。出现这种情况的主要原因有如下四个方面。

(1) 在《民法通则》颁布以前,侵权责任法缺少成文立法,一些急需立法的侵权特别法规应运而生。而《民法通则》对于侵权责任法采用一般化的立法,内容过于概括,缺少具体的规定,对于一些行政法所要调整的侵权损害赔偿法律关系,需要作出更为具体的规定。

(2) 市场经济的日益发展,对侵权责任法不断提出新的要求。民法是市场经济的产物,是为市场经济服务的。在进行现代化建设的今天,民事主体之间的联系日益广泛,与世界各国的经济交往日益增多,要求侵权责任法作出新的规定,为市场经济服务。《消费者权益保护法》、《反不正当竞争法》这些主要内容是侵权责任法规范的法律,就是这样产生的。

(3) 在市场经济条件下,随着经济日益繁荣和交易日益频繁,社会危险因素日益增加,对自然人、法人的人身权利构成威胁,新问题不断出现。为了更好地保护人身权利,国家制定了一系列的权利保护法。

(4) 随着我国社会主义法制建设的不断发展,行政立法遵循其发展的规律,在立法中不断增设侵权特别法规范,加强对权利的保护和损害的救济。

正因为我国侵权特别法是基于这些原因丰富发展起来的,所以,我国侵权特别法的作用就是:适应社会主义市场经济的不断发展和依法治国,建设社会主义法治国家的需要,补充侵权普通法的不足,创设新的侵权损害赔偿的法律规范,以更好地保护公民、法人的民事权利,促进民事流转,保障社会主义现代化建设的顺利进行。

(二) 我国侵权特别法的立法特点

我国侵权特别法的立法具有以下三个特点。

1. 在立法思想上坚持一致性与创新性相结合

立法思想必须一致,这是立法必须遵守的基本原则。"法不仅必须适应总的经济状况,不仅必须是它的表现,而且还必须是不因内在矛盾而自己推翻自己的内部和谐一致的表现。"[①]我国侵权特别法坚持了这样的立法原则,使侵权特别法与侵权普通法之间和谐统一,成为一个有机的整体。但立法思想的一致性并不是绝对的、形而上学的统一,而是坚持唯物辩证法的相对统一。侵权特别法在坚持相对统一的一致性基础上,应当进行必要的创新,创造新的侵权法规范,以适应社会主义市场经济发展的需要。

2. 在立法内容上坚持必要性与完整性相结合

我国的侵权特别法既坚持立法内容的必要性原则,也考虑该部门法的立法内容的完整性,使两者有机地结合起来。特别法应当是确有修改、补充、发展普通法的必要时方可制定,但在制定单行法为保持自身完整性需要时,也可以制定与普通法规定相同的规范。

---

① 《马克思恩格斯全集》第4卷,第484页。

3. 在立法技术上坚持统一性与多样性相结合

我国的侵权特别法在立法技术上,从侵权普通法的基本原则出发,坚持多样性原则,在表现形式上逐步发展,不断完善,特别是近几年的立法,创造了灵活多样的立法形式。既有单行的侵权特别法,又有非民事法律中的侵权特别法规范,表现形式不断发展。

三、侵权特别法的适用原则

由于侵权特别法散见于各个单行法之中,并且内容比较庞杂,时间跨度较大。立法体系又不统一,这就给侵权特别法的施行带来了困难。特别是人民法院在民事审判工作中如何运用这些法律,对于侵权特别法的执行,有着更为重要的意义。

适用侵权特别法,应当坚持以下四条原则。

(一) 特别法优于普通法的原则

这是法律适用的一条基本原则。由于侵权特别法相对于普通法具有特殊的效力,因而在特定的范围内,排斥了侵权普通法的适用。适用这一原则,关键在于掌握侵权特别法的适用范围,以防止强调侵权普通法的普遍适用而不执行侵权特别法以及无限制地扩大侵权特别法适用范围这两种倾向。

(二) 区分总则和分则的原则

在特别法的适用上,应当区别有关总则的一般规定和有关分则的具体规定。对于属于《侵权责任法》总则性的一般规定,应当更多地依照《侵权责任法》第一章至第三章的规定适用法律,因为这部分是总则性规定,是《侵权责任法》确定侵权责任的基本规则。对于属于《侵权责任法》分则的具体规定,应当更多地适用侵权特别法的特别规定,因为特别法规定特别侵权责任,总是根据侵权责任的特殊情形规定的,有特别要求,应当优先适用。

(三) 区分民法性规定和非民法性规定的原则

在规定侵权特别法的法律中,有的属于民法性质的法律,有的属于经济法性质、行政法性质的法律。在这些规定中,有关民法性质的法律规定的侵权特别法,内容比较详细、具体,富有针对性,在司法实践中容易操作,因此,应当优先适用。在行政法、经济法中规定的侵权特别法,通常比较简单,且有些规定也不尽准确,如果与《侵权责任法》的规定有冲突,应当优先适用《侵权责任法》的规定。

(四) 实事求是综合分析原则

由于侵权特别法规范具有分散性,缺乏体系化整理,特别是目前的侵权特别法规范,几乎都是在《侵权责任法》制定之前出台的,因此,具体规范的内容是否正确,是否符合侵权责任法的基本原则和立法目的,尚不完全明确,不能简单化从事。因此在司法实践中,应当将侵权特别法的规范与《侵权责任法》的基本原则和立法目的相比较,违反《侵权责任法》基本原则和立法目的的特别法规范,不能以特别法优先于普通法的原则而优先适用。即使是规定特殊侵权责任规则的特别法规范,如果其与《侵权责任法》规定的同类特殊侵权责任的具体规定相冲突,也应当直接适用《侵权责任法》的规定,不能优先适用所谓的"特别法"。因此,应当依照《侵权责任法》的基本原则和立法目的,综合考察《侵权责任法》和特别法之间的差异,正确分析两者的矛盾,准确理解立法的意图,确定适用特别法还是普通法。对此必须注意:第一,准确掌握侵权特别法规范的立法意图,分清非民事法律中设立的条文是立法之必需还是立法之疏漏。第二,判断的标准,是《侵权责任法》和我国民事立法的基本原则和立法目的。

第七节　侵权责任法司法解释

一、侵权责任法司法解释的基本概况

(一) 侵权责任法司法解释的意义

在司法实践中，最高人民法院对于侵权责任法的适用作了大量的司法解释。这些司法解释针对侵权案件审判实务中的具体问题，依照侵权责任法的立法条文和基本原则，对侵权责任法如何适用作了具体的解释，解决了大量的实际问题，推动了侵权责任法理论研究和司法实务的发展和进步。一些重要的司法解释在侵权责任法的发展中具有历史意义。

侵权责任法司法解释属于法律解释的范畴，与侵权法的适用紧密相关。它作为法律解释的一部分，构成立法解释、司法解释和学理解释完整的法律解释中司法解释的一个环节，仅仅是对民法侵权责任法适用的司法解释。侵权法司法解释作为侵权法适用的具有法律效力的司法解释，对于侵权法的适用和发展具有极为重要的作用。

(二) 我国侵权责任法司法解释的特征

我国的侵权法司法解释，是最高人民法院依据法律赋予它的权力，对侵权法的适用所作的司法解释。它具有以下四个特征。

1. 侵权法司法解释是有效解释

司法解释，是最高司法机关对法律的适用作出的正式解释，在司法实践中，具有法律效力。最高人民法院作出的侵权法司法解释，也是这种正式的有效解释，也是侵权责任法的渊源之一。因而，侵权法司法解释，是正确适用侵权法的重要保障，对于侵权法司法实务具有拘束力。

2. 侵权法司法解释只适用于侵权案件的司法实务

侵权法司法解释，只是民法司法解释中的一个分支系统，它只负责对侵权法的适用进行解释，因而，它的适用范围是有限制的，只适用于侵权案件的司法实务，只对这部分案件的审判具有拘束力。

3. 侵权法司法解释的效力低于侵权责任法

侵权法司法解释，就是根据侵权责任法的内容和基本精神作出的。尽管它是有效解释，但它的效力既不能超过，也不能等同于侵权责任法。这些司法解释只要不与侵权法的基本原则相冲突，实务就应当遵循。

4. 侵权法司法解释只能由最高人民法院作出

近年来，各级人民法院对侵权法司法实务的研究很重视，不断进行调查研究，总结经验，一些高级人民法院陆续制定了一些如何适用侵权法的意见，对该辖区的侵权案件审判实务确有一定的指导性。但是，这些意见只是侵权案件审判经验的规范性总结，既不是司法解释，又不具有参照适用的效力，只能作为办案的参考意见。

(三) 侵权责任法司法解释的形式

侵权法司法解释的种类，按照其外在的表现形式分成两种。

1. 规范性侵权法司法解释

规范性侵权法司法解释是最高人民法院针对侵权法适用中的概括性问题作出的，以规范性的条文形式表现出来的司法解释。它包含两层含义：一是，这种侵权法的司法解释是规范的解释，是适用侵权法的明文规定的标准；二是，这种侵权法司法解释的条文，一般包含假定、处理、制裁三种逻辑因素的准法律规范。这种准法律规范不是法律规范的本身，而是适用法律规范的规

范。这种侵权法司法解释的特点是形式规范,条文简洁,内容概括,是效力最高的司法解释,在侵权法司法实务中具有普遍适用的效力。例如,最高人民法院近几年作出的关于审理名誉权案件的两个司法解释,以及《关于确定民事侵权精神损害赔偿责任若干问题的解释》、《关于审理人身损害赔偿案件适用法律若干问题的解释》等,都是这样的规范性司法解释。

2. 批复性侵权法司法解释

这种司法解释是最高人民法院针对侵权法适用中的具体问题,以批复、复函的形式作出的司法解释。它解决的是侵权法在适用中的具体问题或具体案件适用侵权法的问题。其特点是,内容具体,针对性强,形式灵活,但效力不及规范性司法解释的效力强,仅对个案的处理有拘束力,对类似问题具有参照效力。

侵权法司法解释的上述分类,不仅以其外在表现形式作为划分标准,其产生的过程、针对的问题以及效力均有不同。规范性的侵权法司法解释的产生,是经过反复调查研究概括出具有普遍性的问题,再对这些具有普遍性的问题依据侵权法的规定和原则进行规范性的解释。批复性的侵权法司法解释来源于地方人民法院对适用侵权法的不同理解或疑难问题向最高人民法院的请示,最高人民法院针对这些问题,作出批复或复函。正因为如此,规范性解释和批复性解释都具有不同的适用对象和效力。这两种司法解释相辅相成,构成完整的侵权法司法解释体系。

二、侵权责任法司法解释的作用

从总体上说,侵权法司法解释的作用,与侵权法本身的作用是一致的。从侵权责任法司法解释对于侵权责任法的作用来看,侵权法司法解释的作用如下。

(一) 补充侵权法立法的不足

我国的侵权法作为民法的组成部分,存在立法的不足。在司法实务中,不断发现侵权法立法的不足,理论研究中发现的问题也不断地反映到司法实务之中。侵权法司法解释抓住这些问题,作出如何适用法律的说明,丰富了侵权法的内涵,补充了立法的漏洞,完善了侵权法的体系。主要表现在以下三个方面。

1. 通过司法解释确立侵权法没有规定的新原则

例如,《民法通则》对自然人的名誉权保护作了明文规定,但是对于死亡人的名誉权是否予以保护,没有规定。对此,1989年4月12日最高人民法院《关于死亡人的名誉权应受法律保护的函》和1990年10月27日《关于范应莲诉敬永祥等侵害海灯法师名誉权一案有关诉讼程序问题的复函》,对此作了明确的解释,确立了自然人死亡后其名誉应依法保护的原则,后来又在规范性的司法解释中作了进一步的完善。《关于确定民事侵权精神损害赔偿责任若干问题的解释》则在侵权责任法所保护的范围、精神损害赔偿适用范围等方面,更是补充了立法的不足,其保护人格权的作用是极为重要的①。

> **案例 2-2**
> 叶某家里有一张祖宗的画像,有100多年了。画像上的祖宗是周围30多户人家的共同祖先,每逢过年时,周围30多家叶姓人家的人都要来磕头拜谒,祭奠祖先。由于这张画像年代已久,叶某找到一家装裱店,请店老板钱某装裱。钱某收了这张画之后与太太外出旅游,其岳母在家打扫卫生时,将叶某的祖宗画像当作"破烂"卖给收废品的人。钱某无法向叶某交付画像,与叶某商量赔偿问题。因达不成协议,叶某向法院起诉,按照最高人民法院《关于确定民事侵

---

① 参见杨立新等:《最高人民法院关于民事侵权精神损害赔偿解释释评》,《法学家》2001年第5期。

权精神损害赔偿责任若干问题的解释》第4条规定,要求除了赔偿画像损失之外,还请求钱某承担精神损害赔偿的责任,赔偿10 000元人民币。法院支持了叶某的诉讼请求。

2. 通过司法解释填补侵权法的立法漏洞

所谓立法漏洞又称法律漏洞,系指关于某一个法律问题,法律依其内在目的及规范计划,应有所规定而未设规定①。修补的方法,就是类推适用法律。侵权法司法解释使用这一方法,对侵权责任法立法漏洞作出规范性的司法解释,予以修补。人身自由权是公民最基本的具体人格权,但对人身自由权应当如何进行民法保护,法律未设规定,显系漏洞。为了填补这个漏洞,《关于确定民事侵权精神损害赔偿责任若干问题的解释》规定对人身自由权的法律保护,完善了对人格权的法律保护。

3. 通过司法解释对某些特别情况作出不适用一般原则的规定

例如,诉讼时效制度是普遍适用的原则,为了对国家财产加以特殊保护,1988年《关于贯彻执行〈民法通则〉若干问题的意见(试行)》第170条规定,未授权给公民、法人经营、管理的国家财产受到侵害的,不受诉讼时效期间的限制。

(二) 对适用侵权责任法的分歧明确立场

侵权法司法解释的一个重要作用,就是明确适用中的认识分歧,作出肯定哪种主张,否定哪种主张的解释,并在实务中执行。主要是纠正某种对侵权责任法适用的错误认识,肯定争论中的一种意见,提出一种新的适用法律的办法。

(三) 将侵权责任法不确定的问题具体化

规范性概念和概括条款在侵权法中大量存在。法律的不确定规范概念及概括条款的主要功能之一,在于使法院能适应社会经济发展及伦理道德价值的变迁,而适用法律,使法律能与时俱进,实现其规范功能②。这些规范性概念和概括条款如不具体化,实务中便无法适用。因此,将侵权法不确定的问题即规范性概念和概括条款实现具体化,也是侵权法司法解释的基本作用之一。例如,侵权赔偿方法的具体化,是侵权法司法解释的重要内容之一。最高人民法院2003年12月26日发布《关于审理人身损害赔偿案件适用法律若干问题的解释》,对人身损害赔偿进行了详细规定。

(四) 采纳侵权责任法的科学理论作为司法解释的基础

侵权法学理论是侵权法立法及司法的理论基础,侵权法学理论的深入发展,必定推动侵权法立法和司法的不断进步。侵权法司法解释采用科学的侵权法理论,将理论与实际紧密地结合起来,正是侵权法司法实务不断进步的因素之一,同时又可以推动立法,促进侵权法学研究不断发展,形成良性循环。在这方面应当特别提到的司法解释是《关于确定民事侵权精神损害赔偿责任若干问题的解释》,全面吸收了学术界关于人格权法和精神损害赔偿责任研究的成果,完整地规定了精神损害赔偿在保护人格权方面的作用,使其成为一部极为重要的司法解释。

《侵权责任法》颁布实施之后,最高人民法院面临一个对侵权责任法司法解释的整理和补充的问题,在适当时候制定新的、全面的侵权责任法司法解释。

三、侵权责任法司法解释的适用

侵权法司法解释适用效力的原则是:规范性司法解释具有普遍适用效力,批复性司法解释

① 王泽鉴:《民法实例研习丛书·基础理论》,台湾三民书局1983年版,第164页。
② 同上书,第159页。

原则上只具有参照适用的效力。

侵权责任法司法解释应当适用于侵权行为案件的审理之中,一经适用,就应当在判决、裁定中直接援引,作为判决、裁定的法律依据,所应区别的,是司法解释与法律本身的地位和效力,不应当混同起来。

本 章 小 结

本章主要介绍了有关侵权责任法的基本问题。首先,是侵权责任法的概念与特征。侵权责任法是指有关侵权行为的定义和种类以及对侵权行为如何制裁、对侵权损害后果如何补救的民事法律规范的总称;它的特征表现为内容具有高度概括性和复杂性、体系相当完备而且系统。其次,说明了侵权责任法的功能、渊源、结构。侵权责任法主要有补偿、惩罚、预防三大功能,以及保护民事主体的合法权益,明确侵权责任,预防并制裁侵权行为,促进社会和谐稳定的立法目的;它的法源是宪法、民法、其他法律以及司法解释;侵权责任法的基本结构包括侵权普通法与侵权特别法,并且侵权责任法司法解释在我国侵权责任法中具有重要作用。再次,介绍了侵权责任法在民法体系中的相对独立地位以及与刑法、行政法、合同法等其他法律的联系和区别。最后,介绍了侵权特别法和侵权法司法解释。

【关键术语】

侵权责任法　法律地位　调整功能　立法目的　渊源　普通法　特别法　司法解释

【思考题】

1. 侵权责任法的概念是什么?有哪些特征?
2. 侵权责任法有哪些功能?
3. 侵权责任法的法律渊源是什么?
4. 侵权责任法的结构是什么?彼此间的关系是怎样的?
5. 侵权特别法的适用方法是什么?
6. 侵权责任法的司法解释有哪些类型?应当如何适用?

第三章 侵权法的历史发展

---本章要点---

本章介绍中国古代和近代的侵权法的发展,包括中国古代侵权行为法的发展阶段、基本责任制度和近代侵权行为法的发展脉络;介绍国外侵权法在习惯法时期、古代成文法时期和现代法三个时期的发展线索和主要制度。

第一节 中国古代侵权法

一、中国古代侵权法的发展阶段

中国古代侵权法的发展历史可以概括地划分为三个阶段。

(一) 唐以前的侵权法

中国古代侵权法发展的第一阶段,是唐以前以秦代的侵权法作为标志。这就是秦代吸收了中国奴隶制社会侵权行为立法的遗产和战国时期封建社会初期侵权行为立法的思想和实践,创立了比较完备的中华法系的侵权法体系。

(二) 唐代侵权法

中国古代侵权法发展的第二阶段,是唐代的侵权法律制度。《唐律》中所包括的侵权法规范,也达到了相当高的水平。《唐律》中的财物损害备偿制度、畜产损害的偿所减价制度、过失杀伤人的赎铜入伤杀人之家制度和保辜制度,具有相当的概括性和科学性。

(三) 宋至清的侵权法

中国古代侵权法发展的第三阶段,是宋代至清代的侵权法。这一阶段的侵权法,向着日益完善的方向发展,至清代,已经达到了中华法系发展的顶峰。这种立法实践,也说明了清代的侵权法的立法已经接受了外国侵权法先进的立法思想,为中国新的资产阶级侵权法的出台奠定了基础。

二、中国古代侵权法的基本责任制度

中国古代侵权法共有三大类15种基本责任制度。这些制度的主要内容如下。

(一) 侵害人身的损害赔偿

1. 赎铜入伤杀之家

赎铜制是我国古代律令的一个重要的刑罚制度,为赎刑。赎刑的情况比较复杂。唐代的赎刑分为四种:一是"疑罪从赎",有犯罪嫌疑而又无确凿证据证明,赎之;二是"赎官",这是给贵族、官僚及其家属的一种特权,凡有品级的官员以及他们的某些亲属,犯了流罪以下的罪,都可以赎之;三是出于对某些罪犯的"矜恤"照顾,如老、幼、残疾、妇女等罪犯,各依所犯之罪适用赎刑;四是赎铜入伤杀之家。前三种,赎铜归国库所有;第四种,赎铜给予被害人之家,以补偿被害人因其

伤、残、死而给其家造成的财产损失。这是一种比较典型的人身损害赔偿制度。《清律》的赎刑分为三种，即纳赎、收赎、赎罪。在一般情况下，赎金收归国有，但也规定了若干条文将赎金给受害人及其家，以为赔偿，称之为"收赎给主"。这与上例相同，也是一种人身损害赔偿制度。

2. 断付财产养赡

养赡制度，是一种人身损害赔偿制度。它主要适用于残酷的恶性杀人、重伤等情况，将侵权人的财产责令给付被害人或被害人之家，用以赡养被害人或被害人的家属。中国古代只有明清两代有养赡制度，元以前的律典中没有规定这种制度。

养赡共分三种。一是断付财产给付死者之家。这是对于最为残酷的侵害人的生命权的民事制裁措施，《明律》规定两种，一种是杀一家三人，另一种是采生折割人；《清律》规定两种，一种是采生折割人，一是干名犯义致死。二是断付财产一半，这是对于严重的致人重伤、诬告致死等次一等的犯罪的附带民事制裁措施。三是定额养赡，与以上两种不同，是确定固定的一个数额，给付被害人养赡。

断付财产养赡，作为一种人身损害赔偿制度，其赔偿范围的确定，取决于两个条件：一是侵害客体，是生命权，还是健康权；二是侵权人（罪犯）财产的多少。其中，后一个是主要的标准。这样，赔偿范围不是由损失的大小作为确定的标准，就使这种赔偿不够合理，不够科学。定额的养赡制度，无论什么情况，都是固定的赔偿数额。

3. 追埋葬银

追埋葬银是一种人身损害赔偿制度。其适用范围，绝大多数是过失杀人，只有杀死奴婢时不考虑是否为过失所为。其赔偿数额是固定的。元代为银50两，明、清代为银10两。元代赔偿烧埋银的，包括良人斗殴杀死奴婢、共戏致死和错医致死。

4. 保辜

中国古代律典中的保辜制，是一种最具有特色的人身损害赔偿制度。保辜，从其本意上说，应当是一种刑事法律规范。保辜制的立法意旨是：殴人致伤，区分不同情况，立一辜限，限内由侵害人即罪犯支付医疗费用治疗，辜限内治好，可以减轻处罚，辜限内医治无效，致死、致残，各依律科断刑罚。由于要加害人出钱医治伤害，因而保辜制又是一种财产责任，是一种特殊的人身损害赔偿责任。保辜制保人之伤正所以保己之罪，就可以调动加害人医治伤害的积极性，因而对受害人有利，使受害人的伤害得到及时平复，是一种有效的侵权责任制度。

（二）侵害财产的损害赔偿

5. 备偿

备偿是中国古代侵权法的主要的赔偿制度。备偿，就是全部赔偿、如数赔偿的意思，与今天的"全部赔偿原则"在字义上是相同的。备偿的具体提法，只见于《唐律》和《宋刑统》。《秦律》中的赔、偿、负之如故，元、明、清律典中的赔偿、追赔、验数追赔，也都是备偿的意思，只是提法不同而已。另外，《唐律》中的备所毁，也是备偿的意思。备偿是中国古代侵权法最基本、最重要的财产赔偿制度，贯穿于整个秦至清各朝代的侵权立法。

备偿制度的适用范围，是大多数的侵害财产权场合，但不包括杀伤马、牛等畜产、主观恶性严重的侵害财产权、私借官物、玩忽职守造成的损失和返还原物。

6. 偿所减价

偿所减价，就其字面上讲，就是原物受损以后，以其实际减少的价值作为赔偿的标的，赔偿实际损失。按照常理，这样的原则应当适用于一切受损后仍有残存价值的财产损害，但是，中国古代侵权法的偿所减价只适用于牛、马等畜产遭受损害的场合，不适用于其他财产的损害。究其偿所减价的缘由，概由畜产杀死后的肉、皮、骨的价值很大，杀伤后又可医愈，因而偿减价是十分合理的。

赔偿限于所减价,完全体现了赔偿损失时,应当扣除因损害所获得的新生利益的损益相抵原则。它与备偿制度的基本精神是完全一致的,只是备偿适用于一般动产的损害赔偿,而偿所减价适用于特殊动产即畜产的损害赔偿。

7. 偿减价之半

《唐律》和《宋刑统》出现了偿减价之半的规定,在其他朝代的律令中,尚未发现这种规定。偿减价之半,究其原因,是考虑畜产自相杀伤,与饲养人、管理人的过错无关,因而对于损失由双方当事人分担。

8. 倍备

倍备制度,只是唐宋两代出现的侵权法律制度,其他朝代没有明确规定。但《汉律》中的"加责入官"、《明会典》中的"倍追钞贯"制度,都与倍备制度十分相似。

所谓倍备,就是在原全部赔偿的基础上再加一倍赔偿,也就是加倍赔偿,或者说加倍的备偿制度,也就是今天所说的惩罚性赔偿制度。《宋刑统》同样规定了这一制度,但在实践中已经发现了它的不合理之处,已经明令不再施行了。这是符合侵权损害赔偿的补偿性原则,以后的元、明、清也就再没有设"盗者倍备"的规定了。

9. 折剉赔偿

折剉赔偿是明代才出现的赔偿责任形式,《清律》对此也有规定。秦至元的现有律章中没有这种规定。放火烧人财产,应当折剉赔偿,基本标准,是放火人的家产,这不是现代意义上家庭共同所有财产中自己应有的份额,而是家产全部;家产罄尽和赤贫者,没有办法去"尽",只能免追或止科其罪。折剉,折为折断,分开,剉为拆碎。折剉实为分开几份。因此,折剉是将犯人的全部财产折为银数,再按所烧的受害人数额(以家为单位)分为几份,其中不分官民,"品搭均偿"。赔偿的结果是该还官的还官,该给主的给主。

这种赔偿,其标准是犯人家产的多寡,而不是受害人损失的大小。一主者全偿,即将犯人的财产全赔一主,可能赔多,也可能赔少;数主者分偿,赔多可能性极小,但犯人没有其他财产了,只能如此。

10. 追雇赁钱

追雇赁钱入官,行为侵害的都是财物的使用权。宋代的"使所监临,计庸赁坐赃论",即是擅自使用所监临之物。明代,私借官车船、私借官畜产、私役铺兵、私借役马,均追雇赁钱入官。这些行为侵害的都是官府对官物的使用权。侵害使用权,就赔偿使用费,是合情合理的。

11. 着落均赔还官

着落,即应收与实收之间的差额。着落均赔还官,就是因其掌管的工作,由于过失而造成官府在财产收入上的损失,均应由造成着落之人赔偿这种损失。这是一种财物损害赔偿,义务主体应是掌管一定的为官府收入进项之责的官员,其赔偿的是应收与实收之间的差额,这是一种财产赔偿的制度。

12. 还官给主

这是中国古代侵权法的一种最为常见、使用最为广泛的财产损害赔偿制度,大体上与现代的返还原物相同,但又不完全相同。以各朝代均有规定的赃物见在者,还官、给主为例,其赃物转卖后,持有赃款者,仍为见在,亦要依例追征,还官给主,这就不是严格意义上的返还原物了。另外,返还的不仅是原物,原物的花利等孳息,亦应还主,这就包括间接损失亦应返还。这些实际上都是赔偿。从秦至清,这一制度贯穿始终,也证明了这一制度的深厚社会基础。尤其是明清两代,还官给主的制度适用得最为广泛。

(三) 其他形式的侵权责任

13. 复旧(复故)

复旧,或者复故,就是恢复原状。唐、宋、明、清的律典都作了这样的规定,而且适用的范围都相同,即适用于侵占巷街阡陌。这是一种对类似于侵害相邻权行为的一种民事制裁手段。侵占巷街阡陌,占用了公用的通道,妨碍了他人的使用权,应当承担恢复原状的责任。这是一种非财产性质的民事责任形式。

14. 修立

修立是一种特殊形式的恢复原状的民事责任形式,适用于毁坏建筑物之类的场合,是一种财产损害的恢复原状。宋清两代的律典设有这种民事责任。

修立这种形式,表面上看是恢复原状,好像不是损害赔偿形式,而是非财产责任形式,但由于修立的费用是由侵权人承担,因而仍具有财产损害赔偿的功能。

15. 责寻(求访)

责寻是一种纯粹的非财产性质的民事责任形式。《宋刑统》、《明会典》和《清律》都各只规定了一条,适用对象为财物丢失,范围是很宽的。

三、中国古代侵权法的先进制度

中国古代侵权法的一些具体制度,在世界侵权法的历史发展中具有先进意义。这是我国古代侵权法的精华之所在。

(一) 关于损益相抵原则

损益相抵的原则是近现代侵权法和合同法的制度。尽管有些学者的著述中称在罗马法中就有损益相抵的规定,但是并没有确实的证据。至19世纪德国普通法时期,才有损益相抵的规定。在我国古代的法律中早就有损益相抵规定,且规定得更为明确。在《唐律》、《宋刑统》、《明会典》和《清律》中,都规定了"偿所减价"制度,是指原物受损之后,以其物的全价扣除所残存价值之差额,作为赔偿数额,适用的范围是牛马等畜产遭受损害的赔偿。如《唐律·厩库》"故杀官私马牛"条规定:"诸故杀官私马牛者,徒一年半。赃重及杀余畜,若伤者,计减价,准盗论,各偿所减价;价不减者,笞三十,其误杀伤者,不坐,但偿其减价。"其疏议曰:"'减价',谓畜产值绢十匹,杀讫,唯值两匹,即减八匹价;或伤止值九匹,是减一匹价。杀减八匹偿八匹,伤减一匹偿一匹类。'价不减者',谓原值绢十匹,虽有杀伤,评价不减,仍值十匹,止得笞三十罪,无所赔偿。"畜产原价为十匹,杀害损失为十匹;但畜产杀之所得皮、肉、骨,在所有人而言,为因侵权行为所得新生利益,偿所减价,就是赔偿损失额扣除所受利益后的差额,此正符合损益相抵的基本原理。畜产杀伤之价不减者,如猪育肥而杀之,价不减,损失与利益等同,则"无所赔偿"①。这种"偿所减价"制度所体现的就是损益相抵的原则。由此可以相信,关于损益相抵的赔偿原则,中国古代侵权法的这一制度早于世界各国的立法,具有世界领先水平。

(二) 关于相当因果关系

相当因果关系又称为适当条件说,是确定违法行为与损害事实之间是否有因果关系的一种理论,是首先由德国生理学家克利斯在1888年发表的《论客观可能性的概念》中提出,创设了因果关系学说②。该学说认为,造成损害的所有条件都具有同等价值,由于缺少任何一个条件,损害都不会发生,因此,各种条件都是法律上的原因③。所谓适当条件,即为发生该结果所不可缺之条

① 参见杨立新:《民法判解研究与适用》,中国检察出版社1994年版,第26页。
② 参见李光灿等:《刑法因果关系论》,北京大学出版社1986年版,第45页。
③ 参见王利明:《侵权法归责原则研究》,中国政法大学出版社1992年版,第379页。

件,不独于特定情形偶然的引起损害,而且是一般发生同种结果之有利条件。如果某项事实仅于现实情形发生该项结果,还不足以判断有因果关系,必须在通常情形,依社会一般见解亦认为有发生该项结果之可能性,始得认为有因果关系。如因伤后受风以致死亡,则在通常情形,依一般社会经验,认为有此可能性,因此应认为其伤害与死亡之间有因果关系①。在《清律·刑律·斗殴》"保辜"条规定:"凡保辜者,(先验伤之轻重,或手足,或他物,或金刃,各明白立限。)责令犯人(保辜)医治。辜限内,皆须因(原殴之)伤死者,(如打人头伤,风从头疮而入,因风致死之类。)以斗殴杀人论。(后,)其在辜限外,及虽在辜限内,(原殴之)伤已平复,官司文案明白,(被殴之人)别因他故死者,(谓打人头伤,不因头疮得风,别因他病而死者是为他故。)各从本殴伤法。(不在抵命之律。)若折伤以上,辜内治乎缓者,备减二等。(下手理直,减殴伤二等。如辜限内平复,又得减二等。此所谓犯罪得累减也。)辜内虽平复,而成残疾、笃疾,及辜限满日不平复(而死)者,各依律全科。"其中"打人头伤,风从头疮而入,因风致死",即为有相当因果关系。"别因他故死者,打人头伤,不因头疮得风,别因他病而死者",不认为有因果关系,只按殴伤治罪。这是典型的相当因果关系。可见,中国古代对相当因果关系的应用远比外国为早。

(三)立法确认对间接损失应予赔偿

中国古代侵权法对于财物损害事实还区分直接损失和间接损失,并以明文规定间接损失应当赔偿。在古代律令条文中,多次出现"花利归官、主"和"苗子归官、主"等内容,这些都是物的孳息,都属于间接损失。

第二节　中国近代侵权法

中国近代侵权法,主要是清朝末期的统治者变律为法和中华民国建国初期制定民法的这一时期对侵权法所作的一系列的立法活动。在这一时期,在中国近代史上,先后出现了三部不同的民法。这就是《大清民律草案》、《民国民律草案》和《中华民国民法》。

一、《大清民律草案》对侵权行为的规定

《大清民律草案》关于侵权法的规定,既借鉴了《日本民法典》、《德国民法典》和《法国民法典》等国民事立法的精华,又保留了一定的中国特色,其中借鉴是其主要成分。

从体例上看,《大清民律草案》将侵权法规定在第二编"债权"之中,在第八章专设"侵权行为"一章,从第945条至第977条共33个条文。这种体例,显然借鉴于《日本民法典》。具体编排上分成四部分:第一部分是原则规定,从第945条至第947条共3条;第二部分是特殊侵权行为,从第948条至第956条共9条;第三部分规定侵权损害赔偿的具体方法,从第957条至第975条共19条;第四部分规定的是侵权损害赔偿的诉讼时效,从第976条至第977条共2条。

从内容上看,《大清民律草案》对于侵权行为的规定基本上是完备的。

在侵权法的第一部分中,首先规定的是侵权行为一般条款,肯定过错责任原则:"因故意或过失侵他人之权利而不法者,于因侵害而生损害负赔偿之义务。"(第945条)中国古代侵权法是没有规定过错责任原则的。《大清民律草案》在中国历史上第一次确立了侵权行为一般条款和过错责任原则的法律地位,这是一个创举。正因为如此,《大清民律草案》在历史上才具有如此重要的地位。

---

① 参见史尚宽:《债法总论》,台湾荣泰印书馆1978年版,第161页。

在侵权法的第二部分,立法者规定了7种特殊侵权行为:(1)官吏、公吏以及其他依法令从事公务的职员致害他人的侵权责任;(2)规定共同侵权行为,既规定了共同侵权行为的赔偿责任,又规定了共同危险行为人[①];(3)规定了法定监督人的赔偿责任,规定法定监督人对于未成年人和精神身体之状况需人监督者加损害于第三人时,法定监督人负赔偿之责(第951条);(4)规定了雇主的致害责任,亦规定适用过错推定责任(第952条);(5)规定了定作人指示过失的致害责任;(6)规定了动物占有人对动物致人损害的赔偿责任,规定的责任是推定过错责任,而不是无过错责任原则(第954条);(7)规定了瑕疵工作物致人损害的赔偿责任(第955条和第956条)。在这些规定的特殊侵权行为中,从范围上说,是比较全面的。在特殊侵权行为中,从具体内容上说,规定适用的归责原则,一律是过错推定原则,而没有规定无过错责任原则。

在侵权法的第三部分,规定了主要的侵权损害赔偿的确立和具体方法。

在侵权法的第四部分,规定了侵权损害赔偿请求权的诉讼时效。在这一部分中,规定的主要内容是:(1)侵权损害赔偿请求权的一般诉讼时效为3年,最长时效为20年;(2)侵权损害赔偿请求权的诉讼时效完成后,加害人仍应依不当得利之规定归还其所受之利益,这种规定的立意,在于防止加害人侵占受害人的财产,因诉讼时效的完成而不能追偿;(3)侵权人依侵权行为从受害人处取得债权者,受害人的废止债权请求权虽因时效而消灭,仍得拒绝履行,这对于保护受害人的利益,也是有利的。

二、《民国民律草案》对侵权行为的规定

《民国民律草案》仍将侵权法置于第二编"债编",但在体例上有所变化,不是将侵权法作为一章单独编制,而是放在债编第一章"通则"第一节"债之发生"中的第二款"侵权行为"。在这一款中,从第246条至第272条,共27个条文,比大清民律草案的侵权法条文少5个条文。从内容上,并没有大的变化,仍分为四个部分:第一部分从第246条至第248条,对侵权行为作出一般规定,共3个条文;第二部分从第249条至第259条,是对特殊侵权行为作出的规定,共11个条文;第三部分从第260条至第270条,规定的是侵权损害赔偿的具体办法,亦为11个条文;第271条和第272条为第四部分,规定了侵权行为的诉讼时效。

第一部分的3个条文,前两个条文规定了侵权法的侵权行为一般条款和过错责任原则。

第二部分的11个条文,规定了各种特殊侵权行为。包括:(1)官吏及其他公务员的侵权责任(第249和第250条);(2)法定监督人的侵权责任(第251条);(3)被使用人于执行事业不法侵害他人权利时其使用主的赔偿责任(第252条和第253条);(4)定作人指示过失的侵权责任(第254条);(5)动物加害他人的侵权责任(第255条);(6)土地工作物设置或保存瑕疵的致害责任(第256条和第257条)。

第三部分规定的是损害赔偿的原则和方法。主要内容是:(1)侵害生命权的损害赔偿方法(第260条);(2)侵权行为的混合过错的赔偿方法(第261条);(3)对侵害生命、身体、自由时,对第三人应给付家事上或职业之劳务时的赔偿方法(第262条);(4)关于对致残者的定期金赔偿(第263条至第265条);(5)侵害他人生命、身体、名誉、自由者的精神损害赔偿方法,即慰抚金赔偿(第266条和第267条);(6)对于财产的损害赔偿方法(第268条至第270条),其中值得注意的是,第270条规定的"赔偿其物因毁损所减少之价额",与中国古代侵权法中的偿所减价的制度相同。

第四部分规定了侵权行为的诉讼时效制度。其一般时效为3年,最长时效为20年。

---

① 关于共同侵权行为的规定,放在特殊侵权行为之中是不适当的。在以后的两部民法中,就改变了这种做法。

三、《中华民国民法》对侵权行为的规定

《中华民国民法》在侵权法的编制体例上沿用了《民国民律草案》的做法,但在具体编排上有所变化,这就是将侵权法的债编第一章第一节第二款的位置变为第五款。从第 184 条开始,至第 198 条,共 15 条。从内容上看,《中华民国民法》的内容与《民国民律草案》关于侵权行为的规定变化并不大,但在条文的设置上,采取了尽量缩减的做法,大量的条文被合并成为一条,文字也尽可能的精炼,准确。《中华民国民法》的上述条文,共分四个部分。

第一部分,规定了侵权行为一般条款,规定了侵权行为的过错责任原则,这就是该法的第184条。

第二部分,规定了特殊侵权行为,在理论上称之为间接侵权责任,即为他人的侵权行为和自己管领的物件所造成的损害所负的赔偿责任。特殊侵权行为从第 186 条开始,至第 191 条,共 6 个条文。这些条文规定的特殊侵权行为是:(1) 公务员的侵权行为责任(第 186 条);(2) 法定代理人的侵权责任(第 187 条);(3) 雇主的责任(第 188 条);(4) 定作人指示过失致人损害的责任(第 189 条);(5) 动物致害责任(第 190 条);(6) 工作物致人损害时其所有人的赔偿责任(第 191 条)。

第三部分,规定的是损害赔偿方法,从第 192 条至第 196 条共 5 个条文。(1) 第 192 条规定的是对侵害生命权的损害赔偿方法,赔偿权利主体是为死者支出殡葬费之人;对于侵权行为的间接受害人的扶养损害,亦应予以赔偿。(2) 第 193 条规定的是侵害身体权、健康权的损害赔偿方法,赔偿的是所造成的财产损失,经当事人的声请,法院可以判决给付定期金。(3) 第 194 条规定了对于侵害生命权的被害人的亲属,虽非造成财产上的损害,可以请求赔偿慰抚金。(4) 第 195 条规定的是侵害身体权、健康权、名誉权、自由造成人格利益损害的慰抚金赔偿,对于侵害名誉权的,还可以请求恢复名誉的适当处分。(5) 第 196 条规定的是财物损害的赔偿方法,其中关于赔偿所减价的规定,含有损益相抵的意义。

第四部分,规定了侵权行为的诉讼时效以及相关的问题。关于诉讼时效,规定的一般时效为 2 年,最长时效为 10 年。在超过诉讼时效后,对于加害人因侵权行为而受有利益、致受害人受有损失者,受害人仍有权依不当得利的规定,请求加害人返还其所受利益(第 197 条)。对于因侵权行为而使加害人对受害人取得债权,例如,加害人因诈欺而对受害人使为债务约束的,受害人享有债权废止请求权,在该权利已过诉讼时效后,受害人仍得拒绝履行(第 198 条)。

第三节　国外侵权法的历史发展

在国外,侵权法具有久远的历史源流,历史发展可以划分为三个时期,即习惯法时期、古代成文法时期和现代法时期。

一、习惯法时期

在古老的社会,侵权法作为保障社会成员的财产和人身的法律,曾经是"法律程序的原始形态"[①]。最早的侵权法是以受害人及其血亲对加害人进行同态复仇的方式来解决,习惯法主要表现为私人复仇制度。它的使命是解决部族成员之间的矛盾和冲突。

在人类社会初期,对个人所加的侵害行为,只是引起受害人及其血亲的复仇。所谓复仇,是

---

① 转引自王利明等:《民法·侵权法》,中国人民大学出版社 1993 年版,第 59 页。

指习惯法时期,当个人遭受他人侵害时所采用的一种救济方式,也就是以私人的力量自为救济,以排除他人的侵害,由此以维持社会的秩序。

复仇制度分为两种。一种是对外的血族复仇,这是基于"血族连带责任"的观念,其表现是,被害人的血族对杀人者的血族,采用集团方式,举行血斗。例如,在美洲的易洛魁人氏族的习惯中,如果一个氏族成员被外族人杀害了,被害者的氏族就指定一个或几个复仇者去寻找行凶者,把他杀死。在古希腊氏族的习惯中,规定氏族内部在受到侵害时,负有提供帮助、保护和支援的相互义务;胞族在其成员被害时有追究的权利和义务。根据日耳曼习惯法,复仇是基于侵害而产生的被害人及其男性血族的权利,而加害人的亲属只要不自动将他逐出,就要对其承担防卫和保护的义务。复仇,并不仅限于以仇人为对象将仇人杀死或将他的族中的任何一个人杀死,都是一样的。不但是氏族,就是"胞族也有血族复仇的义务"①。这种习惯或者习惯法保护血亲复仇的权利和义务。这种血亲复仇制度规定,复仇必须公开进行,或者以某种方式使人明白为何实施复仇,秘密进行是不许可的。有的还规定,复仇者在杀人之后,必须将杀人凶器留置死者身上,以证明复仇者的行为。对外的血亲复仇规则有助于维系氏族内部的团结,但这种残酷的报复方法并不利于社会的安定和经济的发展②。

另一种是对内的个人复仇,一般采用宗教方式,对于被复仇者,宣布剥夺其一切权利,视同禽兽,人人得而诛之。这种复仇,不同于氏族的同态复仇,只能对侵害人的本人实行。复仇的方式,也包括同态复仇,即所谓的"以牙还牙、以眼还眼"。同态复仇制度是人类野蛮时期对于侵害他人权利的一种残酷的救济方法,这种方法,体现了当时社会的发展程度,与当时的文明发展相一致。随着社会的发展和文明的进步,同态复仇的制度就被新的侵权制度所代替了。

在古代习惯法的后期,逐渐产生了一种用损害赔偿代替同态复仇的变通办法。受害者一方有权自由选择,或者放弃复仇的权利而接受赔偿,或者拒绝接受赔偿而坚持实行复仇。最初,损害赔偿是由加害人向受害人或者受害人的血族支付若干匹马或其他牲畜。赔偿的数额不是由法律规定,而是由当事者双方协商确定。这便是侵权损害赔偿的最初阶段。这种赔偿形式,减少了不必要的人身损害,有利于社会的安定和经济的发展,反映了时代的进步。但是,严格地说,这个阶段的侵权损害赔偿,并不是真正为了填补受害人的损失,在某种意义上说,而是加害人对于受害人放弃复仇权利所给予的报偿。但是,这无疑是个很大的进步,它奠定了侵权损害赔偿制度的基础。同时,对于侵权行为的自力救济向公力救济转化,损害赔偿实际上是一种赎金,是强制性的赎罪金。对于这一时期,通常称作自由赔偿时期。

随后,开始了强制赔偿时期。开始,除对于杀人等重大侵权行为,复仇人可以选择赔偿或者复仇外,对于其他轻微侵害,均强制以赔偿代替,不得复仇。后来,则根本禁止复仇,强制赔偿,并依被害的种类、程度等情节,规定赔偿金额。

二、古代成文法时期

在古代成文法时期,侵权法并没有单行的成文法加以规定,而是散见于各国的一般的成文法典之中。这时候的法律,也不区分刑法和民法、公法和私法。因而侵权法规定在一般的成文法律之中,就是正常的了。在这个时期,法律禁止私人复仇,而赋予受害人及其家属要求损害赔偿的请求权。法律规定一些最重要的侵权行为,并规定损害赔偿的金额和计算标准。这些法律规范担负着保护公民人身权利和财产权利,维护社会秩序的重要任务,侵权行为的自力救济已经被公力救济所彻底代替。它表现为国家对侵权行为实行强制干预,废止私人复仇制度,确立对侵权行

---

① 《马克思恩格斯选集》第4卷,第99页。
② 王利明等:《民法·侵权法》,中国人民大学出版社1993年版,第59页。

为的损害赔偿制度。

在起初的古代成文法中,对于侵犯财产权利造成的损害,确定以财产的方法赔偿。《汉穆拉比法典》规定了因疏忽而致他人田地被水淹没,践踏他人庄稼,偷砍他人树木各应赔偿多少粮食或银子。《亚奎利亚法》规定了侵权行为赔偿责任的计算标准:杀他人四足家畜者,以该家畜最后一年内的最高价格为赔偿标准;毁损则以该物最初30日内之最高价格为赔偿标准。《苏美尔法典》规定:"倘牛伤害栏中之牛,则应以牛还牛。"①这里不但有财产损失以财产方法补偿的意思,而且还有动物致人损害由动物的主人赔偿的意思。

对于人身权利的损害,一方面规定可以用财产的方法赔偿,另一方面还规定可以用同态复仇的方式进行。例如《汉穆拉比法典》第206条规定:"倘自由民在争执中殴打自由民而使之受伤,则此自由民应发誓云:'吾非故意致之',并赔偿医药费。"第207条规定:"倘此人因被殴而死,则彼应宣誓,如(死者)为自由民之子,则应赔银二分之一明那。"②一明那约半公斤。过失致自由民死亡,赔银四分之一公斤;殴打致伤自由民,赔偿医药费。这些规定显示了一定的公平性和合理性的因素。但是,同一法典还在许多条款中有同态复仇的规定。如第196条规定:"倘自由民损毁任何自由民之子眼,则应毁其眼。"③在古罗马的十二铜表法中,也同样存在这种矛盾的情况。例如,该法第八表中,多数条文规定了用财产赔偿损失的方法,但在第2条中又规定:"毁伤他人肢体而不能和解的,他人亦得依同态复仇而毁其肢体。"这种矛盾性的规定,反映了新旧法律规范的矛盾。由于当时的成文法既是以前的习惯法的记录,又是新的生产力的代表者的某些意志的表现,因此,产生了新旧规范不协调,法规有时相互矛盾的现象,使当时的成文法成为一个习惯与新法、古老法制原则与法律进化趋向的混杂物,既反映了当时法律观念的原始性,又预示了立法中等级斗争的继续性。

在罗马,直到最高裁判官法才确定对人身的伤害也一律实行金钱赔偿制度。最高裁判官即罗马的行政长官,又叫做大法官,主要职责是管理诉讼、领导国家司法活动和罗马的行省,始设于公元前366年。最初为1人,至公元1世纪中叶增至16人之多。所有的最高裁判官在就职时都要发布书面的特殊公告或命令,提出自己任期内的施政方针和审理案件拟取的原则措施,然后即付诸于司法实践。由于他们处于领导司法的地位上,能够把自己指导办案的原则变为现实,所以他们的告示在实际上能真正起到法律的作用,故一般称为最高裁判官法或大法官法。大法官法确认赔偿金额由法官依据被害人的身份、地位、伤害的部位及侵权行为发生的场所来计算并加以确定。至查士丁尼帝制定罗马法典时,把债的发生主要分为两种,一种是由双方当事人签订契约所生之债,一种就是侵权损害赔偿之债。前者称为契约之债;后者称为私犯,按各种具体的侵权行为依其性质分为"私犯"和"准私犯",并相应规定在法典的债务法部分。所谓私犯,就是指对他人财产或人身造成损害的行为,是与犯罪行为相对的概念。《查士丁尼民法大全》中的《法学阶梯》规定,私犯包括对身私犯、对物私犯、窃盗和强盗。当时的偷窃和强盗都还属于侵权行为,而未列入刑事犯罪。准私犯是指类似私犯而未列入私犯的侵权行为,实质上与私犯并无区别。它包括:(1)承审官(法官)加于人之损害;(2)自屋内向外投掷物体对他人之损害;(3)于大路旁堆放或在阳台、屋檐处悬挂物体对他人之损害;(4)奴隶对他人之损害;(5)牲畜咬伤他人之损害;(6)船舶、旅店和马厩的服务人员对旅客的损害等。同时,罗马法还规定了赔偿金额和计算标准,并实行严格的过错责任原则。

---

① 引自《外国法制史资料汇编》上册,北京大学出版社1982年版,第2页。
② 引自《外国法制史资料汇编》上册,北京大学出版社1982年版,第41页。
③ 同上书,第40页。

罗马法中还有一个值得注意的规定,就是对人格权保护的规定。《十二铜表法》第八表"私犯"第1条规定:"以文字诽谤他人,或公然歌唱侮辱他人的歌词的,处死刑。"这一规定很可能是最早的名誉权保护的成文法规范。虽然这里对侵害名誉权的侵权行为采取的是刑罚的方法,但它首先是规定在私犯的栏目下,并且当时成文法中对财产权、人身权的保护本来就是刑民不分的。这种对人格权保护的规定对于后来的人身非财产权无形损害赔偿的确立显然是有影响的。

可见,罗马法适应自然经济条件下的简单的商品经济发展所需要,确立了私权本位主义和较为完备的私权体系,对侵权行为作了详细的规定,尤其是罗马法实行过错责任原则,对后世的侵权法立法,起了重要的影响。但是,由于罗马法采取"程式诉讼制度",对具体案件适用不同的具体诉讼程序,因而过错责任原则尚未成为抽象的一般原则。此外,罗马法关于侵权行为的规定在法典中的编排位置,关于侵权行为的分类及损害赔偿责任原则等等方面,对现代侵权法的理论和立法,都有重大的影响。

在罗马法以后的日耳曼法时期,罗马法确立的过错责任原则被"事实制裁个人"的加害原则所代替。在赔偿标准上,实行不同标准,例如杀害一个奴隶赔偿25索里达,杀死一个官员却要赔偿1 300个索里达。在以后的萨利克法中,进一步贯彻了野蛮和粗陋的结果责任①。侵权法在公元5世纪以后,是在退步之中。直至12世纪的寺院法,侵权法才有所进步,开始涉猎侵权行为归责的过错问题,罗马法的复兴也在法国兴起。罗马法的完备的债法制度,尤其是对法国的侵权法产生了重大的影响,很多法学家主张应把过失作为侵权行为责任的归责的基础。13世纪英国主要采取令状制度,在根据国王的令状提起诉讼的过程中,出现了"直接侵害诉讼"的形式,在以暴力和直接侵害,对人身、动产和不动产的侵害在予以刑罚的时候,对受害人给予附带的损害赔偿;13世纪后期,产生了"间接侵害诉讼",这是一种对非暴力的间接的侵害的诉讼形式,是对直接侵害诉讼的一种补充。这一切,为现代侵权法的诞生,都做好了充分的准备,奠定了坚实的基础。

三、现代法时期

（一）大陆法系

历史进入现代社会以来,侵权法发生了重大的发展,尤其是在第二次世界大战以后,各国都十分重视对人的权利的保护,侵权法发生了突飞猛进的变化,在民法体系中成为最重要的部门之一。

1804年,法国制定了《法国民法典》,开始了民法法典化的进程。《法国民法典》承袭了罗马法的体系,把侵权行为作为"非合意而生之债",列入其第三卷"取得财产的各种方法"中,并用"侵权行为"和"准侵权行为"代替罗马法中的"私犯"和"准私犯"的概念,规定了侵权行为一般条款和替代责任的准侵权行为规定。它在"侵权行为和准侵权行为"一节中设立了5个条文,虽然规定过于简略,但它在试图打破罗马法及其他古老法典对各种侵权行为分别规定的办法,制定了一个适用于一般侵权行为的原则条文,这就是第1382条:"任何行为使他人受损害时,因自己的过失而致使损害发生之人,对该他人负赔偿的责任。"这一规定就是人类历史上第一个侵权行为一般条款,在侵权法的发展中具有划时代的意义。该法典的起草人塔里伯曾经说过:"这一条款广泛包括了所有类型的损害,并要求对损害作出赔偿。""损害如果产生要求赔偿的权利,那么此种损害定是过错和不谨慎的结果。"②为了补充过错责任原则的不足,《法国民法典》还规定了第1384条推定过错责任原则,规定了任何人对应由他负责的他人的侵权行为应该负责赔偿的情形,在其余条文,规定了属于准侵权行为的责任,即动物所有人的责任及建筑物所有人的责任。

---

① 参见王利明等:《民法·侵权法》,中国人民大学出版社1993年版,第63页。
② 《国际比较法百科全书·侵权行为·为自己行为之责任》,纽约海洋出版公司1975年版,第45页。

1900年的《德国民法典》关于侵权行为的规定，比《法国民法典》详细得多。它以31个条文详细规定了一般侵权行为的原则、特殊侵权行为责任、监护人责任、共同侵权行为责任、损害赔偿范围、请求权时效等一整套完善的侵权法的制度。这个法典在第823条第1款中，制定了一条比《法国民法典》更为概括的侵权行为的原则："因故意或过失不法侵害他人的生命、身体、健康、自由、所有权或其他权利者，负向他人赔偿因此所生损害的义务。"这一条文将过错和不法作为两个概念加以区别，完整地表述了侵权行为的构成，对于整个侵权法的建设，具有重大意义。对于过错的概念，该法确定"有限多重原则"，将违反保护他人的法律和违背善良风俗加损害于他人的行为，视为具有过错的违法性行为。《德国民法典》的这些规定对其他国家的民事立法发生了重大的影响，它的好多条文均为其他民法典所仿效。

（二）英美法系

英美法系的侵权法在非法典化的道路上向前发展。1852年英国颁布了《普通法诉讼程序条例》，废除了诉讼形式，在直接侵害和间接侵害的基础上，产生了一系列的新的侵权行为，采取"无限多重原则"，使英国侵权法成为由各种具体侵权行为责任的规定和大量具体侵权诉讼的法院判例构成的法律汇编。它没有一般侵权行为责任的法律原则，每一种侵权行为都有自己特殊的历史和特殊的原则。它也没有恰当的分类。普通的法律教科书把英国法中的侵权行为分为七种：一是对人身安全和自由的侵权行为；二是对于个人名誉的侵权行为；三是对于财产的侵权行为；四是干涉家庭关系、合同关系和商业关系的侵权行为；五是欺骗行为；六是过失行为；七是法律程序的滥用。由于没有规范的法典和对侵权行为没有科学的分类，无论是对司法机关的审判工作和法学家的研究工作，都造成很大的困难。英国自己的法学家们也为长期不能制定一个侵权行为的准确定义和科学的分类而苦恼。

在美国，侵权法规定，每个人都为他的侵权性的行为负责，儿童们也在限定形式下负责（可是双亲只在他们作为儿童的代理人或违反他们的监督义务时才负责）。但国家不负责，除非法律明文规定已取消国家的豁免权[①]。通过判例法，确立了侵权法的过失责任和严格责任，使"每个人都被保护，不受侵权性行为之害，包括胎儿在内"[②]。严格责任是不问过错的规则原则，而根据损害事实，不经过错举证就可以给予赔偿。它主要适用于产品责任，但也推广到其他类似的侵权责任，如危险物和危险活动责任。它使受害人处于一个较为优越的地位，因为他将有权为他的实际损失立即收到补偿而不用冗长的诉讼或困难的过错举证。美国的侵权法在产品责任、隐私权保护等方面，都创造了对各国侵权法极具借鉴意义的规则，在当代侵权法体系中具有重要的地位。

案例 3-1

1982年加利福尼亚州上诉法院改判的辛德尔诉阿伯特化学厂一案。辛德尔是个乳腺癌患者。在她出生前，其母亲服用了当时广为采用的防止流产的乙烯雌粉。后来研究证明，服用乙烯雌粉与患乳腺癌有很大关系，辛德尔就是此药的受害者。当时，生产此药的共有11家化学工厂，她没有办法证明她的母亲究竟服用哪家化学厂生产的药品。辛德尔提起损害赔偿之诉后，初审法院不予受理，上诉法院则判决当时生产此种药品的11家化学工厂的制造商对原告的损害负连带赔偿责任。数个工厂制造同一种产品，该产品中的一个产品致人损害，不能确认是哪一个工厂制造的产品造成该损害，对此，该数个工厂为共同危险行为人，应承担共同侵权的连带责任。

---

① ［美］彼得·哈伊：《美国法律概论》，沈宗灵译，北京大学出版社1983年版，第91页。
② 同上。

(三) 其他国家的发展

1922年,在列宁领导下,由苏俄司法委员库尔斯基为首的委员会起草了《苏俄民法典》,对侵权行为作了重要的规定。1961年又制定了《苏联和加盟共和国民事立法纲要》,对整个的苏联民事立法中的侵权法也作了原则规定。苏联的侵权法对原东欧国家的侵权法的建设产生了重要的影响。在20世纪70年代前后,东欧国家的侵权法大多进行了大规模的修改,采纳了有关侵权行为的先进立法。

在20世纪60年代,《埃塞俄比亚民法典》诞生,为侵权法的现代化提出了一个新的思路。这就是,将大陆法系的侵权行为一般化的立法方法与英美法系侵权行为的类型化的立法方法加以结合,建立了侵权法立法的新模式。该法典在侵权行为一般条款概括了全部侵权行为,而且在此一般条款之下,规定了各种不同的侵权行为类型,代表了侵权法立法的新方向。欧洲统一侵权法典草案的起草也采用了这样的方式。

第四节　现代侵权法的主要发展方向

侵权行为法的产生和发展,经历了长期的历史演进过程。到今天,它的地位越来越重要,责任范围也越来越扩大,作用也越来越广泛。这一方面是20世纪以来,大工业和现代科学技术的发展,在给人类文明产生巨大推动力的同时,也给人类的人身和财产安全带来了灾难和威胁;另一方面,两次世界大战带给人们的巨大灾难和痛苦,使人们对如何保护自己有了更深刻的认识。为保护社会成员的安全,维护社会秩序的稳定和经济的发展,侵权行为法就发挥了越来越重要的作用。为了适应社会对侵权行为法职能的要求,侵权行为法发生了急剧的变化。现代侵权行为法这些变化的最突出表现如下。

一、侵权行为法的归责原则由单一化向多元化发展

从《法国民法典》确立侵权行为法的过错责任原则以来,确立了侵权行为法的单一的归责原则,即过错责任原则。《法国民法典》也规定了过错推定原则,但它是作为过错责任原则的组成部分存在的,并不是一个单独的归责原则。随着社会大工业的急剧发展,工业事故的发生极大地危害人的安全,因而无过错责任原则应运而生,使高度危险作业和产品侵权的受害人在加害人以无过错抗辩的时候,也能够依据无过错责任原则,实现赔偿请求权,救济自己的损害。近几十年来,无过错责任原则的适用范围进一步扩大,更加有利于保护受害人的合法权益,实现对损害的救济。

二、侵权行为法更加注重对人格权的保护

第二次世界大战以后,西方国家广泛兴起人权运动和民主运动,特别重视了对人格权的保护,使侵权行为法的保护范围不断拓展,侵权行为法的职能作用越来越广泛。"二战"以来,各国民事立法普遍扩展了人格权的范围,确认隐私权、人身自由权、信用权等新的人格权,特别是对于一般人格权的确认,使民事主体的一般人格利益受到广泛、周密的保护。侵权行为法确认对这些人格权的侵害行为为侵权行为,以损害赔偿的方法,对侵权行为人予以制裁,对受害人进行救济。这样,就使侵权行为法原来的注重对财产权和生命健康权的保护,转向更加注重对人格权的保护。在侵权行为法对受害人的救济方法上,打破了财产赔偿的单一救济方法的局面,确立了精神损害赔偿制度,对于人格利益的损害和对于精神痛苦的损害,可以请求精神损害赔偿和慰抚金赔偿。这是侵权行为法的一个重大的发展。同时,侵权行为法在救济损害的方法中,也注意采用非财

产的方法,增加排除妨害、恢复原状、恢复名誉等一系列救济方法,对人格权的保护更加周密和完备。

三、侵权行为法的补偿职能逐渐强化

在侵权行为法的归责原则多元化的进程中,就使侵权行为法的补偿职能得到了强化,使按照过错责任原则的要求原本不能得到赔偿的受害人,在无过错责任原则和公平责任原则归责的情况下,能够获得赔偿。侵权行为法进一步确立责任保险和损失分担制度,进一步强化了它的补偿职能。责任保险在19世纪初,还被认为是一种不道德的、企图逃避法律责任的行为。到了19世纪中期和后期,工业事故日益增多,责任保险开始成为解决受害雇工索赔和雇主赔偿矛盾的有效方法。在其后,危害更严重的航空器事故、核工业事故、汽车意外事故频仍,不用责任保险就难以保证受害人的损害得到补偿,因而责任保险被广泛使用,将赔偿责任由保险公司负责,实际上是将赔偿责任转嫁给众多的投保人身上。这样就使法院在确定赔偿的时候,常常倾向于赔偿,而不考虑侵权行为法的一般规则①。损失分担又称为损失转换,是指将损失加到许多人身上,由集体承担损失从而使受害人所受到的损失成为"微粒"②。最典型的损失分担是通过价格机制,提高产品和服务的价格,将侵权行为的费用转嫁到消费者的身上,使生产者减轻负担。这样做的好处是,能够保障受害人的损害得到及时而妥善的救济,但是,这种分担风险的形式仍具有某些缺陷,因为一方面是广大的消费者为加害人负担了损失,另一方面则责任承担的比例增长会促使利润率下降③。责任保险和损失分担的制度对侵权行为法的作用,是扩大了它的补偿职能,但它也冲击了侵权行为法的一般规则。对此,西方学者认为侵权行为法正处于危机之中,也不是没有道理的。在当前,既要坚持侵权行为法的一般规则,又要增强侵权行为法的补偿职能,是侵权行为法建设的重要环节。

本 章 小 结

为了更好地掌握侵权法发展的脉络和理解当代的侵权法,本章主要介绍了中外侵权法的发展历史。中国侵权行为法的发展历史分为古代侵权行为法和近代侵权行为法。主要介绍了古代侵权法的三个发展阶段、古代侵权法中侵害人身和财产损害赔偿的基本责任制度以及关于损益相抵原则、相当因果关系的认定、立法确认对间接损失应予赔偿等先进制度。同时也介绍了中国近代《大清民律草案》、《民国民律草案》和《中华民国民法》三部民法对侵权法的规定。国外侵权法的历史可以划分为习惯法时期、古代成文法时期和现代法三个时期,是侵权损害赔偿从同态复仇为损害赔偿代替的历史发展进程。

【关键术语】
历史发展　中国古代侵权法　中国近代侵权法　古代习惯法　古代成文法　现代法

【思考题】
1. 我国古代侵权法的发展主要可以分成哪几个阶段?
2. 我国古代侵权法有哪些基本制度及先进之处?
3. 我国近代侵权法的基本内容是什么?
4. 国外侵权法的历史发展分几个时期?
5. 国外不同时期的侵权法的主要内容是什么?

---

① 《国际比较法百科全书·侵权行为·概述》,第53页。
② 王利明等:《民法·侵权行为法》,中国人民大学出版社1993年版,第67页。
③ 《国际比较法百科全书·侵权行为·私人和政府对雇员和机关的侵权责任》,第9页。

第四章 侵权责任归责原则

本章要点

本章依照《侵权责任法》第 6 条和第 7 条规定,全面介绍侵权责任归责原则,包括归责的概念、归责原则的概念及归责原则体系,以及过错责任原则、过错推定原则和无过错责任原则组成的归责原则的具体适用方法。

第一节 归责原则概述

一、归责概念

(一)研究侵权责任归责原则的意义

侵权责任归责原则,是侵权责任法的统帅和灵魂,是侵权责任法理论的核心。

侵权责任归责原则有三个方面的重要意义。(1)在理论上,研究侵权责任法,首先必须研究归责原则,在此基础上,才能够进一步展开全面研究。没有搞清楚侵权责任归责原则,就没有掌握侵权责任法理论的钥匙,就不能打开侵权责任法理论的大门。(2)司法实务工作者正确处理侵权纠纷案件,首先也必须准确掌握侵权法的归责原则,不然就无法确认各类侵权损害赔偿纠纷责任的性质,无法给侵权纠纷案件予以定性,也就无法正确适用法律。(3)广大人民群众掌握侵权责任归责原则,有助于保护自己的合法权益,在受到损害时能够保证及时得到赔偿。

归责原则除了在理论研究上的重要意义外,在司法实务上是处理侵权纠纷的基本准则,对于依法确定侵权责任,充分发挥侵权法的法律调整功能,更为重要。

案例 4-1

某甲驾驶进口吉普车行驶在厦门到福州的高速公路上,时速 110 公里。快到福州时,汽车的前右侧风挡玻璃突然爆裂,高压气流从裂口处冲至坐在副驾驶员座位上的某乙胸口,致其昏迷。立即停车后,某甲截住其他车辆将某乙送往医院抢救。某乙因抢救无效而死亡,死因为内脏爆震伤。交通管理部门勘查事故现场,在现场未发现任何外力致风挡玻璃爆裂的原因,初步鉴定意见为风挡玻璃因自身原因发生爆裂。经与该吉普车生产厂家的代表协商,厂家代表认为没有外力原因汽车风挡玻璃不会爆裂,因此拒绝承担责任,与某乙的近亲属发生争执。经协商,双方签署协议,物证先由厂家代表保存,待双方共同委托鉴定机构进行玻璃质量鉴定。当晚,厂家代表将该风挡玻璃空运回国,经过本厂技术部门鉴定,认为该风挡玻璃没有质量问题,遂回到中国后,拒绝任何赔偿请求。原告起诉,认为被告违背协议自行进行鉴定,致使风挡玻璃质量问题无法继续鉴定,请求被告承担侵权责任。一审法院判决认为,原告在起诉和诉讼过程中,没有举出证据证明被告在该事故中有过错,因此无法认定被告的行为构成侵权责任,故判决驳回原告的诉讼请求。原告上诉。终审法院判决认为,本案的性质是产品侵权责任,应当适用无过错责任原则,原告不负有被告过错的举证责任,原审据此驳回原告的诉讼请求不当;本案的因果关系要件,由于被告破坏协议自行进行物证鉴定,致使无法确认,因此推定原告的死亡与被告的风挡玻璃缺陷有因果关系,被告没有举出证据证明自己的玻璃质量没有缺陷,与死者的死亡后果没有因果关系,因而因果关系推定成立,判决被告应当承担侵权责任。

(二)归责的概念

归责的含义,是指行为人因其行为和物件致他人损害的事实发生以后,应依何种根据使其负责,此种根据体现了法律的价值判断,即法律应以行为人的过错还是应以已发生的损害结果为价值判断标准,抑或以公平考虑等作为价值判断标准,而使行为人承担侵权责任[①]。

(三)归责的意义

从侵权责任法的意义上来研究归责概念,它包含以下三层意义。

1. 归责的根本含义是确定责任的归属

归责的根本含义是决定侵权行为所造成的损害结果的赔偿责任的归属,即德国学者拉伦茨所说的负担行为之结果,或者称之为决定何人对侵权行为的损害结果负担赔偿责任。侵权行为实施以后,对于损害结果,总要有人来承担责任。这就是责任的归属问题。归责,就是将侵权行为所造成的损害后果归于对此损害后果负有责任的人来承担。如果没有归责的过程,侵权行为所造成的损害后果就没有人来承担,受害人的损害,就没有办法得到救济,侵权人的民事违法行为就不能得到民法的制裁。

2. 归责的核心是标准问题

归责的核心,是决定何人对侵权行为的结果负担责任时应依据何种标准,这种标准,是某种特定的法律价值判断因素。确定侵权责任的归属,必须有统一的标准和根据,在侵权行为责任的归属上,实现民法的公平、正义的原则。侵权责任归属的标准和依据,就是法律所确认的法律价值判断因素。这种法律价值判断因素有三个,即过错因素、损害结果的因素和公平因素。侵权行为的归责,就是针对侵权行为的不同情况,分别依据这样不同的法律价值判断因素,将赔偿责任归属于对的基本原则。

3. 归责与责任的区别

从一般的意义上说,归责是一个过程,而责任则是归责的结果。如果将侵权行为的损害事实作为起点,将责任作为终点,那么,归责就是连接这两个点的过程。因此说归责是一个复杂的责任判断过程,是归责的结果[②],是完全正确的。责任,是指行为违反法律,其行为人所应承担的法律后果。当侵权行为发生以后,责任并非自然发生,必须有一个确定责任的过程。责任的成立与否,取决于行为人的行为及其后果是否符合责任构成要件,而归责只是为责任是否成立寻求根据,而并不以责任的成立为最终目的[③]。

二、归责原则

(一)归责原则的概念

归责原则,是确定侵权人侵权损害赔偿责任的一般准则。它是在损害事实已经发生的情况

[①] 王利明:《侵权责任法归责原则研究》,中国政法大学出版社1992年版,第17—18页。
[②] 同上书,第18页。
[③] 同上。

下,为确定侵权人对自己的行为所造成的损害是否需要承担民事赔偿责任的原则。

(二)归责原则与赔偿原则的区别

侵权责任归责原则,是侵权责任法的统帅和灵魂,是侵权责任法理论的核心。研究损害赔偿责任范围时,要使用"赔偿原则"这一概念。归责原则与赔偿原则是侵权责任法的两种不同的原则,它们之间有着原则的区别。

1. 两种原则的作用不同

归责原则的作用是为了确定侵权人应否负赔偿责任的原则,解决的是侵权责任由谁来承担的问题,例如过错责任原则要求有过错的侵权人对他的行为所造成的损失负赔偿责任。赔偿原则的作用是为了解决侵权人在确定了赔偿责任以后的具体赔偿范围大小,解决的是"怎样赔""赔多少"的问题。例如,适用全部赔偿原则时,是在确定了行为人应当承担赔偿责任以后,决定应当赔偿受害人的全部损失。

2. 两种原则的地位不同

归责原则在侵权责任法中居于核心地位,在实践中对损害赔偿案件的解决起着决定性的作用。如果没有归责原则,侵权责任法就失去了灵魂,在实务中也就无从判断行为人应否承担赔偿责任,侵权损害赔偿案件就无法处理。相比之下,赔偿原则的地位就不像归责原则那么重要。它在确定赔偿范围的时候是起重要作用的,但这是在确定了赔偿责任的基础上,来确定赔偿范围的。因此,赔偿原则是受归责原则制约、决定的原则。

3. 两种原则的内容不同

归责原则包括过错责任原则、过错推定原则和无过错责任原则,赔偿原则的内容则是全部赔偿原则、财产赔偿原则、损益相抵原则、过失相抵原则和衡平原则,它们的内容并不一样。

三、归责原则体系

(一)侵权责任归责原则的发展

最早的侵权责任归责原则是加害原则,也叫做客观归责原则,即以损害的客观后果作为归责的标准。《法国民法典》确立了现代的过错责任原则,在侵权责任法的立法史上实现了革命性的变革。在科学技术不断进步、生产力水平迅速提高、社会结构日益复杂的现代社会中,单一的归责原则不能解决日益复杂化的侵权责任问题,因而出现了无过错责任原则或者称之为严格责任的归责原则。在一些国家的法律和理论中,以及在我国的侵权法理论中,还认为公平责任原则也是侵权责任法的归责原则。因此,侵权责任法的单一原则向多元化发展,逐渐形成了侵权责任法的完整的归责原则体系。

(二)对我国侵权责任归责原则体系的不同主张

在确认我国侵权责任法究竟由几个归责原则所构成的问题上,侵权责任法学界有不同的看法,理论上有很大的争论。主要的意见如下。

1. 一元论观点

这种主张认为,侵权责任法只有一个归责原则,即过错责任原则;单一的过错责任原则体系,构造主观式的民事责任制度的和谐体系[①]。

2. 二元论观点

这种主张认为:"在相当的历史时期内,侵权责任法的归责原则将是二元制,即过失责任原则与无过错责任原则并存。"而公平责任"多半是赔偿标准问题而不是责任依据问题。所以,它能否

---

① 张佩霖:"也论侵权损害的归责原则",《政法论坛》1990年第2期。

作为一种独立的归责原则还大有探讨余地"①。

3. 三元论——A 观点

这种主张认为,我国民事法律制度中同时存在三个归责原则:一般侵权损害适用过错责任原则,特殊侵权损害适用无过错责任原则,无行为能力的人致人损害而监护人不能赔偿的特别案件适用公平责任原则②。在具体表现形式上,归责原则体系为三种归责原则四种表现形式:(1)过错责任原则,有两种表现形式,即一般的过错责任原则和推定的过错责任原则;(2)无过错责任原则;(3)公平责任原则。

4. 三元论——B 观点

这种主张认为,侵权法归责原则为过错责任原则、过错推定原则和公平责任原则,无过错责任不是一种独立的归责原则③。

5. 三元论——C 观点

这种主张认为,侵权责任归责原则体系是由过错责任原则、过错推定责任原则和无过错责任原则三个归责原则构成的,将过错推定责任原则作为一种单独的归责原则,将公平责任不再作为一种独立的归责原则,只是将其作为一种责任形式。

(三)主张"三元论——C 观点"的理由

我国《侵权责任法》第 6 条和第 7 条规定了侵权责任的归责原则体系,分别为过错责任原则、过错推定原则和无过错责任原则。因此,我国侵权责任归责原则体系是由过错责任原则、过错推定原则和无过错责任原则构成的。理由如下。

1. 关于过错责任原则

过错责任原则是我国侵权责任法的基本归责原则,是主要的归责原则,调整一般侵权行为的责任归属问题。对此,没有任何不同意见。

2. 关于过错推定原则

过错推定原则从本质上说,也是过错责任原则,其价值判断标准和责任构成要件也都与一般的过错责任原则的要求是一致的。王利明教授在他的《侵权责任法归责原则研究》一书中第一次将过错推定责任作为一个独立的归责原则进行论述④。我们同意这种意见,主要的理由是:(1)一般的过错责任原则和过错推定原则的举证责任不同。一般的过错责任原则举证责任由原告承担,而过错推定原则在证明主观过错要件上实行举证责任倒置,原告不承担举证责任,而是被告承担举证责任。(2)一般的过错责任和推定的过错责任的调整的范围完全不同。一般的过错责任原则调整的侵权行为范围是一般侵权行为,而过错推定责任原则调整的适用范围不是一般侵权行为,而是部分特殊侵权行为。(3)一般的过错责任原则与过错推定原则适用法律并不相同。依据一般的过错责任原则处理侵权案件,适用《民法通则》第 106 条第 2 款,而审理过错推定责任的侵权案件适用《民法通则》关于特殊侵权责任的特别条款,并不是适用一样的法律规定。(4)从历史的角度观察这两个侵权归责原则也是不同的。在过错责任原则诞生之时,就分为两种不同形式,作出不同的规定,调整不同的侵权案件。这就是《法国民法典》第 1382 条和第 1384 条的规定。

可以确定,过错推定原则与一般的过错责任原则是有区别的。将过错推定原则独立起来,作

---

① 米健:"现代侵权责任法归责原则探索",《法学研究》1985 年第 5 期。
② 刘淑珍:"试论侵权损害的归责原则",《法学研究》1984 年第 4 期。
③ 王利明:《侵权责任法归责原则研究》,中国政法大学出版社 1991 年版,第 30 页。
④ 同上。

为一个单独的归责原则,具有积极的意义。对此,《侵权责任法》第6条第2款已经作了明确规定。

3. 关于无过错责任原则

无过错责任原则是一个独立的归责原则,它调整的范围也与过错责任原则、过错推定原则不同,独立地调整着部分特殊侵权行为的责任归属,具有独立存在的价值。它有《侵权责任法》第7条法律规定作为依据,同时,它调整的范围也与公平责任原则不同,独立地调整着高度危险作业等侵权责任的归属。

4. 关于公平责任原则

公平责任原则不能作为一个独立的归责原则,理由如下。

(1)《民法通则》和《侵权责任法》都没有规定公平责任原则是一个归责原则。从立法上说,《民法通则》和《侵权责任法》对公平责任作出规定的位置也不是规定归责原则。《民法通则》规定民事责任归责原则是在第106条。其中第1款规定的是合同责任的归责原则,第2款规定的是侵权责任的过错责任原则,第3款规定的是无过错责任原则。在这个条文中没有规定公平责任原则。而规定所谓的公平责任原则的条文是第132条,是在《民法通则》规定侵权责任具体内容的位置,而且是在就要结束侵权行为规定的位置规定的公平责任。同样,《侵权责任法》将所谓的公平责任规定在第24条,而归责原则规定在第6条和第7条。这样的立法方法证明公平责任不是一个归责原则,而是公平分担损失①。

(2)调整的范围过于狭小且不属于严格的侵权行为。即使是所谓的公平责任原则在实际中适用的范围而言,也不是典型的侵权行为。所谓的公平责任原则所调整的"侵权行为",是对于损害的发生,加害人没有过错,受害人也没有过错的情形,其实这种情形并不是严格意义上的侵权行为,而仅仅是在侵权责任法中视为侵权纠纷处理的一种特殊情况。

(3)在实践中双方都无过错的损害纠纷并非一律适用这个规则。在司法实践中,也并不是所有的侵权纠纷案件中,凡是双方当事人均无过错的,就一定要由"公平责任原则"调整,由双方当事人公平分担责任。例如,原告和被告系中学同学,某日在校,利用午休时间与其他数名同学在学校操场上踢足球。原告做守门员,被告射门,足球经过原告的手挡之后,打在原告左眼,造成伤害。同仁医院诊断为,左外伤性视网膜脱离,经行左网膜复位术,网膜复位,黄斑区前膜增殖,鉴定为十级伤残。原告以被告和所在学校为共同被告起诉,请求人身赔偿损害。北京市石景山区法院认定,足球运动具有群体性、对抗性及人身危险性,出现人身伤害事件属于正常现象,应在意料之中,参与者无一例外地处于潜在的危险之中,既是危险的潜在制造者,又是危险的潜在承担者。足球运动中出现的正当危险后果是被允许的,参与者有可能成为危险后果的实际承担者,而正当危险的制造者不应为此付出代价。被告的行为不违反运动规则,不存在过失,不属侵权行为。此外,学校对原告的伤害发生没有过错。故驳回原告关于依照公平责任分担损失的诉讼请求。这样的判决是正确的,它没有适用所谓的公平责任原则。这也说明公平责任这个"归责原则"并不是一个归责原则。

因此,将《侵权责任法》第24条规定的内容称作公平分担损失,是比较准确的称谓。

---

① 参见王胜明主编:《中华人民共和国侵权责任法释义》,法律出版社2010年版,第115页。

第二节 过错责任原则

一、过错责任原则的概念和历史沿革

(一)过错责任原则的概念

过错责任原则,是以过错作为价值判断标准,判断行为人对其造成的损害应否承担侵权责任的归责原则。一般侵权行为引起的损害赔偿案件,应当由主观上有过错的一方承担赔偿责任。主观上的过错是损害赔偿责任构成的基本要件之一,缺少这一要件,即使加害人的行为造成了损害事实,并且加害人行为与损害结果之间有因果关系,也不承担民事赔偿责任。《侵权责任法》第6条第1款规定:"行为人因过错侵害他人民事权益,应当承担侵权责任。"这就是规定过错责任原则。

(二)过错责任原则的历史沿革

在早期的成文法中,在侵权责任归责原则上采取加害原则,也叫做结果责任原则,即行为人致他人损害,无论其有无过错,只要有损害结果的存在,就都应负赔偿责任。这一原则的不合理性,就在于对造成的损害不加区分,使正当行使权利造成他人损害的人必须承担民事责任。但是在这一时期,成文法也出现了故意和过失的概念。

在历史上出现过错责任原则的萌芽,是在罗马法时代。在《十二铜表法》有关私犯的条文中,就有多处使用了过失的概念。在公元前287年通过的《阿奎利亚法》已经明确规定了过失责任的内容,为罗马法的过失责任奠定了基础,在此基础上,通过法学家的学术解释和裁判官的判例,对其加以补充和诠释,从而形成了较为系统和完备的主观归责体系,并对后世的侵权责任法的发展发挥了重大的影响。到12世纪,罗马法学者正式提出了应把过失作为赔偿责任的标准,使过错责任原则真正开始萌发。

过错责任原则作为一般的归责原则,最早出现在1804年资产阶级第一部民法典《法国民法典》中。1900年实施的《德国民法典》也接受并采用了过错责任原则。在以后的时间里,各国资产阶级民法都陆续确认了这一归责原则。

在英美法,侵权责任法的初期采取程式诉讼制度,具体的侵权行为的赔偿要进行具体的诉讼程序,没有过失的概念。在稍后的"间接侵害诉讼"中,包含了过失的影子。在"直接侵害诉讼"中,过失不能成为承担责任的要素。在"间接侵害诉讼"中,则出现了欠缺注意的过失的含义。直至晚近,英美法才在法院的判例中创设出来过失的概念,接受了过错责任原则①。

(三)侵权责任法确定过错责任原则的意义

侵权法采用过错责任原则的原因是,在资本主义自由竞争时期,民事主体需要保持行使权利的绝对性,不能受到任何限制;而行使权利就不可避免地会损害他人的利益,所以要用过错这个价值判断标准作为侵权损害责任构成的必要条件。实行过错责任原则,有利于生产力和社会的发展。以前实行加害原则,束缚了人们的手脚,使人们胆小怕事、畏首畏尾,不敢理直气壮地大胆行使权利,不敢搞改革创新活动,不利于社会的进步和发展。实行过错责任原则,只要行为人尽到"注意"义务,即使是造成损害,也可不必负责,因而鼓励资产阶级大胆地放手搞改革创新,推动了生产力的发展和社会的进步。

---

① 参见王泽鉴:《侵权责任法》第一册,台湾三民书局1999年版,第13页。

我国侵权责任法把过错责任原则作为最基本的归责原则,其根本目的,就是保护民事主体的人身权利和财产权利不受侵犯,保护民事主体的权利能够平等、自由行使。把过错责任原则作为侵权责任法的基本归责原则,是通过对因自己的过错而致国家、集体利益和他人合法权益以损害的不法行为人,强加包括赔偿损失在内的民事责任,以保护自然人和法人的人身权利和财产权利,教育公民遵纪守法,促进精神文明建设和物质文明建设,并预防和减少侵权行为的发生。

二、过错责任原则的内涵和功能

（一）过错责任原则的内涵

在我国的侵权责任法中,过错责任原则的内涵如下。

1. 过错责任原则的性质是主观归责原则

过错责任原则要求在确定侵权人的责任时,要依行为人的主观意思状态来确定,而不是依行为的客观方面来确定,依此,就使过错责任原则与加害责任以及其他客观责任区别开来。这就是坚决地以行为人在主观上有无过错作为归责的绝对标准。行为人在主观上没有可非难性,就不能承担赔偿责任。除此没有其他标准。

2. 以过错作为侵权责任的必备的构成要件

构成法律上的责任,必须具备法律所规定的一切要件。在侵权责任法规定的过错责任原则所适用的场合,行为人的主观过错是必备要件之一。如果行为人在主观上没有过错,就缺少必备的构成要件,就不能构成侵权责任。

3. 以过错为责任构成的最终要件

德国学者耶林指出:"使人负损害赔偿的,不是因为有损害,而是因为有过失,其道理就如同化学上之原则,使蜡烛燃烧的,不是光,而是氧一般的浅显明白。"① 这一论述十分精当,精彩地描绘了过错要件在侵权责任构成中的最终的、决定的地位。过错责任原则以过错作为法律价值判断标准,就不仅仅要求将过错作为侵权责任构成的一般要件,而且要求将过错作为决定侵权责任构成的最终的、决定的要件。只有这样,才能彻底贯彻无过失即无责任的精神。

（二）过错责任原则的功能

在侵权责任法中,过错责任原则具有如下的法律功能。

1. 确定侵权责任,救济侵权损害

实行过错责任原则的基本功能在于将侵权责任归属于有过错的民事主体来承担。在侵权行为造成损害结果的情况下,谁有过错,就由谁来承担赔偿责任。依此作为法律价值判断标准,最公平,最符合正义的民法观念。过错责任原则有很多功能,但是,只有确定民事责任归属的功能,才是它的基本功能。依此功能,使受害人的损害得到补偿,实现侵权责任法的救济损害,保护民事主体的民事权利的目的。

2. 确定民事主体的行为准则

过错责任原则坚持以人的主观过错作为承担侵权责任的价值判断标准。法律这样规定,就使过错在实际上意味着行为人选择了一种与法律和道德要求不相容的行为,不仅要使行为人承担民事责任,而且还要受到法律的谴责和道德的非难。这样,就在实际社会生活中,确定了人的行为的标准。过错责任原则要求人们遵守行为准则,并且以道德作为人的行为的评断标准。它要求行为人尽到对他人的谨慎和注意义务,竭力避免对他人造成损害;要求每一个人都要尊重他人的权利,遵守自己应尽的作为和不作为的义务,以保障社会正常的生活秩序,维护和谐、健康的

---

① 转引自王泽鉴:《民法学说与判例研究》第 2 册,中国政法大学出版社 1998 年版,第 144—145 页。

生活环境。在行为人正常的自由行为的范围内,享有广泛的行为自由,保护人的生机勃勃的创造性和积极精神,推动社会的进步。

3. 纠正侵权行为,预防损害发生

过错责任原则的价值之一,还在于通过惩戒有过错的行为人,指导人的正确行为,以预防侵权行为的发生[①]。法律不能防止人们不出任何偏差,却能够阻止有偏差活动的继续;最轻微的责任也能够给侵权人某种有用的警告,使其意识到自己活动的危险[②]。这正是过错责任原则的重要功能之一。

三、过错责任原则的适用规则

在实践中适用过错责任原则,应当注意掌握下述四项规则。

(一) 适用范围

过错责任原则适用于一般侵权行为。确定的标准,是只有在法律有特别规定的情况下,才不适用过错责任原则,即特殊侵权行为不适用过错责任原则。过错推定原则和无过错责任原则都适用于特殊侵权行为。

(二) 责任构成要件

适用不同的归责原则,其责任的构成要件各不相同。适用过错责任原则确定赔偿责任,构成要件是四个,即违法行为、损害事实、违法行为与损害事实之间的因果关系和主观过错。这四个要件缺一不可。

(三) 证明责任

适用过错责任原则,按照"谁主张,谁举证"的民事诉讼原则,侵权责任构成的四个要件的举证责任全部由提出损害赔偿主张的受害人负担,加害人不承担举证责任。加害人只有在自己提出积极主张对抗受害人的侵权主张的时候,才承担举证责任。

(四) 侵权责任形态

一般侵权行为责任是为自己的行为负责的责任,不是为他人的行为负责或为自己管领的物件所致损害负责的责任,因而,行为人只对自己行为造成的损害承担责任。因此,适用过错责任原则的一般侵权责任,其侵权责任形态是自己责任,而不是替代责任。

四、在过错责任原则下过错对责任范围的影响

适用过错责任原则,在一般情况下,应当把过错作为行为人承担民事赔偿责任的根据,而不是将其作为确定赔偿范围的根据。民法中的过错程度,一般不是决定赔偿责任范围的根据。在一般情况下,赔偿责任的大小决定于损害的大小,过错并不发生绝对的或者很大的影响。

对于这个问题,应当区分以下两种情况确定。

(一) 过错程度对侵权责任构成影响

在一般情况下,适用过错责任原则,只要行为人有过错,就构成侵权责任。但是在某些情况下,仅仅有一般的过错还不足以构成侵权责任。例如,在侵害债权侵权责任的构成中,就要求只有故意实施侵害债权的行为,才能够构成侵权责任。在侵害姓名权的场合,只有故意侵害他人姓名权,才能够构成侵权责任。在某些过失案件中应当区分重大过失和一般过失,例如医生在紧急情况下抢救病人,对一般过失所致损害不负责任,但应对重大过失所致损害负赔偿责任。这些都说明,在某些情况下,过错程度有时候对侵权责任构成也具有决定的作用。不过,这样的情况应

① 王利明:《侵权责任法归责原则研究》,中国政法大学出版社 1991 年版,第 40 页。
② 《国际比较法百科全书·侵权行为·概述》,纽约海洋出版公司 1995 年版,第 85 页。

当有法律的明文规定。没有明文规定的,不能这样确定责任。

> **案例 4-2**
> 某业余作者创作小说,多年来没有发表过作品。一次又接到退稿,感到气愤,遂将稿件的作者写上一位著名作家的名字,又投给这个刊物编辑部,结果发表,把稿酬寄给这位著名作家。该作家感到奇怪,后来发现是行为人假冒自己的姓名。该业余作者故意假冒他人的姓名,具有侵害姓名权的故意,因此该行为构成侵权。

(二)过错程度对侵权责任范围的影响

在某些情况下,过错程度对侵权损害赔偿责任的范围产生影响。(1)在确定精神损害赔偿责任的时候,过错的轻重对损害赔偿责任大小起到作用。故意侵权的,要承担较重的赔偿责任,过失侵权的则应当承担较轻的赔偿责任。(2)在与有过失的情况下,双方当事人各有过错,加害人只对自己的过错负责,对因受害人的过错造成的损失不承担赔偿责任。受害人的过错程度与加害人的过错程度要进行比较,即过失比较,按照各自的过错责任比例确定责任,因此过错轻重也对赔偿责任的范围有所影响。(3)在共同侵权情况下,共同加害人对外共同承担连带赔偿责任,对内则按各自的过错按比例分担责任。在确定共同加害人的内部责任份额的时候,过错程度的轻重对每一个人的责任范围有影响。(4)在无过错联系的共同致害行为中,确定按份责任,依据每个行为人过错程度的轻重确定责任范围,因此过错轻重对责任范围也有影响力。行为人可以由于故意或者重大过失而加重责任,也可以由于没有过错或者过错轻微而减轻责任。

第三节 过错推定原则

一、过错推定原则的概念和历史沿革

(一)过错推定原则的概念

过错推定原则,指在法律有特别规定的场合,从损害事实的本身推定加害人有过错,并据此确定造成他人损害的行为人赔偿责任的归责原则。《侵权责任法》第 6 条第 2 款规定:"根据法律规定推定行为人有过错,行为人不能证明自己没有过错的,应当承担侵权责任。"

所谓推定,是指法律或法官从已知的事实推论未知事实而得出的结果,实际上就是根据已知的事实对未知的事实进行推断和认定。过错推定,也叫过失推定,在侵权责任法,就是受害人在诉讼中,能够举证证明损害事实、违法行为和因果关系三个要件的情况下,就从损害事实的本身推定被告在致人损害的行为中有过错,如果加害人不能证明损害的发生自己没有过错,就认为加害人有过错并承担侵权赔偿责任。

(二)过错推定原则的历史沿革

过错推定原则的发展历史可以上溯到罗马法时期。早在古罗马法的根本训条"对偶然事件谁也不负责任""偶然事件应落在被击中者的身上"当中,就已经包含着过错推定的萌芽①。在罗马法中,当然没有过错推定的原则规定;但是,在罗马法的一些条文中,确实有过错推定的内容。

17 世纪,法国法官多马特(Domat)创造了过错推定理论。他在《自然秩序中的民主》一书中

---

① 王卫国:"试论民事责任的过错推定",《法学研究》1982 年第 5 期。

详细论述了代理人的责任、动物致害责任和建筑物致害责任,提出对这些责任都应当采取推定的方式来确定侵权责任。在他的理论影响下,《法国民法典》首先确认过错推定原则。在德国的普通法时代,德国法院在实务上就采取过错推定原则。在制定民法典时,立法者反对将无过错责任原则写进条文之中,将雇主责任、动物致人损害、地上工作物致害等责任都规定为适用过错推定原则。在同一时期,英国的判例法也已经形成了比较系统的过错推定制度,如事故损害,只需证明事故发生的原因是处于被告操纵之下,便足以推定被告的过失责任。在这个时期,1922年《苏俄民法典》第403条确认的过错责任原则就是过错推定原则,而不是一般的过错责任原则。即使是在今天的《俄罗斯民法典》中,第1064条所确定的侵权行为一般条款所适用的归责原则也还是过错推定原则。在当代,过错推定原则已被各国立法所确认。

二、过错推定原则的意义和地位

（一）过错推定原则的意义

适用过错推定原则的意义,在于使受害人处于有利的诉讼地位,切实地保护受害人的合法权益,加重加害人的责任,有效地制裁民事违法行为,促进社会的安定团结。

适用过错推定原则,从损害事实中推定行为人有过错,那么就使受害人免除了举证责任而处于有利的地位,而行为人则因担负举证责任而加重了责任,因而更有利于保护受害人的合法权益。正因为过错推定原则具有这些优越性,因此它才随着侵权责任法理论的发展而发展,经久不衰,日臻完善,成为侵权法的归责原则。

（二）过错推定原则的地位

确认过错推定原则是一个独立的归责原则。如果从严格的意义上讲,过错推定原则仍然是过错责任原则,因而责任构成还须具备过错责任的四个要件。只是在适用过错责任原则的时候,在某些特殊情况下,受害人难以举出证据来证明加害人的过错。适用过错推定原则,受害人只要证明加害人不法行为所造成的损害事实,而加害人自己又不能证明自己没有过错,就可以从这些事实中推定加害人有过错。因此,过错推定原则实行举证责任倒置,即把举证责任强加给加害人,加害人须证明自己无过错,如果加害人证明不了自己无过错,则推定其有过错,因而承担侵权赔偿责任。尽管过错推定原则在这些方面与一般的过错责任原则有所区别,但其过错责任原则的本质并没有改变。将它作为一个独立的归责原则,但它还是过错责任原则性质,只是在规则上与一般的过错责任原则有所不同而已。

> **案例 4-3**
>
> 未成年人某甲与某乙结伙潜入某丙家,盗窃某丙的录音机,出卖后,将款用于打电子游戏和上网。某丙向法院起诉,要求某甲和某乙的父母承担损害赔偿责任。这种侵权行为是法定代理人的责任,适用过错推定原则,推定其父母存在对未成年子女未尽管教义务的过错,构成侵权责任中的替代责任。

三、过错推定原则的适用规则

（一）适用范围

过错推定原则适用范围的一般规则是一部分特殊侵权行为。

按照《侵权责任法》的规定,下述情况适用过错推定原则:(1)在关于责任主体的特殊规定中,监护人责任、用人者责任、违反安全保障义务责任、网站责任、无民事行为能力人在教育机构受到损害的责任,适用过错推定原则①;(2)在机动车交通事故责任中,机动车造成非机动车驾驶人或者行人人身损害的,适用过错推定原则;(3)在医疗损害责任中,医疗伦理损害责任适用过错推定原则;(4)在动物损害责任中,违反管理规定未对动物采取安全措施造成损害,以及动物园的动物造成损害的,适用过错推定原则;(5)在物件损害责任中,建筑物以及建筑物上的搁置物悬挂物致人损害、堆放物致人损害、林木致人损害、在公共场所危险施工等,都适用过错推定原则。其他侵权责任不适用过错推定原则。

(二)责任构成要件

在适用过错推定原则确定侵权责任的时候,其侵权责任的构成与适用过错责任原则没有原则上的变化,仍须具备损害事实、违法行为、因果关系和主观过错这四个要件。

(三)证明责任

在过错推定原则适用的场合,举证责任有特殊规则。首先,原告起诉应当举证证明三个要件,一是违法行为,二是损害事实,三是因果关系。原告承担这三个要件的证明责任。其次,这三个要件的举证责任完成之后,法官直接推定被告具有主观过错,不要求原告去寻求行为人在主观上存在主观过错的证明,而是从损害事实的客观要件以及它与违法行为之间的因果关系中,推定行为人主观上有过错。再次,在主观过错的要件上,实行举证责任倒置。如果被告认为自己在主观上没有过错,则须自己举证,证明自己没有过错;证明成立的,推翻过错推定,否认行为人的侵权责任。最后,被告证明不足或者不能证明的,推定过错成立,行为人应当承担侵权责任。

(四)侵权责任形态

在适用过错推定原则的侵权行为中,行为人承担的责任形态基本上是替代责任,包括对人的替代责任和对物的替代责任,一般不适用自己责任的侵权责任形态。

第四节 无过错责任原则

一、无过错责任原则概念的界定

(一)无过错责任原则的概念

无过错责任原则是指在法律有特别规定的情况下,以已经发生的损害结果为价值判断标准,由与该损害结果有因果关系的行为人,不问其有无过错,都要承担侵权赔偿责任的归责原则。《侵权责任法》第7条规定:"行为人损害他人民事权益,不论行为人有无过错,法律规定应当承担侵权责任的,依照其规定。"这是我国《侵权责任法》对无过错责任原则的正确规定②。

有人主张将无过错责任原则叫做严格责任,认为无过错责任中的无过错的含义就是什么过错都不考虑,既不考虑行为人的过错,也不考虑受害人的过错,因此应当叫做严格责任③。这种意见是不正确的。无过错责任原则就是不问过错的归责原则,并非只有无过错的情况下才可以适用的归责原则。因此,不应当叫做严格责任。

---

① 在《侵权责任法》第四章规定的侵权责任类型中,暂时丧失心智损害责任、网络侵权责任以及教育机构对限制民事行为能力的未成年学生受到损害的责任,都不适用过错推定原则,属于过错责任;对于违反安全保障义务的侵权责任究竟适用过错责任原则还是适用过错推定原则,则有不同看法。

② 《民法通则》第106条第3款规定的无过错责任原则的内容是:"没有过错,但法律规定应当承担民事责任的,应当承担民事责任。"这个规定不准确,无过错责任原则不是没有过错才应当承担侵权责任的规则,而是不问过错的规则。《侵权责任法》第7条已经纠正了这个不正确的表述。

③ 王利明:"《侵权责任法》的中国特色解读",《法学杂志》2010年第2期。

(二) 对无过错责任原则概念的认识

对于无过错责任原则的理解,应当集中在以下四个问题上来统一认识。

1. 对于无过错责任原则的基本特征的认识

无过错责任原则的价值判断标准与其他归责原则有所不同,并依此与其他归责原则相区别。无过错责任原则的价值判断标准是已发生的损害结果,以及法律的特别规定。在这样的归责标准之下,确定责任的有无不是过错,而是损害事实,有损害则有责任,无损害则无责任。之所以如此,就是因为实行无过错责任原则的要旨是在法律规定的特别场合加重行为人的赔偿责任,使受害人的损失更容易得到补偿。这是一个客观标准。

2. 对于无过错态度的认识

对于无过错责任原则中的"无过错"的认识,曾经有不同的意见:一是说"不以行为人的主观过错为责任要件的归责标准";二是说"无论有无过错";三是说"既不考虑加害人的过错,也不考虑受害人的过失"。在这三种主张中,前两种说法不存在错误,但是没有准确地揭示无过错责任原则的本质特征,没有将无过错责任原则的归责价值判断标准完整地揭示出来。实际上,无过错责任原则的基本内涵是以损害结果来确定责任;在这样的前提下,才可以说无论有无过错或者不以行为人的主观过错为责任构成要件的归责标准。两者的关系是,前者是本质,是中心;后者是附属,是前者的必然要求。

> **案例 4-4**
> 十岁儿童某甲去动物园玩,由于虎笼外的栏杆受到损坏缺损,某甲钻入栏杆,引诱老虎,被老虎咬掉一只手。某甲起诉动物园请求赔偿。动物园是动物所有人,其所有的动物造成他人损害,应当承担无过错责任,对于某甲的损害,应当承担损害赔偿责任。

3. 对于确认无过错责任构成的决定要件的认识

在适用无过错责任原则归责的情况下,一方面由于决定责任构成的基本要件是谁造成了损害结果,另一方面由于主观过错不再是侵权责任的构成要件,因而,决定责任构成的基本要件是因果关系。当损害结果和违法行为之间具有因果关系的时候,侵权责任即为构成。有因果关系者,构成侵权责任;无因果关系者,就不构成侵权责任。

4. 对于法律特别规定的认识

按照我国《侵权责任法》第 7 条规定,只有在"法律规定应当承担侵权责任的"时候,才能适用无过错责任原则。如果没有法律特别规定,就不能适用无过错责任原则。

二、无过错责任原则的历史沿革

(一) 无过错责任原则的发展历史

无过错责任原则是伴随着社会化大生产的迅速发展,尤其是大型危险性工业的兴起而产生和发展起来的。

在资本主义初期,在侵权责任法的领域,实行的是过错责任原则。行为人对造成的损害结果,只有在自己的主观上有过错的情况下,才负侵权赔偿责任,无过错就无责任。在自由资本主义时期,资本主义生产迅猛发展,具有高度危险性的工业企业大规模兴建,随时都可能致人以损害。对于事故责任,开始也是实行过错责任原则,在事故造成的损害面前,受害人必须证明事故的责任者即工厂主在主观上有过错后,才能获得赔偿。而在事故中,一方面,受害人举证证明责任者有过错,极其困难;另一方面,加害人即事故的工厂主也会找出种种的无过错的理由进行抗辩,以免除责任。

在英美法,曾经从过错责任原则中引申出"共同过失"原则,据此,如果事故的发生表明工人是有过失的,即使工人能够证明工厂主有过失,但是,由于双方互有过失,工厂主将不负赔偿责任[①]。拘泥于过错责任原则的后果,事实上剥夺了工人的一切保护,不仅受害人无法证明工厂主造成工业事故的"过错",而且工厂主也会利用过错责任原则,借口"无过失"而拒绝赔偿受害人的损失,使工厂主几乎不可能败诉。

在这种情况下,民事立法一方面坚持实行过错责任原则,另一方面例外地就特殊损害事故承认无过错责任原则,在立法上出现了无过错责任原则或者严格责任的规定,即在特定的情况下致人损害的一方即使没有过错,也应承担赔偿责任。

首先确认无过错责任原则的是普鲁士王国。它在1838年制定《铁路企业法》,承认了这一原则;翌年,又制定《矿业法》,把这一原则从铁路企业扩大到矿害方面。在德国,1872年曾制定《国家责任法》,规定经营矿山、采石场及工厂者,对其所雇佣的监督者和工头的过失致劳工损害者,在一定范围内负损害赔偿责任而不管雇主有无过失。严格地说,这种无过错责任并不彻底,因为还要受害人证明监督者和工头的过失。1884年,德国制定了《劳工伤害赔偿法》,规定了工业事故社会保险制度,真正确立了事故责任的无过错责任制度。法国在1898年制定了《劳工赔偿法》,规定了工业事故的无过错责任。英国政府在1880年制定了《雇主责任法》,多次修改《工厂法》,逐渐加重了雇主的责任。1897年制定《劳工补偿法》,规定在即使存在"共同过失"的情况下,即受害的雇员及其同伴或者第三人对损害的发生有过失,而雇主无过失,雇主仍应对雇员在受雇期间所受的损害,承担赔偿责任。在美国,也都先后用特别立法或者判例等方法,确认了这一原则,使之成为一个通行的归责原则。

(二)我国立法确立无过错责任原则的目的

我国侵权责任法确立无过错责任原则的根本目的,在于切实地保护人民群众生命、财产的安全,更好地保护民事主体的合法权益,促使从事高度危险作业的人、产品生产者和销售者、环境污染者以及动物的饲养人、管理人等行为人,对自己的工作高度负责,谨慎小心从事,不断改进技术安全措施,提高工作质量,尽力保障周围人员、环境的安全;一旦造成损害,能迅速、及时地查清事实,尽快赔偿人们的人身损害和财产损失。适用这一原则的基本思想,在于使无辜损害由国家和社会合理负担,保护受害人的利益。

在侵权责任法的司法实践中,在适用无过错责任原则的时候,应当贯彻这样的立法意图,切实保护权利人的合法权益,维护社会的稳定和正常秩序。

(三)无过错责任原则的意义

适用无过错责任原则的意义,在于加重行为人的责任,使受害人的损害赔偿请求权更容易实现,受到损害的权利及时得到救济。在这一点上,可以在无过错责任原则与过错推定原则的比较中,得到证实。

在适用过错推定原则的情况下,受害人可以不必举证证明加害人的主观过错,而是在损害事实中推定加害人的过错。这样,受害人就免除了证明加害人过错的举证责任,转而由加害人承担自己举证证明自己无过错的责任,受害人的损害因此而比实行过错责任原则为优。在适用无过错责任原则的情况下,受害人当然更不用证实加害人的过错,在这一点上,无过错责任原则与过错推定原则相比,并没有不同;但是,在举证责任倒置的内容上,情况大不一样:实行过错推定,举证责任在加害人,证明的内容是加害人自己没有过错;实行无过错责任原则,举证责任在加害人,证明的内容,是损害系由受害人的过错所引起;加害人证明自己无过错,在实践中尚属可能;

---

① 转引自王利明:《侵权责任法归责原则研究》,中国政法大学出版社1991年版,第132—133页。

加害人证明损害是由受害人的故意所引起,实属不易。这样相比,无过错责任原则对于受害人来说,当然要比过错推定更为有利。应当注意的是,在实行无过错责任原则的时候,并不是所有的行为人都没有过错。在很多情况下,都可以证明或者从损害事实中推定出他们的故意或者过失。法律确认无过错责任原则,是说明主观过错不是责任构成要件,行为人无论有无过错,都应当承担赔偿责任。这样,就将行为人置于严格责任的监督之下,把受害人置于更为妥善的保护之中。

三、无过错责任原则的适用规则

(一)适用范围

无过错责任原则适用于一部分特殊侵权行为。

《侵权责任法》规定无过错责任原则的具体适用范围是:(1)产品责任;(2)高度危险责任;(3)环境污染责任;(4)动物损害责任中的部分责任。在司法实践中,对于工伤事故责任也适用无过错责任原则。

应当注意的是,确定无过错责任原则的范围,应当特别注意"法律特别规定"。《侵权责任法》第7条规定只有在"法律规定"的时候,才能适用无过错责任原则。其含义是,没有法律的特别规定,不得以损害事实为侵权责任归责的标准。

(二)责任构成要件

适用无过错责任原则的侵权责任构成要件为三个,即违法行为、损害事实和因果关系。在适用无过错责任原则的情况下,由于一方面决定责任构成的基本要件是谁造成了损害结果,另一方面主观过错不再是侵权责任的构成要件,因而决定责任构成的基本要件是因果关系。当损害结果和违法行为之间具有因果关系时,侵权责任即为构成。

(三)证明责任

适用无过错责任原则,有四项具体规则。(1)被侵权人即原告应当举证证明违法行为、损害事实和因果关系三个要件。对此,侵权人不承担举证责任。(2)在被侵权人完成上述证明责任以后,如果侵权人即被告主张不构成侵权责任或者免责,自己应当承担举证责任,实行举证责任倒置。被告所要证明的不是自己无过错,而是被侵权人的故意是导致损害的原因,这也是无过错责任原则与推定过错原则的一个重要区别。(3)被告能够证明损害是由被侵权人的故意所引起的,即免除赔偿责任。(4)侵权人对上述举证责任举证不足或者举证不能的,侵权责任即告成立,被告应承担侵权责任。

(四)侵权责任形态

适用无过错责任原则的侵权行为,其责任形态一般来说是替代责任,包括对人的替代责任和对物的替代责任。

四、无过错责任原则的侵权人过错问题

在适用无过错责任原则的侵权行为中,法律只是不问侵权人的过错。在现实中,大多数的无过错责任中的侵权人在行为时是有过错的,被侵权人可以提供证据加以证明。对此,可以实行以下三项规则。(1)侵权人的过错对于侵权责任的构成没有意义。因为凡是在无过错责任原则适用的场合,在研究构成侵权责任时都是不问过错的。即使侵权人有过错,被侵权人已经证明,在这一环节也不加考虑。(2)侵权人的过错对于侵权责任的赔偿范围具有较大的决定作用。如果侵权人确实没有过错,或者不能证明侵权人有过错,那么,侵权人的赔偿责任按照法律的一般规定确定,侵权人承担法律所要其承担的限额赔偿责任。(3)如果侵权人对于损害的发生或者扩大具有过错,那么,对于损害赔偿责任范围的确定,应当按照过错责任原则的要求进行,凡是与其过错行为有因果关系的损害结果,都应当予以赔偿。例如高度危险责任,法律规定为无过错责

任,并且侵权人应当依照其规定进行限额赔偿。但是,如果被侵权人能够证明侵权人对损害的发生具有过错,则侵权人应当全额赔偿。不过,《侵权责任法》第 7 条对此没有规定,按照法理是应当这样的。

本 章 小 结

　　侵权责任归责原则,是侵权责任法理论的核心,在侵权责任法中具有极为重要的意义。它是指确定侵权行为人侵权损害赔偿责任的一般准则,是在损害事实已经发生的情况下,为确定侵权行为人对自己的行为所造成的损害是否需要承担民事赔偿责任的原则。我国侵权责任法的归责原则是一个体系,包括过错责任原则、过错推定原则和无过错责任原则。不同的归责原则调整不同的侵权行为类型,采用不同的规则。过错责任原则,是以过错作为价值判断标准,判断行为人对其造成的损害应否承担侵权责任的归责原则。过错责任原则适用于一般侵权行为。过错推定原则,是在法律有特别规定的场合,从损害事实的本身推定加害人有过错,并据此确定造成他人损害的行为人赔偿责任的归责原则。推定过错原则适用于特殊侵权行为,例如监护人的责任、用人者责任以及物件损害责任等。无过错责任原则是指在法律有特别规定的情况下,以已经发生的损害结果为价值判断标准,由与该损害结果有因果关系的行为人,不问其有无过错,都要承担侵权赔偿责任的归责原则。只有在法律有特别规定的时候,产品责任、环境污染责任、高度危险责任、饲养动物损害责任等特殊侵权责任才能适用无过错责任原则。

【关键术语】

归责　归责原则　过错责任原则　过错推定原则　无过错责任原则

【思考题】

1. 论述侵权责任归责原则的概念及其意义。
2. 我国侵权责任归责原则体系包括哪些归责原则?
3. 适用过错责任原则的基本规则是什么?
4. 适用过错推定原则的基本规则是什么?
5. 适用无过错责任原则的基本规则是什么?

第五章 侵权责任构成要件

本章要点

本章依照《侵权责任法》第 6 条第 1 款规定,全面研究侵权责任构成和侵权责任构成要件,详细论述侵权责任构成的违法行为、损害事实、因果关系和主观过错四个要件。

第一节 侵权责任构成要件概说

一、侵权责任构成要件的概念

（一）侵权责任构成和侵权责任构成要件

侵权责任构成,是指具备哪些条件才能构成行为人因侵权行为所承担的民事责任,换言之,侵权责任构成是依据法律进行理性分析,确定侵权人所应承担的民事责任,在一般的情况下由哪些要素有机构成,并且依据这种构成作为判断行为人所实施的行为是否成立侵权责任的标准,在实践中予以适用。因此,侵权责任构成,既是理论上的问题,又是实践上的问题,而且对于实践的指导意义更为重大。

侵权责任构成要件是与侵权责任构成概念最为密切相关的概念。它是构成侵权人应承担民事责任的具体必备条件,是侵权责任有机构成的基本要素。因而,学者认为,它是侵权人承担侵权行为责任的条件,是判断侵权人是否应负侵权责任的根据①。

侵权责任构成与侵权责任构成要件这两个概念,是一个事物的两个方面,前者是指这种责任须具备哪些要素或条件才能构成,后者是构成这种责任的基本要素或具体条件是什么。从这个角度上看,这两个概念是紧密相连的,是一个有机的整体。但是,从理论上和实践上来看,这两个概念的意义和作用并不相同。前者具有宏观的意义,研究的是责任构成的基本要求,是责任构成的结构;后者具有微观的意义,研究的是责任构成的具体内容,即构成责任的每一个要素的具体要求,或称具体条件的具体内容。这两个概念相辅相成,在理论上构筑侵权责任构成的完整体系,在实践中成为判断某一行为人是否应当承担侵权责任的尺度。

（二）侵权责任构成要件主要是指侵权损害赔偿责任构成

侵权责任构成及其要件究竟是指损害赔偿责任构成及其要件,还是一般的侵权责任构成及其要件,是一个重要的问题。也就是说,在侵权责任构成中,究竟是研究侵权损害赔偿责任的构成,还是包括停止侵害、排除妨害、消除危险、赔礼道歉、消除影响、恢复名誉等其他侵权责任方式?在侵权责任法,研究侵权责任构成要件是在研究侵权损害赔偿责任的构成要件,因此要求比较严格。在适用侵权责任的停止侵害、排除妨害、消除危险等责任方式时,并不需要这样严格的

---

① 《中国大百科全书·法学》,中国大百科全书出版社 1984 年版,第 473 页。

责任构成要件,只要具备了权利侵害的事实,就可以请求停止侵害、排除妨害、消除危险等,并非一定要造成损害才可以请求。这说明,侵权责任中的损害赔偿责任是其中最基本的责任方式,而其他侵权责任方式并非要与侵权损害赔偿责任同等要求。

既然如此,就应当明确,在这里研究的是侵权损害赔偿责任的构成要件,而不是其他侵权责任方式的构成要件。但是举重以明轻,将最严重的侵权责任方式的构成要件规定清楚了,那么其他较轻的侵权责任方式具备了这样的构成要件,当然就更没有问题了,而事实上其他较轻的侵权责任方式的构成不必具备这样严格的构成要件。

二、侵权责任构成要件的理论学说

(一)对侵权责任构成要件的不同观点

关于侵权责任构成的学说,在我国民法学界有不同的主张。通说是"四要件说",认为侵权责任构成须具备行为的违法性、违法行为人要有过错、要有损害事实的存在和违法行为与损害事实之间要有因果关系这四个要件。在一般情况下,以该四个要件为已足,构成一般侵权责任[1]。这种学说最初借鉴了前苏联民法理论,并结合我国的具体实践,为我国民法学界所公认,被广泛地应用于理论研究与实务,也被最高司法机关的司法解释所采用,用以指导全国司法机关的审判实践[2]。

不同的意见是侵权责任构成的"三要件说"。一些学者认为违法行为不足以作为侵权行为责任的构成要件,其主要根据:一是规定过错责任原则的条文中,未规定"不法"的字样;二是不法行为就是侵权行为的别称或同义语;三是违法性包含于过错之中;四是将不法与过错区分开来的初衷在于运用不法概念便于确定人们的行为准则,实无必要,实益不大[3]。因而,主张侵权责任构成只须具备损害事实、因果关系和过错的要件[4]。

(二)坚持侵权责任构成"四要件说"的必要性

研究侵权责任构成要件理论,应当既要注重理论上的深入探讨,又要明确理论为实践服务,源于实践,指导实践的宗旨;既要尊重历史,又不能忽略现实;既要大胆地借鉴国外的先进理论,又不能脱离中国本国的具体国情。

在侵权责任法理论研究中,关于侵权责任构成要件的争论,争执焦点在于违法行为是否为侵权责任构成的必备要件。这就是,违法行为或者行为的违法性是否为侵权责任构成的必备要件。对此,四要件说肯定之,三要件说否定之。

违法行为是侵权责任构成的必备要件,亦即侵权责任必须由违法行为、损害事实、因果关系和主观过错四个要件齐备方可构成,缺一不能构成侵权责任。其理由如下。

1. 违法行为是行为要素和违法性要素的结合

违法行为在德国法系称为不法行为,其内部结构包括两个要素:一是行为;二是违法或称不法。违法和行为合而为一,成为侵权责任构成的客观要件之一,与损害事实和因果关系这两个客观要件一起,构成完整的侵权责任构成中客观要件的体系。

侵权行为最基本的因素是行为。构成侵权行为责任的行为须为违法,也就是造成损害后果的行为必须具有违法性。

违法的要素或称不法的要素,在传统侵权责任法理论看来,违反不可侵犯的法定义务,违反

---

[1] 中央政法干校民法教研室:《中华人民共和国民法基本问题》,法律出版社1958年版,第324、338页。
[2] 最高人民法院《关于审理名誉权案件若干问题的解答》第7条。
[3] 孔祥俊等:"侵权责任要件研究",《政法论坛》1993年第1期。
[4] 参见王利明等:《民法·侵权责任法》,中国人民大学出版社1993年版,第五章。

保护他人的法律,故意背于善良风俗加损害与他人,均构成违法。前两种为形式违法或狭义违法,后一种为实质违法或广义违法。

作为侵权责任构成客观要件的违法行为,其行为要素和违法要素的作用各不相同。行为者,确定侵权行为外观表现形态;违法者,确定该行为在客观上与法律规范之间的关系。如果侵权责任中没有行为的要件,则无法说明侵权行为的客观表现形式;没有违法的要件,则无法确认侵权行为与法律之间的关系,因而使侵权责任无从认定。

2. 过错作为侵权责任构成的主观要件不能代替违法行为这一客观要件

过错是行为人的主观心理状态,体现了行为人的主观上的应受非难性。这几乎是所有民法学者都承认的事实。但是,由于民法上对判断过错主要采取客观标准的原因,以及行为本身就具有行为人本身的意志因素的原因,有的学者提出了客观过错的概念,使过错这一主观要件变成了客观要件,因而主张过错能够代替违法行为这一客观要件,认为违法行为应包含于过错之中。我们认为这样的主张值得探讨。

主观和客观,是哲学上的一对范畴,它们既相区别,又相联系;既是对立的,又是统一的。在一个具体的行为中,在一般情况下,既包括行为人主观的状态,即观念上的形态,也包括客观上的外在样态,即身体上的动静。这两种形态,既有主观与客观的表现形式不同,又是相互联系,统一在一起的。

在理论上,将行为人的主观心态与客观行为严格区分开,并不是要割裂两者间的内在联系,而是要确立主观心态和客观行为这两个不同的标准,检验行为人在其实施的行为致人损害中,是否具备这样两个方面的要件。因而,主观过错和客观行为不仅是应当分开的,并且是能够分开作为两个不同的侵权责任构成要件的,即使是认为过错"是指支配行为人从事在法律上和道德上应受非难的行为的故意和过失状态中"的学者,也不能否认过错的主观性质,它仍然是人的观念形态,而不是客观行为的本身,是"行为人通过违背法律和道德行为表现出来的主观状态"①。

所谓客观过错,学者认为"是指判断过错不再以行为人个人的主观状态为根据,而是以一般注意义务的违反为标准。这种过错就是指对一般注意的违反"②。应当强调指出的是,客观过错并不是指过错已经不再是行为人的主观状态,只是在确定行为人在主观上有无过错时,不以主观标准进行衡量,而是以客观标准衡量之,其中最主要的客观衡量标准,就是以一般注意义务的违反为标准,违背该注意义务标准的,为主观上有过错。

但是,在现代侵权法上,并非完全以客观标准衡量过错的有无,主观标准仍有适用的必要。在行为人故意侵权时,当其行为完全表现出其故意的心理状态时,则仍用主观标准,而非用客观标准。例如,行为人在报刊上载文公开指名道姓诽谤他人,依主观标准足以判断其故意的心理,就不必用客观标准衡量。一般注意义务违反这一客观标准,不是衡量一切过错的标准,而是衡量行为人主观上是否有过失的标准,因而,过失才是对一般注意义务的违反。如果确定故意能用主观标准判断而偏采用客观的注意义务违反的标准判断之,显然是舍本求末。既然客观过错只是对某些过错的判断方法的表述,而非过错已由主观心理状态的性质改变为客观的性质,那么,也就改变不了过错为侵权责任构成主观要件的性质,因而过错也就不能替代违法行为这一客观要件。

3. 否认违法行为是侵权责任构成要件无法处理因果关系这一要件

通说认为,侵权责任构成要件中的因果关系,是指违法行为与损害事实之间的因果关系,是

① 王利明、杨立新等:《民法·侵权责任法》,中国人民大学出版社1993年版,第154页。
② 孔祥俊等:"侵权责任要件研究",《政法论坛》1993年第2期。

这两个要件之间的引起与被引起的关系。如果否认违法行为为侵权责任构成要件,只能将因果关系表述为"我国的因果关系应为过错与损害之间的关系"①。这种表述的结果,把主观的思想或意志与客观的损害硬性联系在一起,如何能产生引起与被引起的因果联系呢?推论下去,势必得出由于加害人的思想就可以导致受害人权利损害的客观结果这样的结论。

之所以产生这样的结论,就是因为在过错与损害之间,缺少了行为这样一个客观要件作为中介,因为只有行为才能造成损害,过错不能直接造成损害。行为人由于过错的指导,去实施行为,该行为造成受害人的损害,行为与损害之间才具有因果关系。

学者为防止出现这种错误,提出了过错行为的概念,希望以此解决因果关系上的难题。这种主张在适用过错责任原则归责时,大致能够避免如上的结论,不至于出现大的错误。但是,侵权行为的归责原则不止一个,当适用无过错责任原则归责时,过错行为的主张却不能避免另外一个错误,即适用无过错责任原则归责,不要求有过错的要件,如果将过错行为因不要求有过错行为要件而否定的话,那么损害是由什么引起的呢?按照侵权责任构成须具备损害、因果关系和过错三要件的理论,适用无过错责任原则归责,则只有损害和因果关系这两个要件,那么损害与谁构成因果关系,损害的原因又去何处寻找呢?

综上所述,应当确认侵权责任构成应具备违法行为、损害事实、因果关系和主观过错这四个要件,否认违法行为为侵权责任构成的客观要件,理由并不充分。《侵权责任法》第 2 条第 1 款关于"侵害民事权益,应当依照本法承担侵权责任"的规定,就包含了对侵权行为违法性的确认。

第二节 违 法 行 为

一、违法行为概述

(一)违法行为的概念和结构

违法行为,是指自然人或者法人违反法律而实施的作为或不作为。

违法行为作为侵权责任构成的客观要件,包括行为和违法两个要素,这两个要素构成违法行为要件的完整结构。这一结构表明,侵权行为首先必须由行为来构成,而非由事件或思想等行为以外的事实构成;构成侵权责任的前提,必须有一定的行为;其次,这种行为必须在客观上违反法律,具有违法性的特征。

(二)行为

行为是人类或人类团体受其意志支配,并且以其自身或者控制、管领物件或他人的动作、活动,表现于客观上的作为或不作为。应当说明以下两点。

第一,法人的行为并非只是法人的机关于其职务范围内所为的行为,这种界定范围过窄。法人是人类的团体形式,其意志为法人机关之意志,其行为应是其自身的活动和控制管领物件的活动。前者如生产、销售、管理等,后者如对工厂、厂房、机器、设备的管理、使用等。法人的上述行为也表现为作为和不作为两种形式。

第二,自然人、法人行为的基本形式,是其自身的动作或活动。但其控制、管领物件或他人的动作或活动,亦为自然人、法人行为的特殊形式,当由其控制、管领的物件或他人致人损害之时,亦构成侵权责任,为替代责任。责任人为控制管领物件或他人的人,如建筑物以及其他设施或者

---

① 孔祥俊等:"侵权责任要件研究",《政法论坛》1993 年第 2 期。

建筑物上的搁置物、悬挂物坠落、倒塌致人损害,是为物体致害的替代责任;无民事行为能力人或者限制行为能力人致人损害,由其监护人承担替代责任,是为他人的行为致害的责任。在这些情况下,物体致害和无行为能力人、限制行为能力人致害,是其管理人、监护人的行为的延伸,亦为自然人和法人的行为。

(三)违法性

违法的概念,在界定上有肯定主义与否定主义之分。肯定主义肯定违法的内涵,如认为,所谓违法,系指实质违法及形式的违法而言,违反强制或禁止之规定者,为形式的违法,背于善良风俗或公共秩序者,为实质的违法[①]。否定主义采用否定不违法的行为的方法,界定违法概念,如认为,此所谓不法,系指无阻却违法之事由而言。侵害权利虽常属不法,但有阻却违法事由存在时,则非不法[②]。

违法是指行为在客观上与法律规定相悖,主要表现为违反法定义务、违反保护他人的法律和故意违背善良风俗致人以损害。

1. 违反法定义务

违反法定义务,表现为两种情形:第一,违反绝对权的不可侵义务,是自然人、法人作为他人享有绝对权利的法定义务人时,负有法定的不得侵害该权利的法定义务,侵害该绝对权,即违反该法定的不可侵义务,为具有违法性;第二,违反对合法债权的不可侵义务,第三人对于他人之间的债权并无特定的义务,但是负有不可侵义务,违背债权的不可侵义务,也构成违反法定义务的违法性。

2. 违反保护他人为目的的法律

法律有时候直接规定对某种权利或者利益的特别保护。违反这种保护他人的法律,也构成违法性。例如,法律特别规定保护的其他人格利益、死者的人格利益等,都是保护他人为目的的法律,任何人都负有不可侵义务。我国《消费者权益保障法》第18条规定:"经营者应当保证其提供的商品或者服务符合保障人身、财产安全的要求。"按照这一规定,经营者在提供商品或者服务的时候,对消费者的人身安全和财产安全负有保障义务,经营者疏于这种保护义务,就违反了保护他人为目的的法律,构成违法性。

3. 故意违背善良风俗致人损害

关于违背善良风俗之违法性,本为不当,当故意以其为方法而加害他人时,构成违法。行为既不违反法定义务,亦不违反法律的禁止,但故意违背道德观念善良风俗而直接或间接加害于他人,亦构成违法。

案例 5-1

周林和李坚先后在一条街上相邻开了快餐店,周林经营有方,生意红红火火。李坚则门庭冷落,不久改开花圈店。李坚有气,将样品花圈放在与周林相邻的一侧,并没有逾界。周林为了不影响自己的生意,用一张薄席拦在自己方一侧,使来本店吃饭的客人看不到摆放的花圈。李坚随即架高花圈,周林只得随之架高薄席。李坚最后将样品花圈吊在屋檐上,使周林无法继续遮挡。周林的生意日渐萧条,起诉李坚恶意摆放花圈,影响其正常经营,要求李坚停止侵害,

---

① 史尚宽:《债法总论》,台湾荣泰印书馆1978年版,第120页。
② 何孝元:《损害赔偿之研究》,台湾商务印书馆1982年版,第99页。

> 赔偿损失。李坚摆设花圈是在自己经营的领域之中，并没有侵害他人的权利，但是他故意以这种方式侵害周林的经营，构成违背善良风俗。这一案件是妨害经营的典型侵权行为，也是一种故意以违背善良风俗加害于他人，具有违法性的侵权行为。

违法性分为形式的违法性和实质的违法性。上述前两种违法性，都是在形式上违反法律规定的，因此称之为形式违法。后一种违法性即违背善良风俗的违法性，行为在形式上并不违法，但是其在实质上违法，因此称之为实质违法。

二、违法行为的方式

（一）行为的两种方式

违法行为依其方式，可分为作为和不作为。这两种行为方式，均可构成侵权行为的客观表现方式。

区分行为的作为与不作为，应以法律规定的法定义务为标准。行为人违反法律规定的不作为义务而为之，为作为的违法行为。反之，行为人违反法律规定的作为义务而不履行之，即为不作为的违法行为。

（二）作为

作为的违法行为是侵权行为的主要行为方式。人身权、财产权均为绝对权，其他任何人都负有不得侵害其权利的法定义务，即使是债权，第三人也负有不可侵义务。行为人违反不可侵义务而侵害之，即为作为的侵权行为。如伤害他人健康、用语言诽谤他人、侵害他人财产所有权，等等，皆是。

（三）不作为

不作为的违法行为亦可构成侵权行为的行为客观方式。确定不作为违法行为的前提，是行为人负有特定的作为义务，这种特定的作为义务，不是一般的道德义务，而是法律所要求的具体义务。例如，王某与一痴呆妇女通奸，后欲断绝此关系，但该妇女仍与王来往。王某即在最后一次与其发生性行为时，将一块生石灰塞入该妇女阴道。该妇女的丈夫亦为痴呆人，发现后将该妇女送给王某的母亲，要求救治。王母为节省花费，找农村土医生治疗，结果致使该妇女阴道粘连，造成丧失性功能的严重后果。王某致该妇女伤害，其母有义务予以救治，但该种救治义务，为道德义务，而非法定义务，因而王母的行为不构成不作为的违法行为。

特定的法定作为义务的来源，为以下三种。

1. 来自法律的直接规定

例如，《婚姻法》规定，父母有管教未成年子女的义务，母亲对于哺乳期子女有抚养义务，亲属之间负有扶养义务，等等。违反上述法律上的作为义务而为之，即为不作为的违法行为。

2. 来自业务上或职务上的要求

例如修建地下工作物应负预防危险的作为义务、游泳场救护员负有抢救落水者的作为义务、消防队员应负扑救火灾的义务等，都是来自职业的或者业务上的要求，都是作为的义务。违反上述职务上或业务上的作为义务而不作为者，为不作为的侵权行为。

3. 来自行为人先前的行为

行为人先前的行为给他人带来某种危险，对此，必须承担避免危险的作为义务。

案例 5-2

《青春》杂志刊登侵权小说《太姥山妖氛》,侵害原告的名誉权。原告请求该杂志社赔礼道歉、恢复名誉、停止侵害,杂志社拒不履行该义务。原告遂向法院起诉。最高人民法院1992年8月4日《关于刊登侵害他人名誉权小说的出版单位在作者已被判刑后还应否承担民事责任的复函》指出:"出版单位刊登侮辱、诽谤他人的小说,原告多次向出版单位反映,要求其澄清事实、消除影响,出版单位未予置理","致使该小说继续流传于社会,扩大了不良影响,侵害了原告的名誉权。因此,出版单位应当承担民事责任。"

该司法解释确立的这一原则,对于出版其他文字作品的单位,均为适用。

三、违法行为的形态

(一)三种不同的违法行为形态

违法行为具体表现为三种不同的形态如下。

1. 自己的行为——直接行为

自己的行为是直接行为,是一般侵权行为责任构成的违法行为形态。行为人自己实施行为,无论作为还是不作为,均构成一般侵权责任,即自己的责任。侵害人格权、身份权以及财产权等,均可由这种行为形态构成。

2. 监护、管理下的人所实施的行为——间接行为 A

这是间接行为,构成特殊侵权行为;这种间接行为的行为人承担的侵权责任为替代责任。父母对于未成年子女实施的侵权行为,雇主对于雇员执行雇佣活动致人损害的行为,法人对其工作人员执行职务致人损害的行为,均为此种间接行为。这种行为渊源于罗马法的准私犯①,《法国民法典》第1384条规定:"任何人不仅对其自己的行为所造成的损害,而且对应由其负责的他人的行为或在其管理下的物件所造成的损害,均应负赔偿的责任。"其中应由其负责的他人的行为,即为此种间接行为。

3. 管理物件的不当行为——间接行为 B

对于自己管理、控制的物件,应妥善处置。管理不当,物件致人损害,虽非自己的直接行为,却为间接行为。此种间接行为,亦构成特殊侵权责任,行为人应为自己的物件管理不当行为承担其责任。此种间接行为亦产生于罗马法准私犯制度,《法国民法典》第1384条关于任何人"在其管理下的物件所造成的损害",应负赔偿责任的规定,以及第1385条动物致害、第1386条建筑物致人损害均为此种间接行为。

上述三种违法行为的形态可以分为直接行为和间接行为,前一种是直接行为,后两种是间接行为。例如,《侵权责任法》第36条第1款、第37条第1款规定的侵权行为是直接行为,而第32条规定的侵权行为是对人的替代责任,是间接行为 A,第85条规定的侵权行为是对物的替代责任,是间接行为 B。

(二)区分违法行为形态的意义

如上所述,侵权责任法区分违法行为的上述三种不同形态,意义在于行为人承担不同的侵权责任形态。为自己的行为负责是直接行为,行为人承担的是自己的责任,即自己为自己的行为承担侵权责任。为他人的行为负责和为自己控制、管领物件的不当行为,为间接行为,责任人承担的是替代责任,是为他人的行为负责,或者为自己管领的物件所致损害负责。前者为一般侵权行

---

① 江平等:《罗马法基础》,中国政法大学出版社1991年版,第198页。

为,适用过错责任原则归责;后者为特殊侵权行为,根据法律的规定,适用过错推定原则或者无过错责任原则归责。在审判实践中,应当注意区别违法行为究竟是直接行为还是间接行为。这对于正确适用侵权责任法具有重要意义。

四、阻却违法行为

侵权责任的构成,须以违法为必要。在一般情况下,侵害他人权利,即为违法,但有阻却违法事由存在时,该行为即使造成权利人权利的损害,却不为违法。因此,阻却违法行为是侵权责任构成的基本的免责事由。

阻却违法事由,是指行为虽造成他人损害,但依法能够排除行为违法性的法定的客观事实。它具有排除行为违法性、抗辩侵权责任构成的作用。阻却违法行为与免责事由不是同一的概念。免责事由是指被告针对原告的诉讼请求提出使自己免除责任或减轻责任的事由①。阻却违法事由是免责事由的基本形式,称作抗辩的正当理由。除此之外,免责事由还包括外来原因,具体有受害人具有故意、第三人过错、不可抗力和意外意件。阻却违法事由作为基本的免责事由,具有完全否定侵权责任的效力,只有在某些不完全的阻却违法事由情况下,才发生减轻民事责任的效力,如防卫过当、避险过当等。

第三节 损 害 事 实

一、损害事实的概念和结构

(一)损害事实的概念

损害事实是指一定的行为致使权利主体的人身权利、财产权利以及其他利益受到侵害,并造成财产利益和非财产利益的减少或灭失的客观事实②。损害事实是侵权责任构成要件之一。

(二)损害事实的结构

损害事实是由两个要素构成的:一是权利被侵害;二是权利被侵害而造成的利益受到损害的客观结果。一个损害事实必须完整地具备侵害客体和利益损害这两个要素,缺少其中任何一个要素,都不是侵权法意义上的损害事实,都不符合侵权责任构成要件的要求。侵害人身权民事责任构成的损害事实要件,必须具备人身权受到侵害,导致人格利益和身份利益损害这两个要素。侵害财产权民事责任构成的损害事实要件,也必须具备财产权受到损害,导致财产利益受到损失这两个要素。

1. 权利被侵害

权利被侵害这一要素的确定,意义在于确定侵权行为的范围,分清侵权行为的不同性质。被侵害的权利是侵权行为的侵害客体。侵权行为的范围究竟有多宽,应当以能够成为侵权行为客体的民事权利的范围为限。行为造成了权利主体的权利损害,该权利属于侵权行为的客体范围,即可构成侵权行为;反之,则不能构成侵权行为。当侵害的权利属于侵害客体范围时,再根据具体权利的种类,可以确定该侵权行为是侵害财产权,还是侵害人身权;在侵害人身权中,是侵害身体权,还是侵害名誉权,以及侵害其他人身权。确定了这种性质,即可据此决定适用哪一法律条文,如何进行处理。

---

① 王利明主编:《民法·侵权责任法》,中国人民大学出版社 1993 年版,第 177 页。
② 杨立新:《侵权损害赔偿案件司法实务》,新时代出版社 1993 年版,第 38 页。

2. 利益被损害

利益损害这一要素的确定,意义在于是否成立侵权责任,以及如何确定赔偿范围。在侵害财产权的场合中,利益的损害包括直接损害和间接损害,一般的侵害财产权,没有造成财产的直接损失或者间接损失,构不成侵权责任。在侵害人身权的场合中,利益损害包括人格利益损害和身份利益损害。当违法行为作用于人身时,如果情节轻微,没有造成利益的损害,也不构成侵权责任。只有违法行为作用于权利主体的财产权利或者人身权利,并且造成了财产利益以及人格利益和身份利益损害的时候,才能成立侵权责任,并且依此损害的实际范围,确定赔偿责任的大小。

权利侵害和利益损失结合在一起,构成侵权责任的损害事实要件。这一客观要件的存在,是侵权法律关系赖以产生的根据。侵权责任只有在违法行为侵害了权利并且造成相应利益损害的条件下,才能发生。如果仅有违法行为而无权利侵害和利益损失的损害事实,就不能发生侵权责任。

二、损害事实的种类

损害事实包括两大类:一是对人身权利和利益的损害事实;二是对财产权利和利益的损害事实。

(一)人身权利及利益的损害事实

侵害人身权的损害事实,最终表现为人格利益损害和身份利益损害这两种不同的损害事实种类。因为这两种利益就是人身两大权利种类的客体。

1. 人格利益损害

人格利益损害是侵害人格权所造成的损害事实。由于人格权可以分为物质性人格权和精神性人格权两个类别,因而人格利益损害也分为两种不同的损害事实。

(1)人身损害

侵害自然人身体权、健康权、生命权,其人格利益的损害为人身损害。

这种损害首先表现为自然人的身体、健康损伤和生命的丧失。当违法行为作用于受害人的物质性人格权的时候,受害人所享有的作为物质性人格权的客体的人体利益将受到损害,造成伤害或死亡。人身利益,是人之所以为人的物质条件,维持生命,维护人体组织完整和人体器官正常机能,是享有民事权利、承担民事义务的物质基础。这种利益的损害,破坏了人体组织和器官的完整性及正常机能,甚至造成生命的丧失,因而在外在形态上是有形的。

人身损害其次表现为自然人为医治伤害、丧葬死者所支出的费用,这种财产上的损失,也表现为有形的损害。此外,人体伤害、死亡还可能造成其他财产上的损失,如伤残误工的工资损失、护理伤残的误工损失、丧失劳动能力或死亡所造成其扶养人的扶养费损失,等等,这些损害也是有形的损害。人格利益有形损害可以造成财产上的损失这一特点,给其金钱赔偿提供了准确计算的基础,因而人格利益的有形损害是可以计算,并用金钱准确赔偿的。

人身损害还表现为精神痛苦的损害。造成死亡,死者的近亲属的精神痛苦,侵害健康和身体,造成受害人的精神痛苦,都是这种损害。

(2)精神利益损害

侵害精神性人格权所造成的人格利益损害,是精神损害。精神性人格权的客体,均为无形的人格利益,在客观上没有实在的外在表象。名誉权的客体,是他人对自然人、法人的属性所给予的社会评价;隐私权的客体,是与公共利益、群体利益无关且不愿让他人知道的个人信息;人身自由权的客体,则是人的行为、意志不受他人约束的状态,等等。对于这些精神性人格权无形的人格利益造成损害,其损害的形态,就是精神利益损害。

应当指出的是,精神利益损害可能表现为三种形态:一是财产利益的损失,包括人格权本身包含的财产利益的损失和为恢复受到侵害的人格而支出的必要费用;二是人格的精神利益遭受的损失,即人格评价的降低、隐私被泄露、自由被限制、肖像或名称被非法使用等;三是受害人的精神创伤和精神痛苦。

2. 身份利益损害

身份利益损害是侵害身份权所造成的损害事实。由于身份权有基本身份权和派生身份权之分,身份利益损害表现为两种形式,即身份利益的表层损害和身份利益的深层损害。这两种不同的损害,构成身份利益损害的两个不同层次,违法行为侵害身份权,首先表现为身份利益的表层损害,然后引起身份利益的深层损害,身份利益的深层损害是身份利益的最终损害形式。

身份利益的表层损害,是违法行为侵害基本身份权并造成基本身份权的客体即基本身份利益的损害。基本身份权的身份利益是身份权人对于特定身份关系的支配性利益,是为配偶、为父母、为亲属、为著作者以及为法定代理人的利益。身份利益表层损害破坏了这种为配偶、为父母、为亲属、为作者、为荣誉享有人以及为法定代理人的基本身份关系,丧失了对这种基本身份关系的支配,因而失去或损害了为配偶、为父母、为亲属、为作者及为法定代理人的地位。

身份利益深层损害,是违法行为在侵害基本身份权的同时,侵害了派生身份权,造成了派生身份权的客体即派生身份利益的损害。由于派生身份权的多样性、复杂性,其客体即派生身份利益也呈多样性、复杂性,因而导致身份利益深层损害的多样性和复杂性。配偶权的深层损害,是配偶之间共同生活、相互依靠、相互体贴的依赖关系的损害,互相扶助扶养关系的损害等。亲权的深层损害,是父母对子女管理、教育、抚育以及相互尊重、爱戴关系的破坏。亲属权的深层损害,是亲属关系的破坏和相互扶养、抚养、赡养关系的破坏。

这些具体的身份利益的深层损害,可以分成这样几类具有共性的损害:一是亲情关系的损害;二是财产利益的损失;三是精神痛苦和感情创伤。

(二)财产权利和利益的损害事实

财产损害事实,包括侵占财产、损坏财产以及其他财产利益损失。这是财产损害事实的主要形式。侵占财产是行为人将他人所有或合法占有的财产转为由自己非法占有,使原所有人或合法占有人丧失所有权或者丧失占有。损坏财产则是不转移占有,而是破坏所有人或占有人所有或占有之物的价值,使之丧失或者减少。其他财产利益的损害,主要是所有权以外的其他财产权利和利益的丧失或者破坏。在市场经济的形势下,后一种财产损害更为常见。

财产损害表现为财产损失,包括直接损失和间接损失。

1. 直接损失

直接损失是受害人现有财产的减少,也就是加害人不法行为侵害受害人的财产权利,致使受害人现有财产直接受到的损失,如财物被毁损、被侵占而使受害人财富的减少。

2. 间接损失

间接损失是受害人可得利益的丧失,即应当得到的利益因受不法行为的侵害而没有得到。它有三个特征:一是损失的是一种未来的可得利益,而不是既得利益。在侵害行为实施时,它只具有财产取得的可能性,还不是现实的财产利益。二是这种丧失的未来利益是具有实际意义的,是必得利益而不是假设利益。三是这种可得利益必须是在一定的范围之内,即侵权行为的直接影响所及的范围,超出该范围,不认为是间接损失。在传统上,往往认为间接损失是直接损失的派生损失。这种观点也不完全正确。在一般情况下,直接损失产生间接损失,在侵害财产所有权以外的其他财产权利的场合,往往并不造成直接损失,而是产生间接损失。如侵害债权,债权受到损害以后,并不产生直接损失,而是使可得的债权财产利益丧失,产生的是间接损失。

三、多重损害事实

(一) 研究多重损害事实的意义

一个侵权行为可以形成数个损害事实,这种情况可以称作多重损害事实。单一的损害事实只产生一个损害赔偿的请求权;而多重损害事实中有几个损害事实,就产生几个损害赔偿请求权。这就是研究多重损害事实的意义。研究多重损害事实的数个赔偿请求权究竟应当如何行使,就是我们研究多重损害事实的目的所在。

(二) 多重损害事实的形式

多重损害事实可以分为以下三种形式。

1. 单一受害主体单一权利的多重损害

当一个侵权行为侵害了单一主体的单一权利时,可以只造成一种利益的损害,也可以造成数种利益的损害。例如,侵害健康权,只造成了财产利益的损害,这种损害是单一损害。如果侵害名誉权,既造成了财产利益的损失,又造成了人格利益和精神痛苦的损害,即构成单一受害主体单一权利的多重损害。单一受害主体单一权利的多重损害事实产生的法律后果是,受害人享有数个赔偿请求权。

2. 单一受害主体多项权利的多重损害

一个侵权行为侵害单一受害主体,但造成了该受害主体多项权利的损害,构成复杂的多重损害。例如,在报刊上未经本人同意公布其幼时患病的病容照片,既侵害了肖像权人的肖像权,又侵害了该权利主体的隐私权。该一种行为就同时侵害了同一权利主体的两种人格权。此处所言多项权利,在人格权中和身份权中,应指具体人格权和基本身份权,不是指具体人格权和基本身份权中的派生权。对于派生权利的侵害,应为单一损害或单一主体单一权利的多重损害。单一受害主体多项权利的多重损害的法律后果,应依多项权利的性质和救济方法的不同而有所不同。当一个行为既侵害物质性人格权又侵害精神性人格权时,其救济方法分别为财产赔偿和精神损害赔偿,在这种情况下,两种损害赔偿请求权并行不悖。例如,以公然侮辱方式实施侵权行为,既造成了人身伤害,又造成了名誉毁损,受害人得行使两种不同的损害赔偿请求权。当一个行为侵害同一性质的数项权利、救济方法又相同时,可以择其一种损害赔偿请求权行使,对于造成他种权利的损害,采取"吸收加重"原则,吸收在这一请求权中,适当加重侵权人的民事责任。

3. 多个受害主体的权利的多重损害

一个侵权行为造成多个受害主体的权利损害,其中必有一个为直接受害人,另有其他间接受害人。这种多重损害事实,构成特殊的多重损害。如侵害某一权利主体的名誉权,造成该主体的名誉损害,但同时也造成了其配偶等亲属的精神痛苦,其亲属的精神痛苦亦为损害事实,该亲属亦可称为间接受害人。但由于这种情况,侵权行为的目的仅仅指向直接受害人,间接受害亲属的损害与行为的因果关系甚远,一般不认作多重损害,不宜由数个受害人同时请求赔偿,可以作为加重责任的情节吸收之。如果行为人侵害直接受害人的健康权,造成性功能的损害,既造成了直接受害人的人身损害,又造成了受害人配偶的性利益的损害,虽然侵权行为仅仅造成直接受害人的损害,但其对间接受害人的损害也构成侵权责任,因而构成多重损害,数个权利主体均可行使赔偿请求权。

> **案例 5-3**
>
> 某医院怀疑本院某职工患有精神病,对其进行强制治疗,又公布了怀疑其患有精神病的材料。这是两个行为造成了两个权利的损害,即侵害人身自由权的行为致人身自由权损害和侵害隐私权的行为致隐私权的损害。这是两个侵权行为,当然产生两个侵权损害赔偿请求权,不构成多重损害事实,不用多重损害事实的理论来解决。

在侵害财产权利的场合,也可以造成多重损害的事实。单一主体单一权利的多重损害,如一个侵权行为既造成直接损失,又造成间接损失。多个主体的权利的多重损害,如侵害共有权所造成各个主体的损害事实。值得研究的是,侵害财产权是否会造成精神痛苦的损害。对此,日本民法及实务认之。在我国,学理上有所主张,但不多,实务上则不予承认。我们认为,对侵害财产权确实造成受害人精神痛苦的,可以予以慰抚金赔偿。

第四节 因 果 关 系

一、因果关系的概念

(一)侵权法因果关系的哲学基础

因果关系是一个哲学概念。原因和结果是唯物辩证法的一对基本范畴。这对范畴以及因果关系概念反映的是事物、现象之间的相互联系、相互制约的普遍形式之一。无论是在自然界,还是在人类社会中,处在普遍联系、相互制约中的任何一种现象的出现,都是由某种或某些现象所引起的,而这种或这些现象的出现又会进一步引起另外一种或一些现象的产生。在这里,引起某一现象产生的现象叫原因,而被某些现象所引起的现象叫结果。客观现象之间的这种引起和被引起的关系,就是事物的因果关系。

因果观念是人类一切自觉活动必不可少的逻辑条件,人类在研究任何社会现象的普遍联系的过程中,都离不开哲学上原因和结果以及因果关系作为基本的指导原则。当人们运用哲学因果关系的原理来指导侵权法上的原因和结果及其相互关系时,就形成了侵权法上的因果关系概念。侵权法上的因果关系以及原因和结果的概念,既不同于哲学上的相同概念,又与哲学上的相同概念具有密切的关系。

(二)侵权法因果关系的概念

侵权责任构成中的因果关系要件,就是侵权法中的因果关系。它指的是违法行为作为原因,损害事实作为结果,在它们之间存在的前者引起后果,后者被前者所引起的客观联系。

二、因果关系中的原因

因果关系中的原因,是违法行为。一些学者提出主张,否认违法行为为损害事实的原因,否认违法行为为侵权责任构成的客观要件。采取这样的立场,就不得不采取两种不同的办法解决:一是认行为为原因,但其侵权责任构成仅承认损害事实、因果关系和过错,其中却没有行为这一要件,因而使侵权责任构成要件不健全、不完整。二是创造过错行为的概念,将过错行为作为原因,实际上正是混淆了主观概念和客观概念的界限,引出不正确的结论。反之,承认违法行为是侵权责任构成的客观要件,并认其为损害事实的原因,不仅可以完全避免上述不必要的麻烦,而且使侵权责任构成理论更完善、更严谨。

因此,侵权责任构成因果关系要件中的原因仍应为违法行为,既不是过错,也不是过错行为。

三、确定因果关系的理论

由于因果关系的复杂化和多样化,在理论上如何确定因果关系,便产生了多种学说。

(一)条件说

"条件说"认为,凡是引起损害结果发生的条件,都是损害结果的原因,因而具备因果关系要件。这种理论不承认事实上的原因和法律上的原因的区别,而将逻辑上导致该结果出现的所有条件都视为法律上的原因,行为人都要承担责任。其公式就是:"没有前者,即没有后者。"①

（二）原因说

"原因说"也叫做"限制条件说""必然因果关系说",主张对原因和条件应加严格区别,仅承认原因与结果之间存在因果关系,而条件与结果之间则不承认有因果关系,因而法律上的原因与事实上的原因不同。原因说的要点在于:原因是对结果的发生有重要贡献的条件,而其他条件则对结果的发生只起到背景的作用,无直接的贡献,其仅仅为条件,不具有对结果发生的原因力。这一学说由德国学者宾丁·库雷尔首创,后来经不断发展,被广泛采用,形成了必然因果说等多种主张。这种理论着眼于已发现的外部的现实的各个违法行为及其结果,重视研究行为对于结果发生的作用,主张把行为与结果之间的因果关系定型化,以限定追究行为的责任范围。其中以必然因果说对责任范围的限制最为严格。

（三）相当因果关系说

这种理论也称为适当条件说,是19世纪末德国学者巴尔首先提出,由克利斯发表的《论客观可能性的概念》一文确定了它的基础,成为多数国家民法采用的理论。这种学说认为,某一事实仅于现实情形发生某种结果,尚不能就认为有因果关系,必须在一般情形,依社会的一般观察,亦认为能发生同一结果的时候,才能认为有因果关系。例如,伤害他人之后,送受害人去医院治疗,不幸医院失火,致受害人烧死。这里的伤害与烧死就现实情形而言,固然不能说没有关系,但医院失火属于意外,依一般情况,不具有相当因果关系。如果伤害后患破伤风以致死亡,则在一般情形依通常经验观察,能致死亡,故其伤害行为与死亡结果之间为有因果关系。

这种理论,实际上在我国古代就有采用。如《宋刑统·斗讼》中的"保辜"条疏云:"假殴人头伤,风从头疮而入,因风致死之类,仍依杀人论。若不因头疮得风别因他病而死,是为他故,各依本殴伤法",不以杀人论②。这里体现的完全是相当因果关系理论。《宋刑统》编撰于10世纪中后期,可见我国法律对相当因果关系理论的实际应用,比德国大约早1000年。

相当因果关系学说分为三种不同的观点。

1. 主观的相当因果关系说

此说认为,确定相当条件应当以行为人行为时所知或者应当知道的事实为基础,作为判断的基础。至于该情事是否为普通人所能认知,则在所不问。因而,将普通人所能认知,而行为人并未认知或不能认知的情形除外,不认为该行为与结果之间有因果关系。

2. 客观的相当因果关系说

此说认为,确定适当条件是基于法官的立场,法官依社会一般人对行为及结果能否预见为标准,以行为发生时在客观上所表现的情事,及行为所发生的结果,为观察对象,决定相当条件,而不是以行为人的主观作为主要判断依据来确定因果关系。

3. 折中的相当因果关系说

这种相当因果关系学说综合了主观说和客观说的立场,认为应当以一般人能够认知和预见的情形以及行为人的特别认知、预见的情形为判断基础,也就是以行为时一般人所预见或可能预见以及虽然一般人不能预见而为行为人所认识或能认识的特别情势为基础,判断因果关系的有无。凡是一般人所能预见到的行为与结果之间的在伦理上的条件关系,不论行为人是否能预见,都认为存在因果关系。凡是为一般人不能预见但是行为人能预见的,亦认为存在因果关系。

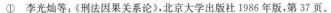

① 李光灿等:《刑法因果关系论》,北京大学出版社1986年版,第37页。
② 《宋刑统》,中华书局1984年版,第330页。

(四)客观归属理论

该学说为德国学者 Honig 在 1930 年首创,Roxin 继续发展,形成了完整的理论,被称为"客观归属理论"或者"危险增加理论"。该理论认为,行为人创造出法律上所不容许之危险,此危险在结果中实现时,即将结果归属于行为人。其要点是,法律的任务在于对侵害的法益的结果归责,而客观归责的要素在于"客观目的性",决定于行为人的行为是否制造了足以引起构成要件上侵害结果的法律上的重要风险。而客观归责中,只有客观的目的性才是归责的决定要素,决定于规范的目的和行为的客观风险制造能力,它包含三个判断标准:一是制造不被容许的风险,二是实现不被容许的风险,三是构成要件的效力范围。

(五)疫学因果关系说

这种理论是用医学中流行病学的原理来认定因果关系的理论,要点是,某种因素在某种疾病发生的一段时间存在着,如果发病前不存在该因素,则排除因果关系存在的可能;该因素发挥作用的程度越高,相应地患该病的罹患率就越高,换言之,该因素作用提高,病患就增多或病情加重;该因素作用降低,病患随之减少或降低;该因素的作用技能能无矛盾地得到生物学的说明。这种理论改变了以往就诉讼中具体个体对因果关系证明的方法,而转以民众的罹患率为参照系,即只要原告证明被告的行为与罹患率之间的随动关系,即为完成了证明责任。

(六)盖然性因果关系说

盖然性因果关系说也叫做推定因果关系说,是在原告和被告之间分配举证责任的理论。意即由原告证明公害案件中的侵权行为与损害后果之间存在某种程度的因果关联的可能性,原告就尽到了举证责任,然后由被告举反证,以证明其行为与原告损害之间无因果关系,不能反证或者反证不成立,即可判断因果关系成立。日本学者将这种学说称为"优势证据",在民事案件中,心证的判断只要达到因果关系存在盖然性大于因果关系不存在盖然性这一程度,便可认定因果关系的存在①。

(七)间接反证说

这种学说在于对举证责任的分配,将构成因果关系的事实不是作为一个要件事实,而是作为复合的要件事实加以把握,分别予以认定。依此理论,第一,将因果关系这一要件分为数个认定主题,如 A—B—C—D—E 等;第二,原告无须对上述各项事实全过程举证,而只要举证证明了其中主要事实,其他过程则可以依据通常经验推定。如果被告有异议,则须对上述各项逐一反证。这种理论同样有助于缓解原告在复杂的案件中的举证困难。

(八)法律因果关系说

英美法系的因果关系学说不是注重于哲学上的分析,而是注重于实证的分析,是从大量的案件中总结出来的判断法律因果关系的规则。认为在一个多个原因或者条件造成一个损害结果的时候,将因果关系分为两个层次,一是事实上的原因,二是法律上的原因。原告不仅要证明被告的行为有过失,而且还要证明这一过失行为造成了他的损害,证明被告的行为与伤害结果之间存在着因果关系,不仅有事实上的原因,而且有法律上的原因。确定事实上的原因是认定因果关系的第一步,但还不是全部,还必须证明行为与损害之间具有法律上的原因。只有证明后者才能够认定法律因果关系的存在。

四、确定我国侵权责任法因果关系要件的规则

(一)确定我国侵权责任法因果关系规则的理论分析

对于以上各种因果关系学说应当进行分析,才能够确定我国侵权责任法在责任构成因果关

---

① [日]加藤一郎:《公害法的生成与发展》,岩波书店 1968 年版,第 29 页。

系要件上的规则。

在大陆法系的因果关系学说中,最主要的就是条件说、原因说和相当因果关系说。学者一般认为,条件说范围太宽,原因说则属过严,且认定困难,均不宜采用,唯有相当因果关系说与民法公平原则颇相符合,堪称允正,应予采用。"客观归属理论"较为抽象,不易掌握,在实践中不宜采用。盖然性因果关系说、疫学因果关系说和间接反证说,不过是在区分复杂的因果关系时的个别方法,并不是一个一般的因果关系学说,在实践中可以根据不同情况适用。至于英美法系的法律因果关系说,是判断因果关系的各种不同方法,其基本思路与相当因果关系说在实质上是相通的,因此也是可以借鉴的。

(二)确定因果关系要件的基本规则

在我国的侵权责任法理论中,确定行为与结果之间的因果关系,既应当参考国外的因果关系理论的精华之处,又要根据我国的具体情况,确立我国的因果关系规则。我国侵权法应当区别情况,分别遵循以下四个规则进行。

1. 直接原因规则

行为与结果之间具有直接因果关系的,无需再适用其他因果关系理论判断,直接确认其具有因果关系。

最常见的直接原因是一因一果的因果关系类型。一个原因行为出现,引起了一个损害结果的发生,这种因果关系极为简单,很容易判断。在这样的情况下,再作其他判断则是舍本求末。

对于虽然有其他条件介入,但是原因行为与损害结果之间自然连续、没有被外来事件打断,尽管也有其他条件的介入,但可以确定这些条件并不影响原因行为作为直接原因的,应当认定其与损害事实之间具有因果关系。

2. 相当因果关系规则

在行为与结果之间有其他介入的条件使因果关系判断较为困难,无法确定直接原因的,应当适用相当因果关系理论判断。确认行为是损害结果发生的适当条件的,认定行为与结果之间具有相当因果关系,否则为没有因果关系。

适用相当因果关系学说,关键在于掌握违法行为是发生损害事实的适当条件。适当条件是发生该种损害结果的不可缺条件,它不仅是在特定情形下偶然的引起损害,而且是一般发生同种结果的有利条件。如何判断相当因果关系,史尚宽先生曾经概括了一个公式,即"以行为时存在而可为条件之通常情事或特别情事中,于行为时吾人智识经验一般可得而知及为行为人所知情事为基础,而且其情事对于其结果为不可缺之条件,一般的有发生同种结果之可能者,其条件与其结果为有相当因果关系"。① 简言之,确定行为与结果之间有无因果关系,要依行为时的一般社会经验和智识水平作为判断标准,认为该行为有引起该损害结果的可能性,而在实际上该行为又确实引起了该损害结果,则该行为与该结果之间为有因果关系。

如何判断违法行为与损害结果之间具有相当因果关系,可以适用以下公式:

大前提:依据一般的社会智识经验,该种行为能够引起该种损害结果;

小前提:在现实中,该种行为确实引起了该种损害结果;

结论:那么,该种行为是该种损害事实发生的适当条件,因而,两者之间具有相当因果关系。

例如,伤害他人之后,送受害人去医院治疗,不幸医院失火,致受害人烧死。这里的伤害与烧死就现实情形而言,固然不能说没有关系,但医院失火属于意外,依一般情况,不具有相当因果关

---

① 史尚宽:《债法总论》,台湾荣泰印书馆1978年版,第163页。

系。如果伤害后患破伤风以致死亡,则在一般情形依通常经验观察,能致死亡,故其伤害行为与死亡结果之间为有因果关系。

案例 5-4

某生产服务管理局建筑工程公司第7施工队承包的碱厂除钙塔厂房拆除工程,于1986年10月转包给个体工商户业主张某某组织领导的工人新村青年合作服务站,并签订了承包合同。1986年11月17日,由服务站经营活动全权代理人、被告张某某之夫徐某某组织、指挥施工,并亲自带领雇佣的临时工张某某等人拆除混凝土大梁。在拆除第1根至第4根大梁时,起吊后梁身出现裂缝;起吊第5根时,梁身中间折裂(塌腰)。徐某某对此并未引起重视。当拆除第6根时,梁身从中折断,站在大梁上的徐某某和原告张某某之子张某(均未系安全带)滑落坠地,张某受伤,急送碱厂医院检查,为左下踝关节内侧血肿压痛,活动障碍。经医院治疗后开具证明:左踝关节挫伤,休息两天。11月21日,张某因伤口感染化脓住进港口医院,治疗无效,于12月7日死亡。经法医鉴定,结论是:张某系左内踝外伤后,引起局部组织感染、坏死,致脓毒败血症死亡。后又经区医疗事故鉴定委员会鉴定认为:张某系外伤所致脓毒败血症,感染性休克,多脏器衰竭死亡,医院治疗无误,张某的死亡与其他因素无关。张某工伤后,服务站及时送往医院检查、治疗,死后出资给予殡葬。除此,原告为张某治病借支医疗费用、误工工资等费用共损失17 600.40元。张某某和张某的姐弟向法院提起诉讼,请求人身损害赔偿。被告以死者生前与其签订了"工伤概不负责任"的合同条款而拒绝承担责任。

3. 推定因果关系规则

在特定的场合,适用推定因果关系规则。盖然性因果关系说、疫学因果关系说和间接反证因果关系说,实质上都是一种推定因果关系。其基本要点,就是保护弱者,在受害人处于弱势,没有办法完全证明因果关系要件的时候,只要受害人举证证明到一定的程度,就推定行为与损害之间存在因果关系,然后由被告负责举证,证明自己行为与损害发生之间没有因果关系。应当注意的是,适用推定因果关系一定要有法律规定,或者是环境污染侵权,或者是医疗事故侵权纠纷,在其他场合适用这一规则应当特别谨慎。

因果关系推定的适用方法如下。

(1) 分清违法行为与损害事实的时间顺序。作为原因的违法行为必定在前,作为结果的损害事实必须在后。违背这一时间顺序性特征的,为无因果关系。

(2) 区分违法行为与损害事实之间是否存在客观的、合乎规律的联系。确定其间的因果联系,即在案件中,如果在违法行为与损害结果之间存在盖然性联系,则应解释在法律上存在因果关系。盖然性因果联系的证明责任还应当是由受害人举证。法官根据所积累的情况证明,如果可以作出与有关科学无矛盾的说明,即应当解释为法律上的因果关系得到了证明。

其推定形式是:

大前提:在一般情况下,这类行为能够造成这类损害;

小前提:这一结论与有关科学原理无矛盾;

结论:那么,这种损害事实是由这种行为造成的。

(3) 由于这种因果关系是推定的,因而,还应当在损害事实与违法行为之间排除其他可能性。当确定这种损害事实没有任何其他原因所致可能时,即可断定该种医疗行为是损害事实的原因,即推定因果关系成立。

实行因果关系推定,就意味着受害人在因果关系的要件上,就不必举证证明,而是由法官实行推定。受害人只要证明自己在医院就医期间受到损害,就可以向法院起诉,不必证明医院的医疗行为与损害后果有因果关系;同时也不必证明医院一方的过错,因为过错也是实行推定的。

因果关系推定适用的范围如下。

(1) 环境污染案件。环境污染致人身伤害案件,即公害案件。在公害侵权责任确定中,只要证明企业已经排放了可能危及人身健康的有害物质,而公众的人身健康在排污后受到或正在受到危害,就可以推定这种危害是由该排污行为所致。《侵权责任法》第 66 条规定:"因污染环境发生纠纷,污染者应当就法律规定的不承担责任或者减轻责任的情形及其行为与损害之间不存在因果关系承担举证责任。"

(2) 其他有必要适用推定因果关系的案件。因果关系推定原则适用于公害案件。在某些特定的场合,也可以有条件地适用。

案例 5-5

1991 年 7 月 7 日下午 5 时半至 6 时半,黑龙江省某县气象局驻海浪镇五良子村气象站打炮点为防冰雹,前后共向空中发射了 30 枚防雹气象炮弹,其中向邻市的旧街方向发射 6 发(距离为 8 公里)。该市旧街乡张明村村民常某在田里干活见开始下雨,便由田里回家。下雨过程中,其妻李某等人在家里听到屋外一声惊叫,并听到有人倒地的声音,出门便见常某倒卧窗前,头部受伤流血,昏迷不醒。在场人都以为是遭到雷击,急忙将常某送至医院,诊断发现常某头部有一 7 厘米裂伤,深至颅骨,创缘不齐,颅骨凹陷,有脑组织溢出,为脑挫伤、开放性颅骨骨折。7 天后,常某死亡。医院诊断认为死者不是雷击致死,而是由一硬物以高速冲击所致。常某亲属联想到当天某县气象站发射防雹炮弹,推想可能是炮弹皮落下所致,便在现场周围寻找,找到一块铁块,经鉴定为"三·七"炮弹皮残骸,上有"人雨·17 秒"字样。气象站不承认该弹皮是今年打的炮弹,常某亲属又找到一块 186 克的"三·七"炮弹尾部,表面已生锈蚀。李某向法院起诉,被告主张常某损害不是自己发射的炮弹所致。法院在现有事实上适用因果关系推定规则,确认其行为与损害结果之间有因果关系,判决被告承担侵权责任。

4. 法律原因规则

在特别情况下,如果确认因果关系确有困难,可以适用英美侵权责任法中的"事实原因—法律原因"的规则。这就是,首先确定行为是否构成损害的事实原因,即产生一个结果的多个前提事实总和中的一个因素;其次确定行为是否为损害的法律原因,即一种自然的、未被介入因素打断的原因,没有这样的原因,就不会发生原告受害的结果。行为对于损害而言,既是事实原因,又是法律原因的,即可确定行为与损害之间的因果关系。

具体判断时,要掌握事实上的原因和法律上的原因的构成。

事实上的原因,就是跟随结果发生同时存在的各个事实。确定事实上的原因通常有四种规则。(1)传统规则,即 but for test 规则,就是"非他莫属"。倘若没有被告的行为,原告就不会遭受损害,那么,被告的行为就是原告损害的原因。(2)实质要件规则,如果被告的行为是原告受损的实质要件或者重要因素,那么被告的行为就是原告受害的事实上的原因。(3)复合原因规则,造成原告受损害的原因力不是单一的,如果是两个或者两个以上的原因力共同作用导致同一个后果,这就是复合原因。在分辨责任时,需要确立划分责任的标准,并确定各自承担赔偿的数额,如果不能分清各自原因力的大小,则应承担连带责任。(4)其他方法,当以上方法都无法确认谁的行为是伤害的实际原因时,原告必须证明反正被告当中有一个人的过失引起了他的伤害,然后每一个被告都要证明自己的过失不是伤害的实际原因。如果他们没有一个能够证明,那么他们就要共同为原告的伤害负责。

法律上的原因也叫做近因,是被告对原告承担责任的最近原因,是一种自然的和继续的、没有被介入因素打断的原因,没有这种原因,就不会发生原告受害的结果。所谓最近,不必是时间或空间上的最近,而是一种因果关系上的最近,因此,损害的近因是主因或有效原因,附加原因、介入原因虽然在时间上或空间上是最近的,但并不是近因①。确定法律上的原因,一是分析直接原因,二是分析后果的预见性,三是分析介入原因。直接原因就是被告的行为与损害后果之间自然连续,没有被外来事件打断,被告的行为直接导致了伤害后果。预见性,就是被告只对他在行为的时候可以预见的后果负责。而介入原因,是在被告的行为与伤害后果之间,介入了外来的事件或者行动,与被告的行为结合起来导致伤害结果的发生,介入原因的出现改变了事件发生的过程和结果,改变了当事人之间的关系与责任。当介入原因能够取代被告的行为的时候,被告的责任就可能得到原谅。

五、共同原因中原因力对侵权责任的决定作用

在侵权构成多因一果的情况下,多种原因对于损害事实的发生为共同原因。共同原因中的各个原因对于损害事实的发生发挥不同的作用,因而有原因力大小的问题。

原因力,就是在构成损害结果的共同原因中,各个原因对于损害结果的发生或扩大所发挥的作用力。单一原因对于结果的发生,原因力为100%,因而考察原因力不具有实际的意义,只有在共同原因中,考察原因力才有现实的意义。

原因力的大小决定于各个共同原因的性质、原因事实与损害结果的距离,以及原因事实的强度。直接原因的原因力优于间接原因,原因事实距损害结果近的原因力优于原因事实距损害结果远的原因力,原因事实强度大的原因优于原因事实强度小的原因。根据这样一些因素,可以判定共同原因中各个原因对于损害事实发生的具体原因力的大小。

原因力大小在共同侵权行为和混合过错的责任分担上具有相对的决定作用。在共同侵权行为中,原因行为的原因力大,行为人应承担较多的责任;原因行为的原因力小,行为人应承担较少的责任。在混合过错中,加害人和受害人双方的行为是损害发生的共同原因,各行为人的行为原因力大小,对确定各自的责任,也发生如上作用。

第五节　主 观 过 错

一、过错概念的性质

(一)过错是主观概念还是客观概念

过错究竟是主观概念还是客观概念,在学说上有不同的主张。主要有以下三种观点:(1)主观说,认为过错是主观概念,过错,就是违法行为人对自己的行为及其后果所具有的主观心理状态。(2)客观说,认为过错是客观概念,"过错是指任何与善良公民行为相偏离的行为"②。(3)综合说,认为过错是综合概念,过错既是一种心理状态,又是一种行为活动。

(二)过错的本质属性

确定过错的本质属性,应当从过错的本质上去揭示它。在理论上的"主观过错说"和"客观过

---

① 《布莱克法律词典》(英文版),第1103页。
② [法]安德烈·蒂克:"过错在现代侵权责任法中的地位",《法学译丛》1991年第4期。

错说",并不是说过错的本质属性是主观的,不是客观的,而是就判断过错的标准而言。正如学者所指出的那样,"主观过错说是以一定的心理状态作为衡量过错的标准","客观过错说是以人的行为为判断标准"①,或者"注意"的衡量标准是一种客观标准②。除了少数学者坚持过错是一种行为,是客观概念外,绝大多数学者认为过错就其本质属性而言,是人的主观心理状态,因而是主观的概念。

检验过错标准的客观化,是民法理论发展的必然。但是,检验过错标准的客观化却不能导致过错的本质属性发生质的改变而使过错本身客观化。就过错是客观概念的主张而言,就是沿着这一条道路走下去,改变了过错的本质属性,使过错由主观概念变成了客观概念。而过错是综合概念的主张,虽然以承认过错是主观心理状态为前提,但却从过错须从行为表现出来,又必须以行为来检验其有无的基础上,认为过错既是主观的概念,又是客观的概念。综合过错理论是折中主义的产物。

检验过错用客观标准,是指判断过错时,采用客观的标准来衡量,按此客观标准,违反之,为有过错,符合之,为无过错。过错的有无,仍然是说行为人在主观上的有无不注意的心理状态,并不是说这种过错已经离开了行为人的主观世界,而成为客观上的形态。过错永远不能离开行为人的主观世界,而成为客观的实在形态。

同样道理,过错体现在行为人的行为之中,但不能说过错是行为本身。主张从行为中检验、判断行为人主观上是否有过错,是正确的观点。但由于过错体现在行为之中,并且应从行为中检验、判断行为人是否有过错进而认为过错本身就是行为,或者过错本身就有客观的属性,也是对过错本质属性的误解。

二、故意

主观过错分为两种基本形态,即故意和过失。

(一)故意的概念

故意,是行为人预见自己行为的结果,仍然希望它发生或者听任它发生的主观心理状态。

确定故意,在侵权法理论上有意思主义和观念主义之争。意思主义强调故意必须有行为人对损害后果的"希望"或"意欲",观念主义强调行为人认识或预见到行为的后果。这两种主张,意思主义比观念主义要求为严。对此,应当采用折中主义的主张,行为人应当认识到或者预见到行为的结果,同时又希望或听任其发生。

(二)直接故意和间接故意

故意在侵权责任法中也分为直接故意和间接故意。不过,在侵权责任法中区分直接故意和间接故意并不是特别必要,因为在一般情况下,过失都构成侵权责任,间接故意当然也构成侵权责任。但是,在某些场合,确实存在间接故意的情形,区别间接故意还是直接故意还是有一定意义的。例如在与有过失的过失相抵、连带责任和按份责任的责任份额的确定上,直接故意和间接故意的过错程度并不相同,行为人承担的责任应当有所区别。

案例 5-6

原告胡某、周某、石某与被告刘某原同在某县文化馆工作。1988 年 11 月,在该县文化系统评定中级职称过程中,出现了一份油印匿名传单,列数了刘某若干不好的表现进行人格攻击,并指责其作品格调低下,不应评定中级职称。刘某怀疑该文为三原告所写,极为不满,

---

① 王利明主编:《人格权法新论》,吉林人民出版社 1994 年版,第 90、92 页。
② [荷兰] W·T·瓦格纳:《波兰法上的债·波兰民法》第 2 卷,莱顿 1974 年版,第 152 页。

> 曾说:"他们搞了我油印的,我是要还情的,要搞个铅印的。"同年,刘某被借调到地区文化局从事创作活动,并从同年11月起在某晚报上连载其长篇历史纪实小说《周西成演义》。1989年4月初,刘某告知他人要注意看4月中旬的晚报。4月19日和20日,该晚报上连载的《周西成演义》中集中出现了与三原告姓名笔画相似、读音近似的三个反面人物,分别是大烟贩子、皮条客和地痞。在这三个人物出场时,小说对他们的形象、身世、专业特征等进行细致描绘,以三原告的外貌形象、身世、专业特征进行摹写,使熟悉的人一看便知写的是原告。小说对该三个形象极尽丑化描写,称为"两面猴",生性习钻,工于心计,为人狠毒,当面是人,背后是鬼,是一个险恶的毒品贩子。"皮条客"是狗头军师般人物,在人前装出一个马大哈样子,其实比狐狸还狡猾。"周二乌龟"嫖妓与鸨母相识,后娶了鸨母,成了妓院的老板。这一段小说连载发表以后,在原告所在县引起强烈反响。三名原告联名致信该晚报报社领导,强烈要求停止刊载该文,不经删除侵权内容不得继续连载。小说的插图作者和当地文联领导也都向报社负责人及编辑要求删改在小说中的不当内容后再连载。该报社对此不予理睬,不但在4月25日、4月29日的连载中,继续刊载对三原告进行丑化描写的小说,直至三原告已向法院起诉的1个多月后,还在连载的小说中描写"周二乌龟"倒阴不阳,称其为"狗男女"。

在这个案件中,被告刘某的行为是故意的,而且是直接故意。这一点从刘某所表示的"他们搞了我油印的,我是要还情的,要搞个铅印的"就可以确定。而被告报社发表侵权小说的行为具有侵权的间接故意,依据有三:一是原告在看到报纸的侵权内容之后即向报社提出侵权问题;二是小说的插图作者看到原稿中的诽谤性描写之后,就向报社提出这个小说有侵权内容,如果不删除这些内容将不再为其插图;三是地区文联主席看到文章后也向报社领导提议不应当刊登这样的文章。报社明知道自己发表的历史小说是侵权作品,却继续发表,放任侵权后果的发生,具有间接故意,应当承担侵权责任。这是在侵权责任构成中少见的间接故意的主观过错形式。

三、过失

(一)过失的概念

过失,包括疏忽和懈怠。行为人对自己行为的结果,应当预见或者能够预见而没有预见,为疏忽;行为人对自己行为的结果虽然预见了却轻信可以避免,为懈怠。疏忽和懈怠,都是过失,都是受害人对应负的注意义务的违反。因此,民法上的过失,就是行为人对受害人应负注意义务的疏忽或懈怠。

(二)判断过失的注意义务标准

既然过失是一种不注意的心理状态,即对自己应负注意义务的违反,那么,注意义务就应当有客观标准。通常认为注意义务有以下三种。

1. 普通人的注意

这种注意标准,是指在正常情况下,只用轻微的注意即可预见的情形。这种注意义务,是按照一般人在通常情况下能够注意到作为标准。如果在通常情况下一般人也难以注意到,那么,行为人尽管没有避免损害,但也尽到了注意义务,因而不能认为行为人有过失。相反,对于一般人能够在一般情况下注意到却没有注意,为有过失。

2. 应与处理自己事务为同一注意

所谓自己事务,包括法律上、经济上、身份上一切属于自己利益范围内的事务。与处理自己事务为同一注意,应以行为人平日处理自己事务所用的注意为标准。判断这种注意义务,应以行为人在主观上是否尽到了注意的义务为标准,即主观标准。如果行为人证明自己在主观上已经尽到了注意义务,应认定其为无过失;反之,则应认定其有过失①。

3. 善良管理人的注意

这种注意义务,与罗马法上的"善良家父之注意"和德国法上的"交易上必要之注意"相当,都是要以交易上的一般观念,认为具有相当知识经验的人,对于一定事件的所用注意作为标准,客观地加以认定。行为人有无尽此注意的知识和经验,以及他向来对于事务所用的注意程度均不过问,只有依其职业斟酌所用的注意程度,应比普通人的注意和处理自己事务为同一注意要求更高。这种注意的标准,是使用客观标准。

上述三种注意义务,从程度上分为三个层次,以普通人的注意为最低,以与处理自己事务为同一注意为中,以善良管理人的注意为最高。与此相适应,违反这三种注意义务构成三种过失:

第一,重大过失。违反普通人的注意义务,为重大过失,亦称重过失。如果行为人仅用一般人的注意,即可预见之,而竟怠于注意不为相当准备,就存在重大过失。

第二,具体轻过失。是指违反应与处理自己事务为同一注意的义务。如果行为人不能证明自己在主观上已尽该种注意,即存在具体轻过失。

第三,抽象轻过失。是指违反善良管理人的注意义务。这种过失是抽象的,不依行为人的主观意志为标准,而以客观上应不应当做到为标准。因而,这种注意的义务最高,其未尽注意义务的过失则为抽象轻过失。

(三)汉德公式的应用

现代侵权责任法强调对过失的经济分析。美国法官汉德(Learned Hand)创造了一个最为简便的确定过失的公式,就是汉德公式。

汉德法官为过失提出的公式是:

设定发生损失的几率为 P,损失金额为 L,预防成本为 B,则在 $B>PL$(即预防成本小于损失金额乘以损失发生几率)时,加害人始有过失。

汉德公式的基本思想在于建立在所谓经济效率,即借助鼓励以合理费用预防意外事故,而不鼓励在安全上的超过投资,而对财富予以极大化,对成本费用予以极小化。这种思想符合对侵权行为的经济分析方法。

案例 5-7

美国伊利诺伊州法院判决的案件。一个16岁的男孩子在被告废弃的已盛满泉水的露天矿井游泳时受到伤害。被告虽然认识到该矿井将被用作游泳水湾,而且在小孩潜水和受伤地方水面之下有隐蔽突出物,可能造成危险,但未进行必要的控制。法院认为,只要用1.2—1.4万美元的钢丝就能封闭整个水面,此与小孩伤害的风险相比,其成本微不足道。故认定被告有过失,判决被告败诉。

王泽鉴先生在引述了上述案件之后,认为对过失的经济分析具有启发性,加害人活动的价值及防止危险的经济因素,应作为认定过失的相关因素,自值得赞同。唯应指出的是,侵权责任法上的过失,不应使之等同于纯为经济上的方程式。(1)侵权责任法植根于个人的道德性,所注重的是个人间的公平,而非在增进广泛的社会政策或福利。(2)过失认定还包括人格等非经济的价值,难以金钱或财富加以计算。(3)法官有无能力从事经济分析,甚有疑问,如何量化也显非容

---

① 在这种情况下,确定过错的标准也是主观标准,而不是客观标准,由此也可以说明过错并不是以客观标准衡量的,因而不能说过错是客观概念。

易。因此,过失的认定应当考量经济因素,但是侵权责任法的理念在于维护个人自由并合理分配损害,非仅为成本效益的微积分,不能使侵权责任法上的善良管理人成为冷血、精于计算的经济人①。王先生的分析极为妥当。在实践中,法官有条件的可以做这种分析,确定行为人的过失,但是不能陷入纯粹的经济分析之中。

四、共同责任的轻重程度

在共同过错、与有过失和第三人过错中,其侵权责任应由共同侵权人、受害人和加害人、加害人与第三人分担,这种由数人分担侵权责任的情形,可以称之为共同责任。

共同责任如何分担,有两个标准,综合评断,一是过错轻重,二是原因力大小。其中过错轻重对于共同责任的分担,起主要作用。《侵权责任法》中经常使用的"相应"责任的概念,就是指与行为人的过错程度和行为的原因力大小相适应的责任,多数应用于共同责任的场合。

在共同责任轻重的过错等级上,一般分为四个等级。

第一等级为故意。故意所为的行为是最重的过错,应承担的侵权责任为最重。在故意中,直接故意和间接故意的过错程度也有所不同,直接故意重于间接故意。

第二等级为重大过失。因重大过失所为的行为,为中等的过错,应分担的责任轻于故意,重于一般过失。确定重大过失的标准,亦应以确定过失的三个注意程度为标准,当法律要求负有较高的注意标准,该行为人非但没有遵守这种较高的注意标准,而且连较低的注意标准也未尽到,即为重大过失。例如,行为人应负与处理自己事务为同一注意时,非但未尽此注意,反而连普通人的注意义务也未尽到,则为重大过失。同理,应负善良管理人的注意义务,不仅未尽此注意,且连与处理自己事务为同一注意或普通人的注意义务也未尽到,亦为重大过失。违反普通人的注意义务,均为重大过失。

第三等级为主观轻过失和客观轻过失。违反善良管理人的注意义务和违反与处理自己的事务为同一注意义务,均构成过失,轻于重大过失,重于一般过失。

第四等级为一般过失。一般过失是最轻的过失,应分担较轻的责任份额,低于重大过失的责任份额。确定一般过失的标准,是负有较高注意义务的行为人虽然未尽此义务,但未违反普通人应尽的注意义务。此即为一般过失。

根据以上等级的不同,再加上原因力大小的因素,综合评断共同责任的分担,能够达到公平、合理、准确的价值评断标准的要求。当然,这种分担,并不否定共同责任的连带责任原理。

本 章 小 结

本章主要讨论侵权责任构成。侵权责任构成是指具备哪些条件才能构成行为人因侵权行为所承担的民事责任。它是依据法律进行理性分析,确定侵权行为人所应承担的民事责任,在一般的情况下由哪些要素有机构成,并且依据这种构成,作为判断行为人所实施的行为是否成立侵权责任的标准而在实践中予以适用。侵权责任构成要件则是构成侵权行为人应承担民事责任的具体必备条件,是侵权民事责任有机构成的基本要素。一般侵权责任的构成要件是违法行为、损害事实、因果关系和主观过错。违法行为,是指自然人或者法人违反法律而实施的作为或不作为,包括行为和违法两个要素;违法行为依其方式,又可分为作为和不作为;违法行为具体表现为行为人自己的行为、监护、管理下的人所实施的行为和管理物件的不当行为三种不同的样态。损害事实是指一定的行为致使权利主体的人身、财产权益受到侵害,并造成财产利益和非财产利益的

---

① 王泽鉴:《侵权责任法》第一册,台湾三民书局1999年版,第299—230页。

减少或灭失的客观事实。损害事实包括两大类：一是对人身权利和利益的损害事实，二是对财产权利的损害事实。侵权法中的因果关系，指的是违法行为作为原因，损害事实作为结果，在它们之间存在的前者引起后者、后者被前者所引起的客观联系。确立我国的因果关系规则应分别遵循以下四个规则进行：直接原因规则、相当因果关系规则、推定因果关系规则和法律原因规则。过错是主观概念，是违法行为人对自己的行为及其后果所具有的主观心理状态。分为两种基本形态，即故意和过失。故意，是行为人预见自己行为的结果，仍然希望它发生或者听任它发生的主观心理状态，分为直接故意和间接故意。过失，是指行为人对自己行为的结果，应当预见或者能够预见而没有预见，或者虽然预见了却轻信可以避免的主观心理状态。

【关键术语】

侵权责任构成　要件　违法行为　损害事实　因果关系　过错

【思考题】

1. 侵权责任构成和侵权责任构成要件有什么不同？
2. 为什么说侵权责任构成要件中违法行为要件是必不可少的？
3. 损害事实要件的类型及多重损害事实的意义是什么？
4. 确定侵权责任适用相当因果关系规则应当如何进行？
5. 在何种情况下应当适用推定因果关系？
6. 主观过错的要件应当如何掌握？确定过失的标准是什么？

第六章 免责事由与诉讼时效

本章要点

《侵权责任法》第三章规定了部分免责事由,但法律没有规定的免责事由在司法实践中也有应用,本章据此介绍免责事由。确定侵权责任案件的诉讼时效,应当按照《民法通则》的规定进行。

第一节 免责事由概述

一、免责事由概述

(一)免责事由的概念

免责事由是指被告针对原告的诉讼请求而提出的证明原告的诉讼请求不成立或不完全成立的事实。在侵权责任法中,免责事由是针对承担民事责任的请求而提出来的,所以,又称免责或减轻责任的事由,也叫做抗辩事由①。

(二)免责事由的构成

侵权责任法免责事由是由侵权行为的归责原则和侵权责任构成要件派生出来的。适用不同的归责原则,就有不同的责任构成要件,因而也就总是要求与归责原则和责任构成要件相适应的特定的免责事由。侵权责任法的归责原则多样化,与此相适应,不同的侵权责任责任类型其免责事由也有所不同。免责事由有效成立都必须具备两个构成条件。

1. 对抗性要件

对抗性要件是指能够对抗侵权责任构成的具体要件,破坏整个侵权责任构成的内在结构,使原告诉请的侵权责任归于不能成立的事实要件。免责事由虽然是对抗对方当事人的诉讼请求的事由,但它具体对抗的是侵权责任构成,破坏对方当事人请求权的成立,导致对方的诉讼请求在法律上不成立。这就是侵权行为免责事由的对抗性的要求。侵权行为纠纷的被告提出的主张如果不具有对抗性,而仅仅能证明自己具有可以谅解性,但不足以对抗对方当事人请求,不能成为免责事由②。

2. 客观性要件

免责事由必须是客观事实,具有客观性的属性。它要求免责事由必须是客观存在的、已经发生的事实,不能是主观臆断的或尚未发生的情况。仅仅表明某种损害未发生,或单纯否认对方请求权不存在,也不能成为免责事由。

---

① 王利明、杨立新:《侵权行为法》,法律出版社1996年版,第76页。
② 参见佟柔主编:《中国民法》,法律出版社1995年版,第571页。

二、免责事由的分类

(一) 一般免责事由与特别免责事由

在我国的侵权责任法中,经常采用的免责事由主要是职务授权行为、正当防卫、紧急避险、受害人的同意、自助行为、受害人过错、第三人过错、不可抗力和意外事件等。对于这些免责事由,有的学者将其分为两类,即正当理由和外来原因①。将免责事由分为一般免责事由和特别免责事由这样两大类,更容易理解。

一般免责事由是指损害确系被告的行为所致,但其行为是正当的、合法的。这种事由与阻却违法行为相同,例如正当防卫、紧急避险、职务授权行为、自助行为等。

特别免责事由是指损害并不是被告的行为造成的,而是由一个外在于其行为的原因独立造成的,如意外事件、不可抗力、受害人过错和第三人过错等。

这两种免责事由的主要区别在于,基于一般免责事由而致人损害,被告已经实施某种行为,但其行为是正当的、合法的,排除了行为人行为的违法性,因而表明行为人是没有过错的。据此,行为人应予免责。在特别免责事由存在的情况下,被告根本没有实施某种致人损害的行为,或者外来原因作用于行为人,使行为人不可避免地造成了损害,由此行为人不应当承担民事责任。各种一般免责事由和特别免责事由能否运用于具体案件,则应当根据具体案件和法律的具体规定来确定,不能一概而论。

(二) 法定免责事由和非法定免责事由

《侵权责任法》在第三章中仅仅规定了部分免责事由,并没有规定全部的免责事由。据此可以将免责事由分为法定免责事由和非法定免责事由两种。

第二节 法定免责事由

一、受害人故意

《侵权责任法》第 27 条规定:"损害是因受害人故意造成的,行为人不承担责任。"本条规定的是受害人故意,与传统侵权法规则以及民法理论有所不同。传统侵权法规则和民法理论认为,类似的规则应当是受害人过错,而不是受害人故意。在适用过错责任原则与过错推定原则的情况下,受害人具有故意或者过失,且其故意或者过失是造成自己损害全部原因的,构成免责事由。在无过错责任原则情况下,受害人故意引起损害,则为免责事由。本条规定受害人故意是免责事由,内容偏窄,不能容纳受害人过错的情形。对此,在司法实践中,构成受害人故意的,当然应当按照本条规定免责。但在过错责任原则以及过错推定原则情况下,受害人由于自己的故意或者过失引起损害,且为全部原因的,也应当免除加害人的责任。

(一) 受害人过错的概念和形式

受害人过错,是指损害的发生或扩大不是由于加害人的过错,而是由于受害人的过错而发生的。这是侵权损害的一种特殊类型。在一般情况下,侵权损害是由加害人的过错造成的。

受害人过错有以下三种形式。

1. 受害人故意

受害人的故意,是指受害人明知自己的行为会发生损害自己的后果,而希望或放任此种结果

---

① 参见王利明、杨立新:《侵权行为法》,法律出版社 1996 年版,第 76—77 页。

发生。受害人对损害的发生或者扩大具有故意,表明受害人的行为是损害发生的唯一原因,从而应使加害人免责。在过错责任原则适用的范围内,如果受害人具有故意,而加害人只有轻微过失,则加害人也可以免责。在无过错责任原则的适用范围内只要受害人故意造成损害,加害人即可免责①。

如果侵权行为人引诱、诱惑受害人故意从事某种行为造成对受害人自己的损害,则应当认为损害是由加害人的故意而非受害人的故意造成的。例如,对受害人谎称某人将拒绝收买受害人的某物,使受害人将其财产廉价处理。在此情况下,加害人只是利用了受害人的行为实施侵权行为。此外,无民事行为能力人的故意不视为法律上的故意。如果无民事行为能力人造成自身损害时也介入了加害人的轻微过失,加害人也应当承担适当的责任②。

2. 受害人重大过失

受害人的重大过失,是指受害人对于自己的人身和财产安全毫不顾及,极不注意,以至于造成了自身的损害。我国民事立法对于受害人的重大过失是否构成免责事由没有明文规定,因此对于受害人的这种过错是否构成免责事由,有不同的看法。从《侵权责任法》和有关单行法规的规定来看,如果损害完全由受害人的重大过失所致,加害人对损害的发生没有任何过错,则加害人不承担民事责任,这种重大过失应当作为免责事由,但其前提必须是加害人没有过错。如果加害人具有过错,则只有在加害人具有轻微过失的情况下,才可以免除加害人的责任,在其余场合则应按照与有过失的规则处理。

3. 受害人过失

受害人的过失,是指在加害人致受害人损害中或造成损害以后,受害人对损害的发生与扩大具有过失。如果受害人的一般过失是损害发生的全部原因,可以作为免责事由。在多数场合,受害人的过失构成与有过失,应当进行过失相抵。

(二) 受害人过错的后果

在司法实践中应用本条,应当按照受害人故意和过失的不同,分别处理。

在一般情况下,凡是受害人故意造成损害的,行为人就不承担责任。如果受害人故意引起损害,但行为人也有故意、重大过失或者过失的,是否一律都免除行为人的责任呢?我们认为并非一律如此,而应区别情况:第一,受害人故意引起损害,行为人没有过错的,当然免除责任;第二,受害人故意引起损害,行为人有过失甚至有重大过失的,也应当免除责任;第三,受害人故意引起损害,行为人也有故意的,行为人的行为也构成侵权责任,就是侵权人,应当适用过失相抵规则,而非适用本条规定免除责任,因为既有受害人的故意,又有行为人的故意,已经丧失了免除行为人侵权责任的基础。

受害人过失作为免责事由而使加害人免责的原则是:如果受害人的过失是损害发生的唯一原因,且在过错责任原则和过错推定原则适用的场合,则构成免责责任的免责事由。如果对损害的发生,受害人具有重大过失,而行为人只具有轻微过失,亦构成免除责任的免责事由。如果受害人有过失,加害人亦有过错,则构成与有过失,只可以减轻加害人的责任,而不能作为免除责任的理由。

二、第三人过错

(一) 第三人过错的概念和特点

《侵权责任法》第 28 条规定了第三人过错的一般规则:"损害是因第三人造成的,第三人应当

① 例如,《民法通则》第 123 条规定,受害人故意引起的损害,加害人不承担责任。
② 王利明、杨立新:《侵权行为法》,法律出版社 1996 年版,第 88 页。

承担侵权责任。"同时,《侵权责任法》在第37条、第40条、第68条和第83条等分别规定了第三人过错的特殊规则。

第三人过错,是指除受害人和加害人之外的第三人,对受害人损害的发生或扩大所具有的主观过错。第三人过错的主要特征是主体上的特殊性,其过错形式则与其他类型的过错没有区别,包括故意和过失。

第三人过错的特点是:(1)过错主体是第三人。第三人是过错的主体,造成损害的过错不属于加害人或受害人的任何一方。狭义上的第三人过错,是指第三人的过错是损害发生或者扩大的唯一原因;广义上的第三人过错,则是指第三人与被告共同引起损害的发生或者扩大。这两种情况的任何一种当中,都是第三人在主观上具有过错。同时,该第三人不能被认定属于加害人一方或属于受害人一方。(2)第三人与当事人没有过错联系。如果第三人和被告之间基于共同的意思联络(如第三人为被告的帮助人)而致原告损害,将作为共同侵权行为人而对受害人负连带责任。(3)第三人过错是免除或者减轻加害人责任的依据。第三人过错作为免责事由,其后果并非都是免责,还包括减轻责任。

(二)第三人过错的一般规则

第三人过错的法律后果,是第三人承担赔偿责任,免除加害人的赔偿责任。

当第三人过错是损害发生的唯一原因的时候,第三人过错是免责的事由。损害纯粹由第三人的过错所致,被告对此没有过错,因此应使被告免责,而由第三人承担责任。《侵权责任法》第28条规定所指的就是这种情形。

案例 6-1

原告王某某系被害人王霞之父。2001年8月11日,被害人王霞在北京市八大处公园内游玩时,被人用石头打死。北京市公安局石景山公安分局法医检验鉴定所认定:王霞因机械性窒息合并颅脑损伤死亡。案发后凶手逃逸,该案尚未侦破。原告认为,王霞之死应由杀人者承担刑事责任,但是北京市八大处公园是具有经营性质、封闭管理的公共旅游场所,内部设置了保安人员、安全管理机构和安全管理制度。王霞购票入园游览,其作为一名游客与公园之间形成了合同关系,公园有义务向王霞提供保障其人身、财产安全的服务。凶杀案件从事发、实施直至完成有段较长的过程,公园有保安巡查制度,但凶杀案没有被及时发现和制止,直到王霞被害数小时后,才被其他游客发现,这说明公园管理措施不到位,保安人员疏于职守,使王霞丧失了可能获救的机会。由于八大处公园没有切实履行安全管理职责,对王霞的人身安全没有尽到注意保护的义务,应当对王霞之死承担民事赔偿责任。故诉至法院,要求判令被告赔偿丧葬费、死亡赔偿共计10万元。一审法院经审理认为:王霞之死并非被告提供的服务行为所直接造成,也不存在被告怠于行使保障王霞人身安全职责的情况,被告对于王霞的死亡不具有过错。八大处公园范围较大,游客较多,在治安管理方面,其没有能力也没有义务避免每一位游客受到他人伤害,因此对王霞之死并不构成被告违约。故依法判决驳回原告王某某的诉讼请求。

(三)第三人过错的特殊规则

《侵权责任法》在第37条和第46条、第68条和第83条以及第44条、第85条和第86条第1款分别规定了第三人过错的特殊规则。这些第三人过错的特殊规则分为以下三种情形。

1. 第三人过错实行不真正连带责任

在第三人过错的情形下,《侵权责任法》规定了以下两种不真正连带责任的规则,而不适用直接由有过错的第三人承担责任的一般性规则。

（1）因第三人的过错污染环境造成损害的，被侵权人可以向污染者请求赔偿，也可以向第三人请求赔偿。污染者赔偿后，有权向第三人追偿。这样规定的目的，在于更好地保护被侵权人的权益，对于受到的损害能够及时救济。

（2）因第三人的过错致使动物造成他人损害的，被侵权人可以向动物饲养人或者管理人请求赔偿，也可以向第三人请求赔偿。动物饲养人或者管理人赔偿后，有权向第三人追偿。第三人的过错致使动物致人损害的，也不实行第三人过错的一般规则，不是由第三人直接承担责任，而是赋予被侵权人选择的权利，实行不真正连带责任。

2. 第三人过错实行补充责任

在第三人过错的情形下，《侵权责任法》还规定了以下两种补充责任的规则，而不适用直接由有过错的第三人承担责任的一般性规则。

（1）在违反安全保障义务侵权责任中，因第三人的行为造成他人损害的，由第三人承担侵权责任；管理人或者组织者未尽到安全保障义务的，承担相应的补充责任，即先由第三人承担侵权责任；如果第三人不能承担或者不能全部承担侵权责任，则由未尽到安全保障义务的义务人承担相应的补充责任。

（2）无民事行为能力人或者限制民事行为能力人在幼儿园、学校或者其他教育机构学习、生活期间，受到幼儿园、学校或者其他教育机构以外的人员即第三人人身损害的，由侵权人承担侵权责任；幼儿园、学校或者其他教育机构未尽到管理职责的，承担相应的补充责任。

3. 第三人过错实行单向不真正连带责任

（1）在产品责任中，因运输者、仓储者等第三人的过错使产品存在缺陷，造成他人损害的，产品的生产者、销售者赔偿后，有权向第三人追偿。

（2）在物件损害责任中，建筑物、构筑物或者其他设施及其搁置物、悬挂物发生脱落、坠落造成他人损害，所有人、管理人或者使用人不能证明自己没有过错的，在承担侵权责任之后，如果另有其他责任人（即第三人）的，所有人、管理人或者使用人赔偿后，有权向其他责任人追偿。

（3）在物件损害责任中，建筑物、构筑物或者其他设施倒塌造成他人损害的，由建设单位与施工单位承担连带责任；如果对于损害的发生另有其他责任人（即第三人）的，建设单位、施工单位赔偿后，有权向其他责任人追偿。

三、不可抗力

（一）不可抗力的概念和确定

不可抗力是指人力所不可抗拒的力量，包括自然原因（如地震、台风、洪水、海啸等）和社会原因（如战争等）。不可抗力，是独立于人的行为之外，并且不受当事人的意志所支配的现象，是各国立法通行的免责事由。

不可抗力作为免责事由的根据是，让人们承担与其行为无关而又无法控制的事故的后果，不仅对责任的承担者来说是不公平的，也不能起到教育和约束人们行为的积极后果。依据这样的价值观念，将不可抗力作为免责事由，必须是构成损害结果发生的原因。只有在损害完全是由不可抗力引起的情况下，才表明被告的行为与损害结果之间毫无因果关系，同时表明被告没有过错，因此应被免除责任。

案例 6-2

2006 年 11 月 18 日傍晚，张某、马某等 11 人相约到雷岗公园烧烤场聚会。晚上 7 点 15 分，突然下起了强暴雨并刮起 8 级大风。此时搭在烧烤场上面的棚架和旁边的围护墙瞬间坍塌,张某被强大的外力击倒,手被压在烘烤炉里,导致左手Ⅲ度烧伤,左胸壁挫伤,伤势严重。其他10人也相继被倒下的墙体和棚架压住,不同程度地受伤。事故发生后,11名伤者被紧急送往佛山市南海区人民医院救治。烧烤场的经营者陈某出具书面意见,承诺于同月20日下午4时前交付15万元到公园的管理方运营中心作为抢救伤者的医疗费。同月22日,被告陈某向运营中心交纳了5万元医疗费后一直拒不按承诺书缴纳余款。管理运营中心为张某等11名游客支付了医疗费、护理费、伙食费等各项损失合计77万余元。11名伤者则以书面的形式表示不再向任何单位提出赔偿请求,且同意将向陈某提出诉讼请求赔偿相关费用的诉讼权利转由运营中心行使,运营中心对陈某诉讼所得款项归运营中心所有。2007年6月1日,运营中心将烧烤场的经营者陈某告上法院,要求陈某支付运营中心垫付给伤者的费用77万余元,法院依法追加了公园的发包方街道办事处为本案被告。原告运营中心庭审过程中明确表示,若经法院审理被告桂城街道办事处需要承担本起事故的责任,则自愿放弃对桂城街道办事处承担责任部分的诉请。事故发生后,由南海区安监、建设、水利、气象等部门组成联合事故调查组,经调查分析,事故调查组认为这是一起不可抗力的自然灾害。

关于怎样确定不可抗力,有三种不同的学说:一是客观说,主张应以事件的性质和外部特征为标准,凡属于一般人无法防御的重大的外来力量,均为不可抗力;二是主观说,主张以当事人的预见力和预防能力为标准,凡属于当事人虽尽最大努力仍不能防止其发生者,为不可抗力;三是折中说,认为应采主客观相结合的标准,凡属基于外来因素而发生的,当事人以最大谨慎和最大努力仍不能防止的事件为不可抗力①。

我国立法采纳第三种学说,《侵权责任法》第29条规定:"因不可抗力造成他人损害的,不承担责任。法律另有规定的,依照其规定。"如何确定不可抗力,应当符合以下三个要求。

1. 不可预见

这是从人的主观认识能力上来考虑不可抗力的因素,它是指根据现有的技术水平,一般人对某种事件的发生无法预料。不可预见的标准,不能依某个人的标准,因为每一个人的预见能力都是不同的,预见性因人而异,对于某种现象,某人可以预见,而他人却不能够预见。因此,必须以一般人的预见能力而不是当事人的预见能力为标准,来判断对某种现象是否可以预见。不过,不可预见作为不可抗力的要件,并非绝对,例如尽管有可能已经预见地震,但仍然无法避免,仍然成立不可抗力。

2. 不可避免并不能克服

这是指当事人已经尽到最大努力和采取一切可以采取的措施,仍然不能避免某种事情的发生并克服事件造成的损害后果。不可避免和不能克服,表明事件的发生和事件造成损害具有必然性。某种事件是否不能避免并不能克服,也要根据具体情况来决定。

3. 属于客观情况

这是指事件外在于人的行为的自然性。不可抗力作为独立于人的行为之外的事件,不包括单个人的行为。如第三人的行为对被告来说是不可预见并不能避免的,但它并不具有外在于人的行为的客观性的特点,第三人的行为不能被作为不可抗力对待。

(二)不可抗力的适用

在司法实践中应用不可抗力的基本规则是,因不可抗力造成损害的,当事人一般不承担民事

---

① 王利明、杨立新:《侵权行为法》,法律出版社1996年版,第93页。

责任。但是,不可抗力导致免责,必须是不可抗力成为损害发生的唯一原因,当事人对损害的发生和扩大不能产生任何作用。因此,在发生不可抗力的时候,应当查清不可抗力与造成的损害后果之间的关系,并确定当事人的活动在发生不可抗力的条件下对所造成的损害后果的作用。

《侵权责任法》规定不可抗力作为免责事由的除外条款,在法律有特别规定的情况下,不可抗力不作为免责事由。例如,《邮政法》第 48 条规定,保价的给据邮件的损失即使是因不可抗力造成的,邮政企业也不得免除赔偿责任。这是不可抗力作为免责条件的一个例外。在法律有特别规定的时候,不可抗力作为免责事由,还要附加其他条件。例如,在环境保护的法律中,存在不可抗力附加"经及时采取合理措施仍然不能避免损害"条件的规定,如《海洋环境保护法》第 92 条、《水污染防治法》第 42 条和《大气污染防治法》第 63 条,都作了这样的规定。在考虑将不可抗力作为免责事由时,一定要注意这些法律的特别规定,避免错误适用法律。

四、正当防卫

(一)正当防卫的概念和构成

正当防卫是一般免责事由,是指当公共利益、他人或本人的人身或者其他利益遭受不法侵害时,行为人所采取的防卫措施。《侵权责任法》第 30 条规定:"因正当防卫造成损害的,不承担责任。正当防卫超过必要的限度,造成不应有的损害的,正当防卫人应当承担适当的责任。"正当防卫是保护性措施,是一种合法行为。对于因此造成的损害,防卫人不负赔偿责任。

构成正当防卫须具备以下五个要件。

1. 必须有侵害事实

侵害的事实在先,防卫行为在后;侵害是防卫的前提,防卫是侵害导致的结果。没有侵害事实,就不得进行防卫。对侵害事实的要求是须为现实的侵害,特点是:已经着手,正在进行,尚未结束。对想象中的侵害、未发生的侵害、实施终了的侵害,都不能实施防卫行为。

2. 侵害须为不法

正当防卫的对象,必须是不法侵害,对执行职务的"有权损害"不能进行防卫,如逃犯就不得以正当防卫为借口而拒捕。

3. 须以合法防卫为目的

防卫人在防卫的时候,不仅应当意识到不法侵害现实存在,而且须意识到其防卫行为的目的,就是说必须是把防卫公共的、他人的或本人的权益免受侵害作为防卫的目的。以防卫为借口而施以报复的行为或防卫挑拨的行为都是违法行为,构成侵权行为。

4. 防卫须对加害人本人实行

对加害人的防卫反击,根据制止不法侵害的需要,可以是对人身的,也可以是对财产的。但是,任何防卫行为都不能对第三人实施。

5. 防卫不能超过必要的限度

造成的损害没超过必要限度,防卫人不负赔偿责任。必要限度是为了制止不法侵害所必须具有的,足以有效制止侵害行为的强度。只要是为了制止侵害所必需的,就不能认为是超越了正当防卫的必要限度。

(二)适用规则

在司法实践中应用本条,其基本规则是:(1)构成正当防卫的,防卫人不承担侵权责任;(2)正当防卫超过必要限度,是防卫过当。

对于防卫过当的把握,关键在于对正当防卫必要限度的判断,民法上的正当防卫行为只能与不法侵害相适应,而一般不应超过不法侵害的强度。

判断防卫是否过当,主要是要确认防卫是否超过必要限度。对必要限度的判断,通常应当考虑以下两个方面:(1)不法侵害的手段和强度。凡是侵害行为本身强度不大,只需要用较缓和的手段就足以制止或排除其侵害而采用较强烈的手段的,即为超出必要限度。例如,为阻止不法侵害人偷窃而致其轻伤,是正当防卫;重伤或杀死小偷就超过了必要限度。(2)所防卫权益的性质。所防卫的权益应当与防卫反击行为的强度相适应,使用严重损害侵害者的反击方法来保卫较小的财产利益,或者用较重的反击行为来保护较小的财产利益,都是不相适应的,应当认为是超过必要限度。

正当防卫超过必要的限度,造成不应有的损害的,应当承担适当的民事责任。这种适当的民事责任,应当包括以下三层意思:(1)防卫过当不能免除民事责任。承担适当的民事责任的含义是承担责任,而不是免责。这是因为民事责任是一种财产责任,赔偿具有补偿和制裁的双重性质,它不像刑罚那样是人身的而且没有补偿性质的责任。(2)对于防卫过当造成的损害,一般应当减轻民事责任。承担适当的民事责任中的适当,要求赔偿既要与防卫过当的损害后果适当,又要与案情适当,而且后者更为重要。因此,不应当受"全部赔偿"原则的限制,要适当减轻防卫人的责任。这是因为,一是出现防卫的前提是侵害人的不法侵害,没有不法侵害就不会造成这种过当的后果;二是防卫人在防卫过程中,特别是在情况较危急情况下,对反击行为的节制及对后果的预见是受到限制的,不应对防卫行为要求过高、过苛。(3)故意加害行为的赔偿责任。防卫人在防卫过程中故意对不法侵害者采取加害行为的,对其超出必要限度的损害应当全部赔偿。这是因为,在这种情况下,防卫人已经明知会超出必要限度而故意为之,是故意的违法行为,应当负担全部责任。

防卫过当的赔偿范围,应当是超出防卫限度的那部分损害,即"不应有"的那部分损害。

五、紧急避险

(一)紧急避险的概念和构成

为了社会公共利益、自身或者他人的合法利益免受更大的损害,在不得已的情况下而采取的造成他人少量损失的紧急措施,称为紧急避险。紧急避险是一种合法行为,是在两种合法利益不可能同时都得到保护的情况下,不得已而采用的牺牲其中较轻的利益、保全较重大的利益的行为。《侵权责任法》第31条规定了紧急避险及避险过当的责任:"因紧急避险造成损害的,由引起险情发生的人承担责任。如果危险是由自然原因引起的,紧急避险人不承担责任或者给予适当补偿。因紧急避险采取措施不当或者超过必要的限度,造成不应有的损害的,紧急避险人应当承担适当的责任。"

构成紧急避险须具备以下三个要件。

1. 危险正在发生并威胁公共利益、本人或者他人的利益

对于尚未发生的危险、想象的危险,都不得实施避险行为;虽有危险发生但危险已经消除,或者危险已经发生但不会造成合法利益的损害的,也不得采取紧急避险。

2. 采取避险措施须为不得已

所谓不得已,是指不采取紧急避险措施,就不能保全更大的法益,是指避险确有必要,而不是指避险人只能采取某一种而不能采取另一种措施避险。强调不得已,不是说避险人选择的手段只能是唯一的,而是指可以采取多样的措施进行避险。只要避险人的避险行为所造成的损害,小于可能发生的损害,避险措施就是适当的。

3. 避险行为不得超过必要的限度

紧急避险的必要限度,是指在面临紧急危险时,避险人应采取适当的措施,以尽可能小的损害保全较大的法益。民法要求,紧急避险行为所引起的损害应轻于所避免的损害,两者的利益衡量中,前者明显轻于后者。如果避险行为不仅没有减少损害,反而使造成的损害大于或等于可能

发生的损害,避险行为就失去了意义,就是超过了必要的限度。如某人严重饥饿,为避免死亡的危险,闯入他人住宅寻找食物充饥。这种行为貌似侵害了他人的财产权利,其实是正当的紧急避险行为。从两者的损害程度看,相比受害人食物损失,行为人饿死显然要严重得多;从紧急避险的其他条件看,这种行为也是符合要求的,构成紧急避险行为。

(二)紧急避险与正当防卫的异同

紧急避险与正当防卫的共同点是:(1)两者都是阻却违法的行为;(2)两者成立的前提都是合法权利受到严重威胁;(3)两者活动的目的都是保护公共利益、公民和本人的合法利益;(4)两者都造成了一定的损害。

它们的不同点是:(1)紧急避险的危险来源多种多样,正当防卫的危险来源只是不法侵害人的非法侵害;(2)紧急避险造成的损害是排除危险的唯一方法,而正当防卫则不在此限;(3)紧急避险所造成的损害必须要小于危险造成的损害,正当防卫则要求相适应即可;(4)正当防卫只能对不法侵害的本人实施,而紧急避险可以对第三者实施。例如,就狗咬伤人而言,如果这只狗是被主人故意放出咬人的,则是行为人的不法侵害,狗构成行为人不法侵害的工具,是行为人的财产,打死狗的防卫反击,行为是指向行为人的,是正当防卫。如果是狗本身的侵袭,打死这只狗构成紧急避险,因为狗是直接的危险来源。

(三)紧急避险规则的适用

适用紧急避险的基本规则有以下四点。

1. 引起险情发生的人的责任

在一般情况下,如果有引起险情发生的人,应由引起险情发生的人承担民事责任。其中,险情发生系由紧急避险人所引起的,由紧急避险人对自己的过错负责;险情发生系避险行为的受害人所引起的,避险受害人对自己的过错负责;险情发生系由第三人引起的,第三人对自己的过错负责。他们对自己过错负责的范围,应以紧急避险必要限度或避险措施得当所造成的损失为标准,超过部分不应由其他人负担。

2. 自然原因引起险情的责任

如果危险是由自然原因引起,没有引起险情发生的人,民事责任的承担则有两种情况:一是在一般情况下,紧急避险人不承担民事责任,对造成的损失不予赔偿;二是在特殊情况下,避险人也可以承担适当的民事责任,按照《侵权责任法》第24条关于公平责任负担的规定,即在当事人双方都没有过错的情况下,可以根据实际情况分担民事责任。所谓"实际情况",主要指当事人双方的经济情况。"适当"主要依双方的经济状况确定,由双方协议或由法院判决。

3. 超过必要限度的赔偿

紧急避险采取措施不当或者超过必要限度,造成不应有损害的,避险人应当承担适当的民事责任。适当责任,首先是不应免除责任;其次是可以减轻责任,也可以对过当部分全部负责。在造成危险的行为人与受害人是同一人时,应当减轻避险过当人的责任;受避险损害人无过错而遭受损害的,则应由避险行为人负担全部责任,对避险必要限度以内的损害,由危险行为人负担责任。

4. 受益人适当补偿

如果既没有第三者的过错,也没有实施紧急避险行为人本身的过错,而遭受损害的人与受益人又不是同一个人,则受益人应当适当补偿受害人的损失。这是因为受益人的利益得到保全或者减少了损失,是以牺牲受害人的利益为前提的。

第三节　非法定免责事由

一、职务授权行为

（一）职务授权行为的概念和性质

职务授权行为也称为依法执行职务，是指依照法律的授权或者法律的规定，在必要时因行使职权而损害他人的财产和人身的行为。为了保护社会公共利益和公民的合法权益，法律允许工作人员在必要时执行自己的职务，"损害"他人的财产和人身。在这些情况下，完成有关行为的人是"有权造成损害"的。因为这种职务授权行为是一种合法行为，对造成的损害不负赔偿责任。例如，消防队为了制止火灾的蔓延而将邻近火源的房子拆除，防疫医疗队为了消灭急性传染病而将病人所用的带菌衣物烧掉，外科医生对外伤患者作必要的截肢手术，公安人员依法开枪打伤逃犯，等等，都属于这种情况。

执行职务的行为是合法行为，行为人对执行职务所造成的损害，不负赔偿责任。但是，如果执行职务不正当而造成损害时，应当负赔偿责任。

（二）职务授权行为的构成

确定行为人的行为构成职务授权行为，并将其作为免责事由，其三个构成要件如下。

1. 行为须有合法的授权

职务授权行为之所以能成为免责事由，就是因为这种行为有合法的授权，授权这种行为的目的，就是为了保护社会公共利益和自然人的合法权益。所以，没有合法授权的行为，不是职务授权行为。

2. 执行职务的行为须合法

只有合法授权尚不足以构成免责事由，行为人还必须在法律规定的范围内履行职责，才对损害后果不负责任。超越法定授权的行为，或行为所依据的法律和法规已经失效或被撤销，或行为本身不符合法律的要求，则不构成职务授权行为。行为合法包括执行职务的程序和方式合法。程序不合法或方式不合法而致他人损害，构成侵权行为。

3. 执行职务的行为须为必要

职务授权行为并不是在任何情况下都会造成对自然人和法人损害，在多数情况下，损害后果的发生并不是保证执行职务行为所必需的。法律要求职务授权行为的执行职务活动是必要的，只有在不造成损害就不能执行职务时，执行职务的行为才是合理的。如果造成的损害可以避免或者减少，这种行为就不构成或者不完全构成免责事由。

二、受害人承诺

（一）受害人承诺的概念

受害人承诺，是指受害人容许他人侵害其权利，自己自愿承担损害结果，且不违背法律和公共道德的一方意思表示。

权利人有权处分自己的权利。权利人自行侵害自己的权利，只要不违反法律和善良风俗，是行使权利的行为。权利人允许他人侵害自己的权利，在一般情况下，法律并未予以禁止，这就是英美法的"自愿者无损害可言"的原则。

（二）受害人承诺的构成

受害人承诺成立，须具备以下四个要件。

1. 须有处分该权利的能力与权限

允许他人侵害权利,必须权利人对于该项权利有处分的能力与权限,否则不构成免责事由。

2. 须遵守一般的意思表示的规则

受害人承诺的意思表示应当遵守一般意思表示的规则,即须具备一般意思表示的生效要件。在一般情况下,承诺侵害自己的财产权利,应当为有效;承诺侵害自己的人身权利,则应区分具体情况,如承诺他人将自己身体致轻微伤害,当属正当的意思表示;如果嘱托他人帮助自杀,或者承诺他人将自己杀死或重伤,应受事先免责条款效力规则的限制,不属正当的免责事由。

3. 受害人须有明确承诺

承诺侵害自己的权利,应当采用明示方式,或者是发表单方面的声明,或者是制定免责条款。权利人没有明示准许侵害自己的权利的承诺,不得推定其承诺。如果受害人明知或预见到其权利可能受到损害,但其并未向加害人承诺,不构成免责事由。

4. 受害人事前放弃损害赔偿请求权

承诺侵害自己的权利和放弃损害赔偿请求权,是两个问题,不能混淆。放弃损害赔偿请求权,不必采取明示方法,只要有准许侵害自己的权利的承诺,没有明示其放弃该请求权的,可以推定其放弃,明示不放弃损害赔偿请求权的除外。

(三) 事先免责条款的效力

在受害人承诺作为免责事由时,应当特别注意掌握受害人承诺与事先免责条款的关系。事先免责条款则指双方当事人预先达成一项协议,免除将来可能发生损害的赔偿责任,分为违反合同的免责条款和侵权行为的免责条款。

侵权行为的事先免责条款的形式,可以概括为以下四种:一是全部免责条款,按此条款,未来的受害人放弃将来对本应承担责任的人提出的全部赔偿请求;二是部分免责条款,按此条款,受害人事先同意接受以特定方式计算的,不超过一定数额的有限赔偿;三是以时间限制的免责条款,约定受害人必须在有限的时间内提出自己的请求,逾期不再享有请求赔偿的权利;四是通过罚款的免责条款,这种条款,当事人同意在以后发生损害时将支付一笔固定数额的款给予受害人,即可免除责任①。

对于侵权行为的事先免责条款,有有效说、相对无效说和绝对无效说三种立场②。我国《合同法》规定了事先免责条款无效的规则。该法第53条规定:"合同中的下列免责条款无效:(一)造成对方人身伤害的;(二)因故意或者重大过失造成对方财产损失的。"根据该条规定,凡是在合同中约定人身伤害事先免责条款的,为无效。合同约定免除因故意或者重大过失造成对方财产损失的责任的,也无效。

> **案例 6-3**
>
> 王某在招工登记表中签字盖章,该招工登记表中写有"工伤事故雇主概不负责任"的约定。在执行雇用活动中,造成王某人身伤害。王某请求雇主承担赔偿责任。雇主则出示招工登记表,拒绝予以赔偿。王某起诉到法院,法院支持了王某的诉讼请求。

---

① 《国际比较法百科全书·侵权行为》,见《外国民法论文选》,中国人民大学教学参考教材1984年版,第417—418页。

② 参见杨立新:《民法判解研究与适用》(第一集),中国检察出版社1994年版,第348页。

三、自助行为

（一）自助行为的概念和性质

自助行为是指权利人为保护自己的权利，在情事紧迫而又不能及时请求国家机关予以救助的情况下，对他人的财产或自由施加扣押、拘束或其他相应措施，而为法律或社会公德所认可的行为。

自助行为的性质，属于私力救济，与紧急避险、正当防卫的性质是相同的。其区别在于，自助行为保护的是自己的权利，而正当防卫和紧急避险包括保护他人的权利；自助行为在实施前，通常在当事人之间已经存在一种债的关系，而正当防卫和紧急避险在尚未实施之前没有这种关系。

（二）自助行为的构成和必要措施

构成自助行为须具备：（1）须为保护自己的合法权利；（2）须情况紧迫而来不及请求有关国家机关的援助；（3）自助方法须为保障请求权所必须；（4）须为法律或公共道德所许可；（5）不得超过必要限度。

行为人在实施自助行为之后，必须立即向有关机关申请援助，请求处理。行为人无故申请迟延，应立即释放债务人或把扣押的财产归还给债务人，造成损害的还应负赔偿责任。行为人的自助行为如果不被有关国家机关事后认可，则必须立即停止侵害并对受害人负赔偿责任。

四、意外事件

（一）意外事件的概念和意义

意外事件，是指非因当事人的故意或过失，是由于当事人意志以外的原因，而偶然发生的事故。

我国《民法通则》和《侵权责任法》都没有规定意外事件为免责事由，但是在司法实践中常常把意外事件作为免责事由对待。意外事件不是因当事人的故意和过失而发生，而是偶然发生的事故，是外在于当事人的意志和行为的事件，它表明当事人没有过错，因而应使当事人免责。罗马法的古谚认为，"不幸事件只能由被击中者承担"，被告当然不承担民事责任。

（二）意外事件的构成

作为免责事由的意外事件，应具备如下三个条件。

1. 意外事件是不可预见的

确定意外事件的不可预见性，适用主观标准，即应以当事人为标准，即当事人是否在当时的环境下，通过合理的注意能够预见。

2. 意外事件是归因于行为人自身以外的原因

这就是说，行为人已经尽到了他在当时应当尽到和能够尽到的注意，或者行为人采取合理措施仍不能避免事故的发生，从而表明损害是由意外事故而不是当事人的行为所致。

3. 意外事件是偶然事件

意外事件是偶然发生的事件，不包括第三人的行为。因此，意外事件的发生几率是很低的，当事人尽到通常的注意是不可预防的。

五、自甘风险

（一）英美侵权法中自甘风险的一般规则

在英美法系的侵权法中，自甘风险也叫做危险之自愿承担、自愿者非为不当规则，是指在原告提起的过失或者严格责任的侵权责任诉讼中，要求原告承担其自愿承担的所涉风险[①]。其一般

---

① 《最新不列颠法律袖珍读本·侵权法》，冯兴俊译，武汉大学出版社2003年版，第231—235页。

规则是：原告就被告之过失或者鲁莽弃之不顾行为而致伤害的危险自愿承担者，不得就该伤害请求赔偿①。典型的判例是：在英国，莫里斯与飞行员穆拉埃一起出席酒会，然后一起驾驶一架飞机飞行，飞行途中飞机坠毁，后莫里斯起诉要求赔偿。法院认为，作为乘客的原告是自愿承担风险的人，因为他应该知道飞行员当时的状态②。在美国，原告在被告游乐场中滑雪时，碰撞了一根金属杆，导致原告受重伤。那根金属杆是操纵电缆车路线装置的一部分。在本次滑雪季开始前，原告买了这一季的滑雪通行证，并签署了危险同意文件，确认滑雪是危险的，如果发生危险愿意自己承担风险，不需场方负责。原告受害后起诉，被告以原告基于此同意文件而进行抗辩，认为原告构成自甘风险。法院判决被告胜诉③。

自甘风险分为明示的自甘风险和默示的自甘风险。前述英国判例是默示的自甘风险，美国判例则为明示的自甘风险。不论何种自甘风险，构成自甘风险均须具备以下三个要件：（1）受害人知悉或者鉴识危险；（2）受害人有自愿承担之必要；（3）不违反成文法的规定。具备这些要件，就构成自甘风险，免除行为人的侵权责任。在举证责任上，如果被告原应对原告负责的（例如有过失），原告自愿承担危险的举证责任，则应由被告承担④。

（二）我国司法实践对自甘风险规则的适用

在最近几年，我国法院在司法实践中也有采用英美侵权法自甘风险规则作为免除加害人侵权责任事由的，得到理论界和实务界的充分肯定。北京市石景山区法院审理中学生踢足球伤害案时认为，足球运动具有群体性、对抗性及人身危险性，出现人身伤害事件属于正常现象，应在意料之中，参与者无一例外地处于潜在的危险之中，既是危险的潜在制造者，又是危险的潜在承担者。足球运动中出现的正当危险后果是被允许的，参与者有可能成为危险后果的实际承担者，而正当危险的制造者不应为此付出代价，判决驳回原告的诉讼请求，射门队员不承担侵权责任，就是适用自甘风险规则。

但是，并不是所有的法院都适用这个规则，因此判决的结果并不令人满意。

案例 6-4

广西某法院判决的"驴头""驴友"致害案件，13名网友在网上约好一起去野外自助探险游，在野外露营时，晚上发生山洪，13人均被洪水冲走，其中死亡1人，其余12人获救。死者家属起诉，要求其他参与人承担赔偿责任，一审法院判决"驴头"承担60%的责任，其他"驴友"共同分担10%的责任，受害人自己承担30%的责任。上诉后，二审法院依据公平责任改判，"驴头"承担3 000元，其他"驴友"分别承担2 000元，以示公平⑤。这样改判也仍然不公平。而北京市海淀区法院对类似的案件，判决"驴头""驴友"完全不承担责任，死者须危险自担⑥。

---

① 参见美国法学会：《美国侵权行为法重述（第二次）》，第496A条。
② 《最新不列颠法律袖珍读本·侵权法》，冯兴俊译，武汉大学出版社2003年版，第233页。
③ 潘维大：《英美侵权行为法案例解析》，高等教育出版社2005年版，第289—291页。
④ 参见美国法学会：《美国侵权行为法重述（第二次）》，第496D、496E、496F条。
⑤ 参见《二审改判"驴头驴友"均无过错》，网易新闻网2009年3月21日，http://news.163.com/09/0321/02/54T5SHVB0001124J.html。
⑥ 参见《女游客冻死案宣判 活动发起人无责》，新浪网新闻中心2008年1月9日，http://news.sina.com.cn/s/2008-01-09/071213224733s.shtml。

第四节　侵权行为的诉讼时效

一、侵权行为的一般诉讼时效

（一）侵权行为一般诉讼时效的含义

根据《民法通则》的规定，我国民事立法的诉讼时效制度，是采诉权消灭主义[①]，即诉讼时效完成，权利人消灭的只是胜诉权，不消灭起诉权，更不消灭实体权利[②]。在侵权法中，侵权行为的诉讼时效与此相同，诉讼时效完成，侵权损害赔偿请求权人丧失的是胜诉权，即法院对起诉到法院的当事人的诉讼请求，不再予以支持，但是可以起诉；当事人不起诉，加害人自愿履行赔偿义务的，法律予以准许。此外，侵权行为诉讼时效期间的中止、中断和延长，没有特别规定的，应当按照《民法通则》关于诉讼时效期间中止、中断和延长的规定执行。

关于诉讼时效的最终法律后果究竟是消灭胜诉权，还是合理抗辩的问题，学者提出了不同的意见。按照现在的规定，诉讼时效的法律后果是消灭胜诉权，即诉讼时效期间届满，消灭胜诉权而不消灭起诉权，使权利人的权利变为自然权利。按照这样的规定，诉讼时效是一个强制性的规定，在诉讼中，不待当事人主张，法官依职权即可以适用，宣告权利人丧失胜诉权。这样的规定并不符合诉讼时效制度的设立目的。这样的结果，实际上是使一个当事人可以依据自己的意志自由行使的权利，变成了法官的权力，变成了国家的意志。这不符合民事权利的本质要求。诉讼时效的本质应当是永久抗辩权，是享有该权利的当事人对对方当事人所享有的权利，如果一个请求权超过了诉讼时效期间没有行使，当请求权人要求行使的时候，请求权的义务人有权依据诉讼时效已经超过法定期间而进行抗辩。如果是正当行使抗辩权，那么就可以对抗这个请求权，使请求权人的请求无效，免除债务人的债务。如果债务人不主张诉讼时效的抗辩权，则法院应当判决债务人履行该债务。

将诉讼时效的性质改变为抗辩权，更符合诉讼时效的本质，有利于保护债权人的合法债权，减少恶意逃债行为的发生，维护正常的交易秩序和市场诚信道德。

《民法通则》规定的一般诉讼时效，对侵权行为同样适用。侵权行为的一般诉讼时效为2年。侵权损害赔偿请求权人应当在2年以内行使该请求权。

（二）侵权行为一般诉讼时效的计算

关于侵权行为的一般诉讼时效，最值得研究的是期间的起始计算。法律原则规定，诉讼时效期间"从知道或者应当知道权利被侵害时起计算"。执行这一规定，对于财产权利的损害，期间起始的计算较为简单，什么时候财产权利遭受损害，就从什么时间起算。

对于侵害名誉权等精神性人格权的侵权行为，诉讼时效的起算，也应当从知道或者应当知道侵权行为侵害其权利之时起算。侵害名誉权等侵权行为一经发生，受害人的名誉权等权利就立即受到损害，受害人知道或者应当知道权利被侵害时，诉讼时效就开始计算。

对于侵害生命健康权的侵权行为，诉讼时效的起算是很复杂的，须按照另一种办法来解决，要对这种事件提起诉讼，受害人必须知道自己所受财产损失的数额。不能够计算人身损害赔偿的数额，就无法提起诉讼[③]。如果在受害人知道或者应当知道侵权行为发生时就计算诉讼时效，则对保护受害人的权利不利。因此，对于造成人身损害赔偿的案件，诉讼时效期间的起算，最高

[①] 参见梁慧星：《民法总论》，法律出版社1996年版，第240页。
[②] 对此，也有例外，如《产品质量法》关于最长时效的规定，就不是消灭诉权，而是消灭请求权。
[③] 参见[苏]约菲：《损害赔偿的债》（中文版），中央政法干校翻译室译，法律出版社1956年版，第109页。

人民法院《关于贯彻执行〈民法通则〉若干问题的意见(试行)》第168条规定:"人身损害赔偿的诉讼时效期间,伤害明显的,从受伤害之日起算;伤害当时未曾发现,后经检查确诊并能证明是由侵害引起的,从伤势确诊之日起算。"具体说,侵害身体权的,侵权行为一经实施完了,当事人知道或者应当知道权利被侵害,诉讼时效就开始计算。侵害健康权的,其受伤害之日起计算诉讼时效期间;某些受侵害之时不能发现的伤害,经检查确诊伤害的,从确诊之日起,计算诉讼时效期间。对于造成重伤丧失劳动能力的,仅仅按照该司法解释处理还不够准确,须在确认劳动能力丧失的程度的时候,即受害人不仅知道或者应当知道自己权利受侵害,而且知道或者应当知道权利受到侵害的程度的时候,才开始计算诉讼时效期间。对于侵害生命权的,应当从受害人死亡之日起,计算诉讼时效期间。

二、侵权行为的特殊诉讼时效

(一)特殊诉讼时效期间

特殊诉讼时效期间,就是指按照《民法通则》第136条规定,人身损害赔偿的诉讼时效期间适用特殊时效,期间为一年的诉讼时效期间。

(二)适用特殊诉讼时效期间应当注意的问题

在适用人身损害赔偿的诉讼时效期间的问题上,应当注意研究以下三个问题。

1. 人身伤害的范围

这里要研究的就是,《民法通则》第136条规定的"身体受到伤害要求赔偿"究竟包括哪些内容。

按照一般的理解,这里指的是对侵害健康权行为的赔偿请求,但是也有的认为凡是人身损害赔偿都应当适用特殊时效。对此,应当从有利于保护受害人的利益出发,解释要从严。既然条文讲的就是身体受到伤害,那就是侵害健康权的侵权行为。对于侵害身体权和侵害生命权的侵权行为,应当按照一般诉讼时效的规定执行。

2. 精神损害赔偿的诉讼时效期间是否适用特殊时效

同样,《民法通则》第136条只规定人身伤害的赔偿适用特殊诉讼时效,没有对精神损害赔偿作这种特别规定,因此侵害精神性人格权的精神损害赔偿不适用特殊时效,适用一般诉讼时效。但是,在侵害生命健康权所确定的财产损失赔偿的同时确定的精神抚慰金的赔偿,则应当受到特殊时效的限制。

3. 掌握侵权普通法和侵权特别法对诉讼时效期间的不同规定

在侵权特别法中,对侵权行为的诉讼时效期间有不同规定。凡是特别法对侵权行为有不同诉讼时效期间规定的,一律按照特别法的规定执行。例如,《国家赔偿法》规定的请求国家赔偿的诉讼时效期间为2年,其时效起算的时间是行政行为被确认为违法之日起算,并且羁押期间不计算在内。这种诉讼时效期间,也不分人身损害赔偿和财产损害赔偿,一律适用。《产品质量法》规定的诉讼时效期间也与《民法通则》的规定不同,一律适用2年的诉讼时效期间。《环境保护法》规定的诉讼时效期间是3年,无论污染损害的是财产还是人身,一律适用该特别诉讼时效期间。在处理侵权损害赔偿案件中,要特别注意侵权特别法关于诉讼时效期间的特别规定,按照特别法优于普通法的法律适用原则,不能完全适用《民法通则》特殊时效的规定,防止因此而侵害侵权损害赔偿请求权人的权利。

三、侵权行为的最长诉讼时效

侵权责任法的最长时效,按照《民法通则》的规定是20年。如果受害人不能知道自己的权利受到损害的事实,从权利被侵害之日起,受害人在20年内不提出诉讼请求的,人民法院不再予以保护。对于侵权行为的最长时效,侵权特别法也有特殊的规定。《产品质量法》第33条第2款规定:"因产品存在缺陷造成损害要求赔偿的请求权,在造成损害的缺陷产品交付用户、消费者满10年丧失;但是,尚未超过明示的安全使用期的除外。"按照这一规定,产品侵权责任的最长时效为10年,不适用20年的最长时效,并且最长诉讼时效期间届满,消灭的是请求权的实体权利,而不是胜诉权。计算最长时效时应当注意,在10年诉讼时效范围内,如果某种产品的安全使用期超过10年的,则应以该产品的安全使用期的期限,计算最长时效期间。

> **案例 6-5**
> 1962年出生的于某,2005年将鞍山铁西某医院起诉至法院。于某诉称,他一岁患病到该医院治疗,静脉注射完毕时,由于医院医护人员处置不当,输液用的针头突然断裂留在腕部血管中。医院为于某实施了手术,然而手术失败,针头没有取出来。由于保护措施不当,针头顺血液流入肩部卡住。医院为他再次进行手术,针头突然随血液通过心脏流到肺部,手术再次失败。当时医院承诺,今后终生为于某免费治疗。于某认为,43年来针头仍留在他的肺部,给他和他的家属造成巨大精神压力。由于手术造成于某颈部歪斜,给于某生活及工作带来极大不便,为此要求医院支付取针费10万元,残疾补助费10万元,精神损害赔偿金20万元。法院审理认为,由于本案事故发生在1963年,《民法通则》1987年1月1日施行时,于某民事权利被侵害已超过20年。于某在《民法通则》实施后向人民法院请求保护,该诉讼时效依法应从1987年1月1日起计算,一年后诉讼时效期间完成。原告提出诉讼主张时,已经超过法律规定的时效期间,因此驳回了原告的诉讼请求。

本 章 小 结

本章介绍了侵权责任的免责事由和诉讼时效制度。免责事由是指被告针对原告的诉讼请求而提出的证明原告的诉讼请求不成立或不完全成立的事实。侵权免责事由成立,就直接对抗侵权案件原告证明成立的侵权责任,对抗侵权责任的承担和部分承担。免责事由的构成包含对抗性要件和客观性要件。侵权免责事由分为法定免责事由和非法定免责事由。法定免责事由是《侵权责任法》规定的免责事由,包括受害人故意、第三人原因、不可抗力、正当防卫、紧急避险;非法定免责事由是《侵权责任法》没有明确规定,但司法实践中予以适用的免责事由,主要是职务授权行为、受害人承诺、自助行为、意外事件和自甘风险。侵权行为的一般诉讼时效与《民法通则》规定的诉讼时效相同,期间是2年。特殊诉讼时效期间是指人身损害赔偿的诉讼时效期间适用特殊时效,期间为1年。侵权行为法的最长时效,按照《民法通则》的规定是20年。

【关键术语】

免责事由　一般免责事由　特殊免责事由　诉讼时效　期间　普通诉讼时效　特殊诉讼时效　最长诉讼时效

【思考题】

1. 免责事由的概念和作用是什么?
2. 简述侵权法定免责事由和非法定免责事由的种类及其法律后果。
3. 正当防卫与紧急避险的区别是什么?
4. 受害人承诺与人身损害事先免责条款无效之间是否存在冲突,应当怎样协调?
5. 在我国司法实践中是否应当适用自甘风险规则?
6. 侵权一般诉讼时效、特别诉讼时效和最长诉讼时效的规则是怎样的?

第七章 侵权责任方式与侵权责任请求权

本章要点

《侵权责任法》第15条规定了侵权责任方式,第3条规定了侵权请求权,第4条规定了侵权请求权的优先权保障。《民法通则》规定了民事制裁方式。在侵权法理论上,侵权责任竞合、侵权责任聚合以及侵权责任并合,都是重要的侵权责任规则,都与本章的侵权责任请求权有关,故一并进行说明。本章就这些问题进行阐释。

第一节 侵权责任方式

一、侵权责任方式概述

（一）侵权责任方式的概念和特征

构成侵权责任,侵权人将承担与其所实施的侵权行为和救济侵权行为受害人相适应的侵权责任方式。侵权责任方式是指侵权人依据侵权责任法就自己实施的侵权行为应当承担的民事责任具体形式。从抽象的意义上说,侵权责任方式是侵权责任法规定的侵权人实施侵权行为所应当承担的具体法律后果。

《侵权责任法》第15条规定了八种侵权责任方式,即停止侵害,排除妨碍,消除危险,返还财产,恢复原状,赔偿损失,赔礼道歉,消除影响,恢复名誉。这些民事责任方式可以分为财产型的民事责任和精神型的民事责任。这些责任形式都是由民法调整的财产关系和人身关系的特殊性所决定的,应当按照救济侵权损害后果和制裁侵权人的具体要求,适用具体的侵权责任构成方式。

侵权责任方式有以下三个法律特征。

1. 侵权责任方式是落实侵权责任的具体形式

侵权责任构成,侵权人就应当承担这种法律后果。侵权责任方式必须化为具体的形式,侵权责任是侵权责任方式的抽象,而侵权责任方式是侵权责任的具体表现。

2. 侵权责任方式是责任与义务、向法律负责和向受害人负责的结合

侵权责任方式既是人民法院运用审判权判令侵权人承担责任的方式,也是侵权人应向受害人履行的义务。民事责任是向国家法律负责和向对方当事人负责的结合,且其主要方面,是向对方当事人负责。侵权责任正是这样,既是责任又是义务。

3. 赔偿损失是侵权责任的主要方式

侵权责任方式虽然有八种之多,但是最基本的形式,是赔偿损失。当然赔偿损失不是唯一的形式,其他七种民事责任方式对侵权行为都可以适用。这一特点是由侵权法的基本功能在于补偿受害人的损失所决定的。侵权行为一般都造成了受害人的损失,但不管是财产损失,还是人身

伤害和死亡以及精神损害,依法律规定均可以适用赔偿损失责任方式进行补救。《侵权责任法》第16条、第19条和第22条规定的都是损害赔偿责任。

(二)侵权责任方式的类型和适用的一般原则

1. 侵权责任方式的类型

在八种侵权责任方式中,财产责任类型是主要方式,非财产责任是非主要方式。前者如损害赔偿、恢复原状、返还财产,后者如停止侵害、消除影响、恢复名誉、赔礼道歉。在此之外,排除妨碍和消除危险则有可能是财产性质的民事责任,也可能是非财产责任方式。根据侵权责任方式的不同特点,可以将侵权责任方式概括为三种类型,即财产责任方式、精神型的责任方式和综合型的责任方式。

2. 适用侵权责任方式的一般规则

对侵权行为适用民事责任方式,应当掌握的四项规则如下。

(1) 救济损害需要。确定侵权责任方式最重要的原则,就是根据救济受害人的权利损害需要。在恢复受害人受到侵害的权利的目标下,需要适用什么民事责任方式就适用什么民事责任方式。对于单纯的财产权利损害,可以单独适用损害赔偿方式救济损害;对于生命健康权的损害,可以赔偿财产损失,也可以赔偿精神损害;对于精神性人格权的损害,可以单独适用精神型的民事责任方式,也可以根据需要适用财产型的民事责任方式。在任何情况下,只要有救济损害的需要,都可以适用综合型的民事责任方式。

(2) 可以并用。在侵权责任方式中,各种方式各具特点,对于侵权行为造成损害的救济,可以单独适用一种民事责任方式,也可以适用多种民事责任方式。《侵权责任法》第15条第2款规定:"以上承担侵权责任的方式,可以单独适用,也可以合并适用。"侵权责任方式并用的标准是,根据各种责任形式保护受害人的利益不同,如果适用一种责任形式不足以保护受害人时,就应当同时适用其他责任方式。

(3) 适当处分。侵权责任方式从受害人的角度看,就是受害人自己享有的请求权。按照民法的基本原则,权利人可以处分自己的权利。

(4) 必要的先予执行。在侵权责任方式中,对于确有必要的,在案件受理时可以先予执行。《侵权责任法》第21条规定:"侵权行为危及他人人身、财产安全的,被侵权人可以请求侵权人承担停止侵害、排除妨碍、消除危险等侵权责任。"

二、侵权责任方式的适用

(一)财产型民事责任方式的适用

1. 返还财产

返还财产,是普遍适用的侵权责任方式。作为侵权责任形式的返还财产,是指返还原物。不法侵占他人财产,应当返还原物。

返还原物责任因不法行为人非法占有财产而产生。无法律和合同的根据而占有他人的财产,侵害了财产所有人或者占有人的权利。例如,甲的房屋被乙租用,租期届满后,乙不返还承租的房屋;再如,甲抢夺乙的财产据为己有。这两种情况都构成非法占有,所有人享有返还原物的请求权,有权要求非法占有人返还原物。

返还原物适用的条件,是侵占财产,且原物依然存在。如果原物已经灭失,返还原物在客观上已经不可能,所有人只能要求赔偿损失,而不能要求返还原物。如果原物虽然存在,但已经遭受毁损,可以在请求返还原物的基础上,再提出赔偿损失。返还原物在性质上是物的占有的转移,而不是所有权的转移,因此必须要占有人将所有物转移至所有人的控制之下,才能视为原物已经返还。

返还原物应当返还原物所生的孳息。构成侵权行为的侵占财产均为恶意。在恶意占有的情况下,占有人应负责返还其在全部恶意占有期间所获得的一切孳息,并且亦无权请求所有人补偿其支付的费用。

2. 恢复原状

恢复原状是指恢复权利被侵犯前的原有的状态。一般是指将损害的财产修复,即所有人的财产在被他人非法侵害遭到损坏时,如果能够修理,则所有人有权要求加害人通过修理,恢复财产原有的状态。广义的恢复原状,如通过返还财产使财产关系恢复到原有的状态,通过恢复名誉使受侵害的名誉权得到恢复,在侵权责任方式的体系中,都有专门的方式,不能包含在恢复原状的责任方式之中。在侵权责任法中,虽然恢复原状与修理、重作、更换的责任形式联系十分密切,采纳广义的恢复原状的概念,修理、重作、更换不过是恢复原状的手段,目的在于恢复权利人被侵害的权利[1],但修理、重作、更换不是侵权责任法的侵权责任方式,不是恢复原状的具体形式。

适用此种责任形式,应当具备的条件是:一是须有修复的可能,二是须有修复的必要。

3. 赔偿损失

赔偿损失是最主要、最基本的侵权责任方式,侵权责任法上的赔偿损失,包括财产损害赔偿、人身损害赔偿和精神损害赔偿三种形式。赔偿损失是侵权责任法救济损害最基本的责任方式。

(二) 精神型民事责任方式的适用

1. 停止侵害

行为人实施的侵权行为仍在继续中,受害人可依法请求法院责令侵害人承担停止侵害的民事责任方式。任何正在实施侵权行为的不法行为人都应立即停止其侵害行为。所以,停止侵害的责任形式可适用于各种侵权行为。此种责任形式的主要作用在于:能够及时制止侵害行为,防止扩大侵害后果。但这种责任形式以侵权行为正在进行或仍在延续中为适用条件,对尚未发生的或业已终止的侵权行为则不得适用。责令停止侵害,实际上是要求侵害人不实施某种侵害行为,即不作为。

适用停止侵害责任方式应当注意:第一,可以先予执行;第二,请求时应当提供担保。

2. 赔礼道歉

赔礼道歉是指侵权人向受害人承认错误,表示歉意,以求得受害人的原谅。赔礼道歉有两种方式:一是口头道歉的方式;二是书面道歉的形式。口头道歉由加害人直接向受害人表示。书面的道歉以文字形式为之。侵权人拒不执行赔礼道歉的民事责任方式的,法院可以按照判决确定的方式进行,费用由侵权人承担[2]。

3. 消除影响、恢复名誉

行为人实施侵权行为侵害了自然人或法人的人格权,对于其所造成的影响,应当在其影响所及的范围内消除不良后果,这就是消除影响。行为人实施侵权行为侵害了自然人或法人的名誉,对于受害人的名誉毁损,应在影响所及的范围内将受害人的名誉恢复至未受侵害时的状态,这就是恢复名誉。消除影响、恢复名誉是侵害自然人、法人的精神性人格权所承担的责任方式,在适用中,消除影响适用的范围较宽,可以适用于多种场合。恢复名誉则只适用于侵害名誉权的场合,是侵害名誉权加害人应承担的责任。

消除影响、恢复名誉的具体适用,要根据侵害行为及造成影响所及和名誉毁损的后果来决定。

---

[1] 参见王利明、杨立新:《侵权行为法》,法律出版社1996年版,第104页。
[2] 对于强制进行赔礼道歉,有人提出这种做法违反言论自由原则。这种意见值得探讨。

（三）综合型民事责任方式和适用

1. 排除妨碍

排除妨碍是指侵权人实施的行为使受害人无法行使或不能正常行使自己的财产权利、人身权利,受害人请求加害人将妨碍权利实施的障碍予以排除。例如,在他人窗前或者通道上堆放物品,妨碍他人通风采光或者通行的,应将物品搬走。若行为人自己不排除妨碍,受害人可请求人民法院责令其排除妨碍。

2. 消除危险

消除危险是指行为人的行为和其管领下的物件对他人的人身和财产安全造成威胁,或存在侵害他人人身或财产的可能,该他人有权要求行为人采取有效措施,将具有危险因素的行为或者物件予以消除。例如,房屋的所有人或管理人不修缮房屋,致使房屋处于随时倒塌、危及他人人身和财产安全时,或者化工厂排放污染物,还没有造成实际的损害,这些行为人都应承担消除危险的民事责任。

适用消除危险的责任方式,必须是危险存在,确有可能造成损害的后果,对他人造成威胁,但是损害尚未实际发生,没有妨碍他人民事权利的行使。适用此种责任方式,能有效地防止损害的发生,充分保护民事主体的民事权利。

第二节 民事制裁方式

一、民事制裁方式概述

（一）民事制裁方式的概念

《民法通则》第134条第3款规定:"人民法院审理民事案件,除适用上述规定外,还可以予以训诫、责令具结悔过、收缴进行非法活动的财物和非法所得,并可以依照法律规定处以罚款、拘留。"对于这些其他民事责任方式,最高人民法院《关于贯彻执行〈民法通则〉若干问题的意见(试行)》第163条解释为民事制裁,以此与民事责任方式相区别。按照最高人民法院的解释,民事制裁就是指人民法院依法对违反民事法律应负民事责任的行为人所采取的民事处罚措施。它主要包括训诫、责令具结悔过、收缴进行非法活动的财物和非法所得、罚款和拘留。

（二）民事制裁与民事责任的区别

民事制裁是配合民事责任适用的措施,也是民事违法行为人所应承担的法律后果。其适用的目的和民事责任一样,都具有制止不法行为、制裁和教育不法行为人的作用。民事制裁与民事责任的三个区别如下。

1. 救济内容的区别

民事制裁是单纯的国家对违法民事活动的干预形式,民事责任则具有双重意义,既表现了国家对侵权行为的谴责和非难,又表现了对受害人的救济,且更着重于后者。民事制裁完全体现国家的意志,只能由人民法院作出,是对违法行为人在承担民事责任的前提下依法采取的处罚措施,并不体现对受害人的救济。对于人民法院作出的民事制裁,当事人必须执行,拒不执行的,应采取强制措施。正是由于民事制裁的强制性和国家意志性,它的适用不能由受害人放弃或双方和解的方式而加以改变。这些要求,对民事责任则不适用,因为民事责任方式虽为责任,但民事责任具有债的性质,损害赔偿等责任形式也是一方当事人向另一方应负有的债务,允许当事人之间的协商和解,受害人可以放弃其请求权。

2. 适用范围的区别

民事制裁主要适用于那些承担民事责任尚不足以惩戒侵权行为人的严重的违法行为,而民事责任是适用于一切侵权行为的方式。所以,民事制裁虽以侵权行为人应承担民事责任为适用前提,但并非对所有应承担民事责任的行为人都要采取民事制裁形式,它只有在适用民事责任不足以制止或制裁侵权行为人时,才能采用。在侵权行为纠纷中,对于民事制裁形式的适用更要慎重。

案例 7-1

"好一朵蔷薇花"案件①,女作家写作即时纪实小说,对某公司工作人员用"特号产品"等语言进行侮辱,法院认定为侵害名誉权。在研究对侵权人即侵权小说作者发表侵权小说所获稿酬应当怎样处理问题时,意见不一致,有的主张收缴,有的主张作为赔偿金的一部分。判决采纳了前一种意见。后来,学者都认为这种做法不合适,按照后一种办法处理更为适当,就是因为这是侵权责任与不当得利责任的竞合②。

3. 性质上的区别

民事制裁形式体现的是惩戒性,民事责任方式体现的主要是救济。民事制裁是对不法行为人采取的强制处罚措施,目的在于制裁,而不在于补偿受害人的损失。依民事制裁所取得的财产,也不是交付给受害人而是上交国库。而民事责任形式尤其是损害赔偿形式主要体现的是补偿性,责任承担的目的在于补救受害人所受的损害,惩戒性仅仅是第二位的功能。

二、民事制裁方式的适用方式

《民法通则》规定的民事制裁方式包括五种,即训诫、责令具结悔过、收缴、罚款和拘留。

(一) 训诫

适用训诫这种民事制裁方式,是对侵权行为人需要进行口头的训斥和告诫,使其对自己的行为性质有所认识,不再重犯。训诫由人民法院在法庭上对不法行为人进行公开批评和谴责,当庭以口头形式进行。适用的对象,主要是故意侵权、具有侵权恶意的行为人。对于过失侵权的行为人,一般不予以训诫。

(二) 责令具结悔过

适用责令具结悔过的民事制裁方式,通常也是对恶意很深、性质恶劣的侵权行为人进行。具结悔过可以使行为人汲取教训,警戒今后不再重犯。具结悔过要以书面形式进行,悔过人要在悔过书上签名。悔过的内容是检讨其错误并保证今后不再重犯。

(三) 收缴

收缴进行非法活动的财物和非法所得的制裁方式简称收缴,指人民法院将违法行为人进行非法活动的财物和因非法活动所取得的财产收归国有的制裁方式。收缴不同于追缴。《民法通则》第61条第2款规定:"双方恶意串通,实施民事行为损害国家的、集体的或者第三人的利益,应当追缴双方取得的财产,收归国家集体所有或者返还第三人。"按照这一规定,追缴的含义是将双方恶意串通所取得的财产收归国家、集体或者返还第三人,原则上侵犯了谁的财产权益就应当交付给谁。收缴的财产只能归国家所有,不能交付给公民和集体组织。收缴的对象:一是收缴行为人进行非法活动的财物,如收缴制造伪劣商品的工具和设备;二是收缴行为人进行非法活动所

---

① 这一案件请见《人身权法论》一书,中国检察出版社1995年版,第309页。
② 杨立新:《疑难民事纠纷司法对策》(第一集),吉林人民出版社1997年版,第160页。

取得的收入,如因欺诈他人而取得的财产。

（四）罚款

罚款是民事、刑事和行政处罚都适用的制裁方式,在刑事处罚中称作罚金。它们的共同特点,都是由受处罚人支付一定的金钱,交给国家,以此体现国家对不法行为的制裁和惩戒。民事罚款是指人民法院依法强制民事违法行为人在一定期限内缴纳一定数量的金钱的制裁方式,适用于民事违法的领域。罚款不以行为人的行为是否给他人造成损失为要件,对行为人所罚的款项也不是交付给受害人,而是上交国家所有。最高人民法院《关于贯彻执行〈中华人民共和国民法通则〉若干问题的意见(试行)》第164条规定,对公民处以罚款的数额为500元以下,在具体决定罚款数额时,应充分考虑案件的性质、侵权行为的后果以及当地的经济生活条件和行为人的实际负担能力等多种因素。对法人和其他组织的民事违法行为的罚款数额,没有具体规定,应当适当增加,否则不足以警戒违法。

（五）拘留

人民法院对严重违反民事法律行为人的人身自由进行短期限制,这种制裁方式就是拘留。拘留适用于违法行为恶劣、后果较为严重的情况,对实施的侵权行为危害性缺乏认识的行为人。作为民事制裁方式的拘留,既不同于刑事拘留和行政拘留,也不同于作为民事诉讼中的强制措施的司法拘留。根据最高人民法院的司法解释,拘留为15天以下。

适用民事制裁方式应按照规定的程序进行。根据最高人民法院《关于贯彻执行〈民法通则〉若干问题的意见(试行)》第163条的规定,采用收缴、罚款、拘留制裁措施,必须经院长批准,另行制作民事制裁决定书。被制裁人对决定不服的,在收到决定书的次日起10日内可以向上一级人民法院申请复议一次。复议期间,决定暂不执行。最高人民法院后来进一步解释,经上级人民法院复议,若驳回其申请维持原决定的,应从驳回之日起立即执行;上级人民法院撤销下级法院决定书的,该民事制裁不再执行。

第三节 侵权请求权及优先权保障

一、侵权请求权概述

在侵权损害赔偿法律关系中,赔偿权利人即被侵权人所享有的权利是侵权损害赔偿请求权。在制定《侵权责任法》时,对于如何规定侵权请求权以及侵权请求权与侵权责任之间的关系,进行过反复修改,最终确定了现在第3条的表述,简洁而明确地规定了被侵权人的侵权请求权,即"被侵权人有权请求侵权人承担侵权责任"。《侵权责任法》第4条规定了法规竞合与侵权请求权优先权保障制度。

民事请求权是一个体系,有本权请求权、原权请求权以及侵权请求权之分。本权请求权是本身就是请求权的权利,如债权、绝对权中包含的作为权利内容的请求权,而原权请求权和侵权请求权则是权利保护请求权。这两种请求权的区别在于,本权请求权所对应的是义务人的义务;原权请求权和侵权请求权所对应的则是责任。例如,债权人享有请求权,债务人负有履行债的义务;物权请求权是权利保护请求权,其所对应的就是侵害物权行为人的责任;侵权人承担的是责任,所对应的是受到侵害的权利人的权利,就是侵权请求权。

因此,确定了侵权责任构成,实际上就确定了侵权请求权的构成。当行为人的行为具备了全部侵权责任构成要件的时候,产生了两个后果:一是对侵权人发生了侵权责任;二是对被侵权人发生了侵权请求权。侵权人承担侵权责任,就能够实现被侵权人的侵权请求权。

二、法规竞合引发侵权责任与刑事责任和行政责任竞合

法规竞合是指行为单数而法律复数的情形①。其构成要件为两个,分别为"同一行为"与"多个法律条文"。法规竞合的成因在于,现代法律均为抽象规定,并从各种不同角度规范社会生活,故常发生同一事实符合数个规范之要件,致使该数个规范皆得适用②,由此发生法规竞合。法规竞合的实质在于同一违法行为同时触犯多个法律条文。正是由于不同的法律或者同一法律的不同条文在调整的行为或者适用对象等方面,相互之间存在一定的交叉、重合、部分或者全部包容,从而产生同一行为同时触犯多个法条,不同的法律条文可以同时适用于同一违法行为,从而产生如何定性和选择适用法律条文的问题③。

责任竞合也是法规竞合,是法规竞合的具体表现形式,作为一种客观存在的现象,既可以发生在同一法律部门内部,如民法中的违约责任与侵权责任的竞合;也可以发生在不同的法律部门之间,如民事责任与刑事责任的竞合、民事责任与行政责任的竞合。我国《民法通则》第110条规定:"对承担民事责任的公民、法人需要追究行政责任的,应当追究行政责任;构成犯罪的,对公民、法人的法定代表人应当依法追究刑事责任。"采用的就是这个规则。《侵权责任法》第4条第1款继续坚持这个规则。

根据法规之间关系的不同,规范竞合分为冲突性竞合与非冲突性竞合两类。发生在不同法律部门之间的责任竞合,通常是非冲突性法规竞合,如对犯伤害罪的人可以同时追究刑事责任和侵权责任。非冲突性竞合是指数个法律规范可以同时适用,根据不同法律规范产生的数个法律后果并行不悖,可以共存④。

在当代,侵权行为是民事违法行为,犯罪行为是刑事违法行为,分别由民法和刑法这两种不同的基本法调整。虽然侵权行为与犯罪行为有如此的区别,但是它们还是有很大联系的。侵权行为与犯罪行为有区别,但是又有重合问题,即侵害人身权利和财产权利的行为在构成犯罪的时候,无疑也是侵权行为。这就形成了侵权责任与刑事责任的竞合问题。

同样,侵权行为与行政违法行为也是既有联系又有区别的两大类违法行为。如果一种违法行为既违反了行政法律,又违反了民事法律,则既应当向国家承担行政处罚的责任,又应当向受害人承担损害赔偿的责任,就构成民事法律和行政法律的法规竞合,行为人应当同时接受民事法律和行政法律的制裁。

按照《侵权责任法》第4条第1款的规定,侵权责任与刑事责任或者行政责任竞合,后果是"不影响依法承担侵权责任",因而发生的是附带民事损害赔偿责任。附带的民事损害赔偿,是指在刑事诉讼和行政诉讼中,因刑事犯罪和行政违法行为侵害公民、法人人身权利和财产权利,在确定刑事责任或者行政责任时,一并确定的损害赔偿责任。由于这种损害赔偿责任的确定,一是适用侵权法的原理和法律规定;二是在刑事诉讼或者行政诉讼的程序中附带加以确定,因而其又被称做附带的民事损害赔偿或者附带的民事赔偿。附带的损害赔偿包括两种,即刑事附带民事损害赔偿和行政附带民事损害赔偿。因此,同一违法行为在触犯刑事法律或者行政法律的同时,也触犯了《侵权责任法》的规定,可以同时承担刑事责任和侵权责任,或者同时承担行政责任和侵权责任。

---

① 陈兴良:"刑法竞合论",《法商研究》2006年第2期。
② 王泽鉴:《民法学说与判例研究(1)》,中国政法大学出版社2003年版,第450页。
③ 别涛:"一个违法行为同时触犯多个法律条文应如何处理",《中国环境报》2002年10月2日。
④ 刘士心:"法规竞合论争与概念重构",载《国家检察官学院学报》2002年第3期。

三、侵权请求权的优先权保障

（一）侵权请求权优先权的意义

由于侵权行为有可能由刑法、行政法、侵权法等不同部门法进行规范，因此形成了刑法、行政法、民法的法律规范竞合，即非冲突性法规竞合，侵权人可能因为同一个违法行为，同时要承担民事责任、刑事责任或者行政责任。由于不同部门法律规范的竞合属于非冲突性竞合，因此存在同时适用的可能。这样，侵权人因同一个违法行为，既要承担罚金、没收财产的刑事责任，或者罚款、没收违法所得的行政责任，又要承担损害赔偿的侵权责任，发生财产性的行政责任、刑事责任与侵权责任的竞合，并且应当同时承担。如果赋予被侵权人损害赔偿请求权的优先权，则该请求权的地位就优先于罚款、没收财产的刑事责任或者罚款和没收违法所得的行政责任，使民事主体的权利救济得到更有力的保障。这就是损害赔偿请求权优先于行政责任或者刑事责任等责任的优先权保障赖以产生的法理基础。正因为如此，《侵权责任法》第 4 条第 2 款才规定："侵权人的财产不足以支付的，先承担侵权责任。"这就是侵权请求权优先权保障制度。

《侵权责任法》规定侵权损害赔偿请求权应当得到优先权保障的理由如下。（1）在我国，私人权利应当优先得到保障。（2）侵权损害赔偿请求权是对私人权利受到损害的救济权，担负恢复私人权利、平复被侵权人损害的职责，设立侵权请求权优先权，就能够保障被侵权人的合法权益不受侵害，即使受到侵害也能够及时得到救济，使之尽早恢复。（3）在关涉对被侵权人合法权益受到侵害进行救济的问题时，国家利益应当退到第二位，实行私权优先，优先保障侵权损害赔偿请求权的实现[1]。正因为如此，优先权在保障被侵权人的合法权益及其损害救济方面具有极为重要的意义，设立这个优先权"就代表着人们在这方面的希望和努力，从而使其成为一项极具社会使命和人道主义精神的法律制度"[2]。优先权是独立的法定担保物权，通过优先权保障被侵权人的侵权损害赔偿请求权，就等于得到了法定的担保物权的保障，对于保障被侵权人的权利具有重要意义。

案例 7-2

被告刘某因为琐事与本村村民李某发生争执，在厮打过程中，刘某用拳头打击李某头部，致使李某颅脑损伤死亡。李某的母亲及其子女作为附带民事诉讼原告向法院提起附带民事诉讼，请求法院追究刘某刑事责任的同时，判令刘某赔偿死亡补偿费、丧葬费、被抚养人生活费及原告精神损失费共计 157 800 元。人民法院作出刑事附带民事判决：刘某犯故意伤害罪，判处有期徒刑 12 年；赔偿附带民事诉讼原告死亡补偿费、丧葬费、被抚养人生活费共计 125 600 元。

（二）侵权请求权优先权的概念和特征

侵权请求权优先权是指被侵权人依法享有的，就造成其损害的侵权人的总财产得到损害赔偿，优先于侵权人应当承担的财产性质的行政责任和刑事责任而优先受清偿的担保物权。

侵权请求权优先权的特点是：（1）侵权请求权优先权是民法上的优先权。民法上的优先权是指由民法加以规定的优先权[3]，如《合同法》第 286 条规定的建设工程价款的优先权。侵权请求权优先权是通过《侵权责任法》规定的优先权，因而是由民法规定的优先权。（2）侵权请求权优先

---

[1] 刘曙光："二论私权优先原则"，http://www.chinareform.org.cn/cirdbbs/dis—pbbs.asp?boardid=2&id=50068。
[2] 崔建远主编：《我国物权法立法难点问题研究》，清华大学出版社 2005 年版，第 242 页。
[3] 杨立新：《物权法》，高等教育出版社 2007 年版，第 318 页。

权是一般优先权。一般优先权是指就债务人的总财产或者一般财产而优先受偿的优先权①,如受雇人的工资债权就债务人的总财产优先受偿。尽管侵权请求权优先权是为了保护被侵权人合法权益而设立的优先权,但为其作保证的资产并不是侵权人的特定财产,而是全部的总财产,包括动产和不动产,因此是一般优先权。(3)侵权请求权优先权是优先于特定权利的优先权。侵权请求权优先权并不优先于所有权利的优先权,而是仅优先于行政责任及刑事责任中的财产责任;对于其他债权,侵权请求权优先权并不处于优先地位,应当受债权平等原则约束,更不能对抗有其他担保的债权。

(三) 侵权请求权优先权的成立要件

侵权请求权优先权是法定担保物权,其成立应当具备法律规定的必备要件。

(1) 承担损害赔偿责任的人与承担罚款、罚金等责任的人须为同一侵权人,侵权损害赔偿请求权的权利人是被侵权人,相对应的责任人就是造成其合法权益受到损害的侵权人。不论应当承担刑事责任还是行政责任,以及承担损害赔偿责任,都必须是同一个侵权人应当承担的法律责任。只有在同一侵权人应当承担上述不同责任的时候,优先权才是有意义的,也是该优先权成立的要件,否则不存在优先权的问题。

(2) 侵权人须同时承担损害赔偿责任和刑事罚金、行政罚款等责任。同时承担,就是在侵权人在对被侵权人承担损害赔偿责任的同时,又要承担刑事罚金或者行政罚款等责任。因此,侵权人承担对被侵权人的损害赔偿责任为前提,同时又要承担罚金或者罚款的责任时,才能构成侵权请求权优先权。前文所谓"等责任",是说还可能包括其他财产性的行政、刑事责任,例如没收财产等。

(3) 侵权人须因同一行为而承担不同法律责任。构成侵权请求权优先权,必须是侵权人因同一个违法行为,既要承担对被侵权人的损害赔偿责任,又要承担对国家的罚款或者罚金等责任。在这种情况下,侵权人对被侵权人承担的损害赔偿责任就优先于罚款或罚金责任。《侵权责任法》第4条第2款规定的"因同一行为",特别强调的就是因同一行为应当承担民事责任或者刑事责任。不具备这个要件,就不构成侵权请求权优先权。

(四) 侵权请求权优先权的效力

1. 担保范围

侵权请求权优先权的担保范围是:(1)损害赔偿金。在侵权请求权优先权中,其担保的范围主要是损害赔偿金请求权,也可以叫做赔偿金之债,被侵权人的合法权益受到侵害造成损失,不论是财产损害赔偿金还是人身损害赔偿金,不论是救济性损害赔偿金还是惩罚性赔偿金,作为损害赔偿的请求权,都一律受到优先权的保护。即使是确定的精神损害赔偿金,其请求权也受到优先权的保护。(2)损害赔偿金迟延给付的利息。在侵权请求权优先权中,利息之债也应当受到优先权的保护。不过,在通常情况下,损害赔偿责任在判决确定之前是不计算利息的,如果判决已经确定了损害赔偿金,并且规定了给付赔偿金的期限,那么,超出该期限而为给付者,应当承担利息之债,该利息之债才受优先权的保护,否则,不存在利息的赔偿问题。(3)保全和实现优先权所支付的费用。被侵权人作为优先权人,为了保全和实现优先权所支出的费用,也应当在优先权担保的范围之内。在侵权人侵害了被侵权人的合法权益之后,被侵权人作为受害者,其为了救济权利而支出的费用,并不是保全和实现优先权所支出的费用,而是为了救济受到侵害的权利而支出的必要费用,这是在损害赔偿的范围之内的费用,是计入损害赔偿责任的内容。仅仅是为了保全优先权、实现优先权而支出的费用,才属于该类费用。不过,由此可见,不论是为救济损害而支出

① 刘保玉:《物权体系论》,人民法院出版社2004年版,第338页。

的费用,还是为保全、实现优先权而支出的费用,其实都在优先权的担保范围之内,只不过是分别计算而已。

2. 优先权的标的

侵权请求权优先权的标的,应当以承担损害赔偿责任的侵权人的所有物和财产权利为限。对于优先权的标的是否具有特定性,有不同看法,有人认为应当有特定性的限制,也有人认为没有特定性的限制[①]。我们认为,该标的的范围原则上不受特定性限制,而仅受善意取得的限制。侵权人的一般财产即物和财产权利都为优先权的标的,如果在优先权保障期间转让该财产且构成善意取得,则优先权人不得主张权利,而其他财产均在优先权标的之内。

3. 侵权请求权优先权对抗的对象

对于侵权损害赔偿责任优先权所对抗的对象,法律必须明确规定。侵权请求权优先权所对抗的,是同一侵权人同时承担的缴纳行政罚款和刑事罚金等财产性责任。不具备侵权请求权优先权的成立要件,就不能对抗先前成立或者非因同一行为而成立的罚款和罚金的责任承担。至于后来就同一侵权人成立的罚款或者罚金,则因为不处于同时发生的地位,侵权损害赔偿请求权也应当不存在优先实现的效力。不过,基于私权优先原则,后发生的罚款或者罚金责任,如果并不存在其他同时存在的民事优先权的,应以侵权损害赔偿请求权有优先权保障为妥。

对于其他债权,侵权请求权优先权不发生效力,不产生对抗的效力。例如,对侵权人自己负担的其他债务,即侵权人的其他债权人所享有的债权,与侵权损害赔偿请求权具有同样的债权性质,依据债权平等原则,被侵权人不能主张优先权以排斥其他债权人主张债权的效力。

第四节 侵权责任竞合与侵权责任聚合

一、民事责任竞合概述

(一)民事责任竞合的概念和特征

民事责任竞合即请求权竞合,是指因某种法律事实的出现,而导致两种或两种以上的民事责任产生,各项民事责任相互发生冲突的现象。责任竞合作为一种客观存在的现象,既可以发生在同一法律部门内部,如民法中的违约责任与侵权责任的竞合;也可以发生在不同的法律部门之间,如民事责任与刑事责任、民事责任与行政责任的竞合等。对于民事责任竞合,从民事权利的角度来看,当不法行为人实施的一个行为,这个行为在法律上符合数个法律规范的要求,因而使受害人产生多项请求权,这些请求权相互冲突。因此,民事责任竞合又被称为请求权竞合。《合同法》第122条规定了侵权责任与违约责任的竞合:"因侵权人的违约行为,侵害对方人身、财产权益的,受损害方有权选择依照本法要求其承担违约责任或者依照其他法律要求其承担侵权责任。"

民事责任竞合具有如下三个特点。

1. 民事责任竞合是由违反民事义务的行为引起的

责任是违反法定义务的必然后果。如果没有民事违法行为,就没有民事责任的产生,当然也就没有民事责任竞合的产生。因此,民事责任竞合是因为行为人违反民事义务所产生的结果。

2. 数个民事责任的产生是由一个违反民事义务的行为造成的

一个不法行为产生数个民事法律责任,或者说一个违反民事义务的行为使对方当事人产

---

① 王利明主编:《中国民法典学者建议稿及立法理由·物权编》,法律出版社2005年版,第545—546页。

数个请求权,这是民事责任竞合构成的前提条件。违反义务的行为符合两个或两个以上的责任构成要件,行为人虽然仅实施了一种行为,但该行为同时触犯了数个法律规范,并符合法律关于数个责任构成要件的规定,由此使行为人承担数种民事责任。

3. 在一个行为产生的数个责任之间相互冲突

一个民事违法行为产生数个责任,在数个责任之间相互冲突,一方面,是指行为人承担不同的法律责任,在后果上是不同的;另一方面,相互冲突意味着因同一不法行为产生的数个责任,彼此间既不能相互吸收,也不应同时并存。相互吸收,是指一种责任可以包容另一种责任。同时并存,是指行为人依法应承担数种责任形式。行为人究竟应当承担一种责任还是数种责任,需要在法律上确定。

(二) 侵权责任竞合的产生

民事责任竞合来源于法律规范竞合理论。现代法律都作抽象规定,并且从各种不同角度对社会生活加以规范,所以,经常发生同一个事实符合几个法律规范的要件,致使这几个法律规范竞合①。法规竞合有不同的表现,有发生在不同法律领域的,如前文所述侵权责任与刑事责任或者行政责任的竞合。

法律规范竞合如果发生在民法领域,就发生民事责任竞合问题。当同一民事违法行为同时符合数种民事权利保护的规定,就构成民事责任竞合。民法上的民事责任竞合,就是民事请求权竞合。这是因为民法是以权利为中心,而它的外部表现形态,就是请求权。同一事实符合数个法律规范的情况,必然表现在请求权上。侵权责任竞合也叫做侵权请求权的竞合,就是侵权请求权与依其他民事规范产生的请求权是由同一法律事实发生,形成的侵权请求权与其他民事请求权的竞合。

(三) 侵权责任竞合的形态

1. 侵权责任与违约民事责任竞合

即一个侵权行为,既产生侵权损害赔偿请求权,又产生违约损害赔偿请求权竞合。行为人的一个行为既产生侵权损害赔偿请求权,又产生违约损害赔偿请求权,两个请求权救济的内容是一致的,权利人只能行使一个请求权。例如,消费者购买的商品在使用中爆炸造成人身伤害,受害人既可以依据合同向商家请求违约损害赔偿,又可以依据侵权责任法向商家请求侵权损害赔偿,两个冲突的请求权只能行使一个。

2. 侵权责任与不当得利责任竞合

侵权责任与不当得利责任竞合,就是一个行为,既产生侵权损害赔偿请求权,又产生返还不当得利请求权。例如,出纳员出于工作上的疏忽,将一卷票面为 10 元的人民币误为每张 5 元交给了领款人,领款人恶意领受,这时,受害人即同时产生侵权损害赔偿请求权和返还不当得利请求权。

3. 侵权责任与其他民事责任竞合

侵权责任与其他民事责任竞合,就是一个行为,既产生侵权损害赔偿请求权,又产生其他请求权。例如,侵害公民姓名权、肖像权、名誉权、荣誉权的受害人既有要求停止侵害、恢复名誉、消除影响、赔礼道歉的请求权,又有要求赔偿损失的请求权。侵害公民、法人的著作权、专利权、商标权、发现权和其他科技成果权、发明权的行为,既产生要求停止侵害、消除影响的请求权,又有要求赔偿损失的请求权。

---

① 参见王泽鉴:《民法学说与判例研究》(第一册),中国政法大学出版社 1998 年版,第 371 页。

(四)民事责任竞合的法律后果

1. 处理民事责任竞合的一般规则

处理侵权责任竞合法律后果的原则,是采取择一方式,从两个请求权中只能选择一个行使;一个请求权行使后,另一个请求权即行消灭。例如,对于故意领受出纳员多给钱款者,无论是主张返还不当得利请求权,还是主张侵权损害赔偿请求权,内容和标的都是同一具体标的物,并且无事前约定责任,因此,或者选择前者,或者选择后者,只能择其一而行使;并且择其一行使后,另一请求权即行消灭,而不能两个请求权一并行使或者分别行使。

在国外,处理侵权责任与违约责任的竞合主要有三种情况。一是以法国为代表的国家禁止当事人自行选择,合同当事人不得因对方在履行合同过程中有侵权行为而提起侵权诉讼,但合同无效的除外。二是以英美为代表的国家采取有限选择原则,受害人可以选择提出一个请求,如败诉后不得以另一个请求再诉。在一些特殊情况下,法律规定只能以侵权提出诉讼,如人身侵权等。三是以德国为代表的国家规定受害人可以任意选择,如提出侵权之诉后因时效届满等原因被驳回后,还可以违约再提出诉讼;而且在诉讼中也可以变更诉讼请求。尽管各国对侵权责任与违约责任竞合的规定不同,但权利人只能行使一个请求权,各国的立法和司法实践的立场是一致的①。

我国《合同法》第122条规定了侵权责任和违约责任的竞合一般规则,确立了民事责任竞合的选择规则,它虽然规定的只是侵权责任与违约责任的竞合规则,但对研究侵权责任竞合的其他形式也提供了法律依据。

2. 民事责任竞合的法律后果

由于各种请求权的着眼点各有不同,尽管救济的内容基本相同,但是,行使哪一个请求权,其结果并不完全相同。权利人究竟选择行使何种请求权,对权利人的利益有相当的关系。因此,民事责任竞合的法律后果,说到底就是规范请求权的选择。具体有以下四种方法。

(1)对于法律已经明确规定了责任的性质的,一般应当依据法律的规定,确定责任的性质。其中因不法行为造成受害人的人身伤亡和精神损害的,当事人之间虽然存在着合同关系,也应按侵权责任而不能按合同责任处理,如因产品的缺陷而致受害人伤害,构成违约责任和侵权责任的竞合。对此,《侵权责任法》已经明确规定其为侵权责任,因此,这种责任的性质已经确定,一般来说,按照侵权责任处理对受害人较为有利,当事人坚决选择违约损害赔偿请求权的也应当准许。

(2)双方当事人事先存在合同关系,但一方当事人与第三人恶意谋通,损害合同另一方当事人的利益,则由于恶意串通的一方当事人与第三人的行为构成共同侵权,第三人与受害人之间又无合同关系存在,因此应按侵权责任处理,使恶意串通的行为人向受害人负侵权责任。选择作为共同侵权行为起诉,则只能行使侵权损害赔偿请求权,不能再同时行使违约责任请求权。

(3)对于当事人在合同中已经有明确约定的,应当按照约定的内容行使请求权。在当事人之间事先有合同关系,且已经明确约定如何承担民事责任的,说明当事人之间对民事责任的承担是有一致的意思表示的,因此应当按照当事人的事先约定来承担民事责任。在这种情况下,一般应按照违约责任处理。

(4)对于法律没有规定,当事人事先也没有明确约定的,应当准许请求权人按照自己的意愿选择。请求权人就是受害人,受害人的权利受到侵害,享有损害赔偿的请求权。但是,在民事责任竞合的情况下,究竟行使侵权损害赔偿请求权,还是行使违约损害赔偿请求权或者其他请求权,应当依照请求权人有利于自己的利益的选择为之。

---

① 参见浦增平、翟崇林:"民事法律关系中的侵权与违约责任竞合",《法学》1989年第11期。

总之，构成侵权责任竞合，其法律后果就是当事人选择请求权。对此，应当保障受害人的权利，径由其选择。

二、侵权责任与违约责任的竞合

（一）侵权责任与违约责任竞合的原因

1. 侵权责任与违约责任竞合的根本原因

侵权责任与违约责任是两类基本的民事责任。由于民事关系的复杂性和民事违法行为性质的多重性，使这两类责任常常发生竞合。《合同法》第122条对这种责任竞合作出了规定。

侵权责任与违约责任竞合的根本原因在于：一个违约行为不仅侵害了债权人的预期利益，而且侵害了债权人的固有利益。侵害债权人债权的预期利益，产生了违约损害赔偿的请求权，构成违约责任。侵害债权人的固有利益，例如人身权益和财产权益，既产生了侵权损害赔偿的请求权，构成侵权责任；也产生了违约损害赔偿请求权，构成违约责任。就侵害固有利益这一点上，两个请求权完全重合在一起。这两个损害赔偿请求权所救济的内容完全一致，保护的内容都是一样的，因此，构成侵权责任和违约责任的竞合。

> **案例 7-3**
>
> 17名游客参加某旅行社组织的新、马、泰、港、澳15日游，随意让一名游客作为领队，即出发。在途中，发现一名游客患有黄疸性肝炎，使其他游客倍感恐惧。结果，患病的游客在回程到香港后死亡。其中15名游客认为旅行社的行为影响了他们的正常旅游，向法院起诉，请求退回旅游的费用，赔偿精神损害。法院认为本案的性质是违约，判决旅行社赔偿15名原告违约损失共3万元。如果本案原告选择起诉侵权责任，法院应当会支持其精神损害赔偿的诉讼请求。

2. 侵权责任与违约责任竞合的具体原因

侵权责任与违约责任的竞合发生的具体原因有以下四种。

（1）合同当事人的违约行为，同时侵犯了法律规定的强行性义务，如保护、照顾、通知、忠实等附随义务或其他法定的不作为义务。例如，故意引诱使双方订立不可能履行的合同，使其轻信对方的履行而遭受损失。在某些情况下，一方当事人违反法定义务的行为（如出售有瑕疵的产品致人损害），同时违反了合同担保的义务。

（2）侵权性的违约和违约性的侵权。有两种情况：一是"侵权性的违约行为"，即在某些情况下，侵权行为直接构成违约的原因，如保管人依保管合同占有对方的财产以后，非法使用对方的财产，造成财产毁损或者灭失；二是"违约性的侵权行为"，即违约行为造成侵权的后果，如供电部门因违约中止供电，致对方当事人的财产和人身遭受损害。

（3）不法行为人实施故意侵犯他人权利并造成对他人损害的侵权行为时，在加害人和受害人之间事先存在一种合同关系，这种合同关系的存在，使加害人对受害人的损害行为，不仅可以作为侵权行为，也可以作为违反当事人事先规定的义务的违约行为对待。例如，医生因重大过失造成病人的伤害和死亡，既是一种侵权行为，也是一种违反了事先存在的服务合同的行为。

（4）一种违法行为虽然只符合一种责任要件，但是，法律从保护受害人的利益出发，要求合同当事人根据侵权行为制度提出请求和提起诉讼，或者将侵权行为责任纳入合同责任的适用范围。例如，产品责任突破了"合同相对性"规则的限制，允许因产品缺陷遭受损害的合同当事人和第三人向加害人提起侵权之诉或者提起违约之诉。

（二）侵权责任和违约责任的基本区别

在侵权责任和违约责任竞合的时候，究竟选择侵权赔偿请求权，还是选择违约赔偿请求权，对当事人尤其是对受害人的利益有很大的不同。研究侵权责任与违约责任的区别，就是给受害人提供进行比较、选择的标准，使当事人经过比较，选择对自己有利的请求权行使，诉请法院予以保护。

1. 侵权责任与违约责任的共同性

侵权损害赔偿是侵权责任的最主要、最基本的方式。同样，违约损害赔偿也是对违约损害进行救济的最主要、最基本的方式。从民事责任角度看，侵权损害赔偿与违约损害赔偿的共同之处显而易见，都是民事责任的一种承担方式；就其性质来说，都具有明确的补偿性，是救济损害的主要方法，同时具有制裁性；就其主要的构成要件来说，二者也基本相同；在归责原则上，二者都以过错责任原则作为基本的标准。

2. 选择请求权所考虑的内容

选择请求权时，应当基本考虑的侵权损害赔偿和违约损害赔偿的区别，主要有如下六个方面。

（1）看诉讼管辖不同。根据我国《民事诉讼法》规定，因合同纠纷提起的诉讼，由被告住所地或者合同履行地人民法院管辖，合同的双方当事人可以在书面合同中协议选择被告住所地、合同履行地、合同签订地、原告住所地、标的物所在地人民法院管辖。而因侵权行为提起的诉讼，由侵权行为地或者被告住所地人民法院管辖。受害人在起诉时注意管辖的规定，究竟怎样选择对自己有利。

（2）看损害赔偿法律关系发生之前双方当事人之间有无特定的权利义务关系。侵权损害赔偿在发生之前，双方当事人之间没有特定的权利义务关系，受害人在此之前的财产权利、人身权利都是对世权，其义务人并非特定的个人。违约损害赔偿发生之前，双方当事人存在着特定的债权债务关系，债权人的权利是对人权，其债务人就是特定合同的一方当事人。合同的义务内容是根据合同当事人的意志和利益关系确定的。所以，某些形式上的双重违法行为，依据侵权法已经构成违法。但依据合同法却可能尚未达到违约的程度，如果当事人提起合同之诉，将不能依法受偿。对此，受害人应当仔细斟酌。

（3）看赔偿范围的不同。侵犯财产权利的侵权赔偿，应当用相当的实物或现金赔偿，如果受害人因此而遭受其他重大损失的，加害人也应赔偿这些损失；如果是侵害的具有人格利益因素的特定纪念物品，则还可以请求赔偿精神损害抚慰金。非法侵害他人身体健康权、生命权的，应当赔偿由此造成的财产损失，同时还可以赔偿精神损害抚慰金。非法侵害自然人、法人的姓名（名称）权、肖像权、名誉权、荣誉权、信用权、隐私权、人身自由权等精神性人格权，虽未造成财产损失的，也可以要求赔偿精神损害。在违约损害赔偿中，通常依当事人的事先约定，虽然赔偿范围应当相当于另一方因此所受到的损失，但是不得超过订立合同时应当预见到的因违反合同可能造成的损失。如《合同法》第113条规定："侵权人不履行合同义务或者履行合同义务不符合约定，给对方造成损失的，损害赔偿额应当相当于因违约所造成的损失，包括合同履行后可以获得的利益。但不得超过违反合同一方订立合同时预见到或者应当预见到的因违反合同可能造成的损失。"但对于侵权责任来说，损害赔偿不仅包括财产损失的赔偿，而且包括人身伤害和精神损害的赔偿。侵权责任的赔偿范围不仅应包括直接损失，还应包括间接损失。如果选择违约损害赔偿责任，就意味着不能请求这些损害赔偿。

（4）看举证责任的不同。侵权损害赔偿的举证责任通常在受害人，由受害人举证证明加害人的过错，加害人在一般情况下不负举证责任。违约损害赔偿的举证责任在于债务人，债务人不履行债务致对方损害,就推定债务人有过错,因此,债务人负有举证证明自己无过错的责任,债权人即违约行为的受害人不负举证责任。在这一点上,受害人选择违约责任较为有利。

(5) 看诉讼时效期间的区别。从我国《民法通则》的规定来看,因侵权行为所产生的损害赔偿请求权一般适用2年的时效规定,但因身体受到伤害而产生的损害赔偿请求权,其诉讼时效期间为1年;《产品质量法》规定的时效是2年;《环境保护法》规定的时效为3年;《国家赔偿法》规定的时效为2年。违约责任的时效,一般为2年,但在出售质量不合格的商品未声明、延付或者拒付租金以及寄存财物被丢失或者损毁的情况下,则适用1年的诉讼时效规定。《合同法》第129条规定:"因国际货物买卖合同和技术进出口合同争议提起诉讼或者仲裁的期限为四年,自当事人知道或者应当知道其权利受到侵犯之日起计算。"两类责任适用的时效期限有区别,受害人在选择时应当注意这些不同规定,从有利于自己的利益的角度选择请求权。

(6) 看责任构成要件和免责条件不同。在违约责任中,行为人只要实施了违约行为,且不具有有效的免责事由,就应当承担违约责任。一般来说,违约是否造成损害后果,不影响违约金责任的成立。但是在侵权责任中,损害事实是侵权损害赔偿责任成立的前提条件,无损害事实便无侵权责任的产生。在违约责任中,除了法定的免责条件(如不可抗力)以外,合同当事人还可以事先约定不承担责任,但当事人不得预先免除故意或重大过失的责任。即使就不可抗力来说,当事人也可以就不可抗力的范围事先约定。在侵权责任中,免责一般只能是法定的,当事人不能事先约定免责条件,也不能对不可抗力的范围事先约定。在造成损害的情况下,如果受害人认为对方可能有法定的免责事由能够对抗侵权责任的构成时,则可以选择违约责任的请求权行使,提出请求,使自己的赔偿请求能够实现。

案例 7-4

徐甲在2000年6月购买一套商品房,与妻子周某和小女儿徐乙共同居住。8月7日,徐甲与该小区的物业管理公司签订有关物业管理的《公共契约》,物业公司承担安全保护等物业管理义务,徐某承担支付物业管理费的义务。由于物业管理公司只安排保安人员巡视安全,其监控设施没有经过有关部门验收而未正常使用,小区业主要求安装防护铁窗,物业也予以拒绝,造成安全防范的漏洞。2001年3月5日凌晨1时许,两名罪犯借小区一扇通往垃圾场的小铁门没有上锁一直敞开着的机会,闯入徐某家,将徐乙强奸后杀害。其中一名罪犯抓获归案,判处刑罚。在刑事附带民事诉讼中,徐某索赔,判决该刑事被告人赔偿13 246元,其余无能力赔偿。徐某依据《公共契约》的约定,向法院提起民事诉讼,请求物业公司承担违约损害赔偿责任。法院判决物业公司违反合同约定的安全保障义务,承担违约损害赔偿4万元,对徐某的精神损害赔偿请求不予支持。

由于侵权责任和违约责任存在以上重要的区别,在责任竞合的情况下,不法行为人承担何种责任,将导致不同法律后果的产生,并严重影响到如何保护受害人的利益和制裁不法行为人的问题。

三、侵权责任与不当得利责任的竞合

(一) 侵权责任与不当得利责任竞合发生的原因

1. 不当得利及其后果

不当得利,就是在没有法律、协议、合同上的根据,或者虽有根据后来却已消失的情况下,损害他人利益而自己获得利益。《民法通则》第92条规定:"没有合法根据,取得不当利益,造成他人损失的,应当将取得的不当利益返还受损失的人。"

不当得利的法律事实发生后，不当得利者理应将其所得利益返还利益所有人，于不当得利者与利益所有人之间发生不当得利之债，利益所有人享有向不当得利者请求返还不当得利的权利；不当得利者负有将不当得利返还给利益所有人的义务。不当得利虽然是在损害利益所有人利益的情况下获得的，但这种法律事实的产生，并不是不当得利者的违法行为造成的，而是由于误解或第三人的过错造成的，因此，返还不当得利并不是法律予以的惩罚，而是一种义务。当这种义务不履行时，将以民事责任的形式，强令不当得利的返还。

2. 侵权责任与不当得利责任竞合的原因

因侵权行为而发生不当得利，构成侵权责任与不当得利责任的竞合。发生这种情况的原因有以下五种。

（1）无权处分。在未经权利人同意的情况下，无标的物处分权的人擅自处分他人标的物，可以引起侵权责任和不当得利返还责任，两种责任发生竞合。

（2）非法出租他人财产。无租赁权或未经他人同意而擅自出租他人财产，或在租赁关系消灭以后，拒不返还租赁物而将租赁物出租给他人，从而获取租金，既构成不当得利，亦构成对他人财产权利的侵害；不法行为人应向权利人负返还不当得利或者赔偿损失的责任，形成责任竞合。

（3）非法使用他人之物并获取收益。不法行为人非法使用他人的财产并获取收益，如非法使用他人房屋、租赁期满后不返还租赁物而对租赁物继续使用和收益等，均构成对他人物权的侵害，同时构成不当得利的返还财产的责任。这两种责任发生竞合，行为人应负侵权责任或者不当得利返还财产的责任。

（4）侵害知识产权而获取利益。行为人侵害他人的知识产权，如抄袭或非法复制他人有著作权的作品、非法使用他人商标或擅自制造并销售他人注册商标标识、未经专利权人许可而使用其专利等，均构成侵权行为责任。如果这种侵权行为又使侵权人获利，就构成不当得利的返还财产责任，两种责任发生竞合。

（5）侵害肖像权、名称权、姓名权获得利益。这些人格权具有一定的财产利益，侵害这些权利可能使行为人获得财产上的利益，构成不当得利返还财产的请求权和侵权损害赔偿请求权的竞合。例如，擅自使用他人名称权，获得利益，既构成侵权行为责任，又构成不当得利返还财产责任，两种责任发生竞合。

（二）不当得利请求权和侵权损害赔偿请求权的区别

研究不当得利请求权与侵权损害赔偿请求权的区别，也是为了帮助受害人准确选择请求权。侵权损害赔偿与不当得利的返还财产，都是基于侵权人的单方行为所生的责任，在与单方行为有关的当事人之间发生特定的权利义务关系。两种责任存在较大差异，适用不同的责任，直接影响到行为人的责任范围和受害人的利益保护。因此，受害人如何选择请求权，不能不加以慎重的考虑，经过反复衡量，选择对自己最有利的请求权行使，诉请人民法院予以保护。

选择侵权行为的请求权还是选择不当得利返还财产请求权，应当注意以下三个问题。

（1）看行为人一方在造成损害的当时在主观上是否具有过错，考虑举证责任的不同和债务是否可以抵消。侵权行为和不当得利都给对方当事人造成损失。但是，侵权行为造成损害，一般在主观上具有故意或过失的过错。而不当得利一方在获得利益的当时却不具有主观过错，对方的利益损害往往是由他本人的过错行为造成的，或者是由误解、第三人过错等其他原因所致。尽管不当得利人有善意、恶意之分，但这是他在得利之后的心理状态，而不是在得利当时的心理状态。如果行为人通过自己的过错行为致人损害，则不能认为是不当得利，而属于侵权行为。对于没有过错的不当得利，不能选择侵权损害赔偿请求权，因为在这样的情况下，实际上并没有构成责任竞合，只是单纯的返还财产责任。在发生责任竞合的情况下，从造成损害的当时行为人主观上的过错角度考虑,引起两方面的后果。一是,举证责任的承担不同。对于侵权行为责任,受害人承担证明故意或者过失的责任,不能证明过错者,除非法律另有规定,否则受害人无法获得赔偿;不当得利则受害人不承担这样的举证责任,因为不当得利的构成不要求这样的要件。两者在举证责任上,显然不当得利的责任要轻得多。二是,如果发生责任竞合,对故意的侵权行为所产生的债务,民法禁止债务人进行抵消,否则,就根本违反公共秩序和社会道德。不当得利产生的返还财产债务,在民法上是可以抵消的①。

(2) 看行为人实施行为的结果是否使自己获得了利益,考虑赔偿范围和返还财产的不同。侵权行为与不当得利的共同特点是,都能致对方当事人遭受财产损失,但在通常情况下,侵权人不能因其侵权行为而得到利益。因此,在一般情况下,并不会发生这种责任竞合。但是在前述因侵权而获利的时候,就会发生竞合。而构成不当得利,则不当得利者必然得到利益。在选择请求权的时候,如果行为人在实施行为的时候没有获得利益,就不构成不当得利,不能选择不当得利的返还财产请求权行使。如果获得了利益构成竞合,则要考虑不当得利返还财产的范围与侵权行为责任的赔偿范围:不当得利返还财产的范围,就是不当得利的范围,不包括其他损失的赔偿;侵权责任的赔偿,则除了对所得的财产利益要予以返还外,还分为直接损失和间接损失的赔偿,这种赔偿范围肯定要比不当得利返还财产的范围要宽。

(3) 看对于损害后果是否需要其他责任形式救济,考虑行为人所承担的责任方式的不同。侵权行为责任的主要责任方式是赔偿损失,除此之外还包括赔礼道歉、恢复名誉、停止侵害、消除危险等责任方式。当侵权行为造成的后果只靠赔偿损失的责任方式救济还有不周的时候,就可以适用赔偿损失以外的这些责任方式救济损害。不当得利的责任方式只有一项,就是返还财产,由于它不是违法行为,所以不能适用上述责任方式。

受害人作为请求权人,在发生责任竞合的时候,应当从上述各种因素中进行认真的衡量对比,寻找对自己最为有利的那种请求权行使,向人民法院提出请求,使自己的权利能够得到更为周到的保护。

四、绝对权请求权与侵权责任请求权的竞合

(一) 绝对权请求权的含义

1. 请求权的体系和构成

在大陆法系,请求权是其重要的私法思考工具之一,是一个重要的权利类型。我们所说的侵权请求权,就是其中之一。

在请求权的体系中,包括绝对权的请求权和相对权的请求权两大系列。前者是物权请求权、人格权请求权和知识产权请求权,在身份权中也存在自身保护的请求权。后者是债权请求权,包括合同之债、无因管理之债和不当得利之债等债权本身的请求权,也包括绝对权受到侵害所产生的侵权损害赔偿请求权等请求权。

2. 绝对权请求权的类型

(1) 物权请求权。物权请求权在《德国民法典》中首次得到确立,一百多年以来,物权请求权的概念被私法所认可,发挥了巨大的作用。我国《物权法》第34条至第37条规定了物权请求权,分别是返还原物请求权、排除妨碍请求权、恢复原状请求权和损害赔偿请求权。

(2) 人格权请求权。人格权也存在其自身的请求权。首先,物权具有物权请求权和侵权请求权两种不同的保护手段,而物权请求权产生的基础是物权的绝对性、排他性和直接支配性。其

---

① 王利明、杨立新等:《民法·侵权责任法》,中国人民大学出版社1993年版,第222页。

次，人格权与物权在权利属性上具有可类比性——人格权也是绝对权、专属权，也具有直接支配性。那么，通过推理就可以直接得出结论——人格权也应当基于其自身的绝对性、专属性和直接支配性而具有人格权请求权，在它受到侵害的时候，需要人格权请求权和侵权请求权这两种不同的保护方法体系进行保护。因此，人格权也应该具有人格权请求权和侵权请求权两种不同的保护手段，人格权请求权的存在是客观的、必然的。

（3）知识产权请求权。知识产权作为一种无形财产权，它也应当包含自己的请求权，以保护自己。身份权作为一种绝对权，也应当有自己的请求权。

（4）身份权请求权。身份权作为绝对权，其也有自身的请求权。这种请求权包括两个方面：一是对外的请求权，即对他人侵害身份权而享有的请求权；二是对内的请求权，即对身份权的相对义务人不履行义务的履行请求权。

这些绝对权的请求权都是客观存在的，是绝对权保护自身的一种手段。

（二）绝对权请求权与侵权请求权竞合

这样就存在一个问题：当绝对权受到侵害的时候，受害人依据自己的绝对权的请求权，可以请求加害人承担基于绝对权请求权所产生的民事责任，同时，他又可以依据侵权行为所产生的债权请求权性质的侵权请求权，请求加害人承担基于侵权请求权产生的民事责任。这样，就形成了绝对权请求权与侵权请求权竞合的问题。

绝对权请求权与侵权请求权的竞合，有以下两个特点。

1. 两个请求权的诉讼时效期间不同

绝对权请求权是随着本权利而存在的权利，它不受诉讼时效的影响，依附于本权利，本权利产生，绝对权请求权随其产生，本权利消灭，绝对权请求权随其消灭。侵权请求权则不是这样，要严格地受诉讼时效限制，超过诉讼时效期间，其胜诉权即消灭，债务人依诉讼时效期间超过而为抗辩，该请求权即无法行使。当这两个请求权竞合的时候，一个没有诉讼时效期限限制，一个有诉讼时效期间的期限，因此在诉讼时效期间上面，这两个请求权是不同的。

2. 两个请求权的内容不完全相同

绝对权请求权的内容在主要的方面是相同的，例如，都有恢复原状、排除妨害、损害赔偿的请求权，但是，也存在不同的方面。例如，一般认为损害赔偿是侵权请求权，而不是绝对权请求权。

正是由于如此，当绝对权受到侵权行为侵害的时候，必然发生绝对权请求权和侵权请求权竞合的问题。

（三）绝对权请求权与侵权请求权竞合的后果

处理绝对权请求权与侵权请求权竞合的时候，应当遵守以下规则：

1. 在侵权请求权诉讼时效内提起的诉讼有明确选择的

绝对权受到侵害的受害人在诉讼时效期间提出请求权主张的，依照权利人的选择。如果其有明确的行使哪个请求权的意思表示的，应当按照其主张的内容确定其请求的请求权性质。例如，受害人主张行使侵权请求权，则应当按照侵权请求权的要求，确定加害人的侵权责任。如果受害人主张行使绝对权请求权，则应当按照绝对权请求权的规则确定加害人的责任。

2. 在侵权请求权诉讼时效内提出诉讼没有明确选择的

受害人在提起请求权主张，如果是在侵权诉讼时效之内提起的，并且没有明确究竟是行使的是何种请求权的，则应当以侵权请求权作为其起诉的诉因，按照侵权请求权的规则处理。

3. 超出诉讼时效期间提出请求权主张的

受害人在超出诉讼时效期间提出行使请求权主张的，则因为已经无法行使侵权请求权，因此可以确定其行使的是绝对权请求权，应当按照绝对权请求权的规则进行处理。

五、民事责任聚合及其后果

（一）侵权责任聚合概述

责任聚合，是指同一法律事实基于法律的规定，以及损害后果的多重性，而应当使责任人承担多种法律责任的形态①。在侵权责任法领域，侵权责任聚合包括两种情形：一是一般的侵权责任聚合；二是特殊的侵权责任聚合。

1. 一般的侵权责任聚合

一般的侵权责任聚合，是指侵权人实施的一个行为造成他人损害，依照法律产生多项侵权请求权，行为人应当承担多项侵权责任的情形。在侵权责任法中，一般的侵权责任聚合是大量的、常见的。例如，侵害他人名誉权，既要承担精神损害赔偿的责任，又要承担消除影响、恢复名誉以及赔礼道歉的责任，四种侵权责任聚合，是为了保护受害人的不同的利益，构成侵权责任聚合。

2. 特殊的侵权责任聚合

特殊的侵权责任聚合是指侵权人实施的一个行为造成他人损害，依照法律不仅产生侵权请求权，而且还产生了其他民事请求权，侵权人应当承担不同的民事责任的情形。这种责任聚合的形成，是因为一个行为既造成了受害人固有利益的损害，同时也造成了其他的损害，形成多重损害事实，依照责任竞合的规则无法救济受害人的损害，因此法律赋予受害人两个以上的请求权，以救济受害人的损害。

特殊的侵权责任聚合包括以下四种情形。

（1）侵权责任与违约责任聚合。一个履行合同义务的行为，既造成了债权人合同预期利益的损害，又造成了其固有利益的损害，违约责任和侵权责任聚合。例如买卖合同债务人交付的产品有缺陷，爆炸后造成了债权人的人身损害，其中，产品本身的损失是合同预期利益的损失，产生违约损害赔偿责任；产品缺陷造成人身损害，构成侵权责任，两个损害赔偿请求权救济的目的不同，都有适用的必要，因此形成侵权责任与违约责任的聚合②。

（2）侵权责任与不当得利聚合。在租赁合同中，承租人将租赁物非法转租，既侵害了出租人的财产权，又在非法转租中获得了不当得利。出租人仅仅享有一个请求权不足以救济其损害，因此构成侵权责任和不当得利责任的聚合。

（3）侵权责任与无因管理责任聚合。在无因管理中，如果管理人在实施管理行为的时候，不仅支出了管理费用，而且还造成了自己的财产的损害，那么，管理人在请求本人承担管理费用的责任之外，还可以请求本人承担侵权的损害赔偿责任。

（4）侵权责任与缔约过失责任聚合。缔约人在缔约过程中，由于自己的过错，造成了对方当事人以信赖利益的损失，同时还造成了对方的人身损害或者财产损害等固有利益的损失，仅仅赔偿一种损失不足以救济损害，也构成侵权责任与缔约过失责任的聚合。

（二）责任聚合的法律后果

与民事责任竞合的法律后果不同，民事责任聚合及其法律后果是，在侵权损害事实发生前双方有契约关系，并且有法定和约定违约责任的，产生的数个请求权的目的各不相同的，可以数个请求权分别行使。例如，出卖人出卖瑕疵物而致害，买卖合同规定违约责任，依据侵权法应当承担侵权责任，故可既追究违约责任，又追究侵权责任。这种责任聚合，数个请求权可以分别行使，

---

① 王利明：《侵权行为法研究》（上卷），中国人民大学出版社2004年版，第654页。
② 在起草《侵权责任法》过程中，曾经多次讨论这个问题，即两个请求权是否可以一并向一个法院作为一个案件起诉。反对意见认为这是不可以的，因为是不同的两个诉；赞成的意见认为，尽管如此，毕竟两个请求权是基于一个共同的事实产生的，为方便诉讼，可以作为一个案件，甚至向一个法院起诉。后一种意见是多数意见。

不因一个请求权行使完了而影响另一请求权的行使,既然可以分别行使,那么也可以就此同时向人民法院提出两个请求权的诉讼,人民法院应当同时受理。同一行为产生的两个请求权的目的不同时,可以一并行使。

案例 7-5
赵某在李某房前2米处建一住房,致使李某拆去围墙,园内少种一季蔬菜。李某依此行为,同时向法院要求排除妨碍,赔偿损失,两项请求权同时行使。对此,法院依法予以支持,判令行为人在拆掉住房以排除妨碍的同时,赔偿受害人的经济损失。

侵权损害赔偿的主要目的是补偿,如果同时产生的请求权的目的不是为了同一项补偿,而是为排除妨碍、消除影响、停止侵害、恢复名誉等时,数项请求权当然可以一并行使,构成责任聚合。

第五节 侵权责任并合

一、侵权责任并合及类型

（一）侵权责任并合的概念和目的

侵权责任并合,是指在多数人侵权行为中,法律原本规定了一种侵权责任形态,又增加规定了新的侵权人承担同一种侵权责任形态或者其他侵权责任形态,构成更多的侵权人对同一损害承担同一种或者不同种侵权责任,并相互重合的责任形态。例如,《侵权责任法》第43条规定产品生产者和销售者对缺陷产品造成的损害承担不真正连带责任,《消费者权益保护法》第45条又规定广告主、广告经营者、广告发布者以及广告代言人对同一损害承担连带责任,就是在法律规定的不真正连带责任的基础上,又增加规定了其他侵权人对同一损害承担连带责任,构成多数人侵权的不真正连带责任与连带责任的并合。

侵权责任并合的基本特征是：(1)原侵权人和新侵权人的行为造成的是同一个损害；(2)法律原本规定了一种多数人侵权责任形态；(3)法律又规定新增加的侵权人加入到多数人侵权责任之中；(4)原本规定的侵权责任形态与新增加的侵权人承担的责任形态相重合。

侵权责任法规定侵权责任并合的目的是：通过侵权责任并合的方法,增加连带责任或者不真正连带责任的责任人,更好地保护被侵权人的损害赔偿请求权,让与损害发生有关联的侵权人承担相应的责任对其予以制裁,发挥侵权责任的阻吓作用,警示营销参与者防范侵权行为发生。

（二）侵权责任并合与相关概念的区别

侵权责任并合与侵权责任竞合不同。它们虽然都是不同法律的规定竞合在一起,但是侵权责任并合并不发生请求权竞合的后果,而是扩大就同一损害事实承担责任的责任主体范围,让更多的责任人参加到这一个多数人侵权责任之中,让更多的人对受害人的同一个损害承担责任,使受害人的索赔权利更加有保障,更容易得到实现。

侵权责任并合与侵权责任聚合也不同。侵权责任并合既不是一个侵权行为发生几个不同责任方式的请求权,侵权人承担几个不同的责任方式,也不是造成了几个不同的损害,分别由侵权责任和违约责任救济,而是数个不同的侵权人实施的加害行为,造成受害人的同一个损害,在原来法律规定的要承担多数人侵权责任的基础上,又增加侵权人,共同承担对同一个损害进行赔偿的责任形态,以增加受害人救济请求权实现的保障。

(三)侵权责任并合的类型

1. 同质并合

同质并合,即同种类责任形态的侵权责任并合,是指原来的多数人侵权责任形态与后来增加的侵权人承担的责任形态属于同一性质,是相同的侵权责任形态的并合。《最高人民法院关于审理道路交通事故损害赔偿案件适用法律若干问题的解释》第6条规定,拼装车、报废车或者依法禁止行驶的其他机动车被多次转让,并发生交通事故造成损害,所有的转让人和受让人都承担连带责任。《侵权责任法》第51条规定的这种侵权连带责任主体只有转让人和受让人,该司法解释将责任主体范围扩大,多次转让的再转让人和再受让人等也都加入这个连带责任的责任主体范围中,共同承担连带责任,使连带责任人的范围扩大,构成侵权责任的同质并合。

2. 同质异形并合

同质异形并合,是相同的基本侵权责任形态中不同具体责任形态的并合,侵权人承担的尽管是连带责任或者不真正连带责任,但是并合的是非典型的连带责任、典型的不真正连带责任形态,如附条件的不真正连带责任、先付责任或者补充责任。例如,《消费者权益保护法》第44条第1款规定的是网络交易平台提供者承担的附条件不真正连带责任,与《侵权责任法》第43条规定的生产者、销售者承担的典型的不真正连带责任之间发生并合,属于侵权责任的同质异形并合。

3. 异质并合

异质并合,即非同种类责任形态的侵权责任并合,是指原来的多数人侵权责任形态与后增加的侵权人承担的责任形态不属于同一性质,是不同的多数人侵权责任形态的并合。具体表现为典型形态的连带责任、不真正连带责任和按份责任之间的并合。例如,《消费者权益保护法》第44条第2款规定的网络交易平台提供者承担的连带责任,就是加入到《侵权责任法》第43条规定的产品生产者与销售者承担的不真正连带责任之中,形成了不真正连带责任与连带责任的并合,为异质并合。

二、侵权责任并合的责任主体是营销参与者

法律规定侵权责任并合制度的适用范围,即增加的责任主体是营销参与者。

(一)营销参与者的概念

营销参与者是指在商品和服务的交易领域中,为商品的生产、销售以及服务提供营销支持,促成商品、服务经营者与消费者达成交易的经营者或者非经营者。其特征是:(1)多数营销参与者是交易领域的经营者,而不是非经营者,其目的与经营者相同,都具有营利目的,但是也包括为保障交易安全的非经营者,如食品检验机构、认证机构等;(2)营销参与者服务、支持的交易活动包括商品生产、销售以及服务的营销,而不只是商品生产和销售;(3)营销参与者并不直接参加交易,而仅仅是对商品和服务的交易提供营销支持,促成交易进行,因而不是直接的商品、服务的经营者,是为商品、服务交易提供服务的经营者或者非经营者。

我国的营销参与者可以分为三种类型:(1)为商品、服务进行广告宣传支持的营销参与者,如广告经营者、发布者、广告代言人;(2)为商品生产、销售和提供服务而提供支持的营销参与者,例如为没有许可证而生产食品的生产者提供生产经营场所或者其他条件的经营者,为用非食品原料等物质制造食品的经营者提供生产经营场所或者其他条件的经营者,柜台出租者、展销会举办者、网络交易平台提供者;(3)为商品、服务提供检验、认证服务支持的营销参与者,例如食品检验机构和认证机构。

(二)营销参与者适用侵权责任并合的条件

法律规定营销参与者承担侵权责任并合的法律后果,除了应当具备营销参与者的身份之外,还应当具备以下四个要件。

(1) 损害要件。营销参与者承担责任的受害主体，须为造成损害的经营者和营销参与者以外的第三人，通常是消费者，也包括受到损害的他人。

(2) 行为要件。营销参与者实施何种行为才应当对其提供服务的经营者承担并合的侵权责任，通常是由法律规定的具体行为。这些行为是为商品或者服务交易提供服务支持的行为，该行为须具有违法性。

(3) 因果关系要件。营销参与者对营销提供服务支持的行为，与消费者以及他人受到的人身损害之间须有因果关系。这种因果关系并非都具有直接的原因力，而是其行为对损害的发生具有一定的原因参与度。

(4) 主观要件。营销参与者承担并合的侵权责任，对主观要件的要求有所不同，有的规定为有过失，有的规定为无过失。这与美国侵权法对提供服务而对第三人承担责任的要求，[①]以及营销参与者的要求不同。

三、侵权责任并合的责任分担规则

(一) 侵权责任同质并合的责任分担规则

1. 典型连带责任与典型连带责任并合

典型连带责任与典型连带责任并合，相当于构成了一个增大的连带责任，新责任人与原责任人都是连带责任人。

连带责任与连带责任并合，不论增加多少连带责任人，都要依照《侵权责任法》第13条和第14条规定的连带责任规则承担连带责任。

2. 典型不真正连带责任与典型不真正连带责任并合

典型的不真正连带责任相互发生并合，相当于一个不真正连带责任的责任人范围的扩大，有更多的不真正连带责任人加入对同一个损害承担的不真正连带责任的责任主体范围，因而对受害人的损害赔偿请求权给予更高的保障。原来的和新增加的不真正连带责任人都对同一个损害事实承担不真正连带责任。

更多的责任人加入同一个不真正连带责任的责任主体范围，对责任性质不发生影响，仍然是不真正连带责任，每一个责任人对同一个损害都负有全部赔偿责任的中间责任。每一个承担了中间责任的人，只要自己不是最终责任人，就有权向最终责任人进行全额追偿。

(二) 侵权责任同质异形并合的责任分担规则

1. 典型的不真正连带责任与附条件不真正连带责任并合

典型的不真正连带责任与附条件不真正连带责任发生并合时，最典型的是《消费者权益保护法》第44条第1款后段、《食品安全法》第131条第2款与《侵权责任法》第43条并合的情形。

在附条件不真正连带责任所附条件尚未成就之前，不发生不真正连带责任，因而不发生与典型不真正连带责任并合的问题。

当附条件不真正连带责任所附条件成就，发生的就是不真正连带责任的后果；如果此时法律还规定了此种情形仍有他人与此附条件不真正连带责任的责任人承担不真正连带责任的，就发生了实际上的不真正连带责任相互之间的并合，因而责任分担规则就与不真正连带责任并合的规则是完全一样的，属于同质并合，即不真正连带责任人的范围扩大，责任性质仍然属于不真正连带责任，按照不真正连带责任的规则分担责任。

2. 典型不真正连带责任与先付责任并合

典型不真正连带责任与先付责任并合，如《侵权责任法》第43条与第44条发生的并合。不

---

① 依照《美国侵权法重述第二版》第324A条的规定，提供服务而对第三人造成的损害负责的基础是其有过失。

过,由于这种并合法律已经有了明确的责任分担规则,即该法第44条,因此,应当优先适用第44条规则,即先适用先付责任规则,由不真正连带责任人先承担全部赔偿责任,之后再向后顺位的责任人进行追偿。如果其他法律又规定了不真正连带责任的责任主体,则该不真正连带责任人加入的是先顺序不真正连带责任人的主体范围,在他们之间选择任一责任人承担中间责任,然后向后顺位的最终责任人追偿。

3. 典型的不真正连带责任与补充责任并合

典型的不真正连带责任与补充责任并合,尽管都是不同的不真正连带责任,但由于补充责任的承担具有先后顺位的区别,因此会发生责任分担规则的改变,但法律规定承担补充责任的人永远都是在第二顺位的责任人,只有规定承担不真正连带责任的责任人才是第一顺位的责任人。

(三) 侵权责任异质并合的责任分担规则

1. 典型连带责任与典型不真正连带责任并合及规则

连带责任与不真正连带责任之间多发生并合,且发生并合之后会对责任分担发生较大影响。例如,依照《消费者权益保护法》第44条第2款和《食品安全法》第131条第1款,除了本条规定的销售者和网络交易平台提供者之间要承担连带责任之外,还要加入造成损害的缺陷产品的生产者作为责任主体,因而形成典型连带责任与典型不真正连带责任的并合。

连带责任与不真正连带责任在中间责任上是一致的,即无论是连带责任还是不真正连带责任,在中间责任上都是连带的。连带责任与不真正连带责任发生并合,受害人可以向任何一个连带责任人和不真正连带责任人主张承担全部赔偿责任,而无须考虑其究竟应当承担何种形式的最终责任。

连带责任与不真正连带责任的最终责任承担不同,即连带责任实质性的最终责任是要分配给全体连带责任人的,而不真正连带责任的实质性最终责任是归属于应当承担最终责任的那个责任人,该责任人承担全部赔偿责任。因此,在受害人对数个责任人行使了全部赔偿责任的请求权之后的追偿关系是:(1)如果承担中间责任的责任主体是连带责任的最终责任人,在其承担了超过其最终责任的份额之后,有权向其他应当承担最终责任人进行追偿;(2)如果承担责任的责任主体是不真正连带责任的最终责任人的,在其承担了最终责任之后,不得向任何责任主体追偿;(3)如果承担责任的责任主体是不真正连带责任的中间责任人的,在其承担了中间责任之后,可以向其他最终责任人(包括连带责任的最终责任人和不真正连带责任的最终责任人)进行追偿。

2. 典型的连带责任与按份责任并合

连带责任与按份责任会发生并合,其后果是发生单向连带责任,即混合责任,规则是:受害人可以向承担连带责任的人请求承担连带责任,连带责任人承担了全部赔偿责任之后,就其中间责任部分,可以向按份责任人进行追偿;受害人向中间责任人请求赔偿,只能请求其承担按份责任,不能请求其承担连带责任,不得要求按份责任人就全部损害承担全部赔偿责任。

本 章 小 结

侵权责任方式是指侵权人依据侵权责任法就自己实施的侵权行为应当承担的具体的民事责任形式,是侵权责任法规定的侵权人实施侵权行为所应当承担的具体的法律后果。确定了侵权责任构成,实际上就确定了侵权请求权的构成。民事制裁就是指人民法院依法对违反民事法律应负民事责任的行为人所采取的民事处罚措施。它主要包括训诫、责令具结悔过、收缴进行非法活动的财物和非法所得、罚款和拘留。侵权责任与刑事责任或者行政责任可以发生竞合,侵权请求权享有优先权保障,可以对抗刑事责任和行政责任。侵权请求权优先权是指被侵权人依法享有的,就造成其损害的侵权人的总财产得到损害赔偿,优先于侵权人应当承担的财产性质的行政责任和刑事责任而优先受清偿的担保物权。侵权责任竞合也叫做侵权请求权竞合,就是侵权请求权与依其他民法规范产生的请求权是由同一法律事实发生,形成的侵权请求权与其他民事请求权的竞合。侵权责任竞合发生的法律后果是,侵权损害赔偿权利人产生选择权,可以选择对自己最有利的一个请求权行使,一个请求权行使之后,其他竞合的请求即行消灭。

【关键术语】

侵权责任方式　民事制裁　适用规则　侵权请求权　优先权　民事责任竞合　请求权竞合　选择权　民事责任聚合　侵权责任并合

【思考题】

1. 适用民事责任方式的规则是什么?
2. 侵权请求权优先权保证的意义是什么?如何适用?
3. 简述责任竞合和民事责任聚合的不同。
4. 侵权民事责任竞合发生的原理和后果是什么?
5. 侵权责任与违约责任竞合时选择请求权的基本考虑是什么?
6. 侵权责任与不当得利责任竞合时选择请求权的基本考虑是什么?
7. 绝对权请求权与侵权请求权竞合的基本规则是什么?
8. 侵权责任并合发生的基础是什么?基本规则有哪些?

第八章 侵权责任形态

本章要点

本章概括说明侵权责任形态及其体系,阐释侵权责任形态的概念和特征、发展历史以及在侵权法体系中的地位。介绍了构成侵权责任形态体系的三种类型:自己责任与替代责任、单方责任(包括加害人责任和被害人责任)与双方责任(包括过失相抵责任和公平分担损失责任)、单独责任和共同责任(包括连带责任、按份责任和不真正连带责任)。

第一节 侵权责任形态概述

一、侵权责任形态的概念和意义

(一)侵权责任形态概念与特征

侵权责任形态,是指侵权法律关系当事人承担侵权责任的不同表现形式,即侵权法律关系中的不同当事人按照侵权责任承担的基本规则承担责任的不同表现形式。

侵权责任形态具有以下法律特征。

(1)侵权责任形态所关注的不是行为的表现,而是行为的法律后果,即侵权行为发生符合侵权责任构成要件要求的,由应当承担责任的当事人承担行为的后果。它与侵权行为类型的不同就在于,侵权行为类型研究的是行为本身,而侵权责任形态研究的是侵权行为的后果,是侵权行为所引起的法律后果由谁承担。它也与侵权责任构成不同。侵权责任构成研究的是依据什么样的准则,符合什么样的条件才能构成侵权责任。侵权责任形态则是解决侵权责任构成之后确定责任由谁承担的问题。

(2)侵权责任形态表现的是侵权行为的后果由侵权法律关系当事人承担的不同形式。侵权责任方式研究的也是侵权行为的法律后果,但是它研究的不是侵权责任在不同的当事人之间由谁承担的形式,而是侵权行为后果的具体表现形式,即损害赔偿、停止侵害、赔礼道歉等责任本身的形式。侵权责任形态研究的不是这些责任的具体形式,而是什么人来承担这些责任形式。因此,侵权责任形态也就是侵权责任方式在不同的当事人之间的分配。

(3)这些责任形态是经过法律所确认的、合乎法律规定的侵权责任基本形式。侵权责任形态必须经过法律的确认,不是随意的、任意的形式。它是承担侵权责任的基本形式,而不是具体的责任形式。它只规定当事人自己承担还是他人承担,是连带承担还是按份承担,等等,至于由当事人具体承担什么样的责任,承担责任的程度是什么,侵权责任形态都不关心。

(二)侵权责任形态的发展历史

1. 罗马法

在罗马法以前的侵权法中,无所谓侵权责任的形态问题。因为那时候的侵权法都是规定具体侵权行为,对侵权行为不作概括性、一般性的规定。至于侵权责任是谁的行为就由谁来负责,谁的物件造成损害,就由谁负责。

但是,罗马法意识到这个问题。罗马法在私犯和准私犯的划分中,极为关注的就是侵权责任形态。在罗马法所规定的四种私犯中,都是为自己的行为负责的侵权行为,这就是自己责任。而在六种准私犯中,除了审判员判错案件的责任之外,都是为他人的行为负责和为自己管领下的物件负责的替代责任。因而可以看出,罗马法关于私犯和准私犯的划分,是体现了对侵权责任形态的表述,初步区别了私犯的为自己的行为负责的自己责任和准私犯的对人的以及对物的替代责任。

2. 法国法

《法国民法典》除了实现了对侵权责任法的第一次一般化立法、确立过错责任原则为侵权责任法的归责原则之外,① 还沿着罗马法开创的私犯和准私犯侵权责任形态划分的道路,第一次明确提出了侵权行为的两大责任形态,即为自己的行为负责的自己责任和为他人的行为负责以及为自己管领下的物件造成的损害负责的替代责任。该法第1382条和第1384条所规定的侵权行为的基本分野,就在于责任形态的不同。② 这既是对罗马法的继受,也是对罗马法的发展。

3. 德国法

德国法在规定了侵权行为的自己责任和替代责任的基础上,特别规定了侵权责任的单独责任和连带责任,在规定了过失相抵之后也出现了双方责任的形态。在德国侵权法中,侵权责任形态的体系已经基本完备。

4. 侵权责任形态的新发展

在现代,随着侵权责任法的发展,侵权责任的形态变得更为复杂。在分别侵权行为实行按份责任;在产品责任中实行不真正连带责任;负有保护他人安全法定义务或者约定义务的人未尽安全保障义务致人损害,要承担的是补充责任,并不是传统意义上的连带责任或者替代责任,而是新的侵权责任形态。除此之外,过失相抵责任、公平分担损失责任也都有新的发展,法律中也做出相应的规定。美国《侵权法重述(第三次)》规定了完善的侵权责任分担规则,为建立侵权责任形态规则和理论体系提供了新的思路,具有重要意义。

(三) 侵权责任形态在侵权法中的意义

现代侵权法的理论构架由五个部分组成:(1)侵权行为和侵权责任法的概述,研究侵权行为概念和特征,研究侵权责任法的基本问题;(2)侵权责任构成,解决的是侵权责任归责原则和侵权责任构成要件;(3)侵权行为类型,研究侵权行为的各种表现形式,是以侵权责任归责原则为基础,规制侵权行为的各种表现形式;(4)侵权责任形态,研究侵权责任构成之后,侵权责任在各个不同的当事人之间的分配;(5)侵权责任方式,研究侵权责任的具体形式,研究侵权损害赔偿责任的具体承担。

在侵权法的理论体系中,核心部分是侵权责任构成,包括侵权责任归责原则和构成要件。但是,侵权责任究竟由谁承担也是非常重要的,因此侵权责任形态是侵权法体系中的关键一环。它联接的是行为、责任与具体责任方式和承担,如果没有侵权责任形态,即使侵权责任已经构成,但是由于没有具体落实到应当承担责任的当事人身上,具体的侵权责任方式和内容也无法实现,侵

---

① 参见杨立新:《论侵权行为的一般化和类型化及其我国侵权责任法立法模式选择》,《河南省政法管理干部学院学报》2003年第1期。

② 两个条文在内容中说得很清楚:前者说"任何行为致他人受到损害时,因其过错致行为发生之人,应对该他人负赔偿之责任";后者说"对应由其负责之人的行为或由其照管之物造成的损害负赔偿责任"。两者的区分实在是不能再清楚了。

权法的救济、补偿功能也就无法实现。

因此,侵权责任形态的作用和意义是:(1)联接侵权责任的构成和方式,侵权责任构成、侵权责任形态和侵权责任方式,是侵权责任法的最基本的责任概念。(2)落实侵权责任的归属。构成侵权责任之后,将这个责任落到实处,需要落实到人。而侵权责任形态就是将侵权责任落实到具体的责任人身上,由具体的行为人或者责任人承担侵权责任。(3)实现补偿和制裁的功能,如果没有侵权责任形态,侵权责任无法落实,侵权责任的补偿功能和制裁功能就无法实现。

二、侵权责任形态的体系

侵权责任形态所研究的内容,是侵权责任在不同的当事人之间的分配。主要研究的方面,是侵权责任的一般表现形态,分为三个序列:自己责任形态和替代责任形态,单方责任形态和双方责任形态,单独责任形态和共同责任形态。

（一）自己责任和替代责任

侵权责任的自己责任和替代责任所表现的是,侵权责任是由行为人承担,还是由与行为人有特定关系的责任人以及与物件具有管领关系的人来承担。这就是《法国民法典》确定的自己责任和替代责任形态。它们是对侵权行为形态的最一般表现形式,是侵权法规定的侵权责任的最基本的责任形式。如果是行为人自己对自己的行为负责,那就是自己责任。如果是责任人为行为人的行为负责,或者为自己管领下的物件致害负责,则为替代责任。

> **案例 8-1**
>
> 　　山东某地公共汽车上乘客发现自己的钱包被偷,三名盗窃人威胁失主,并动手殴打,要求司机停车中途下车。失主要求司机不要停车,司机却把车门打开,窃贼跳下车,乘坐一辆出租车逃走。失主要求司机停车观察窃贼乘坐的出租车的牌号,司机却不停车,绝尘而去。失主要求司机所属的汽车运输公司赔偿损失。按照侵权责任形态的分工,这种侵权责任形态是替代责任。

（二）单方责任和双方责任

侵权责任的单方责任形态和双方责任形态,是说侵权责任究竟是由侵权法律关系中的一方负责还是双方负责。一方负责的侵权责任形态,例如加害人一方负责,或者受害人过错引起损害的受害人一方负责。双方负责的责任形态则是加害人和受害人都要承担责任。其中双方责任是重点。这种分担形态是指对于侵权行为所发生的后果,侵权人应当承担责任,受害人也要承担责任。在对于损害的发生双方都无过错的情况下产生的公平分担损失责任,就是双方责任的典型形态。过失相抵责任也是双方责任。

（三）单独责任和共同责任

侵权责任如果是被告方承担,就存在是单独的加害人还是多数的加害人的问题,侵权责任的形态会随着加害人的数量的不同而发生变化。单独的加害人,当然就是自己负责或者替代负责单独责任。两人以上的加害人承担侵权责任,就是共同形态的侵权责任。侵权责任的共同形态,是指在侵权行为的行为人是复数的情况下,侵权责任在数个行为人之间的分配或者负担。侵权人是复数,其侵权责任总是要在数个行为人之间进行分配的,分别由各个行为人负担。构成共同侵权行为,共同加害人要承担连带责任。构成分别侵权行为,数个行为人要承担按份责任。构成竞合侵权行为的,则要承担不真正连带责任。

第二节 自己责任和替代责任

一、自己责任

(一) 与自己责任相对应的是一般侵权行为

承担自己责任的基础行为是一般侵权行为。一般侵权行为是相对于特殊侵权行为而言的,是指行为人因过错而实施的、适用过错责任原则和符合侵权责任的一般构成要件要求的侵权行为。

一般侵权行为和特殊侵权行为是相对应的一对侵权法的基本范畴。这一对范畴表明,一般侵权行为是侵权行为一般条款概括的、适用过错责任原则、适用侵权责任一般构成原理、责任形式是自己责任的侵权行为形态。

一般侵权行为的侵权责任构成要件与特殊侵权责任的不同。对于一般侵权行为,法律通常只作概括规定而不作具体列举,原因是一般侵权行为的责任构成要件是统一的。只要是一般侵权行为责任,都要适用共同的责任构成要件。按照《侵权责任法》第6条第1款的规定,一般侵权行为责任构成应由违法行为、损害事实、因果关系和过错四个要件组成。缺少上述任何一个构成要件,都不能构成一般侵权责任。

一般侵权行为的行为方式,是行为人因自己的过错而实施的行为,在理论上称为直接行为。特殊侵权行为的行为方式是他人的行为或者物件造成损害,由于该他人或者该物件与责任人有某种特定关系,而将这种损害的行为认作是责任人的行为,因而称为间接行为。①

(二) 自己责任的概念和责任形式

1. 自己责任的概念

一般侵权行为的责任形态是自己责任。

自己责任是指违法行为人对由于自己的过错造成的他人人身损害和财产损害由自己承担责任的侵权责任形态。

自己责任的特点是:(1)是违法行为人自己实施的行为;(2)是违法行为人自己实施的行为造成的损害;(3)是自己对自己实施的行为所造成的损害,由自己承担责任。这三个特点都突出了一个概念,就是"自己",故自己责任就是为自己的行为负责的侵权责任形态。

2. 自己责任的形式

在一般侵权行为中,行为人和责任人是同一人,行为人对自己实施的行为后果承担责任,即自己造成的损害,自己承担赔偿责任。即使在共同侵权行为中,如果这种共同侵权行为是一般侵权行为,它的责任形式也不会由于侵权人的数量为多数而有所变化,就是所有的共同加害人都为自己的侵权行为后果负责。

(三) 自己责任的归责原则

自己责任适用过错责任原则。在我国侵权责任法中,过错责任原则是一般的归责原则。这一归责原则要求,一般侵权行为必须具备过错要件,无过错就无责任。其特点是:(1)自己责任不仅应以过错为责任的构成要件,而且应以过错为责任的最终构成要件。(2)自己责任实行普通的举证责任,即采取"谁主张、谁举证"原则,受害人必须就加害人的过错问题举证,否则不能获得赔

---

① 关于直接行为与间接行为的概念,请见本书第五章第二节的论述。

偿,对过错既不能采取推定形式来确定,也不能实行举证责任倒置。(3)由于自己责任适用过错责任原则,因此,这种形态的侵权责任充分体现了民事责任的教育和预防作用,而不像特殊侵权行为的替代责任那样,注重对受害人损害的单纯补偿。

二、替代责任

(一)替代责任的基础行为通常是特殊侵权行为

1. 特殊侵权行为的发展历史

特殊侵权行为导致的责任是替代责任。因而研究替代责任就要研究特殊侵权行为。

特殊侵权行为来源于古罗马法的准私犯和法国法的准侵权行为。在罗马法之前的古代立法中,也有关于特殊侵权行为的规定,只是在理论上和立法上没有加以明确。具有近现代意义上的关于特殊侵权行为的明确规定,溯源于罗马法的准私犯制度。罗马法系统地规定了准私犯制度,使准私犯区别于私犯。私犯是一般侵权行为,而准私犯相对于私犯,就属于特殊侵权行为。

《法国民法典》制定了准侵权行为的一般性条款,即第1384条,概括了准侵权行为的本质含义。在此条文之下,还规定了具体的准侵权行为,迭经修改,现已具有相当丰富的内容。

《德国民法典》为适应社会生产力不断发展、社会不断进步、新的损害不断发生,法律观念也发生了重大变化的情形,把侵权行为区分为一般侵权行为和特殊侵权行为,统一于侵权行为概念之下,有了一般侵权责任和特殊侵权责任之分。

准私犯、准侵权行为和特殊侵权行为三个概念,标志着侵权法对侵权行为性质认识的三次历史性飞跃。

2. 特殊侵权行为的性质、概念和特征

特殊侵权行为相对于一般侵权行为。其特殊的本质,就是责任形式为替代责任。《法国民法典》第1384条所说的行为人"对应由其负责的他人的行为或在其管理下的物体所造成的损害,均应负赔偿的责任",就是对特殊侵权行为的经典定义。可以说,特殊侵权行为的责任形态就是替代责任。

除此以外,特殊侵权行为还具有以下四个特点:(1)归责原则适用的特殊性,一般侵权行为适用过错责任原则,而特殊侵权行为通常适用过错推定责任和无过错责任,以保护受害人的合法权益。(2)责任构成要件的特殊性,特殊侵权行为不能按一般侵权行为的责任构成要件确定,而且由法律特别规定。(3)举证责任的特殊性,一般实行举证责任倒置,其倒置证明的范围并不是全部侵权责任要件,而只是在过错证明上举证责任倒置。(4)其责任形态主要是替代责任。

3. 特殊侵权行为的类型

(1)为他人的行为负的特殊侵权行为。这是最典型的特殊侵权行为,其显著特征是行为人与责任人相分离,责任人为行为人所造成的损害承担赔偿责任。在这种特殊侵权责任上,学者没有分歧。在一般学说中所说的替代责任,就是指的这种特殊侵权责任。

(2)为自己管领下的物件致人损害负责的特殊侵权行为。这是责任人为自己管领下的物件致损承担赔偿责任的特殊侵权责任。学者对此意见有所不同:有的学者认为这种特殊侵权责任不是替代责任,不具有行为人与责任人相分离的特征;有的学者认为在这些特殊侵权行为中,有的还不能说是为自己管领的物件的损害承担责任,例如,高度危险作业致害责任和环境污染致害责任即是。

(二)替代责任的概念和特征

1. 替代责任的概念

特殊侵权行为所承担的侵权责任是替代责任。替代责任是指责任人为他人的行为和为人的行为以外的自己管领下的物件所致损害承担的侵权赔偿责任形态。

2. 替代责任的法律特征

(1) 责任人与致害行为人或致害物相分离。替代责任的前提是责任人与加害人并非一人,与致害物并无直接联系,就责任人的本来意图,并无致害他人的直接致害意愿。致害的直接原因是责任人以外的加害人,或是人之行为以外的物件。这种责任人与加害人、致害物相分离的情形,是产生赔偿责任转由责任人替代承担的客观基础。

(2) 责任人为加害人或致害物承担责任须以他们之间的特定关系为前提。这种特定关系,在责任人与加害人之间,表现为隶属、雇佣、监护、代理等身份关系;在责任人与致害物之间,表现为所有、占有、管理等物权关系。从致害的角度上看,这些关系并不表现为直接的因果关系,但却是具有特定的间接联系。没有这种特定的间接联系,或者超出这种特定的间接联系,就失去了责任人承担替代责任的前提。

(3) 责任人为赔偿责任主体承担赔偿责任。在替代责任中,无论致害的是人还是物,权利人请求权的指向,都是未直接致害而与加害人或致害物具有特定的间接联系的责任人。在动物、工作物、建筑物致害时,其所有人、占有人或管理人为义务主体,自是理所当然;当与责任人具有特定身份关系的加害人致害时,其责任人为义务主体,受害人请求权并不指向具体的加害人。在这里不适用连带责任规则,权利人不能向他人求偿,只能向责任人求偿。

(三) 替代责任的赔偿法律关系

构成替代责任赔偿法律关系必须具备以下三个要件。

1. 替代责任人与加害人或致害物之间须有特定关系

构成替代责任赔偿法律关系,在责任人和加害人、致害物之间,必须具有特定的关系。这种特定关系,在责任人与加害人之间表现为隶属、雇佣、监护、代理等身份关系。例如,在用人者责任中,用人单位和其工作人员之间的关系,就是劳务关系,属于隶属关系。在监护人责任中,加害人实际上是无民事行为能力人或者限制民事行为能力人,而由其监护人承担责任,就是因为他们之间具有亲权关系和监护关系。在责任人与致害物之间,则必须具有管领或者支配的关系,即致害物在责任人的支配之下。

2. 替代责任人应处于特定的地位

在替代责任中,责任人须处于特定地位,具体表现为,替代责任人在其与加害人或致害物的特定关系中所处的带有支配性质的地位,它决定了替代责任人为加害人和致害物的损害后果负责的义务的产生。例如,在对人的替代责任中,责任人都对行为人具有支配的、管理的或者约束的权力,地位明显优越于行为人。用人单位的工作人员在执行工作任务中致人损害,用人单位承担责任,这是因为用人单位是其工作人员的单位、组织或者团体,他们之间具有隶属的关系,一方是支配者,一方是被支配者,地位是不平等的。在监护人的侵权责任中,监护人对被监护人而言,处于管教、管束、教育的地位,双方也不是平等的地位。

考察为加害人损害后果负责的责任人的地位,主要是看:双方有无确定特定关系的事实或合同;加害人是否受有责任人的报酬或抚育;加害人的活动是否受责任人的指示、监督或监护等约束;加害人是否向责任人提供劳务或公务。如果责任人是组织,加害人是否为责任人事业或组织的组成部分,是确定责任人特定地位的一个简明的标准。当责任人处于这种特定地位时,责任人应当为加害人或致害物的损害后果负责。

案例 8-2

章可在参加高考录取时,由于是学校扩招的名额,因此某大学录取通知书迟发。邮局及时将邮件送到章可所在的村,交给收发员,并且签字,收发员就将该标有"大学录取通知书"字样的邮件放起来未予通知。第二年,这封信被发现,章可才知道自己被某大学录取。经与该大学联系,学校同意按照休学一年处理,但是要交一年的费用。为了补偿损失,章可向法院起诉。法院将邮局、村委会和收发员列为被告,判决三方共同赔偿原告延误学习的损失4 936元,就业一年的工资12 000元,精神损失费20 000元。邮局曾与该村委会签订"代收报刊协议",并给付一年的费用,以后没有再签协议,也没有再给过费用。

对于致害物而言,责任人应当处于所有人、占有人、管理人的地位,责任人对于致害物享有支配权,在事实上具有支配致害物的权利。在《侵权责任法》关于特殊侵权责任的条文表述中,对于致害物的责任人并没有使用统一的概念,事实上,只要确定是致害物的占有人,即明确了责任人对于致害物的地位。

3. 加害人应处于特定状态

在替代责任中,加害人和致害物还必须处于特定的状态。(1)当加害人属于责任人事业或组织的成员的时候,加害人的特定状态是执行职务,即执行工作任务或者劳务。(2)当加害人完成定作人要求的加工时,加害人的特定状态是执行定作人的指示。(3)当加害人是被监护人时,其特定状态是被监护人在监护人的监护之下。

致害物的特定状态,应当是致害物在责任人的管领之下。如果虽然致害物是所有权人所有,但不在所有权人的管领之下,而是在使用人的支配之下,则所有权人不是致害行为的责任人,使用人才是致害行为的责任人。例如,动物致害,但是动物并不是在所有权人控制之下,而是出租给他人使用,该动物造成他人损害,正在占有使用的承租人是支配该动物的占有人,该承租人是赔偿责任人。

(四)赔偿关系当事人和赔偿形式

1. 赔偿关系当事人

替代责任赔偿关系的当事人具有其显著特点,即加害人与责任人相脱离,致害物未有责任人的意志支配,赔偿的义务主体是责任人而不是加害人。

为他人行为负责的特殊侵权责任,是最典型的替代责任。在这种赔偿法律关系中,赔偿权利主体是受害人;赔偿责任主体体现了替代责任的特点,只能是替代责任人,而不能是加害人。

在加害人因自己的过错行为致害而由责任人承担替代责任时,责任人承担了赔偿责任之后,取得向有过错的加害人的追偿权,有过错的行为人应向替代责任人赔偿因自己的过错行为所造成的损失承担赔偿义务。这种可追偿的替代责任,实际上是在替代责任人承担赔偿责任之后又产生的一个损害赔偿法律关系,权利主体是替代责任人,义务主体是过错行为人。

在为责任人管领下的物件造成损害的替代责任中,由于致害的是物件,没有替代责任的行为人,因此,责任人就直接为损害负责,是赔偿法律关系的当事人,承担赔偿义务。受害人直接向责任人请求损害赔偿。

2. 赔偿形式

(1)不可追偿的替代责任。这种替代责任是指责任人承担赔偿责任以后,并无追偿因赔偿损失而造成的损失的对象,即责任完全由责任人自己承担的替代责任。如为致害物损害负责,只能由自己承担赔偿损失的后果。监护人对于在自己的亲权和监护权支配之下的行为人所造成的损害承担赔偿责任,也是不能追偿的替代责任。

(2)可追偿的替代责任。替代责任由于具备一定的条件而使责任人产生追偿权。享有这样的追偿权,责任人就可以行使自己的追偿权,向加害人要求其承担因为替加害人赔偿损失而造成的损失。追偿权的产生,是因为行为人在实施致害行为时,在主观上有过错。这种可追偿的替代责任是指在行为人因自己的过错行为致害而由责任人承担替代责任之后,责任人取得向有过错的行为人追偿的权利,过错行为人应向责任人赔偿因自己的过错行为所致损害所造成的损失。

案例 8-3

在道路交通事故中,驾驶员某甲受雇主某乙所雇,为雇主开车。某甲在执行工作任务中致人损害,首先应当由某乙承担赔偿责任,不能由某甲直接承担赔偿责任。如果某甲在致人损害中有过错,则某乙在承担了赔偿责任之后,对某甲产生追偿权,可以向其请求赔偿。

(3) 非典型替代责任。这是指用人单位等因自己的行为造成损害应负的赔偿责任。这种赔偿责任实际上并不具有替代责任的性质,而是为自己的行为负责,即所谓的自己责任,只是因为法律将它们规定在特殊权责任之中,姑且将其称为替代责任。它的赔偿形式与普通侵权行为所要求的并无严格的区别。在《侵权责任法》第 34 条规定的用人单位责任中,如果仅仅是用人单位的行为造成受害人的损害,侵害了受害人的合法权利,就应当由用人单位自己承担责任,而不能让其他人承担责任。这种赔偿法律关系实际是自己责任而不是替代责任。

案例 8-4

张某看到邻居牛某家门口拴着一条狗,觉得狗周身颜色比较特别,就用鞭炮去吓狗。狗受到鞭炮声惊吓挣脱了链子,咬伤了在小区内玩耍的幼童赵某。赵某父亲找狗主人夏某要求其赔偿医疗费、营养费等损失,但夏某以是张某挑逗导致狗受到惊吓咬人,应当由张某承担赵某的人身损害赔偿项目。赵某父亲又去找夏某,夏某以其不是狗的饲养人为理由,拒绝赔偿。

第三节 单方责任和双方责任

一、单方责任

(一) 加害人责任

1. 加害人责任的适用范围

普通的加害人过错的侵权行为是加害人责任形态的基础行为之一。

普通的加害人过错的侵权行为,是指某个行为人因自己的过错而致受害人损害并应负责,是一般侵权行为的最典型形式,也是最常见的侵权行为形态。其特征是:(1)加害人仅为一人,因而不同于共同侵权行为和分别侵权行为;(2)受害人没有过错,对其损害的发生既无故意也无过失;(3)加害人过错的侵权行为可能适用过错责任原则,也可能适用过错推定原则。

在无过错责任中,侵权人的行为构成侵权行为,而受害人一方并没有过错的侵权行为,仅由侵权人单方承担侵权责任,也属于加害人责任。

2. 加害人责任的规则

加害人责任就是完全由加害人自己承担责任的侵权责任形态。加害人为一人,又完全是由于自己的行为造成的损害,要由自己承担侵权责任。

(二) 受害人责任

1. 受害人责任的基础行为是受害人过错

受害人过错与有过失不同,是一种单独的侵权行为形态。《侵权责任法》第 27 条规定:"损害是因受害人故意造成的,行为人不承担责任。"不仅如此,受害人的过失是损害发生的全部原因的,行为人也同样不承担责任。

> **案例 8-5**
> 　　福建省龙岩地区某县有一座著名的公园,园中湖面,水中有一座孤岛,在上面放养野生猴子,游人可以登岛,与猴子嬉戏。某日凌晨一时许,某甲溜进公园,私自解开渡船,上了猴岛,被猴子群起而攻之,造成伤害。某甲向法院起诉该公园,请求判令其因饲养的动物致害承担无过错责任,予以人身损害赔偿。公园以受害人故意为由抗辩。最后法院判决被告不承担赔偿责任。

受害人过错,亦称非固有意义上的过失、非真正意义上的过失、对自己的过失,是指损害的发生是由受害人的故意或过失所引起的,加害人没有过错的侵权行为形态。

任何人在社会生活中,均应负担注意自身的财产和人身安全的义务,受害人违反这种注意义务造成自身损害,为有过错。受害人过错与加害人过错相比较,其内涵并不相同。加害人的过错意味着加害人违反了法定的不得侵害他人权利的义务,因而具有不法性。而受害人的过错只是对自身利益的不注意状态,不具有违法性。因而,加害人的过错行为具有一定的社会危害性,应受法律制裁,受害人过错只是导致加害人不承担赔偿责任,损害责任由自己负担,不具有法律制裁的意义。

2. 受害人责任的承担

受害人过错的法律后果,是受害人自己承担损失,加害人不承担任何责任。这种责任就叫做受害人责任,是一种独立的侵权责任形态。

受害人过错的特例是:《道路交通安全法》第 76 条规定了一种受害人过失的特殊情况,即机动车与非机动车驾驶人、行人之间发生交通事故,造成非机动车驾驶人或者行人损害,"机动车一方没有过错的,承担不超过百分之十的赔偿责任"。这是对非机动车驾驶人和行人的关怀,是道路交通事故处理规则中"优者危险负担"规则适用的后果,是受害人过错的一种特例。

二、双方责任中的过失相抵

（一）与有过失

与有过失既是侵权法的概念,也是合同法的概念。在侵权法中,与有过失是一种侵权行为形态,其法律后果是过失相抵。我国《侵权责任法》第 26 条规定:"被侵权人对损害的发生也有过错的,可以减轻侵权人的责任。"

侵权法的与有过失,是指侵权行为所造成的损害结果的发生或扩大,受害人也有过错,受害人的行为和加害人的行为对损害的发生均具有原因力的侵权行为形态。换言之,如果对于损害结果的发生或扩大,受害人也有过错,并且其行为也具有原因力,在这种情况下发生的侵权行为就是与有过失。

与有过失具有以下三项法律特征。

(1) 受害人对于损害的发生和扩大也有过错。与有过失的基本特点在于受害人对于损害的发生或者扩大也具有过错。它不仅是加害人一方构成侵权责任,受害人一方也有过错。

(2) 损害发生的原因事实相混合。在与有过失中,双方当事人的行为是损害结果发生的共同原因,都对损害事实的发生具有原因力。双方当事人实施的两种行为互相配合,混合在一起,造成了损害结果的发生或者扩大。

(3) 受害人一方受有损害。与有过失是双方当事人的过错的不法行为或者不当行为导致一方当事人遭受损害,而不是双方受有损害。

案例 8-6

1950 年代,某市法院判决一火车与汽车碰撞案件,认为该火车行驶速度很慢,且不断鸣笛,司机见路旁汽车慢行误认为已停车,该汽车穿过公、铁交叉路口时,疏于注意而未听见火车鸣笛,致使火车与汽车相撞,造成汽车损失,双方互有过错,故判决火车一方赔偿汽车一方损失的三分之一。①

与有过失是过错责任原则的发展和延伸,体现了过错责任提出的应依据过错确定责任的要求。根据受害人的过错及其程度而相应减轻加害人的赔偿数额,意味着无论是加害人还是受害人,最终都应对自己的过错行为负责,对他人的过错不负责任,体现了公平正义的要求和责任自负的精神。我国侵权法确认与有过失制度,对于督促和教育当事人合理行为,特别是促使受害人采取合理措施注意自身的财产和人身安全,从而预防和减少损害的发生,具有重要作用。

(二)过失相抵

1. 过失相抵的概念和特征

与有过失的法律后果是过失相抵。过失相抵是债法的概念,是在损害赔偿之债中,由于与有过失的成立,而减轻加害人的赔偿责任。侵权行为的与有过失同样适用过失相抵规则。侵权行为存在与有过失,则按照过错比较和原因力比较,将损失赔偿责任分担给双方当事人。

过失相抵具有以下四项法律特征。

(1)过失相抵是与有过失的法律后果。过失相抵通常被称为损害赔偿之债的原则,与损益相抵并列。在侵权法中,只要对损害的发生或者扩大,受害人也有过错,即发生过失相抵的法律后果。

(2)过失相抵的内容是减轻加害人的赔偿责任。依照过失相抵原则减轻加害人责任的依据,是受害人过错程度的轻重以及行为原因力的大小,其实质是受害人因自己的过错所造成的那一部分损害由自己负责,而不应由加害人负责。

(3)过失相抵是一种侵权责任形态。减轻加害人的侵权责任,就是指由于受害人自己的过错所造成的那一部分损失由自己承担,等于将损失赔偿责任由双方当事人分担。因而,过失相抵既是在当事人之间确定赔偿数额的损害赔偿原则,也是一种分配责任的侵权责任形态。

(4)过失相抵的实行依职权主义。在实务中,只要成立与有过失,并符合过失相抵的构成要件,法官可以不待当事人的主张,而依职权减轻加害人的赔偿责任。

2. 过失相抵的构成

过失相抵的构成,应从两个方面进行考虑。对于加害人的责任,应按照侵权损害赔偿责任构成要件的要求来确定。对于受害人应负的责任,其构成须具备以下三个要件。

(1)受害人的行为系损害发生或扩大的共同原因。《侵权责任法》第 26 条仅规定受害人对损害的发生也有过错的,适用过失相抵,没有就对损害扩大也有过错的应如何处理作出规定。损害的发生与扩大都是过失相抵的事由。当受害人的行为是损害发生或扩大的共同原因时,就具备了过失相抵的第一个构成要件。对于损害结果的发生,受害人的行为必须是必不可少的共同原因之一,才能构成过失相抵;对于损害结果的扩大,受害人的行为实际上也是共同原因。

(2)受害人的行为须为不当。构成过失相抵,受害人的行为无须违法,只为不当即可。不当

---

① 中央政法干校民法教研室:《中华人民共和国民法基本问题》,法律出版社 1958 年版,第 329—330 页。

行为是指为自己的利益或在伦理的观念上为不当,所以阻却违法的行为如正当防卫、紧急避险等适法行为,不构成过失相抵。不当行为既可以是积极行为,也可以是消极行为。消极的不作为构成过失相抵分三种情况:①重大损害未促其注意,如受害人患有心脏病而与加害人进行摔跤游戏,未告知对方注意而致己心脏病发作;②怠于避免损害,即未造成损害时受害人已发现可能造成损害并可以采取措施避免却未加避免;③怠于减少损失,即损害已经发生可以采取措施减少损失但怠于采取措施减少其损失。

(3) 受害人须有过错。受害人为自己的行为负责的基础,是自己有过错。如果受害人的行为虽然是损害发生或扩大的共同原因,但其主观上无过错,仍然不构成过失相抵。我国《侵权责任法》第26条规定过失相抵中受害人的过错,仍为一般的故意和过失的心理状态,在解释上应包括对自己的过失。判断受害人过错的标准,是受害人对于自己受害的危险,应当预见或可能预见,即就其行为可生权利侵害或发生损害扩大,必须有预见;或者以为自己的事务为同一的注意,应当预见。前者为故意,后者为过失。受害人的代理人对于损害的发生或扩大有过失时,可以视为受害人的过失。受害人如果是无责任能力人,虽无法确定其有无过失,但仍可确定其法定代理人对此有无过失,法定代理人的过失亦构成过失相抵。

对于适用无过错责任原则的侵权行为,受害人有过错亦构成过失相抵,但须依照《侵权责任法》的特别规定,如第70—73条等。没有特别规定可否适用过失相抵的,则应依照最高人民法院关于人身损害赔偿司法解释第2条第二款规定,受害人具有重大过失的可以过失相抵。

(三) 过失相抵的责任分担

过失相抵的责任分担,就是在过失相抵具备其要件时,法官可以不待当事人的主张,而依职权减轻加害人的赔偿责任。

过失相抵的实行包括两个步骤:一是比较过错;二是比较原因力。

1. 比较过错

比较过错亦称比较过失,是指在与有过失中,通过确定并比较加害人和受害人的过错程度,以决定责任的承担和责任的范围。

比较过错的方法是,将双方当事人的过错程度具体确定为一定的比例,从而确定出责任范围。对损害后果应负主要责任者,其过错比例为51%—95%;对损害后果应负同等责任者,其过错比例为50%;对损害后果应负次要责任者,其过错比例为5%—49%;过错比例5%以下的,免除其赔偿责任,不进行过失相抵。其中5%的考虑,就是对受害人的轻微过失不减轻侵权人的赔偿责任。

在与有过失中,判定双方的过错程度通常采用的标准是:根据注意义务的内容和注意标准决定过失的轻重。首先要确定双方当事人所负有的注意内容。如果一方当事人在损害发生时应负有特殊的注意义务,而该当事人不仅没有履行此种特殊的注意义务,连一般人所应尽的注意义务都没有达到,其过失就比一般过失严重。如果双方当事人并不应负有特殊的注意义务,就应按照"合理人"的标准衡量双方的行为,把双方的行为与一个合理的、谨慎的人的行为进行比较,以决定双方的过失和过失程度。如果行为与一个合理的、谨慎的人的标准相距较远,则过失较重;相距较近,则过失较轻。

通常掌握的过失轻重标准是:(1)受害人具有故意或重大过失,加害人只有轻微过失,加害人的过错比例为5%以下;(2)受害人具有故意或重大过失,加害人有一般过失,加害人的过错比例为5%—25%;(3)受害人具有故意,加害人有重大过失者,加害人的过错比例为25%以上不足50%;(4)受害人和加害人均具有故意或者重大过失,且程度相当者,过错比例为50%;(5)受害人具有重大过失,加害人有故意者,加害人的过错比例为51%—75%;(6)受害人具有一般过失,加害人有故意或者重大过失者,加害人的过错比例为75%以上至95%;(7)受害人只有轻微过失,加害人有故意或重大过失者,加害人的过错比例为95%以上。

50%的过错比例,为同等责任;5%—49%的过错比例,加害人应承担次要责任;51%—95%的过错比例,加害人应承担主要责任;5%以下的过错比例或95%以上的过错比例,通常可以考虑免除加害人赔偿责任或者承担全部的赔偿责任,因为在这种情况下可以不作为与有过失实行过失相抵。

2. 原因力比较

确定与有过失责任范围,过错程度起决定作用,但是,原因力的影响亦须重视,原因力比较是确定过失相抵责任范围的重要一环。

原因力,是指在构成损害结果的共同原因中,每一个原因行为对于损害结果发生或扩大所发挥的作用力。与有过失中的损害结果,是由加害人和受害人双方的行为造成的,这两种行为对于同一个损害结果来说是共同原因,每一个作为共同原因的行为都对损害事实的发生或扩大具有自己的原因力。

原因力对于责任范围的影响具有相对性。这是因为,虽然因果关系在侵权责任的构成中是必要要件,具有绝对的意义,不具备则不构成侵权责任;但与有过失责任分担的主要标准,是双方过错程度的轻重,因而双方当事人行为的原因力大小,尽管也影响与有过失责任范围的大小,但其受双方过错程度的约束或制约。

原因力对于与有过失责任范围的相对性决定作用,主要表现在以下三个方面。

(1)当双方当事人的过错程度无法确定时,应以各自行为的原因力大小,确定各自责任的比例。如在适用无过错责任原则归责时,可依受害人行为的原因力大小,确定减轻加害人的赔偿责任。在双方当事人过错程度难以确定比例时,也可依双方行为原因力大小的比例确定责任范围。

(2)当双方当事人的过错程度相等时,各自行为的原因力大小对赔偿责任起"微调"作用。双方原因力相等或相差不是悬殊的,双方仍承担同等责任;双方原因力相差悬殊的,应当适当调整责任范围,赔偿责任可以在同等责任的基础上适当增加或减少,成为不同等的责任。

(3)当加害人依其过错应承担主要责任或次要责任时,双方当事人行为的原因力对过失相抵责任的确定起"微调"作用:原因力相等的,依过错比例确定赔偿责任;原因力不等的,依原因力的大小相应调整主要责任或次要责任的责任比例,确定赔偿责任。

案例 8-7

原告赵正幼童。被告尹发惠,女,云南省某县职员,40岁。赵、尹两家居于同一宿舍区,相距不远。某日下午,尹到开水房提开水回家准备给她的孩子洗澡,当提到赵家门口通道与公共通道汇合处,因提不动,遂将两只装满开水的水桶放在该处路上,另去找扁担。这时,赵正从外面玩耍回家,倒退着行至水桶旁,被水桶的耳子剐着毛线裤,跌入开水桶中,致赵正左背部、臀部及双下肢烫伤,面积为28%,深度为Ⅱ—Ⅲ度。最高法院针对该案作出批复认为:"尹发惠因疏忽大意行为致使幼童赵正被烫伤,应当承担侵权民事责任;赵正的父母对赵正监护不周,亦有过失,应适当减轻尹发惠的民事责任。"①

---

① 该司法解释还涉及损益相抵问题。杨立新:《民法判解研究与适用》第1集,中国检察出版社1994年版,第23页以下。

三、双方责任中的公平分担损失责任

（一）公平分担损失责任的概念

公平分担损失责任也叫衡平责任，①是指加害人和受害人都没有过错，在损害事实已经发生的情况下，以公平考虑作为标准，根据实际情况和可能，由双方当事人公平地分担损失的侵权责任形态。《侵权责任法》第24条规定："受害人和行为人对损害的发生都没有过错的，可以根据实际情况，由双方分担损失。"

对于双方对损害的发生均无过错的情形，基于人与人之间的共同生活规则的需要，由法官根据公平的要求，斟酌双方的财产状况和其他情况，确定合情合理的责任分担。我国侵权法确认公平分担损失责任，符合社会利益和人民愿望，既能有效地保护当事人的合法利益，又能及时地解决侵权损害赔偿纠纷，防止事态扩大和矛盾激化，促进安定团结。

（二）公平分担损失责任的适用

1. 适用范围

公平分担损失责任的适用范围，应当限制在当事人双方均无过错，并且不属于过错责任原则、过错推定原则和无过错责任原则调整的那一部分侵权损害赔偿法律关系。超出这个范围的，不能适用《侵权责任法》第24条规定。

> **案例 8-8**
>
> 龚甲、龚乙和李某到五月花公司经营的五月花餐厅就餐，被安排在二楼就座，座位旁是名为"福特"的餐厅包房。"福特"包房的东、南两墙是砖墙，西、北两墙是木板隔墙，龚甲等的座位靠近该房木板隔墙的外侧。18:30时许，"福特"包房内突然发生爆炸，李某和龚甲随即倒下不省人事，龚乙忍着伤痛拖开被炸倒下的包房木板隔墙，立即将龚甲送往医院抢救，李某也被送往医院。龚甲因双肺爆炸伤外伤性窒息，呼吸、循环衰竭，经抢救无效死亡。李某的左上肢神经血管损伤，腹部闭合性损伤，失血性休克，肺挫伤，进行了左上肢截肢手术及脾切除术，伤愈后被评定为二级残疾。龚乙右外耳轻度擦伤，右背部少许擦伤。这次爆炸发生在餐厅服务员为顾客开启"五粮液酒"盒盖时。伪装成酒盒的爆炸物是当时在"福特"包房内就餐的一名医生收受的礼物，已经在家中放置了一段时间。当日晚，该医生将这个"酒盒"带入"福特"包房内就餐，服务员开启该酒瓶时发生爆炸。

在公平分担损失责任的具体适用范围上，有的学者认为是普遍适用的责任，凡是双方当事人对于损害的发生均无过错的，都可以适用；有的学者认为，主要适用《侵权责任法》第32条规定的未成年人和精神病人致人损害以及第33条规定的暂时丧失心智以及第87条建筑物抛掷物、坠落物损害责任等。我们认为第二种理解基本正确，除此之外，只有在特别需要适用该规则时方可适用。

2. 公平考虑的因素

适用公平分担损失责任所公平考虑的因素，《侵权责任法》规定为"根据实际情况"，应当包含以下主要内容：(1)受害人的损害程度。损害程度直接决定着当事人分担损失的必要性。损害程度达到相当的程度，不分担损失则受害人将受到严重的损害，且有悖于民法的公平、正义观念，因而必须对受害人的损失采取分担的方法予以补救。(2)当事人的经济状况。当事人的经济状况是指当事人双方的经济状况，即实际的经济负担能力。应当侧重考虑的是加害人的经济状况，加

---

① 例如在《葡萄牙民法典》和我国《澳门民法典》中，公平分担损失责任就叫衡平责任。

害人的经济负担能力强的可以多赔,负担能力弱的可以少赔。考虑受害人的经济状况是考虑其对财产损失的承受能力,经济承受能力强的可以令加害人少赔,经济承受能力弱的则令加害人多赔。

3. 双方分担责任

适用公平分担损失责任的结果是分担损失,根据损害程度和双方当事人的经济状况,以及其他相关的因素,综合判断:双方当事人的经济状况相似或相近的,可以平均分担;一方情况好而另一方情况差的,可以一方负担大部分另一方负担小部分;如果双方的实际情况相差悬殊的,也可以由一方承担责任。在这样的基础上,再适当考虑社会舆论和同情等因素,作适当调整,使责任的分担更为公平、合理。

第四节 单独责任和共同责任

一、单独责任

(一)单独责任是一人实施的侵权行为的责任形态

侵权单独责任,是指单独一个人作为加害人实施侵权行为,并对其承担损害赔偿等责任方式的侵权责任形态。

单独侵权行为,是指一人单独实施的侵权行为,也就是指加害人一人因自己的过错行为致他人以损害。单独侵权行为是最常见、最普通的侵权行为。

单独侵权行为是相对于多数人侵权行为而言。所谓的单独和多数人,说的是行为人的数量不同,这是这两种侵权行为的基本区别。一个人,包括一个自然人或者一个法人实施的侵权行为,就是单独侵权行为。而多数人侵权行为是二个或者二个以上的行为人实施的侵权行为。

(二)单独责任的承担

构成单独侵权行为,就构成单独责任。单独责任由实施侵权行为的人自己承担,自负其责。

最典型的单独侵权行为是为自己的侵权行为负责,即自己为自己的侵权行为承担责任。这是一般侵权行为的单独责任。

在特殊侵权行为中,为他人实施的行为承担侵权责任的,或者是为自己管领的物件致人损害负责的,只要行为人是单独的个体,亦为单独侵权行为,由单独个体的行为人的责任人承担侵权责任,或者由物件的所有人、占有人等承担侵权责任。在替代责任中,两个以上的行为人的行为造成损害,但是责任人是一人的,仍为单独侵权行为,责任形态为单独责任。例如,未成年的兄弟二人致人以损害,其父母承担侵权替代责任,为单独责任,不构成多数人侵权责任。

二、共同责任

(一)连带责任

共同侵权行为的法律后果,是由共同行为人承担连带责任。侵权连带责任,是指受害人有权向共同侵权人或共同危险行为人中的任何一个人或数个人请求赔偿全部损失,而任何一个共同侵权人或共同危险行为人都有义务向受害人负全部的赔偿责任;共同加害人中的一人或数人已全部赔偿了受害人的损失,则免除其他共同加害人向受害人应负的赔偿责任。《侵权责任法》第13条和第14条规定:"法律规定承担连带责任的,被侵权人有权请求部分或者全部连带责任人承担责任。""连带责任人根据各自责任大小确定相应的赔偿数额;难以确定责任大小的,平均承担赔偿责任。""支付超出自己赔偿数额的连带责任人,有权向其他连带责任人追偿。"

侵权责任法设置连带责任的目的,是加重行为人的责任,使受害人处于优越的地位,保障其赔偿权利的实现。例如,共同侵权人的数个行为形成一个统一的、不可分割的整体,各个行为人的行为都构成损害发生的原因,因而各行为人均应对损害结果负连带责任。确认这种连带责任,使受害人的损害赔偿请求权简便易行,举证负担较轻,请求权的实现有充分的保障,受害人不必由于共同侵权人中的一人或数人难以确定,或由于共同侵权人中的一人或数人没有足够的财产赔偿,而妨碍其应获得的全部赔偿数额。

关于连带责任的适用范围,《侵权责任法》共规定了以下八种连带责任。

(1) 共同侵权行为的连带责任。《侵权责任法》第8条规定,二人以上共同实施侵权行为,造成他人损害的,应当承担连带责任。

(2) 教唆、帮助人的连带责任。《侵权责任法》第9条规定,教唆、帮助他人实施侵权行为的,应当与行为人承担连带责任。

(3) 共同危险行为的连带责任。《侵权责任法》第10条规定,二人以上实施危及他人人身、财产安全的行为,其中一人或者数人的行为造成他人损害,能够确定具体侵权人的,由侵权人承担侵权责任;不能确定具体侵权人的,行为人承担连带责任。

(4) 网络服务提供者经通知而未采取必要措施的连带责任。《侵权责任法》第36条第2款规定,网络用户利用网络服务实施侵权行为的,被侵权人有权通知网络服务提供者采取删除、屏蔽、断开链接等必要措施。网络服务提供者接到通知后未及时采取必要措施的,对损害扩大部分与该网络用户承担连带责任。

(5) 网络服务提供者明知侵权内容未采取必要措施的连带责任。《侵权责任法》第36条第3款规定,网络服务提供者知道网络用户利用其网络服务侵害他人民事权益,未采取必要措施的,与该网络用户承担连带责任。

(6) 非法买卖拼装或者报废机动车的连带责任。《侵权责任法》第51条规定,以买卖等方式转让拼装或者已达到报废标准的机动车,发生交通事故造成损害的,由转让人和受让人承担连带责任。

(7) 遗失、抛弃高度危险物的连带责任。《侵权责任法》第74条规定,遗失、抛弃高度危险物造成他人损害的,由所有人承担侵权责任。所有人将高度危险物交由他人管理的,由管理人承担侵权责任;所有人有过错的,与管理人承担连带责任。

(8) 非法占有高度危险物的连带责任。《侵权责任法》第75条规定,非法占有高度危险物造成他人损害的,由非法占有人承担侵权责任。所有人、管理人不能证明对防止他人非法占有尽到高度注意义务的,与非法占有人承担连带责任。

(二) 按份责任

按份责任,是指典型的分别侵权行为所承担的责任后果。它是指无过错联系的数人实施的行为结合在一起,造成了一个共同的损害结果,每个人按照自己的过错和原因力,按份承担责任的侵权责任形态。典型的分别侵权行为,由数个行为人承担按份责任。《侵权责任法》第12条规定:"二人以上分别实施侵权行为造成同一损害,能够确定责任大小的,各自承担相应的责任;难以确定责任大小的,平均承担赔偿责任。"

(三) 不真正连带责任

侵权法上的不真正连带责任,是指多数行为人违反法定义务,对一个受害人实施加害行为,或者不同的行为人的基于不同的行为而致使受害人的权利受到损害,各个行为人产生的同一内容的侵权责任,各负全部赔偿责任,并因行为人之一的履行而使全体责任人的责任归于消灭的侵权责任形态。

不真正连带责任适用于竞合侵权行为。由于竞合侵权行为分为提供条件的竞合侵权行为、提供条件＋政策考量的竞合侵权行为、提供机会的竞合侵权行为和提供平台的竞合侵权行为四种类型,因而不真正连带责任也分为四种类型:(1)典型的不真正连带责任;(2)先付责任;(3)相应的补充责任;(4)附条件的不真正连带责任。[①]

本 章 小 结

侵权责任形态,是指侵权法律关系当事人承担侵权责任的不同表现形式,即侵权责任由侵权法律关系中的不同当事人按照侵权责任承担的基本规则承担责任的基本形式。侵权责任形态的体系由侵权责任形态的三种类型组成:自己责任形态和替代责任形态;单方责任形态和双方责任形态;单独责任形态和共同责任形态。

自己责任是违法行为人对由于自己的过错造成的他人人身损害和财产损害由自己承担的侵权责任形态。承担自己责任的基础行为是一般侵权行为。替代责任,是责任人为他人的行为和为人之行为以外的自己管领下的物件所致损害承担责任的侵权责任形态。承担替代责任的基础行为基本上是特殊侵权行为,也就是适用过错推定原则和无过错责任原则归责的侵权行为,分为对人的替代责任和对物的替代责任。

单方责任,是由一方当事人承担侵权责任的侵权责任形态,只有一方当事人承担侵权责任,而另一方当事人不承担侵权责任。单方责任有两种形式:一是加害人责任;二是受害人责任。双方责任是双方当事人都有责任,侵权责任在双方当事人之间进行分担的侵权责任形态。它分为两种:一是过失相抵;二是公平分担损失责任。双方责任形态的基本形式就是分担责任。

单独责任是指单独一个人作为加害人实施侵权行为,并对其承担损害赔偿等责任方式的侵权责任形态。共同责任中又存在四种不同的责任形态,这就是连带责任、按份责任、不真正连带责任和补充责任。

【关键术语】

侵权责任形态 一般侵权责任 自己责任 特殊侵权责任 替代责任 单方责任 加害人责任 受害人责任 双方责任 过失相抵 过错比较 原因力比较 公平责任 单独侵权行为 单独责任 共同责任 连带责任 按份责任 不真正连带责任

【思考题】

1. 侵权责任形态的概念应当怎样理解?体系是什么?
2. 简述一般侵权行为与自己责任的关系。
3. 试论特殊侵权行为的特殊性及其本质特征。
4. 替代责任的基本规则是什么?
5. 受害人过错和受害人责任的基本规则是什么?
6. 什么是与有过失?过失相抵的基本规则是什么?
7. 公平分担损失责任作为一种侵权责任形态,应当包括哪些基本规则?
8. 怎样理解共同责任的体系?共同责任由哪些责任形态构成?

[①] 四种不真正连带责任类型的详细介绍,在本书下一章竞合侵权行为与不真正连带责任一节中予以说明。

第九章　多数人侵权行为与责任

本章要点

多数人侵权行为与责任是侵权责任法的重要部分,涉及多数侵权人在实施侵权行为后的责任分担问题,我国侵权法规定了丰富的内容。本书将多数人侵权行为分为共同侵权行为、分别侵权行为(包括典型的分别侵权行为、叠加的分别侵权行为和半叠加的分别侵权行为)以及竞合侵权行为(包括提供条件的竞合侵权行为、提供条件＋政策考量的竞合侵权行为、提供机会的竞合侵权行为和提供平台的竞合侵权行为);多数人侵权责任则相应分为连带责任(包括部分连带责任)、按份责任、不真正连带责任(包括典型的不真正连带责任、先付责任、相应的补充责任和附条件不真正连带责任)。这些多数人侵权行为与责任构成了严密的理论和逻辑体系。

第一节　多数人侵权行为及责任的概念与体系

一、多数人侵权行为与责任的概念及意义

(一)多数人侵权行为与责任的概念界定

多数人侵权行为及责任是两个概念,一是多数人侵权行为,二是多数人侵权责任。把它们放在一起研究和表述是为了方便,在界定这两个概念时应当分别进行。

多数人侵权行为是由数个行为人实施,造成同一个损害后果,各侵权人对同一损害后果承担不同形态的责任的侵权行为。

多数人侵权责任则是指数个行为人实施的行为,造成了同一个损害后果,数人对该同一损害后果按照行为的不同类型所承担的不同形态的侵权责任。

(二)研究多数人侵权行为与责任的理论意义

进入21世纪以来,侵权法理论研究有两个热点:一是重视受害人是多数人的侵权案件,形成了大规模侵权的理论与实践的研究热点;①二是重视侵权人是多数人的侵权案件,形成了多数人侵权行为及责任的理论和实践的研究热点。对大规模侵权行为研究的目的,着重于解决对为数众多的受害人的救济问题。对多数人侵权行为及责任的研究目的,则是关注侵权责任在多数侵权人之间的分担。前者重视的是救济的及时、有效,后者注重的是责任分担的科学、公平。当代侵权法对这两个热点问题的理论研究越来越成熟,标志着当代侵权法理论研究的发展水平。

在上述两个侵权法研究的热点中,多数人侵权行为与责任的研究更具侵权法本身的理论意义。这是因为,多数人侵权行为与责任关系到为数众多的侵权行为人,对于造成的损害,应当在数个行为人中怎样公平、科学、合理地进行侵权责任分配,显然更具复杂性和科学性。同时,我国

---

① 见张新宝、葛维宝主编:《大规模侵权法律对策研究》,法律出版社2011年版。

立法者更重视发挥侵权责任的调整功能,制裁民事违法,保护民事权益,为此制定了复杂的多数人侵权责任形态,使其更具复杂性,更需要进行科学地研究和整理,以期发挥立法的调整作用。因此,研究多数人侵权行为与责任就更具理论和实践意义。

二、多数人侵权行为的类型

(一)传统侵权法对多数人侵权行为类型的分类

在传统的侵权法理论中,对多数人侵权行为的类型有不同见解。有的学者认为多数人侵权行为包括共同侵权行为和分别侵权行为;有的学者认为,多数人侵权行为包括共同侵权行为和竞合侵权行为;有的学者认为多数人侵权行为包括数人对同一损害后果承担连带的侵权责任、数人对同一损害后果承担按份的侵权责任以及在数个责任主体中,部分责任主体承担全部赔偿责任部分责任主体承担补充的侵权责任三种类型。

传统侵权法理论对多数人侵权行为类型的理解和整理还是不完全、不完整的,没有准确概括出多数人侵权行为的类型。特别是在《侵权责任法》《消费者权益保护法》《食品安全法》《广告法》以及有关司法解释中出现的关于多数人侵权行为的不同规定,展现了多数人侵权行为与责任的多样化、复杂化。仅仅局限于传统的侵权法理论对多数人侵权行为类型的概括,无法全面展示多数人侵权行为的类型。对此,必须予以改进。

(二)对多数人侵权行为类型体系新的概括

1. 共同侵权行为

共同侵权行为当然是多数人侵权行为,是多数人侵权行为中最典型的类型,也是最重要的类型。

2. 分别侵权行为

无过错联系的共同加害行为这个概念比较冗长,不够精练。从《侵权责任法》第11条和第12条的规定中,提炼出"分别"的概念,就把它叫做分别侵权行为,表述的就是无过错联系的共同加害行为。这个概念比较简洁,且非常贴切,与《侵权责任法》第11条和第12条的规定相一致。

3. 竞合侵权行为

在传统的侵权法中,与不真正连带责任相对应的侵权行为形态没有被概括出来,曾经有人使用过原因竞合的概念,①也有使用竞合侵权行为的概念。借鉴日本学者潮见佳男教授的意见,②对此使用竞合侵权行为的概念,对应的责任后果是不真正连带责任。

三、多数人侵权行为形态与多数人侵权责任形态的对接

(一)目前多数人侵权行为与责任对接体系的残缺

多数人侵权行为形态所对应的是多数人侵权责任形态。

在以往的侵权法中,多数人侵权行为形态与多数人侵权责任形态在对应关系中出现了欠缺,有的对应不起来。诸如:共同侵权行为的侵权行为形态对应的是连带责任形态;分别侵权行为(无过错联系的共同加害行为)形态对应的是按份责任形态;而在立法和司法中大量使用的不真正连带责任的侵权责任形态,没有一个能够直接与其对应的侵权行为形态。具体表现为:

    共同侵权行为 ——→ 连带责任;
    分别侵权行为 ——→ 按份责任或者连带责任;
      ?   ——→ 不真正连带责任。

---

① 侯国跃:《中国侵权法立法建议稿及理由》,法律出版社2009年版,第50页。
② [日]潮见佳男:《不法行为法Ⅱ》,信山社出版株式会社2011年日文第二版,第196—197页。贡献度的概念与我国侵权法的原因力概念相同。

在这个多数人侵权行为的体系中,残缺部分显而易见。

(二) 多数人侵权行为与责任的完整体系

经过长期研究,认为用竞合侵权行为的概念能够填补这一理论残缺,使竞合侵权行为对应不真正连带责任,因而与其他多数人侵权行为与责任一起,构成多数人侵权行为与责任的完整理论体系。

本书提出的多数人侵权行为形态与多数人侵权责任形态的对接关系体系如下:

共同侵权行为 ⟶ 连带责任;

分别侵权行为 ⟶ 按份责任或者连带责任;

竞合侵权行为 ⟶ 不真正连带责任。

这样的侵权行为形态和侵权责任形态的对接体系,构成了完整的多数人侵权行为及责任的理论体系,也是多数人侵权行为及责任理论的最新发展。

第二节 共同侵权行为与连带责任

一、共同侵权行为

(一) 共同侵权行为的概念

《民法通则》第 8 条规定:"二人以上共同实施侵权行为,造成他人损害的,应当承担连带责任。"这一条文规定的就是共同侵权行为。

共同侵权行为,是指数人基于主观的或者客观的关联共同,实施侵权行为,造成他人人身、财产的损害,应当承担连带责任的多数人侵权行为。

共同侵权行为概念有广义、狭义之分。广义的共同侵权行为除包括典型的共同侵权行为之外,还包括共同危险行为、合伙致人损害等非典型的共同侵权行为。狭义的共同侵权行为仅指典型的共同侵权行为,只是广义共同侵权行为中的一种类型。

(二) 共同侵权行为的法律特征

1. 共同侵权行为的主体须为多个人

共同侵权行为的主体即共同加害人须由二人或二人以上构成,单个的侵权人无论实施何种行为,都不能构成共同侵权行为。这是共同侵权行为的量的规定性。共同加害人可以是自然人,也可以是法人。

2. 共同侵权行为的行为人之间具有主观的意思联络或者客观的关联共同

构成共同侵权行为,数个行为人须具有关联共同。关联共同分为主观的共同关联性与客观的共同关联性。主观的共同关联性是指数人对于违法行为有通谋或共同认识,对于各行为所致损害均应负连带责任。客观的共同关联性,指数人所为违法行为导致同一损害的,纵然行为人相互间无意思联络,仍应构成共同侵权行为。这种类型的共同侵权行为,其共同关联性乃在于数人所为不法侵害他人权利的行为,在客观上为被害人所受损害的共同原因。①

3. 数个共同加害人的共同行为所致损害为同一且不可分割

共同加害人的行为是相互联系的共同行为,其行为无论是否有分工,都造成一个同一的损害结果,而不是把每个加害人的独立行为所引起的后果机械相加。如果没有共同的损害结果,则不

---

① 孙森焱:《新版民法债编总论(上册)》,台湾地区三民书局 2004 年版,第 276—278 页。

构成共同侵权行为。

4. 数个行为人的行为与损害结果之间具有因果关系

在共同侵权行为中,各个行为人的行为尽管对共同的损害结果发生的原因力不会相同,但必须都与损害结果之间存在因果关系,行为具有原因力。

(三) 共同侵权行为的立法基础

共同侵权行为的立法基础主要有以下两点。

1. 置民事权益受损害的人以更为优越的法律地位

现代民法以权利为本位,民法所要保护的,就是民事主体的民事权利及其他法益。侵权法的立法基点,就是以损害赔偿为主要手段,救济受到损害的民事权利,从更广阔的范围来说,就是消除社会危险因素,保障民事主体权益不受侵害。数人共同侵害他人权利,无论是从加害人的数量上还是侵权行为的危害上,社会危险因素显然超过一般的侵权行为,给受害人的损害更为严重。法律确定所有参加共同侵权行为之人,无论是实行行为人,还是教唆人、帮助人,以及共同危险行为人,均须对受害人承担连带责任,因而使受害人处于优越地位,其损害赔偿请求权无论在何种情况下,只要能够找到一个共同加害人,或者还有一个共同加害人有赔偿能力,就能够保障实现,避免了共同加害人各负其责,当若干共同加害人无力赔偿时,而使受害人的赔偿请求权不能完全实现的弊病。这是确立共同侵权行为制度的立法主旨。

2. 加重共同侵权人的责任,惩戒民事违法,减少社会危险因素

在一般情况下,行为人只对自己的行为负责,对于不是自己的行为,无论造成什么样的损害后果,也不负责任。除此之外,责任与行为要相适应,"罚不当罪",不能达到恰当的制裁效果。但是,在共同侵权行为中,让共同加害人承担连带责任,对外部而言,这是一个完整的责任,无论某一个共同加害人的行为对结果发生多大的原因力,都不能只承担自己应承担的那一份责任,而是要承担全部责任;加害人也不仅仅只能向全体加害人要求赔偿,也可以向任何一个共同加害人请求赔偿,这个人或这些人就应当承担全部赔偿责任。共同侵权行为的这些规则,都是为了加重共同侵权人的责任,不仅能够实现受害人的一般权利保障的目的,而且更从一般预防的角度,能惩戒民事违法行为,警戒社会,教育群众,最大限度地减少和预防社会危险因素,使民事主体的权利在普遍意义上得到保障。

(四) 共同侵权行为的本质

共同侵权行为的本质究竟是什么,历来有不同的主张。一是意思联络说,认为共同加害人之间必须有意思联络即共同故意始能构成。二是共同过错说,认为共同侵权行为的本质特征在于数个行为人对损害结果具有共同过错,既包括共同故意,也包括共同过失。① 三是共同行为说,认为共同行为是共同加害人承担连带责任的基础,共同加害结果的发生,总是同共同加害行为紧密联系,不可分割。② 四是关联共同说,认为共同侵权行为以各个侵权行为所引起的结果,有客观的关联共同为已足,各行为人间不必有意思联络。③ 上述各种主张,可分为两种基本观点。前两种观点认为共同侵权行为的本质在于主观方面,后两种观点认为共同侵权行为的本质为客观方面。

我国侵权法学说对共同侵权行为的本质,长期坚持的是主观立场。最早的民法教科书即《中华人民共和国民法基本问题》就是如此,它认为共同侵权行为的构成需要数人具有共同的意思联

---

① 王利明、杨立新等:《民法·侵权责任法》,中国人民大学出版社1993年版,第354页;杨立新:《侵权损害赔偿》,吉林人民出版社1990年版,第135—137页。
② 邓大榜:《共同侵权人的民事责任初探》,《法学季刊》1982年第3期。
③ 欧阳宇经:《民法债编通则实用》,台湾地区汉林出版社1978年版,第78页。

络。① 在改革开放之后最早的民法教科书《民法原理》中，认为几个行为人之间在主观上有共同致害的意思联络，或者有共同过失，即具有共同过错。② 近年来，有些学者采取扩大连带责任适用范围的立场，把共同侵权行为分为意思联络的共同侵权行为和非意思联络的共同侵权行为。构成共同侵权，数个侵权人均需要有过错，或者为故意或者为过失，但是无须共同的故意或者意思上的联络；各个侵权人过错的具体内容是相同的或者相似即可。③

共同侵权行为的本质特征应当从主观标准向客观标准适当过渡，可以借鉴共同侵权行为的本质特征为关联共同的立场，将共同侵权行为分为主观的关联共同和客观的关联共同。其依据是，数人共同不法侵害他人权利，对于被害人所受损害，所以应负连带责任，系因数人的侵权行为具有共同关联性。所谓共同关联性即数人的行为共同构成违法行为的原因或条件，因而发生同一损害。

（五）共同侵权行为的类型

1. 主观的共同侵权行为

主观的共同侵权行为就是数人有意思联络的主观的共同侵权行为，是指数人基于共同故意产生的共同侵害他人权利造成损害的行为，其加害人包括实行人、教唆人和帮助人。

主观的共同侵权行为的条件是：(1)行为人为二人以上；(2)行为人具有共同故意；(3)行为的共同性，可能有分工的不同，但每一个人的行为都是共同侵权行为的组成部分；(4)造成同一个损害结果，是共同侵权人共同造成的损害后果，均具有因果关系。

2. 客观的共同侵权行为

客观的共同侵权行为是客观的关联共同，是指数人虽然没有共同的意思联络，但是数个行为人实施的行为是损害发生的共同原因，造成同一损害结果，且该损害结果不可分割的共同侵权行为。这种侵权行为虽然不具有主观上的共同故意的特征，但由于其行为人之间行为的相互结合的关联性，并且造成了同一个不可分割的损害结果，而形成了一个侵权行为，行为人应当承担连带责任。

客观的共同侵权行为的条件是：(1)行为人的共同性，即侵权人应为二人以上；(2)过失的共同性，即数人均具有过失，至于是否成立共同过失，则不论；(3)结果的共同性，即数人的行为已经造成了同一个损害结果，且为不可分；(4)原因的共同性，即数人的行为对于损害的发生均为不可缺的原因，并且须这些行为结合为一体，才能够造成同一的损害结果，缺少任何一个行为，都不能造成这种结果；如果缺少某个行为仍然会造成这个损害，则不构成共同侵权行为。

（六）共同加害人

共同加害人是共同侵权行为的行为主体，是基于主观的关联共同或者客观的关联共同实施加害行为，造成他人损害的数个行为人。作为共同侵权行为的行为主体，共同加害人应当是二人或者二人以上，不能由单个人构成。共同加害人既可以是自然人，也可以是法人，也可以是自然人和法人。

在简单的主观共同侵权行为中，各个共同加害人都是实行人，各个共同加害人都实施了致害他人的行为。在共同故意的形式下，各个共同加害人之间可能有分工的不同，在共同侵权行为中担负不同的角色，完成不同的任务，但他们的行为都是直接的共同侵权行为，因而都是实行人。在共同过失的形式下，其共同加害人只能是实行人，不可能有分工的不同或分担任务的不同。

① 中央政法干部学校民法教研室编著：《中华人民共和国民法基本问题》，法律出版社1958年版，第330页。
② 佟柔主编：《民法原理》，法律出版社1983年版，第227页。
③ 张新宝：《侵权责任法原理》，中国人民大学出版社2005年版，第81页。

在复杂的主观共同侵权行为中,共同加害人分为实行人、教唆人和帮助人。实行人是实施具体致人损害行为的人。教唆人是造意者,是共同侵权行为的造意者,在共同侵权行为的共同故意中起策划、主使、教唆的作用。在他的主观意志支配下,实行人具体实施侵权行为,实现教唆人的造意。帮助人是对实行人予以帮助,使侵权行为得以实施的人,如提供损害工具,帮助创造侵权条件等。

教唆人和帮助人只能存在于以共同故意作为共同过错的共同侵权行为之中,其在主观上必须与实行人有共同的意思联络。在教唆行为中,教唆人与实行人的主观故意容易判断,双方有一致的意思表示,即可确认,其表示形式明示、默示均可。在帮助行为中,实行人与帮助人的共同故意应当证明。教唆人与帮助人均须未直接参与实施具体的侵害行为,只是由于他们与实行人之间的共同意思联络,使他们的行为形成了共同的、不可分割的整体。教唆人与帮助人直接参与实施侵权行为,则为实行人。

> **案例 9-1**
> 某甲与某丁有仇,遂指使其弟某乙和某丙借某丁孤单一人之时,将其打伤,损失医药费等4 000余元。某丁向法院起诉,请求某甲、某乙和某丙共同承担侵权连带责任。某甲抗辩称其没有参加侵权行为。法院认定某甲是教唆人,应当承担连带责任,故判决三被告承担侵权连带责任。

共同加害人均应承担连带责任。在这一前提下,各个共同加害人对自身的过错和原因力承担相应的份额。教唆人和帮助人在确定内部责任份额时,不以其身份的不同确定责任份额的多少,同样以过错程度和行为的原因力予以确定。

二、共同危险行为

(一)共同危险行为的概念

共同危险行为又称为准共同侵权行为,是指二人或二人以上共同实施有侵害他人权利危险的行为,并且已造成损害结果,但不能判明其中谁是加害人的多数人侵权行为。《侵权责任法》第10条规定:"二人以上实施危及他人人身、财产安全的行为,其中一人或者数人的行为造成他人损害,能够确定具体侵权人的,由侵权人承担责任;不能确定具体侵权人的,行为人承担连带责任。"这一规定确定了共同危险行为的侵权行为类型和基本规则。

数人均有加害行为而致损害,如果这一损害的发生是由于全体行为人的行为所致,这是共同侵权行为;如果这一损害的发生是由其中一人或一部分人的行为所致,而且已经判明谁是加害人,这是一般的侵权行为或者共同侵权行为,已经判明与损害没有因果关系的行为人不负侵权责任;如果损害事实已经发生,并可判明损害确系数人的危险行为所致,但不能判明确为何人所致,这就是共同危险行为。

(二)共同危险行为的法律特征

1. 行为为数人实施

共同危险行为的行为主体必须是二人或二人以上,这是共同危险行为成立的基本条件之一。一个人实施的行为即使造成他人损害,也只是一般侵权行为,不是共同危险行为。

2. 行为的性质具有危险性

共同危险行为的危险性,指的是侵害他人人身权利、财产权利的可能性,从主观上,行为人没有致人损害的故意,既没有共同故意,也没有单独故意,只存在疏于注意义务的共同过失;从客观上,数人实施的行为有致人损害的现实可能性,这种致害他人的可能性可以从行为本身、周围环境以及行为人对致害可能性的控制条件上加以判断;此外,这一行为没有人为的侵害方向,共同危险行为不针对任何特定的人。

3. 具有危险性的共同行为是致人损害的原因

在共同危险行为中,共同危险行为的危险性虽然是一种可能性,但就行为造成的损害而言,这种危险性已经转化为现实的、客观的损害结果,具有危险性的共同行为与损害事实之间具有客观的因果关系。共同危险行为与损害结果没有因果关系的,不构成共同危险行为。

4. 损害结果不是共同危险行为人全体所致但不能确定具体加害人

在共同危险行为中,损害结果的发生不是全体共同危险行为人的行为所致,但在全体共同危险行为人之中又不能判明究竟谁是真正的加害人。只有损害结果不是全体共同危险行为人所致,又不能判明具体侵权人,才能构成共同危险行为。

(三) 共同危险行为人

共同危险行为人是共同危险行为的行为主体,是实施共同危险行为并造成他人损害的数个行为人。

共同危险行为人一般由自然人构成。数个自然人实施共同危险行为,该数个自然人构成共同危险行为主体。在某些情况下,共同危险行为人也可以由法人构成。

共同危险行为人是一个整体,不可分离。这是共同危险行为人与共同加害人之间的明显区别之一。共同加害人可以分为实行人、教唆人和帮助人,即使是实行人,也可以有不同的分工。共同危险行为人没有实行人、教唆人和帮助人的区别,在实施共同危险行为时,一般也没有行为轻重的区别。共同危险行为人的不可分离性,产生于共同危险行为人的共同过失。在共同危险行为中,把行为人联结在一起的是共同过失。共同危险行为的共同过失,表现为数个行为人共同地疏于对他人权利保护的注意义务。它表现为,共同危险行为人共同实施具有危险性的行为时,应当注意避免致人损害,但由于疏忽或懈怠而违反了这种注意义务。这种过失存在于每一个共同危险行为人的观念之中,成为造成损害的主观因素。共同危险行为人参与这种具有危险性行为的本身,就证明他们具有这种疏于注意的共同过失。这种共同过失把共同危险行为人联结成为一个共同的、不可分割的整体,成为一个共同的行为主体。正是由于共同危险行为人的整体性,才对确定共同危险行为责任具有决定性的意义。

(四) 共同危险行为与共同侵权行为一样须承担连带责任

共同危险行为与共同侵权行为一样,须承担连带责任。但是,在责任份额的确定上,却有所不同。共同侵权人的个人责任份额,可以按照各自的过错程度和行为的原因力予以确定,因而共同加害人实际分担的责任份额并不平均。由于共同危险行为人在实施共同危险行为中,致人损害的概率相等,过失相当,而且由于共同危险行为的责任的不可分割性,所以在共同危险行为人的最终责任划分上一般是平均分担的,各人以相等的份额对损害结果负责,在等额的基础上实行连带责任。只有在"市场份额"规则下,可以采用不同等的责任份额确定各个共同危险行为人的责任份额。①

案例 9-2

原告马某某、张某某系夫妻,他们与被告傅某某、曹某、吴某(均系无民事行为能力人)同住同幢高层住宅楼。某日下午 5 时许,吴某与曹某、傅某某一起在该楼 15 层电梯走道间玩耍,各拿一只酒瓶,分别从电梯走道间北面破损的玻璃窗空洞中往下投,恰逢原告马某某怀抱 2 周岁

① 这种例外情况,请见《侵权责任法》第 67 条规定。

的儿子马某从该楼房的底层大门往外走,其中一只酒瓶砸在马某的头上,致马某当场受重伤昏迷,经医院抢救无效于2月24日凌晨死亡,造成医药费等损失。原告向法院起诉,要求3名行为人的法定代理人赔偿医药费等损失和精神损害。法院认定本案的性质是共同危险行为,按照共同侵权行为的法律规定适用法律,判决三个行为人的法定代理人承担连带赔偿责任,各自的责任份额为33.3%。

三、连带责任

（一）连带责任的概念

共同侵权行为的法律后果,是由共同行为人承担连带责任。这种侵权连带责任,是指受害人有权向共同侵权人或共同危险行为人中的任何一个人或数个人请求赔偿全部损失,而任何一个共同侵权人或共同危险行为人都有义务向受害人负全部的赔偿责任;共同加害人中的一人或数人已全部赔偿了受害人的损失,则免除其他共同加害人向受害人应负的赔偿责任。《侵权责任法》第13条和第14条规定:"法律规定承担连带责任的,被侵权人有权请求部分或者全部连带责任人承担责任。""连带责任人根据各自责任大小确定相应的赔偿数额;难以确定责任大小的,平均承担赔偿责任。""支付超出自己赔偿数额的连带责任人,有权向其他连带责任人追偿。"这里规定的,就是共同侵权行为的连带责任规则。

确定共同侵权行为和共同危险行为连带责任的目的,是加重行为人的责任,使受害人处于优越的地位,保障其赔偿权利的实现。共同侵权人与共同危险行为人承担连带责任的根据在于数人均具有关联共同或者共同过失,因此使数人的行为形成为一个统一的、不可分割的整体,各个行为人的行为都构成损害发生的原因,故各行为人均应对损害结果负连带责任。确认这种连带责任,使受害人的损害赔偿请求权简便易行,举证负担较轻,请求权的实现有充分的保障,受害人不必由于共同行为人中的一人或数人难以确定,或因为共同行为人中的一人或数人没有足够的财产赔偿,而妨碍其应获得的全部赔偿数额。

（二）连带责任的法律特征

1. 共同侵权连带责任是对受害人的整体责任

共同侵权人的各个行为人都对受害人负连带责任,意味着他们都有义务向受害人负全部赔偿责任。无论各行为人在实施共同侵权行为、共同危险行为中所起的作用和过错如何不同,都不影响连带责任的整体性,对外每个行为人都对受害人的赔偿请求承担全部责任。

2. 受害人有权请求共同侵权人或共同危险行为人中的任何一个人承担连带责任

正因为共同侵权连带责任是对受害人的整体责任,因此,受害人有权在共同侵权行为人或者共同危险行为人中选择责任主体,既可以请求共同行为人中的一人或数人赔偿其损失,也可以请求全体共同行为人赔偿其损失。

3. 共同侵权连带责任的各行为人内部分有责任份额

共同加害人和共同危险行为人对外承担整体责任,不分份额;对内,应依其过错程度和行为的原因力不同,对自己的责任份额负责。各行为人各自承担自己的责任份额,是连带责任的最终归属,一方面,在确定全体共同行为人的连带责任时,须确定各自的责任份额,对外连带负责;另一方面,当部分共同行为人承担了超出了自己责任份额以外的责任后,有权向没有承担应承担的责任份额的其他共同行为人求偿。

4. 连带责任是法定责任不得改变

共同侵权连带责任是法定责任,不因共同行为人内部责任份额或内部约定而改变其连带责任性质。在共同侵权人的连带责任中,共同行为人内部基于共同协议免除或减轻某个或某些行为人的责任,对受害人不产生效力,不影响连带责任的适用,只对其内部发生约束力。

(三)连带责任的适用范围

关于连带责任的适用范围,很多人认为连带责任是共同侵权行为的法律后果,因此,只有共同侵权行为才承担连带责任。《侵权责任法》明确指出,并不是只有共同侵权行为才承担连带责任,除了共同侵权责任之外,法律规定应当承担连带责任的也应当承担连带责任。由于连带责任是较重的共同责任,因此,只有法律明确规定适用连带责任的,才能够适用连带责任。《侵权责任法》规定了八种连带责任,此外,其他法律以及最高人民法院的司法解释中也规定了适用连带责任的具体情形,应当依照这些规定确定行为人承担连带责任。

(四)连带责任体系及其承担规则

连带责任的新发展,是在连带责任中出现了单向连带责任和部分连带责任。单向连带责任也叫做混合责任,是在连带责任中,有的责任人承担连带责任,有的责任人承担按份责任,是连带责任与按份责任混合在一起的连带责任形态。部分连带责任,是在一个损害中,有的部分由连带责任人连带承担,有的部分由非连带责任人单独承担的多数人侵权责任形态。

连带责任的规则分为以下三种不同形式。

1. 典型的连带责任

典型的连带责任的规则就是《侵权责任法》第13条和第14条规定的规则。

(1)中间责任。《侵权责任法》第13条规定的是中间责任规则:"法律规定承担连带责任的,被侵权人有权请求部分或者全部连带责任人承担责任。"任何一个连带责任人都有义务满足赔偿权利人的全部赔偿请求。

(2)最终责任。《侵权责任法》第14条第1款规定的是最终责任规则:"连带责任人根据各自责任大小确定相应的赔偿数额;难以确定责任大小的,平均承担赔偿责任。"连带责任的最终责任须分为不同的份额,按照连带责任人的过错程度和行为原因力的大小,分配给每一个连带责任人。

(3)承担了中间责任的连带责任人向最终责任人的追偿权。《侵权责任法》第14条第2款规定的是追偿规则:"支付超过自己赔偿数额的连带责任人,有权向其他连带责任人追偿。"通过中间责任人行使追偿权,实现最终责任的承担。

2. 单向连带责任

《侵权责任法》规定了两个特殊的连带责任规则,即第9条第2款和第49条。这种责任实际上也是连带责任,但其特殊性是,在连带责任中,有的责任人承担连带责任,有的责任人承担按份责任,因此形成了连带责任的这样一个特殊类型。在《侵权责任法》第9条第2款规定的教唆帮助无民事行为能力人或者限制民事行为实施侵权行为的侵权案件中,教唆人和帮助人承担的是"侵权责任",有过错的监护人承担的是"相应的责任",这就是在该连带责任中,有的责任人承担连带责任,有的责任人承担按份责任,构成单向连带责任。同样,《侵权责任法》第49条规定的租车、借车的损害赔偿责任,租车人或者借车人(即机动车使用人)承担的侵权责任是连带责任,机动车所有人如果有过错,承担的"相应的责任"即按份责任,构成单向连带责任。

大陆法系侵权法没有单向连带责任形态,美国侵权法连带责任中的混合责任就是单向连带责任。美国《侵权法重述(第三次)·责任分担编》第11节(单独责任的效力)规定:"当依据适用法律,某人对一受害人的不可分伤害承担单独责任时,该受害人仅可以获得该负单独责任者在该受害人应得赔偿中所占的比较责任份额。"并且把这种责任形态叫做混合责任。① 这就是在数人侵权的连带责任中,有的责任人承担连带责任,有的责任人承担单独责任(即按份责任),承担单独责任的单独责任人只承担受害人应得赔偿中的自己的份额,就是按份责任。这就是单向连带责任。②

单向连带责任的规则如下。

(1) 单向连带责任人中的连带责任人承担中间责任。单向连带责任中的连带责任人就全部赔偿责任承担责任。如果被侵权人起诉其承担全部责任,连带责任人有义务承担全部赔偿责任,其中不属于他的份额的部分,为中间责任。

(2) 单向连带责任中的按份责任人只承担按照份额确定的最终责任,不承担中间责任。如果被侵权人起诉按份责任人承担中间责任,按份责任人可以《侵权责任法》第9条第2款和第49条规定其承担"相应的责任"而予以抗辩,法官应当予以支持。

(3) 承担了中间责任的连带责任人有权向按份责任人进行追偿。单向连带责任中的连带责任人承担了超出自己责任份额之外的中间责任的,有权向没有承担最终责任的责任人包括连带责任人和按份责任人进行追偿,实现最终责任的分担。

3. 部分连带责任

部分连带责任是指在多数人侵权行为中,对于一个完整的损害,有的部分由全体行为人承担连带责任,有的部分由单独行为人承担单独责任的侵权连带责任形态。

部分连带责任的特征:(1)承担部分连带责任的侵权行为形态,是多数人侵权行为,而不是单独侵权行为;(2)多数人侵权行为所造成的同一个完整的损害分成两个部分,一部分要承担连带责任,一部分要承担单独责任;(3)对于应当承担连带责任的部分应当由全体连带责任人承担,对于应当单独承担赔偿责任的部分应当由承担单独责任的行为人单独承担。正因为如此,部分连带责任与典型的连带责任的规则是不同的。

我国《侵权责任法》规定了两种类型的部分连带责任。

(1) 扩大部分的连带责任。《侵权责任法》第36条第2款规定的是部分连带责任,即对于造成的网络损害事实,被侵权人行使通知权之前的损害由侵权的网络用户承担单独责任,对于被侵权人行使通知权利之后的损害由网络用户和网络服务提供者共同承担连带责任。

(2) 半叠加的分别侵权行为的连带责任。在半叠加的分别侵权行为中,对于原因力重合部分的损害由全体分别侵权行为人承担连带责任,对于原因力不重合部分的损害由单独行为人承担单独责任。

第三节　分别侵权行为与连带责任和按份责任

一、分别侵权行为的概念与类型

(一) 分别侵权行为的概念与特征

分别侵权行为是指数个行为人分别实施侵权行为,既没有共同故意,也没有共同过失,只是由于各自行为在客观上的联系,造成同一个损害结果的多数人侵权行为。

---

① 肯尼斯·S·亚伯拉罕、阿尔伯特·C·泰特选编:《侵权法重述——纲要》,许传玺、石宏等译,法律出版社2006年版,第346、355页。
② 杨立新:《侵权责任法》,法律出版社2012年第2版,第121页。

分别侵权行为具有以下法律特征。

1. 两个以上的行为人分别实施侵权行为

分别侵权行为最基本的特征是行为人为两人以上,因此符合多数人侵权行为的要求,属于多数人侵权行为的范畴。"分别"的含义:一是数个行为人各自进行,自己实施自己的侵权行为,客观上没有关联共同;二是各个行为人在各自实施侵权行为时,没有主观上的联系。

2. 数个行为人实施的行为在客观上针对同一个侵害目标

分别侵权行为的数个行为人在实施侵权行为时,尽管没有主观上的联系,但在客观上每一个行为人实施的侵权行为实际上都针对同一个侵害目标。

3. 每一个人的行为都是损害发生的共同原因或者各自原因

分别侵权行为的数个行为人的行为都作用于同一侵害目标,是损害发生的共同原因,或者是损害发生的各自原因。共同原因,是数个行为人的行为结合在一起,共同作用于受害人的权利,集中地造成了受害人的同一个损害。各自原因,是数个行为人的行为分别作用于受害人的权利,造成了受害人同一权利的损害后果。

4. 造成了同一个损害结果且该结果可以分割

分别侵权行为的一个本质特点是,虽然造成了一个损害结果,但该结果可以分割。在对物的损害中,这种情形尤为明显。如果受害人所受到的损害不可分割,就有可能属于客观关联共同的共同侵权行为,不构成分别侵权行为。

(二) 分别侵权行为的类型

分别侵权行为分为三种类型,即典型的分别侵权行为、叠加的分别侵权行为和半叠加的分别侵权行为。其中,半叠加的分别侵权行为并非《侵权责任法》第11条和第12条所规定,而是从逻辑上推导出来的。

1. 典型的分别侵权行为

按照《侵权责任法》第12条的规定,"二人以上分别实施侵权行为造成同一损害,能够确定责任大小的,各自承担相应的责任;难以确定责任大小的,平均承担赔偿责任"的这种分别侵权行为,是典型的分别侵权行为,其后果是按份责任,每个行为人只对自己的行为后果承担侵权责任,不存在连带责任的问题。

案例 9-3

2004年8月19日凌晨5点左右,广州一辆本田轿车撞破立交桥护栏跌落,驾驶室悬空架在下方绿化带的铁栏杆上,车尾后备箱包裹里的60万元现金滚落路面,两名中年夫妇和一名拾荒汉上前抢救受伤的驾驶员,另外七八名围观者看到一捆一捆的钱滚落路上,置伤者于不顾,抢走这些钞票。警方追回50万元,尚有10万元没有追回。这是典型的分别侵权行为,不是共同侵权行为,各行为人只能承担自己应当承担的份额。

2. 叠加的分别侵权行为

叠加的分别侵权行为就是《侵权责任法》第11条规定的"二人以上分别实施侵权行为造成同一损害,每个人的侵权行为都足以造成全部损害的,行为人承担连带责任"的侵权行为。这并不是分别侵权行为的典型形态。叠加的分别侵权行为的特点是:每一个行为人的行为都是分别实施的,但是每一个人的行为都是损害发生的全部原因,都具有100%的原因力,但是损害结果只是同一个,且不可分割。

3. 半叠加的分别侵权行为

半叠加的分别侵权行为是介于典型的分别侵权行为与叠加的分别侵权行为之间的分别侵权

行为,是二个以上的行为人分别实施侵权行为,有的行为人的行为足以造成全部损害,具有全部原因力,有的行为人的行为不能造成全部损害,只有部分原因力的分别侵权行为。其后果是,成立部分侵权行为,即对于损害重合部分每一个行为人都要承担连带责任,对于损害不重合的部分由具有全部原因力的行为人单独承担责任。

二、分别侵权行为的责任形态

（一）典型的分别侵权行为承担按份责任

典型的分别侵权行为,应当按照各自的行为的原因力,各自承担按份责任,不实行连带责任。理由是,无过错联系的各行为人没有共同过错,不具备共同侵权行为的本质特征,不应当承担共同侵权行为的民事责任。

确定典型的分别侵权行为的按份责任,应当依照以下规则处理。

（1）各个分别侵权行为人对各自的行为所造成的后果承担责任。典型的分别侵权行为属于单独侵权而非共同侵权,各行为人的行为只是单独行为,只能对其行为所造成的损害后果负责。在损害结果单独确定的前提下,应当责令各行为人就其行为所造成的损害承担赔偿责任。

（2）依照分别侵权行为人各自行为的原因力确定责任份额。分别侵权行为在多数情况下有一个共同的损害结果。各行为人在共同损害结果中无法确定自己的行为所造成的后果时,按照各行为人所实施行为的原因力,按份额各自承担责任。

（3）无法区分原因力的应当平均承担责任,确定各自应当承担的责任份额。

（4）不实行连带责任,各行为人只对自己的份额承担责任,不对他人的行为后果负责赔偿。

（二）叠加的分别侵权行为承担连带责任

叠加的分别侵权行为中的数人承担连带责任。其基本规则如下。

（1）对外的中间责任。连带责任的对外效力,是一个侵权责任。被侵权人可以向数个行为人中的任何一个行为人请求承担全部赔偿责任,每一个分别侵权行为人都应当就全部损害承担赔偿责任。对此,应当依照《侵权责任法》第13条规定的规则承担中间责任。

（2）对内的最终责任。连带责任的内部效力,是对数个连带责任人确定最终责任,应当按照份额确定。对此,应当按照《侵权责任法》第14条规定的规则进行。连带责任人根据各自责任大小确定相应的赔偿数额,难以确定责任大小的,平均承担赔偿责任。

（3）追偿权。承担中间责任超过自己赔偿数额的连带责任人,有权向其他连带责任人追偿,实现最终责任。

（三）半叠加的分别侵权行为承担部分连带责任

半叠加的分别侵权行为采用部分连带责任规则分担责任。例如,一个分别侵权行为人的行为原因力是50%,另一个分别侵权行为人的行为原因力是100%;其中重合的部分是50%,就此,全体分别侵权行为人承担连带责任;原因力不重合部分的损失,由单独行为人单独承担责任。所以,承担连带责任的一方行为人的中间责任为50%,最终责任为25%。

对于半叠加的分别侵权行为承担部分连带责任,《最高人民法院关于审理环境侵权责任纠纷案件适用法律若干问题的解释》第3条第3款予以确认。该条款规定:"两个以上污染者分别实施污染行为造成同一损害,部分污染者的污染行为足以造成全部损害,部分污染者的污染行为只造成部分损害,被侵权人根据侵权责任法第11条规定请求足以造成全部损害的污染者与其他污染者就共同造成的损害部分承担连带责任,并对全部损害承担责任的,人民法院应予支持。"在司法实践中审理半叠加的分别侵权行为纠纷案件,就可以参照这一司法解释规定的规则分担责任。

第四节　竞合侵权行为与不真正连带责任

一、竞合侵权行为的概念与类型

（一）竞合侵权行为的概念

竞合侵权行为是指两个以上的民事主体作为侵权人，有的实施直接侵权行为，与损害结果具有直接因果关系，有的实施间接侵权行为，与损害结果的发生具有间接因果关系，行为人承担不真正连带责任的侵权行为形态。

竞合侵权行为是新创立的一种多数人侵权行为形态的概念。在此之前，我国侵权法理论中没有这个概念，只有原因竞合和行为竞合的概念。原因竞合的概念是指构成侵权损害的原因不止一个，而是数个，发生竞合而造成同一个损害。有人将分别侵权行为也叫做原因竞合，①这不是特别准确，因为行为与事实等结合也可以形成原因竞合。行为竞合的概念接近于竞合侵权行为的概念，但没有将其提升为多数人侵权行为类型的地位。因而，竞合侵权行为是多数人侵权行为类型的新发展。

（二）竞合侵权行为的类型

我国《侵权责任法》以及司法解释规定了较多的竞合侵权行为的类型，规则各不相同。这既是竞合侵权行为类型的新发展，更是多数人侵权行为及责任的承担规则的新发展。竞合侵权行为类型分为以下四种：

1. 提供条件的竞合侵权行为

提供条件的竞合侵权行为，是指两个行为中的从行为（即间接侵权行为）与主行为（即直接侵权行为）竞合的方式，是从行为为主行为的实施提供了必要条件，没有从行为的实施则主行为不能造成损害后果的竞合侵权行为。换言之，间接侵权人的从行为是直接侵权人的主行为完成的必要条件，这种竞合侵权行为就是提供条件的竞合侵权行为。典型表现为《侵权责任法》第41—43条规定的产品责任规则。

2. "提供条件＋政策考量"的竞合侵权行为

"提供条件＋政策考量"的竞合侵权行为，是指符合提供条件的竞合侵权行为的要求，但是基于政策考量，规定间接侵权人先承担中间责任，之后向直接侵权人追偿以实现最终责任的竞合侵权行为。典型表现为《侵权责任法》第44条、第85条后段以及第86条第1款后段规定的责任规则。

3. 提供机会的竞合侵权行为

提供机会的竞合侵权行为，是指两个竞合的行为，从行为为主行为的实施提供了机会，使主行为的实施能够顺利完成的竞合侵权行为。从发挥的作用上考察，提供机会的竞合侵权行为与提供条件的竞合侵权行为有所不同，这就是，间接侵权人的从行为给直接侵权人的主行为造成损害结果提供了机会，但并不是提供条件。典型表现为《侵权责任法》第37条第2款规定的防范制止侵权行为未尽安全保障义务的侵权责任，以及第34条第2款和第40条规定的侵权行为责任。

4. 提供平台的竞合侵权行为

《消费者权益保护法》第43条和第44条规定的侵权行为类型，就是提供平台的竞合侵权行为。第44条第1款规定："消费者通过网络交易平台购买商品或者接受服务，其合法权益受到损

---

① 侯国跃：《中国侵权法立法建议稿及理由》，法律出版社2009年版，第118—119页。

害的,可以向销售者或者服务者要求赔偿。网络交易平台提供者不能提供销售者或者服务者的真实名称、地址和有效联系方式的,消费者也可以向网络交易平台提供者要求赔偿;网络交易平台提供者作出更有利于消费者的承诺的,应当履行承诺。网络交易平台提供者赔偿后,有权向销售者或者服务者追偿。"网络交易平台提供者为网络交易双方当事人提供网络交易平台,销售者销售商品或者服务者提供服务,造成消费者损害的,本无交易平台提供者的责任,但是如果有约定条件或者符合法定条件的,就要承担附条件的不真正连带责任。这种提供平台所造成的侵权行为,也属于多数人侵权行为,即为提供平台的竞合侵权行为。

(三)竞合侵权行为的责任承担

竞合侵权行为的后果是不真正连带责任。

侵权法上的不真正连带责任,是指多数行为人违反法定义务,对同一个受害人实施加害行为,或者不同的行为人基于不同的行为而致使同一个受害人的民事权益受到损害,各行为人产生的同一内容的侵权责任,各负全部赔偿责任,并因行为人之一的责任履行而使全体责任人的责任归于消灭,或者依照特别规定多数责任人均应当承担部分或者全部责任的侵权责任形态。

不真正连带责任根据竞合侵权行为的不同类型,责任形态有所变化,形成不同的不真正连带责任的类型和规则。四种不同的竞合侵权行为类型,分别对应不同的不真正连带责任类型。

1. 提供条件的竞合侵权行为→典型的不真正连带责任

提供条件的竞合侵权行为的数个行为,其中一个是主要的侵权行为,另一个是为主要的侵权行为的实施或者损害后果的发生提供必要条件。例如,缺陷产品是由生产者形成的,该产品经过销售者而转移到消费者手中,两个行为竞合,发生同一个损害后果,生产者的行为是主要的侵权行为,销售者的行为就是侵权行为实施的必要条件。提供条件的竞合侵权行为的行为人承担典型的不真正连带责任。

典型的不真正连带责任的规则如下。

(1)中间责任。在两个不同的不真正连带责任人之间,受害人可以选择其中一个提出损害赔偿请求,即可以向任何一个侵权人请求承担赔偿责任。任何一个不真正连带责任人都有义务承担全部赔偿责任,实现形式上的连带。

(2)最终责任。不真正连带责任的最终责任是,不真正连带责任的最终后果一定要由应当承担最终责任的人全部承担责任,而不是在不真正连带责任人之间实行实质的连带,即分担责任。不真正连带责任的最终责任只是一个责任,而不是分成份额的责任。

(3)追偿权。在不真正连带责任中,不真正连带责任人中的一人承担中间责任后,有权向最终责任人追偿,实现最终责任。中间责任人承担责任后,对最终责任人的追偿是全额追偿,包括必要的费用。

2. "提供条件+政策考量"的竞合侵权行为→先付责任

"提供条件+政策考量"的竞合侵权行为,同样是提供条件的竞合侵权行为,但侵权法根据政策考量,将这种特定的竞合侵权行为改变责任承担规则,由典型的不真正连带责任改为先付责任。这种竞合侵权行为,同样一个是主要的侵权行为,另一个是为主要的侵权行为的实施或者损害后果的发生提供必要条件,构成提供条件的竞合侵权行为,但由于立法者为了更好地保护受害人,使受害人的损害能够得到更为及时的救济,因而规定受害人直接向提供必要条件的侵权人请求损害赔偿,而不是直接向主要的侵权行为一方请求赔偿,因此形成了先付责任这种特殊的不真正连带责任的类型,其规则的承担也与典型的不真正连带责任不同。① 《侵权责任法》第44条规

---

① 杨立新:《侵权责任法》,法律出版社2012年第2版,第129页。

定的产品责任中的第三人责任,第85条和第86条规定的建筑物、构筑物及其他设施脱落、坠落、倒塌损害责任,规定被侵权人可以直接向应当承担中间责任的生产者、销售者或者所有人、管理人、使用人以及第三人或者建设单位、施工单位请求赔偿;他们承担了赔偿责任之后,再向应当承担最终责任的其他责任人追偿。

先付责任是不真正连带责任的一种变形,是特殊的不真正连带责任,规则是:(1)承担中间责任的责任人先承担赔偿责任。第三人产品缺陷损害责任中的生产者、销售者不是产品缺陷的制造者,因此不是最终责任人,而是中间责任人。但法律规定,被侵权人应当直接向生产者或者销售者请求赔偿,而不是直接向产品缺陷的制造者即第三人请求赔偿。在建筑物等损害责任中,适用同样的规则。(2)中间责任人在承担了赔偿责任之后,有权向最终责任人进行追偿,追偿的范围是全额追偿,即最终责任的范围是全部赔偿责任。(3)索赔僵局及破解:由于《侵权责任法》对先付责任的规则没有规定被侵权人可以直接向最终责任人索赔,因此存在中间责任人无法承担赔偿责任后,被侵权人又不能向最终责任人索赔的僵局。当出现上述索赔僵局时,准许被侵权人直接依照《侵权责任法》第6条第1款规定,向最终责任人起诉追究其赔偿责任。

3. 提供机会的竞合侵权行为→相应的补充责任

提供机会的竞合侵权行为的法律后果是承担相应的补充责任,即有限的补充责任。补充责任也是不真正连带责任的一种变形,是特殊的不真正连带责任。其规则如下。

(1) 直接侵权人即最终责任人首先承担责任。与先付责任不同,补充责任的最终责任人首先承担侵权责任,而不是中间责任人先承担责任。该最终责任人是第一顺位的侵权责任人,应当首先承担赔偿责任。

(2) 间接侵权人承担补充责任。直接侵权人出现赔偿不足或者赔偿不能情形的,则由承担中间责任的间接侵权人承担相应的补充责任。相应的补充责任的范围,是与其过错和原因力相适应的责任,而不是全额补充。因而,补充责任人为第二顺位的侵权责任人,对第一顺位的侵权责任人享有检索抗辩权(先诉抗辩权),以对抗第一顺位的责任人。

(3) 间接侵权人不享有追偿权。由于在相应的补充责任中,间接侵权人承担的补充责任是有限补充责任,且以其过错为基础,因此《侵权责任法》规定,间接侵权人承担了补充责任之后,不享有追偿权。

案例 9-4

深圳某医药公司总经理王某出差入住上海市银河宾馆,当天在客房里遭抢劫遇害。警方事后从宾馆的安全监视系统记录资料中发现,凶手全瑞宝在入室作案前,曾尾随王某,并在不到两个小时内7次上下电梯进行跟踪。但对形迹可疑的全瑞宝,宾馆保安人员无一人上前盘问。死者父母认为银河宾馆严重失职,应当承担侵权责任。全瑞宝在刑事诉讼中,承担了部分附带民事赔偿,被判处死刑。一审法院判令银河宾馆承担补充赔偿责任,赔偿原告人民币8万元。二审法院认为,宾馆作为特殊服务性行业,应向住客提供安全的住宿环境。王某入住银河宾馆,双方即形成合同关系,安全保障是宾馆的一项合同义务。本案罪犯7次上下宾馆电梯,宾馆却没有对这一异常举动给予密切注意,未履行对王某的安全保护义务,自应承担补充责任。据此维持原判,驳回上诉。

4. 提供平台的竞合侵权行为→附条件的不真正连带责任

提供平台的竞合侵权行为的法律后果是承担附条件的不真正连带责任。附条件的不真正连带责任仍然属于不真正连带责任,其基本特征是提供平台的一方,对于展销会举办者、柜台出租者以及网络交易平台提供者在该平台上与消费者进行交易,造成了消费者权益的损害,只有在符合法律规定的条件时,才对受害人承担不真正连带责任,否则就只能由销售者或者服务者承担赔偿责任;并且平台提供者承担了赔偿责任之后,还有权向销售者或者服务者进行追偿。

当附条件的不真正连带责任的所附条件成就时,责任人即承担不真正连带责任。这时的不真正连带责任,与典型不真正连带责任的规则完全一致。

本 章 小 结

多数人侵权行为是由数个行为人实施,造成同一个损害后果,各侵权人对同一损害后果承担不同形态的责任的侵权行为。多数人侵权责任则是指数个行为人实施的行为,造成了同一个损害后果,数人对该同一损害后果按照行为的不同类型所承担的不同形态的侵权责任。多数人侵权行为与责任体系的对应关系是:共同侵权行为→连带责任;分别侵权行为→按份责任或者连带责任;竞合侵权行为→不真正连带责任。

共同侵权行为,是指数人基于主观的或者客观的关联共同,实施侵权行为,造成他人人身、财产的损害,应当承担连带责任的侵权行为。共同危险行为是指两人或两人以上共同实施有侵害他人权利危险的行为,并且已造成损害结果,但不能判明其中谁是加害人的多数人侵权行为。侵权连带责任,是指受害人有权向共同侵权人或共同危险行为人中的任何一个人或数个人请求赔偿全部损失,而任何一个共同侵权人或共同危险行为人都有义务向受害人负全部的赔偿责任;共同加害人中的一人或数人已全部赔偿了受害人的损失,则免除其他共同加害人向受害人应负的赔偿责任。连带责任分为典型的连带责任和部分连带责任。

分别侵权行为是指数个行为人分别实施侵权行为,既没有共同故意,也没有共同过失,只是由于各自行为在客观上的联系,造成同一个损害结果的多数人侵权行为。分别侵权行为分为典型的分别侵权行为、叠加的分别侵权行为和半叠加的分别侵权行为,分别承担的责任形态是按份责任、连带责任和部分连带责任。

竞合侵权行为是指两个以上的民事主体作为侵权人,有的实施直接侵权行为,与损害结果具有直接因果关系,有的实施间接侵权行为,与损害结果的发生具有间接因果关系,行为人承担不真正连带责任的多数人侵权行为。竞合侵权行为与不真正连带责任的对应关系是:提供条件的竞合侵权行为承担典型的不真正连带责任,"提供条件+政策考量"的竞合侵权行为承担先付责任,提供机会的竞合侵权行为承担相应的补充责任,提供平台的竞合侵权行为承担附条件不真正连带责任。

【关键术语】

多数人侵权行为　多数人侵权责任　共同侵权行为　连带责任　部分连带责任　典型的分别侵权行为　叠加的分别侵权行为　半叠加的分别侵权行为　竞合侵权行为　提供条件的竞合侵权行为　"提供条件+政策考量"的竞合侵权行为　提供机会的竞合侵权行为　提供平台的竞合侵权行为　不真正连带责任　先付责任　相应的补充责任　附条件不真正连带责任

【思考题】

1. 什么是多数人侵权行为?什么是多数人侵权责任?它们相互之间的关系是什么?
2. 共同侵权行为有哪些类型?应当怎样分担侵权责任?
3. 分别侵权行为有哪些类型?应当怎样分担侵权责任?
4. 确认存在半叠加的分别侵权行为的依据是什么?怎样进行责任分担?
5. 竞合侵权行为分为哪些类型?应当怎样分担责任?

第十章 侵权损害赔偿规则

本章要点

本章介绍关于侵权损害赔偿的重要问题,包括侵权损害赔偿的概念、法律特征、损害赔偿法律关系、赔偿的范围,重点介绍赔偿法律关系中的当事人和损害赔偿规则即全部赔偿、财产赔偿、损益相抵、过失相抵及衡平原则等制度。

第一节 侵权损害赔偿的概念和性质

一、侵权损害赔偿的概念和特征

(一)侵权损害赔偿的概念

损害赔偿,是指侵权人因侵权行为或不履行债务而对被侵权人造成损害时应承担补偿对方损失的侵权责任。对权利人来说,损害赔偿是一种重要的保护民事权利的手段;对责任人来说,它是一种重要的承担民事责任的方式[①]。同时,损害赔偿也是加害人或者债务人因侵权行为或债务不履行使受害人人身、财产遭受损害而产生的债权债务关系[②]。

因此,损害赔偿的性质具有双重性。首先,损害赔偿是一种债。《民法通则》第84条规定:"债是按照合同的约定或者法律的规定,在当事人之间产生的权利义务关系。"在损害赔偿法律关系的当事人之间,主体具有相对性,内容又是一方享受权利,另一方负有义务,标的是对损害的赔偿,具备债的关系的一切特点。其次,损害赔偿又是一种民事责任,具有民事责任的一切特点,《民法通则》在"民事责任"一章明确规定赔偿损失是十种民事责任之一,《侵权责任法》规定损害赔偿是侵权责任方式之一。损害赔偿的两种性质,是先后两个阶段的不同性质,中间存在一个转变的过程。侵权行为和违约行为首先产生的是损害赔偿之债,在双方当事人之间产生赔偿损失的权利义务关系,即债权债务关系,受害人享有请求赔偿的权利,加害人和违约人负有赔偿损害的义务。当债务人不自觉履行债务时,损害赔偿之债转化为损害赔偿民事责任,法律赋予其强制执行的效力。

侵权损害赔偿,是指侵权人实施侵权行为对被侵权人造成损害,在侵权人和被侵权人之间产生请求赔偿权利和给付赔偿责任的法律关系。

(二)侵权损害赔偿的法律特征

1. 侵权损害赔偿的根本目的是救济损害

赔偿的根本目的,是补偿损失,使受到损害的权利得到救济,恢复权利。除此之外,侵权损害

---
① 《中国大百科全书·法学》,中国大百科全书出版社1988年版,第571页。
② 《法学词典》,上海辞书出版社1988年增订版,第749页。

赔偿也有制裁民事违法的作用,以及抚慰受害人的作用,但这两个作用不是它的根本目的。

2. 侵权损害赔偿具有财产性的责任方式

侵权损害赔偿完全是以财产的方式救济受害人。在损害的三种形式即人身损害、财产损害和精神损害当中:对财产损失,必须以财产来赔偿;对人身损害,也必须以财产的形式赔偿受害人的财产损失;就是对精神损害,其赔偿也只能以财产的方式进行,不可能用其他方式赔偿。

3. 侵权损害赔偿具有相对性的特征

相对性是债的关系的基本特征,侵权损害赔偿之债同样如此。损害赔偿永远发生在相对人之间,即权利主体和义务主体永远是特定的,且只在相对的特定主体之间发生。受害人只能向特定的行为人请求赔偿,赔偿责任主体也只须向特定的受害人履行赔偿义务。

4. 侵权损害赔偿义务具有转化性的特点

侵权损害赔偿先后相继的两种不同性质,是在中间环节进行转化的。这种转化并不是整个法律关系的转化,而只是损害赔偿义务的转化,在义务人不履行债务时,这种义务转化为责任。而其他的权利主体、赔偿范围和内容等,都不发生变化。

二、侵权损害赔偿法律关系

(一)侵权损害赔偿法律关系的要素

侵权损害赔偿是因侵权行为而发生的损害赔偿法律关系。侵权损害赔偿法律关系同其他一切法律关系一样,包括以下三个要素。

1. 主体

侵权损害赔偿法律关系的主体[①],就是侵权损害赔偿的权利和责任的承受人,即双方当事人。他们享有和承担特定的侵权损害赔偿法律关系的权利和义务。其中享有赔偿权利的一方是赔偿权利主体,负有赔偿义务的一方是赔偿责任主体。权利主体是受害人,责任主体是加害人。侵权损害赔偿法律关系的权利主体和责任主体,既可以是自然人,也可以是法人;既可以是单个主体,也可以是多数主体。

2. 内容

侵权损害赔偿法律关系的内容,就是侵权行为的受害人请求加害人赔偿损失的权利和加害人承担的赔偿受害人损失的责任。受害人的权利,是受害人一方要求实现赔偿以补偿受侵害所造成的损失的可能性,权利的性质是请求权;加害人的责任,是加害人为了满足受害人补偿损失的赔偿请求权而履行赔偿给付的必要性,是义务不履行的后果。

侵权损害赔偿权利是请求权、相对权、财产权。作为请求权,侵权行为受害人的权利是请求加害人履行赔偿义务的权利,权利的实现必须依加害人的给付来实现,而不是仅凭自己的行为就能实现权利。作为相对权,它是一种对人权。权利的行使,只能要求特定的相对人履行。作为财产权,受害人请求赔偿权利的内容,只能是财产,尽管他受到的侵害可能只是人身损害或精神损害,但受害人只能请求赔偿一定范围的财产,而不能采取其他方式来进行赔偿。

3. 客体

侵权损害赔偿法律关系的客体,是赔偿,即补偿损害的财产给付。受害人享有的权利,是请求对他的损失给予赔偿;加害人负有的义务,是对自己的侵权行为给受害人造成的损失进行赔偿。权利义务共同指向的对象,就是加害人对其侵权行为所造成的损害给予赔偿,它以财产的给付作为标志。赔偿的性质是行为,即责任主体给付赔偿金的行为。

---

① 关于损害赔偿法律关系的主体,本章第二节专设"损害赔偿关系的当事人"作专门说明。

(二)侵权损害赔偿法律关系的发生、变更和消灭

1. 侵权损害赔偿法律关系的发生

侵权损害赔偿法律关系的发生根据,是侵权行为,行为人不法侵害受害人的财产权利和人身权利,给受害人造成实际的损害,即在双方当事人之间产生侵权损害赔偿法律关系,受害人依法享有请求赔偿损失的权利,加害人负有赔偿受害人损失的义务。其产生的标志,是侵权行为造成了受害人的实际损害。侵权行为所造成的损害已经形成,损害结果固定化的时间,就是侵权损害赔偿法律关系发生的时间,从此时起,计算侵权诉讼时效。

2. 侵权损害赔偿法律关系的变更

侵权损害赔偿法律关系基于一定的事实而使其局部发生变化,这种局部的变化可以引起侵权损害赔偿法律关系的变更。侵权损害赔偿法律关系的变更可以是权利主体的变更,如财产损害和人身损害因权利主体死亡,其继承人继承该请求权;也可以是损害事实变化而引起赔偿标的的变化,如原来所造成的损害后果发展或扩大,引起赔偿范围的变更;也可以是请求权人对实体权利的部分处分。侵权损害赔偿法律关系变更后会引起相应的后果,如更换当事人,增加或减少赔偿数额等。

3. 侵权损害赔偿法律关系的消灭

侵权损害赔偿法律关系依据一定的原因而消灭。侵权损害赔偿法律关系一经消灭,永不再重新发生。消灭的原因:一是因履行而消灭;二是因抵销而消灭;三是因免除而消灭;四是因超过诉讼时效而消灭。前三种消灭原因,是绝对消灭原因,后一种消灭原因发生的消灭,是相对消灭,权利人只是消灭了胜诉权,当事人自愿履行,法律并不禁止。

三、侵权损害赔偿的范围

(一)确定侵权损害赔偿范围的法律根据

对于侵权损害赔偿的范围,《侵权责任法》在第16条、第17条、第19条和第22条作了规定。这4条规定的内容比较原则,操作性不强。在实务上如何确定损害赔偿范围,最高人民法院在有关司法解释上作过具体的规定。

1. 人身损害赔偿

在《关于贯彻执行〈中华人民共和国民法通则〉若干问题的意见(试行)》中,第142条至第147条共6个条文,对人身损害的赔偿范围作了规定,其体现的基本精神,就是根据实际损失确定赔偿范围。在2003年12月26日公布的《关于审理人身损害赔偿案件适用法律若干问题的解释》,就是关于处理人身损害赔偿的专门司法解释,对人身损害赔偿既作了概括规定,又有详细的具体规则。

2. 精神损害赔偿

在《关于贯彻执行〈中华人民共和国民法通则〉若干问题的意见(试行)》中,第150条规定:"公民的姓名权、肖像权、名誉权、荣誉权和法人的名称权、名誉权、荣誉权受到侵害,公民或法人要求赔偿损失的,人民法院可以根据侵权人的过错程度、侵权行为的具体情节、后果和影响确定其赔偿责任。"在《关于审理名誉权案件若干问题的解答》第10条第4款中规定:"公民、法人因名誉权受到侵害要求赔偿的,侵权人应赔偿侵权行为造成的经济损失;公民并提出精神损害赔偿要求的,人民法院可根据侵权人的过错程度、侵权行为的具体情节、给受害人造成精神损害的后果等情况酌定。"这两条关于确定精神损害赔偿范围的司法解释,既体现了实事求是原则的要求,也符合公平、等价的民法原则;既保护了受害人的合法权益,救济其损害,也保障加害人不负担其侵权行为以外的原因所造成的受害人的损失,不使其合法权益受到侵害。最高人民法院2001年3月10日公布实施的《关于确定民事侵权精神损害赔偿责任若干问题的解释》,对人格权的司法保

护以及精神损害赔偿规定了详细规则。

3. 财产损害赔偿

在财产损害赔偿中,最高人民法院也有一些具体的解释,但是没有全面的规定。

(二) 确定损害赔偿责任范围应当注意的问题

确定实际损害,应当注意以下三个方面。

1. 必须符合法律保护合法权益的意旨

侵权行为所侵害的客体,都是由法律所规定的民事主体的民事权利和利益。对于民事主体的民事权利的损害,就应当依据法律规定的意旨确定赔偿范围,超出法规意旨的利益损害,则不应予以赔偿。

2. 确定实际损害必须依据相当因果关系

赔偿责任的构成,因果关系为必备要件。确定损害赔偿范围,同样以因果关系为要件,与行为无因果关系的损害,不应计算在损害赔偿范围之内。确定因果关系,应以相当因果关系为标准,有相当因果关系的便予以赔偿,没有相当因果关系仅是损害发生条件的,则不赔偿。例如,行为致伤受害人,受害人住院治疗以后,因患败血症而死亡的损害,列入赔偿范围;因医院失火而烧死受害人的损害,则不计入加害人的赔偿范围。

3. 在必要时应当考虑行为人主观过错的轻重

从原则上说,过错大小对损害赔偿的范围没有大的影响,而是以财产损失的大小作为赔偿的标准。但是,在确定精神损害赔偿范围的时候,行为人主观过错的轻重对于确定损害赔偿的范围具有重要的影响,是考虑确定赔偿范围的重要依据。这是因为,一方面加害人过错轻重对侵权后果具有重要的影响;另一方面精神损害赔偿除具有抚慰受害人、补偿损害的功能外,制裁违法行为人也是重要功能之一,主观过错轻重,当然涉及精神损害赔偿范围的大小。

第二节 侵权损害赔偿关系的当事人

一、赔偿权利主体

在侵权损害赔偿法律关系中,受害人是赔偿权利主体,如果进行诉讼,则为原告,即诉讼请求的提出者。除受害人以外,还有受害人的利害关系人、死者的近亲属,也是赔偿权利主体。《最高人民法院关于审理人身损害赔偿案件适用法律若干问题的解释》第1条第2款规定:"本条所称'赔偿权利人',是指因侵权行为或者其他致害原因直接遭受人身损害的受害人、依法由受害人承担扶养义务的被扶养人以及死亡受害人的近亲属。"这一规定确定了赔偿权利人的范围,但还不够完善。

(一) 直接受害人

直接受害人是侵权行为损害后果的直接承受者,是因侵权行为而使民事权利受到侵害的人。

1. 具有完全民事行为能力的直接受害人

受害人的资格不在于是否具有完全民事行为能力,而在于其是否具有民事权利能力。凡是具有实体法上的民事权利能力,又因侵权行为而使其民事权利受到侵害的人,就具有受害人的资格。但是,有无民事行为能力,涉及是否可以行使赔偿权利,因而,区分直接受害人的民事行为能力还是有意义的。具有完全民事行为能力的直接受害人,可以自己行使侵权赔偿请求权,向赔偿责任主体请求赔偿。

2. 无民事行为能力或限制民事行为能力的直接受害人

直接受害人无民事行为能力或民事行为能力受限制,自己不能行使赔偿请求权,应当由其法定代理人代其行使侵权赔偿请求权。法定代理人可以作为直接受害人委托的诉讼代理人进行诉讼。

3. 多数直接受害人

一个侵权行为有数个直接受害人,所有的直接受害人都享有赔偿请求权,都可以提起侵权赔偿诉讼。依其人数,二至九个直接受害人,作为必要的共同诉讼,一般应当合并审理,个别直接受害人不起诉的,并不影响其他直接受害人提出赔偿请求。有十个以上直接受害人的案件,按照最高人民法院《关于适用〈民事诉讼法〉若干问题的意见》第59条司法解释,可以进行集团诉讼或代表诉讼。其区别在于:代表诉讼是直接受害人的人数已经确定;集团诉讼的直接受害人的人数尚未确定,判决对未参加诉讼的直接受害人亦发生拘束力,未参加集团诉讼的直接受害人可以在诉讼时效期间起诉,适用该判决。集团诉讼和代表诉讼的共同特点,都是选派代表进行诉讼,代表人的诉讼行为对其所代表的直接受害人发生效力,但代表人变更、放弃诉讼请求或者承认对方当事人的诉讼请求,进行和解,必须经被代表的直接受害人同意。

4. 侵害生命权的直接受害人

侵害生命权,有双重直接受害人,即被致死的受害人和为死者送葬、治疗而遭受财产损失和精神损害的近亲属。前者是生命权受到侵害之人,其已经死亡,不能行使赔偿权利;后者是财产利益和精神痛苦受到损害之人,可以依法行使请求赔偿财产损失和精神损害的权利。《侵权责任法》第18条规定:"被侵权人死亡的,其近亲属有权请求侵权人承担侵权责任。被侵权人为单位,该单位分立、合并的,承继权利的单位有权请求侵权人承担侵权责任。""被侵权人死亡的,支付被侵权人医疗费、丧葬费等合理费用的人有权请求侵权人赔偿费用,但侵权人已支付该费用的除外。"被侵权人死亡的,其近亲属为权利人;支付被侵权人医疗费、丧葬费等合理费用的人也是直接受害人,有权请求侵权人赔偿费用。

(二)间接受害人

间接受害人是指侵权行为造成了直接受害人的人身损害,因此而使人身权益受到间接损害的受害人。目前,这样的间接受害人有以下两种。

1. 配偶间因配偶一方受到侵权行为侵害使其丧失性利益的人

行为人实施的侵害健康权行为,造成直接受害人丧失性能力,间接引起性利益减损或丧失的直接受害人的对方配偶,也是间接受害人。

案例 10-1

2001年4月27日,某环境卫生管理所汽车驾驶员徐某,在工作时间驾驶东风牌自卸车倒车时,将正在卡车后面帮助关车门的张某撞伤,医院诊断为左骨盆骨折,后尿道损伤。经法医鉴定,结果为:因外伤致阴茎勃起功能障碍。张某的妻子王女士认为,自己作为张的合法妻子,丈夫因车祸丧失性功能,使自己的生理及心理健康受到了严重伤害,今后将陷入漫长的、不完整的夫妻生活。于是,夫妻两人共同以环境卫生管理所为被告起诉,丈夫请求赔偿其健康权受到的损害,妻子请求赔偿的是性权利受到的损害,总共请求赔偿各项损失152 700元,其中包括性权利损害的精神损害赔偿。法院判决环卫所赔偿张某医疗费、残疾生活补助费、残疾赔偿金等损失109 207元,赔偿王某精神损害抚慰金10 000元。本案的徐某是侵权行为的直接受害人,王某则是间接受害人。

2. 因目睹侵权行为受到惊吓而造成健康权受损的受害人

目睹正在发生的侵权行为残酷现场,因而造成惊吓使健康权受到损害的人,也是间接受害人,享有人身损害赔偿请求权。

> **案例 10-2**
> 2005 年 10 月清华大学教授晏思贤 14 岁的女儿在 726 路公交车上与售票员发生口角后被掐致死。晏思贤夫妇目睹这一惨案,向法院起诉,请求赔偿精神损害赔偿金。北京市第一中级人民法院判决巴士公司承担 30 万元的精神损害抚慰金赔偿责任①。

(三) 胎儿和死者近亲属

1. 胎儿受到损害出生后享有请求权

对胎儿在其孕育过程中受到损害,如何行使赔偿请求权,我国《民法通则》和《侵权责任法》均未作规定,是亟待解决的问题。例如,胎儿父亲因他人侵权行为而丧生或丧失劳动能力,其出生后的扶养损害赔偿问题;因污染、服药、损伤而使胎儿健康受到损害的赔偿问题等。对此,应当准许胎儿在其出生并取得民事权利能力后,行使赔偿请求权;出生后死亡的,其继承人对该权利可以继承;出生时为死体的,该种损害视为对母亲的损害。

2. 死者人格利益的保护人

死者的名誉、隐私、肖像、荣誉、隐私以及死者的遗体、遗骨等法益受到侵害,因其已经丧失民事权利能力和民事行为能力,其赔偿请求权由其近亲属享有,可以死者利益保护人的身份向法院提出损害赔偿诉讼,以保护死者的合法利益。

二、赔偿责任主体

在侵权损害赔偿法律关系中,加害人是赔偿责任主体,在诉讼中为被告。除加害人以外,在某些情况下,直接加害人的责任承受者,即替代责任的责任人,也是赔偿责任主体,为被告。无民事行为能力人或者限制民事行为能力人致人损害,司法实务不认其法定代理人为赔偿责任主体,但却是赔偿责任的承受者,由其支付赔偿费用。在物件致人损害中,物的所有人、占有人为赔偿责任主体。《最高人民法院关于审理人身损害赔偿案件适用法律若干问题的解释》第 2 条第 3 款规定了赔偿义务人的范围:"本条所称'赔偿义务人',是指因自己或者他人的侵权行为以及其他致害原因依法应当承担民事责任的自然人、法人或者其他组织。"

(一) 直接加害人

直接加害人是直接实施侵权行为,造成受害人损害的人。直接加害人分以下三种情况:一是单独的直接加害人。直接加害人为一人,为单独加害人;单独加害人为赔偿责任主体,由其个人承担赔偿责任。二是共同加害人,共同侵权行为的加害人,为共同加害人。共同加害人承担连带赔偿责任,在诉讼中为必要的共同诉讼,应合并审理。三是共同危险行为人,共同危险行为的行为人不是共同加害人,但因共同危险行为的责任形式是连带责任,故共同危险行为人为共同的赔偿责任主体,为共同被告。

(二) 替代责任人

1. 对人的替代责任人

在替代责任形式的特殊侵权责任中,直接造成损害的行为人并不是赔偿责任主体,不直接承担损害赔偿责任。其赔偿责任主体是为直接造成损害的行为人承担赔偿责任的替代责任人。例

---

① 《售票员掐死清华教授的女儿被判赔偿 75 万元》,腾讯网,http://news.qq.com/a/20071126/001577.htm.

如,雇员在执行雇佣活动中致人损害,雇主承担赔偿责任;国家机关工作人员执行职务致人损害,国家机关承担赔偿责任;法人工作人员执行职务致人损害,法人承担赔偿责任;无民事行为能力人或者限制民事行为能力人致人损害,其法定代理人承担赔偿责任,等等。这些直接承担责任的主体,是赔偿责任主体。

2. 对物的替代责任人

物件致人损害,应由物件的所有人、占有人承担赔偿责任,这是侵权责任法一贯遵循的规则。因而,致害物件的所有人、占有人是该赔偿法律关系的赔偿责任主体,是赔偿诉讼中的被告。例如,高度危险作业的所有人、占有人,地下工作物、建筑物及其他地上物的所有人、管理人,缺陷产品的销售者、制造者,污染环境企业的所有人、经营者,动物的所有者、管理者,等等,都是赔偿责任主体。

(三) 补充责任人

在补充责任侵权责任法律关系中,对他人负有法定的或者约定的安全保护义务的人,由于没有尽到安全保护义务,而使受其保护的人遭受人身损害或者财产损害,在直接加害人赔偿不能或者赔偿不足时,应当承担补充的赔偿责任。这种违反安全保护义务而承担补充责任的人,就是补充责任人。

第三节 侵权损害赔偿规则

一、全部赔偿

(一) 全部赔偿原则的含义

全部赔偿是侵权损害赔偿的基本规则,指的是侵权行为加害人承担赔偿责任的大小,应当以行为所造成的实际财产损失的大小为依据,全部予以赔偿。换言之,就是赔偿以所造成的实际损害为限,损失多少,赔偿多少。

全部赔偿是由损害赔偿的功能决定的。既然损害赔偿基本功能是补偿财产损失,那么,以全部赔偿作为确定损害赔偿责任大小的基本原则,就是十分公正、合理的。

确定全部赔偿作为损害赔偿责任的基本规则,应当将全部赔偿与全额赔偿区别开来。全部赔偿和全额赔偿是两个不同的概念:前者包含了赔偿范围和赔偿数额两方面的内容,后者仅指赔偿数额问题;前者包含了人身损害、财产损失和精神损害的赔偿责任范围及数额,后者则只包括对财产损失的赔偿数额。精神痛苦和其他非财产损害,尽管无法用金钱来衡量其损害,但为了维护受害人的合法权益,抚慰受害人,制裁民事违法行为,立法仍规定给予赔偿一定数量的损害赔偿金,这也包括在全部赔偿之中。全额赔偿一般只指对财产的损失全部予以赔偿,不仅不包括精神损害,而且对财产的间接损失由于难以计算,也不予以赔偿。

(二) 适用全部赔偿原则应注意的问题

适用全部赔偿原则应当特别强调以下四个问题。

(1) 确定损害赔偿数额即赔偿责任的大小,只以实际损害作为标准,全部予以赔偿。在一般情况下,要特别注意不能以加害人过错程度的轻重作为损害赔偿数额的依据,也不能根据行为的社会危险性的大小作为依据,只能以财产的实际损失作为赔偿责任大小的标准。同样,行为的社会危害性在确定刑事责任中,起着重大的作用,但在确定民事赔偿责任时,起决定作用的,仍然是行为所造成的实际损害后果。然而,对于确定精神损害赔偿责任的大小,加害人的主观过错程度却起重要的作用,加害人故意或者重大过失,是承担较重赔偿责任的根据。

(2) 全部赔偿包括直接损失和间接损失。全部赔偿要求损害赔偿不仅要赔偿直接损失,而且对确定的间接损失也要予以赔偿。对间接损失如果不能予以全部赔偿,受害人的权利就得不到全面的保护,加害人的违法行为也不会得到应有的制裁。间接损失只要是当事人已经预见或者能够预见的利益,并且可以期待、必然得到的,就应当予以赔偿。

(3) 全部赔偿应当包括对受害人为恢复权利,减少损害而支出的必要费用损失的赔偿。受害人因权利受侵害,为恢复权利、减少损害而支出的费用,这是侵权行为所造成的损害,是应当予以赔偿的。但这种损失在实务中基本上不予赔偿。这没有体现全部赔偿的要求。《反不正当竞争法》第20条规定:"经营者违反本法规定,给被侵害的经营者造成损害的,应当承担赔偿责任……并应当承担被侵害的经营者因调查该经营者侵害其合法权益的不正当竞争行为所支付的合理费用。"在实务中,应当参照这一法律规定,对受害人为恢复权利、救济损害、减少损害的必要费用的支出,列入赔偿范围,予以全部赔偿。

(4) 全部赔偿所赔偿的只能是合理的损失,不合理的损失不应予以赔偿。对于受害人借故增加开支,扩大赔偿范围的做法,是应当予以谴责的,同时,对于故意扩大的赔偿开支,也不应当予以赔偿。

二、财产赔偿

(一) 财产赔偿原则的含义

财产赔偿规则,是指侵权行为无论是造成财产损害、人身损害还是精神损害,均以财产赔偿作为唯一方法,不能以其他方法为之。

(二) 确立财产赔偿原则的目的

确立财产赔偿规则的根本目的有以下三点。

1. 对于财产损害以财产的方式赔偿

对于财产损害只能以财产的方式赔偿,不能以其他方式赔偿。这是因为财产损失以财产赔偿最符合民法的等价有偿原则。以支付劳务、人身拘禁等方式偿付财产损失或者其他损害,有人身制裁的性质,都是不允许的。

2. 对于人身损害只能以财产的方式予以赔偿

对于人身损害也只能以财产的方式予以赔偿,不能用其他方式赔偿。有以下三个原因:首先,人身损害不能用同态复仇的方式进行补偿,以此与同态复仇相区别。其次,人身损害不能用金钱计算其价值,既不能用金钱计算出受害人损伤器官的价格,也无法用金钱予以补偿人身损害的本身。再次,对人身损害,如致死、致伤、致残,应以财产的方式补偿因医治伤害所造成的财产损失,损失多少财产,就应当赔偿多少财产,不但公平合理,而且容易计算。人身损害引起的痛苦,应适用精神损害赔偿的方法,以财产方式予以赔偿。

3. 对于精神损害无论是否造成经济损失都应当以财产赔偿

对于纯粹的精神利益损害和精神痛苦损害,也只能以财产的方式予以赔偿,没有其他更合适的救济方式。精神损害并不仅仅指精神痛苦的损害,而且还包括精神利益的损害。认为精神痛苦损害就是精神损害,法人没有精神痛苦,因而也就没有精神损害,也就不得请求精神损害赔偿的观点,显然这是不正确的。

确认财产赔偿规则,就是明确侵权行为造成的一切损害,都必须以财产的方式予以赔偿。从这一规则出发,处理一切侵权损害赔偿案件,都必须公平、合理,体现等价有偿的原则。受害人因损害而得到的赔偿,恰好是能够填补实际损害,不能赔偿不足,也不能使之不当得利。同时,判令加害人承担赔偿责任,也与其造成的损害相适应,不能让其负担过重的赔偿责任。

三、损益相抵

(一) 损益相抵的概念及特征

损益相抵,亦称损益同销,是指赔偿权利人基于发生损害的同一原因受有利益者,应在损害额内扣除利益,而由赔偿义务人就差额予以赔偿的确定赔偿责任范围的规则[①]。

损益相抵的四个法律特征如下:(1)损益相抵原则是损害赔偿之债的原则,适用于一切损害赔偿责任确定的场合,不仅是侵权损害赔偿的规则,也是违约损害赔偿的规则。(2)损益相抵原则是确定侵权损害赔偿责任范围大小及如何承担的原则。它不是解决损害赔偿责任应否承担的规则,而是在损害赔偿责任已经确定应由加害人承担的前提下,确定加害人应当怎样承担民事责任,究竟应当承担多少赔偿责任的规则。(3)损益相抵所确定的赔偿标的,是损害额内扣除因同一原因而产生的利益额之差额,而不是全部损害额。例如,房屋因爆炸震塌,对于房屋所有权人而言,为损害,房屋所有权人固得请求赔偿,因倒塌而呈现之建筑材料,对于房屋所有权人而言,则是种利益[②]。损益相抵就是要求受害人在请求损害赔偿时,须从房屋损害数额中扣除因此所得建筑材料的利益额,仅就该差额行使赔偿权利。(4)损益相抵由法官依职权行使。在诉讼中,法官可以不待当事人主张,径以职权,根据确认的证据适用该原则。

案例 10-3

某矿山爆破,将邻近居民某甲的房屋震塌。房屋造价8万元,某甲要求全部赔偿。矿山主张只赔偿5万元,剩余的建筑材料折算3万元不予赔偿。对于房屋所有权人而言,8万元均为损害,房屋所有权人固得请求赔偿,但因倒塌而呈现之建筑材料,对于房屋所有权人而言,则是种新生利益[③]。损益相抵就是要求受害人在请求损害赔偿时,须从房屋损害数额中扣除因此所得建筑材料的利益额,仅就该差额行使赔偿权利。

(二) 损益相抵的构成

在侵权责任中损益相抵的构成,必须具备以下三个要件。

1. 须有侵权损害赔偿之债的成立

构成损益相抵,必须以损害赔偿之债的成立为必要要件。没有侵权损害赔偿之债的成立,亦即缺乏损害赔偿之债的要件,尚未构成侵权损害赔偿之债,不具备此要件。

2. 须受害人受有利益

这是损益相抵的必备要件。如果受害人未因受损害而受有利益,则无适用损益相抵的余地。此种利益,包括积极利益和消极利益。积极利益为受害人现有财产的增加,后者为应减少的财产未损失。应当扣减的利益包括:物的毁损而发生的新生利益;实物赔偿新旧相抵的利益;原应支出因损害事实的发生而免支出的费用;原无法获得因损害的发生而获得的利益;将来的多次赔偿给付改为现在的一次性给付的中间利息[④]。

3. 须有构成损害赔偿之债的损害事实与所得利益间的因果关系

尽管损益相抵不以相当因果关系为绝对标准,然而因果关系作为损益相抵构成的必要要件

[①] 2008年9月23日《侵权责任法》草案曾经规定了损益相抵规则,即第22条:"因同一侵权行为在造成损失的同时,受害人受有利益的,应当从赔偿额中扣除所获得的利益。"

[②] 曾世雄:《损害赔偿法原理》,台湾三民书局1986年版,第188页。

[③] 同上。

[④] 将来的多次赔偿给付改为现在的一次性赔偿的中间利息,在理论上应当认定为新生利益,予以损益相抵。但最高人民法院没有规定其为新生利益可以损益相抵。

之一,为判例和学说所公认,即须利益与损害须系于同一的发生损害之原因间,有相当因果关系而后可,即须利益与损害于同一之相当原因而发生[①]。在具体判断因果关系的构成时,基于同一赔偿原因所生直接结果的利益,成为不可分离或合一关系者;基于同一赔偿原因所生间接结果,彼此之间或者与直接结果为不可分离或合一关系者,均为有相当因果关系。通常认为不具有相当因果关系者,为损害与利益无适当关系,因此不得适用损益相抵原则。诸如:(1)第三人对于受害人赠与的财产,或受慈善机构救治,或国家、单位予以补助的财产;(2)因继承而得的利益;(3)退休金、抚恤金获得的利益;(4)非加害人所送的慰问金。

具备以上三个要件即构成损益相抵,应在损害额中扣除所得利益额。

(三) 损益相抵原则的实行

损益相抵的计算与折抵方法,主要有以下五种,可以根据不同情况选择适用。

(1) 损害造成的损失与利益均可以金钱计算时,直接相减,扣除利益,直接赔偿差额。赔偿计算公式是:

$$赔偿数额 = 原有价值 - \frac{原有价值}{可用时间} \times 已用时间 - 新生利益$$

这一公式中的"原有价值-原有价值/可用时间×已用时间",即为被损害之物的损失额;损失价值等于损失额与新生利益额相减的差额,即为赔偿数额。这种方法适用于财产损害赔偿。至于人身损害的损益相抵,则直接相减得出损害与利益的差额,即已实行了损益相抵。

(2) 对于损害造成的损失已经金钱赔偿者,应当由赔偿权利人将新生之利益退还给赔偿义务人,实行损益相抵。例如,致毁他人汽车或房屋,如果对所损坏的汽车、房屋的损失全额赔偿,则所余残存零部件或建筑材料应归赔偿义务人所有,否则,违背公平原则。

(3) 实物赔偿,新旧物的差价,应由赔偿权利人退还赔偿义务人,否则权利人对差价为不当得利。

(4) 返还原物,对所得消极利益,应退还返还义务人。例如,侵占他人耕牛,应负返还义务,对侵占期间受害人所受损失,亦应予以赔偿,但受害人在侵占期间减少草料、喂养人工等费用,应作为消极利益,从中扣除。

(5) 在人身损害致残、致死的场合,赔偿义务人对丧失劳动能力的人或其他间接受害人应定期给付生活补助费的,如果要把将来的多次给付变成现在一次性给付,应当依霍夫曼计算法扣除中间利息。其计算要点是:为了计算 n 年后的每年给付金额 A 的现在价额 X,其利率为 r,则计算公式为:

$$X + Xrn = A$$

或者

$$X(1+m) = A$$

或者

$$X = \frac{A}{1+m}$$

[①] 参见何孝元:《损害赔偿之研究》,台湾商务印书馆1980年版,第45页。

四、过失相抵①

过失相抵,是在损害赔偿之债中,由于与有过失的成立,而减轻加害人赔偿责任的规则。侵权行为的与有过失同样适用过失相抵原则。

实行过失相抵原则,应当通过过失的比较和原因力的比较,在此基础上,依比例确定双方当事人各自的责任比例,依此减轻加害人的责任。

五、衡平原则

(一)衡平原则的含义

作为赔偿规则的衡平原则,是指在确定侵权损害赔偿范围时,必须考虑诸如当事人的经济状况等诸因素,使赔偿责任的确定更公正。例如,加害人的经济状况不好,全部赔偿以后将使其本人及其家属的生活陷于极度困难时,则可依据具体情况适当减少其赔偿数额。

(二)适用规则

适用衡平原则,应当强调以下四点。

1. 适用前提

适用衡平原则的前提,必须是已确定赔偿责任构成,在此基础上,确定赔偿责任大小时,适用这一原则。如果不具有这个前提,如赔偿责任尚未确定,就不能适用这一原则。应当注意的是,适用衡平原则的前提,是根据过错责任原则、过错推定原则或无过错责任原则归责,确认构成侵权责任。

2. 适用顺序

衡平原则适用的顺序,应当在适用全部赔偿、财产赔偿、损益相抵和过失相抵等规则之后。衡平原则应当是在最后才能考虑的原则。没有依据其他赔偿规则确定赔偿的基本范围之前,就适用衡平原则是不可想象的。

3. 综合考虑各种因素

适用衡平原则应综合考虑各种因素,而考虑得最多的是当事人的经济情况。主要应考察当事人的经济收入,必要的经济支出,以及家庭的富裕程度。除此之外,还应当考虑其他因素,如社会风俗、习惯、舆论、当事人身份、特殊需求等等,综合判断,考虑是否可以减轻赔偿责任。考虑这些状况,不仅要考虑加害人的情况,也要考虑受害人的情况。如果仅仅考虑一方当事人的经济状况,有时可能会出现不公正的结果。

4. 保障必要的生活费

适用衡平原则,应当为加害人及其家属留下必要的生活费用。适用衡平原则的结果,是减轻赔偿责任,降低加害人的负担,本身就对加害人有利。其承担责任的极限,在于承担责任以后还必须保留加害人及其家属的必要生活费用,而不能让其因负担赔偿责任而使生活陷入极度贫困。必要生活费用的标准,应当根据当地实际情况而定,但又不能像确定生活救济标准那样准确,原则上是让加害人在承担责任之后还能够正常生活。其家属范围,应以有扶养关系的近亲属为限。

---

① 关于过失相抵问题,本书在第八章第三节"单方责任和双方责任"中,已经将其作为一种侵权责任形态作了详细的论述。为了保持损害赔偿规则体系的完整性,在这里只简要介绍这一规则。

第四节　数种原因造成损害结果的赔偿数额计算

一、数种原因造成损害结果的类型和特点

（一）类型

数种原因造成损害结果是指这样一种情形，就是在侵权行为中，造成一个和数个损害结果，不是由于一个原因所致，而是由于两个或者两个以上的原因所致，这种原因，可以是当事人的行为，也可以是第三人的行为，还可以是其他原因甚至是自然的原因；当这些原因相互结合，相互作用，共同造成了损害结果的发生。在这种情形下，损害赔偿责任不能由单一的行为人或者其他人承担，而应当由对损害结果的发生有过错或者具有原因力的主体承担。对于数种原因造成损害结果的赔偿数额计算问题，相对于单一原因造成损害结果的赔偿数额而言，更为复杂、多变。对于这种赔偿数额如何在各个不同原因的主体间进行分配，确定量化的计算方法，更为困难和复杂。

数种原因造成损害结果包括以下六种类型。

1. 共同侵权行为

在共同侵权行为中，共同加害人所实施的行为，虽然被作为一个行为来看待，但是，共同加害人毕竟不是一个人，而是多个人，每一个人在共同侵权时，其过错和行为的原因力都可能是不一样的，每一个人的行为对于损害结果的发生均具其固有的作用力。尽管他们要承担连带责任，但是在承担连带责任的基础上，各个共同加害人还是要有自己的相对性的责任份额，而不是绝对地由其中一个加害人永远承担。所谓一个和数个共同加害人在承担了连带责任以后，对其他没有承担赔偿责任的共同加害人享有追偿权，实际上就是按照赔偿责任份额令其承担自己所应承担的那一份赔偿份额。

2. 共同危险行为

共同危险行为是准共同侵权行为。在共同危险行为中，对于损害结果的形成，本来只有一个共同危险行为人的行为所致，并不是每一个共同危险行为人对于损害结果的发生均具实际的原因力；但是，在法律上，对共同危险行为是作为共同行为看待的，每一个共同危险行为人所实施的具有危险性的行为对于损害结果的发生，都视为有因果关系，都具有法律上的原因力。因而，在共同危险行为中，共同危险行为人在承担连带责任的基础上，也要确定每一个共同危险行为人的赔偿责任份额，也存在对每一个共同危险行为人的赔偿责任份额进行计算问题。

3. 无共同过错的数人侵权

无意思联络的数人侵权，指数人在行为之先并无共同的意思联络，而致同一受害人共同损害[①]。无意思联络的数人侵权，不是共同侵权行为，各个加害人之间不承担连带责任，而是各个就自己的行为所发生的原因力，各个承担按份的赔偿责任。

4. 与有过失

在与有过失中，不论是单一行为人还是多个行为人，凡是构成与有过失，总是加害人和受害人均具过错，对损害结果的发生均具原因力，其必然的结果，是实行过失相抵，双方当事人公正地分担赔偿责任。这是数种原因造成损害结果的最为典型的类型。

---

① 王利明、杨立新著：《侵权行为法》，法律出版社1996年版，第199页。

5. 加害人和受害人以外的第三人的行为对于损害结果的发生亦具原因力

在侵权行为的发生过程中,第三人的行为也加入其中,并构成损害结果发生的原因,该第三人也要承担自己应当承担的赔偿份额,这也是数种原因造成损害结果的一种类型。

6. 行为与自然原因相结合而造成损害结果

> **案例 10-4**
>
> 庞甲在庞乙房屋后墙约一米处挖井,在洪水期间,庞乙房屋前的河水暴涨,河水的压力将地下的砂石通过庞甲的井口涌出,将庞乙房屋的地基掏空,房屋下陷损坏,造成严重损失。庞乙房屋损害结果的形成,有两个原因:一是庞甲的挖井行为,二是洪水的自然原因。对此,庞甲只能对自己的行为承担责任;对于洪水的自然原因,则不能由庞甲承担。按照罗马法关于"不幸事件只能落在被击中者头上"的法谚,洪水这种自然原因所造成的损害,应当由受害人庞乙负担①。这种情况也是数种原因造成损害结果的一种类型。

(二) 特点

在以上六种类型的侵权行为中,都存在几个原因对损害结果的发生具有作用力,因而,也都涉及赔偿数额在不同的主体之间具体分配的问题。将这些类型的侵权行为抽象起来,可以看出数种原因造成共同损害结果的侵权行为的四个法律特征如下。

1. 它是侵权行为中的一种类型,而不是某一种特定的侵权行为

在侵权行为中,可以依据不同的标准作不同的划分。在这里,为了在计算赔偿数额上的方便,就以造成损害结果的原因数量这一标准,将侵权行为分为两大类:一是单一原因造成损害结果的侵权行为;二是数种原因造成损害结果的侵权行为。这种划分不是着眼于侵权行为的具体形态,而是着眼于侵权行为发生的原因。其意义在于依此作为标准,确定不同的损害赔偿数额的计算方法。

2. 这种侵权行为所造成损害结果的原因必须是两个或者两个以上

否则,就难以与单一原因造成损害结果的侵权行为相区别。两个或者两个以上的原因,可以是行为,也可以是其他原因;在行为的原因中,既可以是数个加害人的各个行为,也可以是加害人和受害人的行为,还可以是第三人的行为。这些原因结合在一起,共同形成了损害结果。

3. 这种侵权行为所造成的损害结果是共同的

在这类侵权行为中,虽然造成损害结果的原因有数种,但是,损害结果必须是共同的。共同损害结果可能是一个(这种损害结果不可能分开),也可能是数个;数个损害结果也必须相互关联,不可分割。只有共同的损害结果才能构成一个侵权行为;如果损害结果是两个或者两个以上,则构成两个或者两个以上的侵权行为,也就不存在分割损害赔偿责任数额计算的问题了。

4. 这种侵权行为的赔偿数额是应当而且可能分割的

在与有过失中,赔偿责任应由双方当事人共同承担,当然就有一个责任的分割问题,加害人承担的赔偿责任和受害人自己负担的损失数额,其实就是分割的赔偿责任份额。在共同侵权行为中,共同加害人虽然承担连带赔偿责任,但是真正承担起来,最后仍然要分割份额。就是在行为人的行为与自然原因相结合,造成共同损害结果,行为人也只能承担自己的行为所造成的那一份损害赔偿责任,赔偿数额也是要分割成为各自的赔偿责任份额的。因而,这种侵权行为赔偿数额计算问题的实质,就是对一个总体的赔偿责任分割成为不同的赔偿责任份额。所不同的是:有

---

① 杨立新著:《民法判解研究与适用》,中国检察出版社 1994 年版,第 23 页。

的赔偿责任份额是绝对性的,例如混合过错中加害人和受害人的赔偿责任份额;有的赔偿责任份额是相对性的,例如共同侵权行为各个共同加害人的赔偿责任份额。说到底,多种原因造成损害结果的赔偿数额计算问题,就是依照一定的因素和标准分割不同的赔偿责任份额。

二、决定数种原因造成损害结果分割赔偿责任份额的因素

在数种原因造成损害结果的侵权行为中,确定各个主体的赔偿责任,就是在各个主体之间按照构成侵权赔偿各种因素分割赔偿份额,将一个整体的赔偿数额,公平地分配给该侵权行为法律关系的每一个主体来承担。在确定每一个数种原因造成损害结果的侵权行为的时候,必须考虑的因素就是两个:一是主观过错,二是原因力。依据这两个因素,就可以准确地计算出每一个侵权法律关系主体所应当承担的赔偿数额。

(一) 过错比较

过错比较源于比较过错或者比较过失,但是它们不是同一个概念。比较过错或者比较过失,是指在与有过失中,通过确定并比较加害人和受害人的过错程度,以决定责任的承担和责任的范围[①]。在这里提出的过错比较的内涵比比较过错要宽,不仅适用于与有过失的场合,而且适用于一切数种原因造成损害结果的侵权行为。因而,过错比较是指数种原因造成损害结果的侵权行为在确定赔偿数额时,首先应当考虑的因素,是决定这种侵权行为的不同主体间赔偿责任分割的第一位的决定因素。更准确地说,过错比较是在受害人、加害人以及第三人之间在对造成的损害都存在过错的时候,按照各自的过错程度,确定各方的赔偿份额。

在我国的司法实践中,采用的过错比较的方法是,将当事人的过错程度具体确定一定的比例,从而确定出责任范围。例如在与有过失的情况下,如果是同等责任,按照比例,在当事人之间平均分割赔偿责任份额。如果一方当事人应当承担主要责任,则应当承担51%以上的民事责任。如果一方当事人应当承担次要责任,则应当承担49%以下的赔偿份额。在其他责任主体有过错的时候,参照以上的办法,确定各方的赔偿份额。

(二) 原因力比较

在多种原因造成损害结果的侵权行为中,确定各方赔偿责任时,过错程度的比较是第一位的决定因素。第二位的决定因素就是原因力。

原因力,是指在构成损害结果的共同原因中,每一个原因对损害结果的发生或者扩大所发生的作用力[②]。数种原因造成损害结果,是由数个行为或者因素所造成的,这数种原因对于该共同损害结果来说,都是共同原因,每一个作为共同原因的行为或者因素,都对损害结果的发生或者扩大具有原因力。

原因力之所以在多种原因造成损害结果的侵权行为的责任份额确定上是第二位的因素,是因为原因力对于赔偿份额的确定具有相对性。虽然因果关系在侵权责任的构成中是必要要件,具有绝对的意义,不具备之就不能构成侵权责任。但是,在多种原因造成损害结果的侵权行为中,确定各个主体的赔偿份额的主要因素,是过错程度的轻重;而原因力的大小尽管也影响各自的赔偿责任份额,但要受过错程度因素的约束和制约。

多种原因造成损害结果的侵权行为在确定赔偿责任份额时,原因力的相对作用主要表现在以下三个方面。

(1) 当各方当事人的过错程度无法确定,只能在原因力上进行比较,根据原因力的大小确定各自的赔偿责任份额。在一方的行为与其他自然原因相结合而造成损害结果的时候,也无法进

---

① 王利明、杨立新著:《侵权行为法》,法律出版社1996年版,第213页。
② 同上书,第215页。

行过错比较,只能依原因力比较,确定行为人的赔偿责任份额。或者在适用无过错责任原则归责时,并不要求行为人一方有过错,因而在多数情况下无法进行过错比较,应以各自行为或者因素的原因力大小,确定各自的赔偿份额。

(2) 在各方当事人的过错程度相等时,原因力对赔偿责任份额的确定,起"微调"作用。例如,在与有过失的场合,如果双方当事人的过错程度相等,而各自行为的原因力有差别的时候,应当根据原因力的比较进行赔偿责任份额的调整;在共同侵权行为中,如果各个共同加害人的过错程度相等,原因力的大小,对各自的赔偿责任份额就具有决定的作用。在这样的情况下,如果各自的原因力的大小没有差别,则应当承担同等的赔偿责任份额;如果各自的原因力有差别,则应当根据原因力的比较,确定各自的赔偿责任份额。

(3) 在加害人依其过错程度应当承担主要责任和次要责任时,各自行为或因素的原因力亦起"微调"作用。各自原因力相等的,依过错程度的比例确定赔偿责任份额;原因力不等的,依原因力的大小相应调整主要责任和次要责任的份额比例,确定具体的赔偿份额。

三、具体的赔偿数额计算

(一) 过错程度的确定

由于过错程度是多种原因造成损害结果的侵权行为赔偿责任份额确定的最主要因素,也由于在一般的这种案件中,过错程度是普遍存在的因素,因而,在确定多种原因造成损害结果的侵权行为的赔偿数额的时候,进行过错比较是最重要、最基础的一环。在我国司法实践中,采用的是根据各方当事人注意义务的内容和注意标准来决定过失的轻重标准。因为只有根据注意义务的内容和标准来决定过失的轻重,才客观、公正,可以适用于一切案件,成为通用的标准。

根据这一标准,除了故意以外,首先要确定双方当事人所负有的注意义务的内容,如果一方当事人在损害发生时负有特殊的注意义务,而该当事人不仅没有履行此种特殊的注意义务,而且连一般人所应尽的注意义务都没有达到,其过失就比一般过失严重。如果各方当事人并不负有特殊的注意义务,就应按照"善良家父"和"合理人"的标准衡量双方的行为,把双方的行为与一个合理的、谨慎的人的行为进行比较,以决定双方的过失和过失程度。如果行为与一个合理的、谨慎的人的标准相距较远,则过失较重;相距较近,则过失较轻。因而,过错的等级及其轻重的关系是:

$$故意 > 重大过失 > 一般过失 > 轻微过失$$

(二) 赔偿责任份额的具体计算

1. 与有过失赔偿责任份额的计算

请依照本书第八章第三节关于"过失相抵的责任分担"说明的方法进行。

2. 共同侵权行为的赔偿责任份额计算

确定共同侵权行为的相对性赔偿责任份额,首先,也应当依照各个共同加害人的过错程度,确定其连带责任中的赔偿责任份额。将赔偿责任确定为100%,然后,按照共同加害人的人数和各自的过错程度,确定其应当承担的适当份额。如果各个共同加害人的过错程度相等,则平均分配份额;如果各个共同加害人的过错程度不相等,则按比例确定之。其次,按照各个共同加害人的行为的原因力,对各自的责任份额进行调整。如果各个共同加害人行为的原因力与其过错程度相当,则依此确定赔偿责任份额即可;如果各个共同加害人的行为的原因力与其各自的过错程度不相当,则依原因力的比例进行适当调整。其计算公式是:

$$\text{共同加害人赔偿责任份额} = (该加害人的过错程度 + 该加害人行为原因力)/2$$

例如,四个共同加害人过错程度相当,依过错程度每人应当承担25%的责任份额,但是为首的一个共同加害人的原因力占整个原因的50%,则其应当承担37%—40%的份额,其他三名共同加害人共同承担其余的60%—63%的份额,每人的份额是20%—21%。当然,这是在连带责任的基础上的份额,而不是按份责任的份额。

3. 共同危险行为赔偿责任份额的计算

在共同危险行为中,各个共同危险行为人的过错程度相当,致害的概率相等,因此,他们的相对性赔偿责任份额是均等的,不应当在份额上有差别。

4. 无意思联络的数人侵权赔偿责任份额的计算

在无意思联络的数人侵权中,由于是按份责任,因而应当按照各个行为人的过错程度和行为的原因力来确定各自的赔偿责任份额。这种赔偿责任份额,是绝对的份额,不得由于某些加害人无支付能力而责令其他加害人为其承担他所应当承担的份额。这种赔偿责任份额的计算,先比照共同侵权行为的赔偿责任份额计算中确定过错程度的方法计算,确定过错程度所决定的份额;然后,再依原因力的比较,进行赔偿份额的调整;最后决定每一个加害人的赔偿责任份额。

5. 其他多种原因造成损害结果的侵权行为的赔偿责任份额计算

一是在加害人和受害人以外的第三人的行为亦为损害原因的赔偿责任份额的计算问题。在加害人和受害人以外,第三人的行为对于损害结果的发生亦有过错、亦具原因力,第三人应当承担相应的责任。在这种情况下,如果损害结果的发生完全是由于第三人的行为所致,则应由第三人承担全部的赔偿责任。如果当事人的一方有过错,第三人亦有过错,应当由第三人和一方当事人共同承担赔偿责任,责任份额的计算,参照共同侵权行为的共同加害人赔偿责任份额的计算方法计算,确定有过错的一方当事人和第三人各自所应承担的赔偿责任份额。在与有过失的情况下,如果第三人对损害结果的发生亦有过错、具有原因力,则应依据实际情况处理:(1)如果有过错的第三人与受害人有密切关系时,如受害人在被伤害以后,受害人之妻怠于治疗,致受害人死亡,这时,当事人的过错与受害人损害结果的扩大具有原因力,与受害人之间有密切的关系,因而,第三人的过错可以视为受害人的过错,仍按照与有过失的处理原则办理,实行过失相抵,只是将第三人的过错和受害人的过错加到一起,计算赔偿责任份额。(2)如果有过错的第三人与加害人一方有密切关系,构成共同侵权行为的,则按照共同侵权行为的与有过失处理原则处理(对此,后文还要进行讨论)。(3)如果有过错的第三人对损害结果的发生具有过错和原因力,加害人和受害人亦有过错和原因力,这时,应当将赔偿责任份额分成相应的三份,计算方法与其他赔偿责任份额的计算方法相同。

二是当事人的行为与自然原因结合造成损害结果的赔偿责任份额的计算问题。在这种情况下,应当按照当事人的行为和自然原因对损害结果发生所具有的原因力,来计算当事人各应当承担的赔偿责任份额。原因力相等的,当事人承担50%的赔偿责任份额;当事人行为的原因力大于自然原因的原因力的,当事人一方应当承担主要的赔偿责任;当事人行为的原因力小于自然原因的原因力的,当事人一方则承担次要的赔偿责任。在承担主要责任或者次要责任时,究竟应当承担多大的赔偿责任份额,应当根据案件的实际情况,由法官确定。自然原因造成的损失,由受害人自己承担。例如,前述加害人打井致害受害人房屋案,挖井行为的原因力显然大于洪水的自然原因,应当由加害人承担主要的赔偿责任;在受害人对加害人的行为提出质疑并要求其停止侵权行为的时候,加害人并没有停止侵害行为,过错较为严重,应当加重加害人的赔偿责任份额。因而,本案加害人应当承担80%以上的赔偿责任份额为妥。

(三) 几个具体的赔偿数额的计算

一是在与有过失的情况下,双方当事人的人数不等的,如何确认过错比例和原因力的大小。

双方当事人人数不等,对过错比例的确定不产生影响,仍与确定过错比例的过错比较的方法相同;但在原因力上,则应当有所区别,应根据原因力的大小,适当对按照过错程度确定的赔偿责任份额进行调整。在加害人一方为多数人,先计算出与有过失中加害人一方和受害人一方各自所应当承担的赔偿责任份额,然后,再按照共同侵权行为的计算方法,计算共同加害人各自所应当承担的相对的赔偿责任份额。在受害人一方为多数人,先计算双方当事人各自应当承担的过错比例,然后再按照各自一方当事人行为的原因力进行调整,确定各自的赔偿责任份额。

二是无责任能力的受害人的过错确定问题。在加害人的行为与无责任能力人的受害人的行为共同构成损害结果发生的原因时,无责任能力的受害人的行为对于赔偿责任的确定,是有影响的。依照《民法通则》第133条规定,当事人的责任能力对赔偿责任的构成,并没有影响,这时其责任不是由他自己承担,而是由他的亲权人或者监护人承担,况且受害人的行为的原因力,往往是由于亲权人或者监护人的过失行为所发生,当然构成与有过失的赔偿责任份额。计算时,应当与其他的与有过失的计算方法相同。

本 章 小 结

本章主要介绍了有关侵权损害赔偿的概念和重要制度。侵权损害赔偿是侵权行为的主要的法律后果,是指当事人一方实施侵权行为对他方当事人造成损害,在当事人之间产生请求赔偿权利和给付赔偿义务的债权债务关系,当债务人不自觉履行赔偿义务时,该种债务即转化为损害赔偿的民事责任。侵权损害赔偿是一种法律关系,其赔偿权利主体包括直接受害人、间接受害人、胎儿和死者近亲属,赔偿义务主体包括单独的直接加害人、对人和对物的替代责任人、补充责任人。侵权损害赔偿的基本规则有全部赔偿原则、财产赔偿原则、损益相抵原则、过失相抵原则和衡平原则。全部赔偿是侵权损害赔偿的基本规则,指的是侵权行为加害人承担赔偿责任的大小,应当以行为所造成的实际财产损失的大小为依据,全部予以赔偿。换言之,就是赔偿以所造成的实际损害为限,损失多少,赔偿多少。财产赔偿规则,是指侵权行为无论是造成财产损害、人身损害还是精神损害,均以财产赔偿作为唯一方法,不能以其他方法为之。损益相抵,亦称损益同销,是指赔偿权利人基于发生损害的同一原因受有利益者,应在损害额内扣除利益,而由赔偿义务人就差额予以赔偿的确定赔偿责任范围的规则。过失相抵原则,应当通过过失的比较和原因力的比较,在此基础上,依比例确定双方当事人各自的责任比例,依此减轻加害人的责任。衡平原则,是指在确定侵权损害赔偿范围时,必须考虑诸如当事人的经济状况等诸因素,使赔偿责任的确定更公正。确定侵权损害赔偿责任,应当全面适用这些原则。

【关键术语】

损害赔偿　法律关系　全部赔偿　财产赔偿　损益相抵　过失相抵　衡平原则

【思考题】

1. 侵权损害赔偿的双重属性应当怎样理解?
2. 简述侵权法律关系的基本内容,说明间接受害人的特点和范围。
3. 侵权损害赔偿权利主体包括哪些类型?
4. 简述侵权损害赔偿规则体系及其内容。
5. 举例说明损益相抵原则的基本规则。

第十一章 人身损害赔偿

本章要点

本章主要依据《侵权责任法》第16条和第17条规定，介绍人身损害赔偿制度。包括人身损害赔偿的概念、一般范围，着重介绍了人身损害的常规赔偿、丧失劳动能力的赔偿、造成死亡的赔偿、扶养损害赔偿、人身损害的抚慰金赔偿、定期金赔偿等具体赔偿方法。

第一节 人身损害赔偿概述

一、人身损害和人身损害赔偿

（一）人身损害

在侵权责任法中称人身损害，不仅仅包括轻伤害、重伤害和轻微伤害，还包括致人死亡，以及未造成人身损害的对身体权的侵害。因而，人身损害这一概念在侵权责任法中的含义非常丰富，概括了侵害生命权、健康权和身体权的一切情况，是侵权责任法中的一个专用概念。

（二）人身损害赔偿的概念

人身损害赔偿，是指民事主体的生命权、健康权、身体权受到不法侵害，造成致伤、致残、致死的后果以及其他损害，要求侵权人以财产赔偿等方法进行救济和保护的侵权法律制度。我国《侵权责任法》第16条和第17条规定了人身损害赔偿制度的基本内容。最高人民法院2003年12月26日颁发了《关于审理人身损害赔偿案件适用法律若干问题的解释》，对我国人身损害赔偿制度进行了全面的规定，其中有些规定需要修改。

（三）我国人身损害赔偿制度的历史发展

《民法通则》的公布实施，标志着中国人身损害赔偿法律制度的正式建立，我国关于人身损害赔偿的司法实践告别了无法可依或者依靠政策和司法解释作出判决的时代。《民法通则》第119条是关于人身损害赔偿的规定，其简短的内容是："侵害公民身体造成伤害的，应当赔偿医疗费、因误工减少的收入、残废者生活补助费等费用；造成死亡的，并应当支付丧葬费、死者生前扶养的人必要的生活费等费用。"这一规定在具体实施中，经过初步的实践，就检验出了其不完备性和不完善性的缺陷。其中最简单的就是，按照这一赔偿标准计算，造成残废者的赔偿，可以赔偿几万元甚至十几万元，但是造成死亡的，只能赔偿千余元；造成残废的损害赔偿数额远远高于造成死亡的赔偿数额。无论在实践中还是在理论上，生命权之于人的价值都远远高于健康权，但是依照法律处理的赔偿结果却恰恰相反。另外，关于精神损害赔偿问题，仅仅规定在侵害部分精神性人格权中可以适用，对于侵害生命权、健康权和身体权的精神损害抚慰金赔偿问题，根本就没有规定[①]，更不

---
① 其中特别是对于身体权侵害的救济表述不明，致使在实践中很多人都认为《民法通则》根本就没有规定身体权及其保护。

要说对身体权的模糊规定了。

1988年1月26日最高人民法院审判委员会讨论通过的《关于贯彻执行〈中华人民共和国民法通则〉若干问题的意见(试行)》在民事责任一节,于第142条至147条,对维护公益而致害的损失赔偿、误工损失赔偿、医药治疗费赔偿、护理费赔偿、丧失劳动能力生活补助费赔偿,以及致死前、致残前受害人扶养的人的必要生活费的赔偿,作出了规定,在一定程度上,补充了《民法通则》关于人身损害赔偿规定的不足。

在《民法通则》实施之后积极制定之中的《道路交通事故处理办法》,第一次全面规定人身损害赔偿中的各项赔偿项目,规定具体的计算办法;第一次规定对于侵害生命权造成死亡的,应当赔偿死亡补偿费。尽管这个法规规定的赔偿计算标准还很低,有的计算方法也不够科学,但是在当时的历史条件下,这确实是人身损害赔偿历史上的一个重大进展。

1993年2月22日通过的《产品质量法》提出对造成受害人死亡的赔偿抚恤费的规定,有精神损害赔偿的意义。这是立法第一次提出对造成死亡的应当赔偿丧葬费以外的赔偿项目。

1993年10月31日立法机关通过的《消费者权益保护法》,第一次提出了残疾赔偿金和死亡赔偿金的概念,这在运用精神损害赔偿救济侵害生命权和健康权损害的问题上,迈出了可喜的一步。

1994年,立法机关通过了具有重要意义的《国家赔偿法》,对进一步完善人身损害赔偿制度作出了新的规定。这就是该法的第27条规定。这一规定的新进展是:第一,对残疾赔偿金和死亡赔偿金的赔偿办法第一次作出了具体规定,这就是以国家上一年度职工年平均工资作为标准,部分丧失劳动能力的赔偿10倍,全部丧失劳动能力的赔偿20倍、造成死亡的赔偿20倍;第二,赔偿减少收入的标准,确定为国家上一年度职工日平均工资,最高额为5倍;第三,赔偿生活费的标准,是当地民政部门发放生活救济的标准,对未成年的受害人给付至18周岁,对无劳动能力的人给付至其死亡时止。这是国家法律第一次规定人身损害赔偿的具体计算标准和办法,虽然其适用的范围有很大限制,但是其参考价值是十分重要的。

2001年1月10日公布、1月21日施行的最高人民法院《关于审理触电人身损害赔偿案件若干问题的解释》,对人身损害赔偿作出了新的规定。这个司法解释对人身损害赔偿的规定,是最高司法机关第一次作出最全面的解释,尤其是具体内容具有实际的操作性,是一个很好的司法解释。但是,这个司法解释有两个缺点:第一,就是适用范围的规定,是审理触电人身损害赔偿的司法解释,具有一定的局限性;第二,就是对人身损害赔偿中的抚慰金赔偿,仅仅局限在造成死亡的赔偿死亡补偿费的规定上,没有向前再发展一步。

2001年3月8日公布、3月10日施行的最高人民法院《关于确定民事侵权精神损害赔偿责任若干问题的解释》对人身损害赔偿中的精神损害抚慰金赔偿作出了规定。该司法解释第1条规定,自然人因生命权、健康权、身体权遭受侵害,向人民法院起诉请求赔偿精神损害的,人民法院应当依法予以受理。按照该司法解释第9条规定,侵害自然人生命权、健康权、身体权的精神损害赔偿,为精神损害抚慰金,共有三个种类:一是残疾赔偿金,适用于侵害健康权造成受害人残疾的场合;二是死亡赔偿金,适用于造成受害人死亡的场合;三是精神抚慰金,适用于侵害身体权、健康权,但没有造成受害人残疾的情况。经过15年的理论探索和司法实践,人身损害赔偿中的精神损害抚慰金赔偿制度,终于随着这一司法解释的公布施行而建立起来。

2004年5月1日施行的《关于审理人身损害赔偿案件适用法律若干问题的解释》有更多更新的人身损害赔偿的新规定,是对人身损害赔偿制度的全面完善。

2009年12月26日,《侵权责任法》诞生,第16条和第17条规定了比较完善的人身损害赔偿制度。

二、人身损害的实际损害和损失

侵权行为侵害生命权、健康权和身体权,可能造成很多种损害和损失。

损害,是指对人体的实质性伤害后果;损失,是指造成人体的损害以后所产生的财产上的不利益,以及精神上的痛苦和创伤。在一般情况下,侵害生命权、健康权和身体权这三种人格权,都可能造成人体上的损害和财产上的损失,以及精神上的痛苦和创伤。

(一) 侵害身体权造成的损害和损失

侵害身体权,可能造成两种损害:一是人体完整性的实质损害,如擅自剃除人的毛发,擅自剪除人的指(趾)甲,擅自抽取人的血液、脊髓以及其他体液等,而没有造成健康权损害后果的,都是对人体组成完整性的侵害;二是对人体形式完整的侵害,例如,没有造成伤害的殴打,擅自搜查身体,对他人的身体进行戏弄等。这两种损害,都可能伴随着产生以下损失或者损害:(1)财产利益的损失,例如,以手作为模特的人,必须保证手的健美,包括指甲的完整和美观。侵权行为造成其指甲的损害,使其在一定时期内不能从事专业工作,就会造成预期财产利益的损失,这种损失是财产损失。(2)财产利益的其他损失,例如,强行抽取人的血液、脊髓、精液等,虽然没有造成受害人健康的损害,但是恢复体力需要一定的经济力量,因而,会造成财产利益的损失。(3)精神损害,即侵害身体对受害人造成精神痛苦或者人体疼痛的损害。

(二) 侵害健康权造成的损害和损失

侵害健康权的直接损害,就是破坏人体生理机能的正常运作和身体功能的完善发挥。其表现形式如前述的一般伤害、造成残疾和其他疾病。由于这种损害,可以产生以下的损失或者损害:

(1) 医疗费损失。受害人的人体遭受损害,最主要的损失就是为治疗人身损害而支付的金钱。这是一种财产上的损失。这种损失是侵害健康权所直接造成的财产损失后果。

(2) 误工费损失。受害人遭受人身损害,不能正常进行身体没有遭受损害之前所进行的工作,就会造成预期财产利益的损失。这是侵害人身造成健康损害所必然引起的结果。

(3) 住院伙食费和营养费损失。人身遭受损害以后,需要住院治疗的,在住院期间,要增加伙食费上的支出,有些特别的人身损害,还要增加必要的营养,因此要增加营养费的支出。这些损失,也是侵害健康权所造成的财产损失后果,是侵害健康权的直接损害后果。

(4) 护理费损失。受害人遭受人身损害之后,如果行动不能自理,需要有人进行护理的,就要增加护理费的支出。这种支出,也是侵害健康权所造成的直接财产损失后果,是人身损害的财产损失。

(5) 交通费损失。如果受害人遭受人身损害之后,需转院治疗的,要支出转院治疗的交通费。即使是没有转院治疗的,受害人在受到伤害以后到医院进行治疗,也会有一定数量的交通费支出。这些支出的交通费,也是人身损害的直接后果,是一种财产上的损失。

(6) 住宿费损失。受害人在转院治疗中,以及护理人员在护理中,如果需要住宿,则要支付住宿费。住宿费的损失,也是人身损害所造成的财产损失。

(7) 造成残疾的收入损失。由于人身损害造成受害人残疾,致使劳动能力部分丧失或者全部丧失,会造成受害人正常收入的减少或者丧失。这种损失,是人身损害的直接后果,是一种财产损失。

(8) 残疾辅助器具费损失。受害人因人身损害造成残疾,为了生活的需要,有些需要配置残疾用具。例如,伤害四肢造成残疾的,需要配置假肢;造成腿部残疾的,需要配置轮椅、拐杖等。配置这些残疾用具费的支出,是财产上的损失。

(9) 精神痛苦和身体疼痛损害。受害人遭受人身损害,必然会造成精神上的痛苦和身体上的疼痛。这种精神损害的程度取决于侵害健康权所造成损害的程度[①]。这就是,伤害越严重者,其精神损害的程度越重;伤害越轻者,其精神损害的程度越轻。

(三) 侵害生命权造成的损害和损失

侵害生命权,是造成了受害人的生命丧失,使受害人的主体资格消灭。这是侵害生命权的最直接的后果。生命权丧失所造成的其他损失,包括以下四种。

(1) 为救治受害人所支出的常规费用。受害人受到人身损害,但是没有立即造成死亡结果的,会发生抢救、治疗等财产的损失,因此,在侵害生命权的损失中,有的包括医疗费、误工费、住院伙食补助费、护理费、交通费、住宿费等财产损失。这些损失与侵害健康权的这类损失是一样的。

(2) 丧葬费的损失。受害人死亡以后,需要支出丧葬费,如寿衣、火化、殡葬、棺椁等支出的费用,为侵害生命权所造成的财产损失。

(3) 生命利益的损失。按照人的平均寿命,男性为73岁,女性为76岁,由于侵权行为造成其死亡,其残余的寿命,为丧失的生命利益。这种损害一般称为"余命"损失。

(4) 受害人近亲属的精神痛苦。侵害生命权,死者的近亲属因为丧失亲人而造成的精神痛苦,是这种侵权行为所造成的精神损害。

三、人身损害赔偿的一般范围

(一) 一般赔偿范围的确定

根据人身损害的以上内容,其赔偿范围有如下四个方面。

(1) 人身损害的常规赔偿。这种赔偿,是指侵害身体权、健康权、生命权造成人身损害的一般的赔偿范围,即造成人身损害一般都要赔偿的项目。无论致伤、致残、致死,凡有常规赔偿所列项目的费用支出的,均应予以赔偿。

(2) 劳动能力丧失的赔偿。这种赔偿,是指人身损害所致残废,造成劳动能力丧失所应赔偿的范围。它是在常规赔偿的基础上,对因伤害致残而丧失劳动能力,赔偿残疾赔偿金以及相关的项目。

(3) 致人死亡的赔偿。这种赔偿,是侵权行为致受害人死亡所应赔偿的项目。它主要包括丧葬费等赔偿,对于常规赔偿项目,也应予以赔偿。

(4) 抚慰金赔偿。侵害身体权、健康权、生命权,给受害人造成精神痛苦和精神创伤的,应当予以抚慰金赔偿。

(二) 应当注意的问题

确定人身损害赔偿的具体范围,应当注意以下两个问题。

1. 赔偿合理损失

赔偿损失,必须是合理的损失才能予以赔偿,如果对不合理的损失也让加害人负担,则有悖于损害赔偿的宗旨,既给加害人增加了不应有的经济负担,也助长了受害人的不正当行为,有损于社会公德。在司法实务中,受害人借受伤害之机随意扩大赔偿范围的现象比较常见,如不加区别一律赔偿,有失法律的公正性。

2. 遵循公平和诚信原则

赔偿标准应当根据民法公平、正义、诚实信用原则判断,不可拘泥于教条。确定人身损害的赔偿范围,就是要实事求是,既要保证受害人的损害得到妥善的救济,又要保证确定责任合情合

[①] 参见张新宝:"侵害公民健康权身体权的民事责任",载2001年8月12日《人民法院报》。

理,不使加害人的正当利益受到侵害。在当前,应当着重考虑的是切实保护受害人的合法权益,不能借口保护加害人的合法利益而使受害人的合法权益受到损害,使损害不能得到全部赔偿。

第二节 人身损害的常规赔偿

一、我国人身损害常规赔偿的基本内容

《侵权责任法》第16条和第17条规定:"侵害他人造成人身损害的,应当赔偿医疗费、护理费、交通费等为治疗和康复支出的合理费用,以及因误工减少的收入。造成残疾的,还应当赔偿残疾生活辅助具费和残疾赔偿金。造成死亡的,还应当赔偿丧葬费和死亡赔偿金。""因同一侵权行为造成多人死亡的,可以以相同数额确定死亡赔偿金。"这里规定的,都是人身损害赔偿的具体项目,其中第16条前段规定的是人身损害的常规赔偿。

二、具体赔偿内容

(一)医疗费赔偿

医疗费赔偿的目的,在于对侵害人身造成伤害所致财产损失的补偿。在这项赔偿上,实行的是全部赔偿原则,即损失多少就赔偿多少,赔偿应当与损失相一致。只有这样,才能够恢复受害人的权利,救济受害人的损害。

《关于审理人身损害赔偿案件适用法律若干问题的解释》规定了医疗费赔偿具体办法:"医疗费根据医疗机构出具的医药费、住院费等收款凭证,结合病历和诊断证明等相关证据确定。赔偿义务人对治疗的必要性和合理性有异议的,应当承担相应的举证责任。""医疗费的赔偿数额,按照一审法庭辩论终结前实际发生的数额确定。器官功能恢复训练所必要的康复费、适当的整容费以及其他后续治疗费,赔偿权利人可以待实际发生后另行起诉。但根据医疗证明或者鉴定结论确定必然发生的费用,可以与已经发生的医疗费一并予以赔偿。"

按照本条规定,医疗费赔偿的标准和计算方法如下。

(1)医疗费根据医疗机构出具的医药费、住院费等收款凭证,结合病历和诊断证明等相关证据确定。

(2)举证责任分配的规定具有新意。这就是,原告提出证据证明自己的医药费损失,被告如果对其必要性和合理性提出异议的,应当举证证明。这样就改变了过去司法实践中法院依职权进行鉴定的常见做法,有利于保持法院的中立地位。

(3)确定医疗费赔偿数额的截止期间,为一审法庭辩论终结的实践,在此之前的支出为本案的赔偿数额。今后的损失就是后续治疗费了。

(4)后续治疗费,一般原则是在判决以后,费用实际发生时再另行起诉。如果后续治疗费属于必然发生的,也可以一并赔偿。后续治疗费的范围,包括器官功能恢复训练所必要的康复费、适当的整容费以及其他后续治疗费。

在医疗费的赔偿上,应当贯彻凡是治疗损害的合理损失,都应当予以赔偿的原则,以尽量保护受害人的合法权益,使其受到损害的权利得到恢复。处理人身损害赔偿案件的实际情况,是在损害已经发生的情况下,对赔偿的问题发生争议,才起诉到法院进行评断,而不是在事先定出准则要当事人执行。确定这个基点,对有些问题的研究和解决会更有实践性,并可以减少主观臆断的成分。

在医疗费的赔偿中,应当着重注意的问题如下。

（1）医疗费范围的标准问题。医疗费范围的确定标准，就是根据受害人的病历、医疗单据、诊断证明和处方确定。

（2）医院选择问题。一律强调必须选择就近的医院治疗，过于严苛。就近治疗是一个原则，但是不要过于机械，要考虑实际情况需要。在实践中，受害人就是到了不是就近的医院治疗了，也是合理的治疗。对此，对于合理的治疗费用也应当给予赔偿。

（3）诱发疾病的治疗费用问题。对于侵权行为所诱发的疾病的治疗，不能不予赔偿，但是完全予以赔偿也有一定的问题。处理这个问题的原则，应当是予以适当赔偿。确定的标准，应当按照因果关系联系中的实际情况确定，即按照原因力的大小确定。侵权行为所诱发的疾病，一般应当按照相当因果关系确定责任的有无。在确定了有相当因果关系以后，判断侵权行为对诱发疾病发生的原因力。原因力是百分之多少，就按照百分之多少赔偿支出的费用。

（二）误工费赔偿

误工费损失的赔偿，补偿的是受害人由于人身受到伤害，耽误工作而造成的财产损失。《关于审理人身损害赔偿案件适用法律若干问题的解释》第20条规定："误工费根据受害人的误工时间和收入状况确定。""误工时间根据受害人接受治疗的医疗机构出具的证明确定。受害人因伤致残持续误工的，误工时间可以计算至定残日前一天。""受害人有固定收入的，误工费按照实际减少的收入计算。受害人无固定收入的，按照其最近三年的平均收入计算；受害人不能举证证明其最近三年的平均收入状况的，可以参照受诉法院所在地相同或者相近行业上一年度职工的平均工资计算。"

按照本条规定，误工费赔偿的办法如下。

（1）误工的时间确定。一种情况是，以医疗机构出具的证明作为确定的标准。另一种情况是，如果造成伤残持续误工的，则将误工时间定为定残的前一天。具体办法：一是以负责治疗的医疗机构出具的证明确定；二是由法医鉴定确定；三是按照受害人的实际损害和恢复情况确定。有的还可以将这三个办法结合起来确定，例如对医疗机构的证明有怀疑，就可以经过法医结合损害情况和受害人的实际损害和恢复情况进行鉴定，作出确切的判断。受害人致残的，有一个致残前赔偿误工费，致残后赔偿生活费的衔接问题。对此，应当以定残之日为准，之前赔偿误工费。受害人因伤害死亡的，也要对受伤害之后、死亡之前的实际误工费进行赔偿。误工费的计算，从侵权行为开始计算，至受害人死亡之时止。

（2）误工损失收入的计算。原则是：一是有固定收入的，按照实际减少的收入计算；二是无固定收入的，按照最近三年的平均收入计算；三是不能举证证明最近三年的平均收入的，参照受诉法院所在地相同或者相近行业上一年度职工的平均工资计算。

对这项赔偿的原则是，应当按其实际伤害程度、恢复情况并参照医疗机构出具的证明或者法医鉴定等认定。

（三）护理费赔偿

护理费赔偿，补偿的是受害人因为受损害生活不能自理，需要有人进行护理而造成的财产损失。《关于审理人身损害赔偿案件适用法律若干问题的解释》第21条规定："护理费根据护理人员的收入状况和护理人数、护理期限确定。""护理人员有收入的，参照误工费的规定计算；护理人员没有收入或者雇佣护工的，参照当地护工从事同等级别护理的劳务报酬标准计算。护理人员原则上为一人，但医疗机构或者鉴定机构有明确意见的，可以参照确定护理人员人数。""护理期限应计算至受害人恢复生活自理能力时止。受害人因残疾不能恢复生活自理能力的，可以根据其年龄、健康状况等因素确定合理的护理期限，但最长不超过二十年。""受害人定残后的护理，应当根据其护理依赖程度并结合配制残疾辅助器具的情况确定护理级别。"

按照本条规定,关于护理费赔偿的办法如下。

(1) 一般原则是根据护理人员的收入状况和护理人数、护理期限确定。对此,要实事求是地确定。

(2) 护理人员原则上为1人;如果医疗机构或者鉴定机构有明确意见的,参照其意见确定。

(3) 如果护理人员是有收入的,按照误工费赔偿的规定计算护理费的具体数额。

(4) 护理人员没有收入或者雇佣护工的,参照当地护工从事同等级别护理的劳务报酬标准计算。

(5) 如何计算护理期限,具体办法是:一是一般原则,到受害人恢复生活自理能力时为止;二是受害人造成残疾不能恢复生活自理能力的,确定护理期限,但是最长不超过20年。

(6) 受害人定残后的护理,根据其护理依赖程度并结合残疾用具的使用情况确定护理级别,确定护理费用。

(四) 交通费赔偿

对于救治人身损害需要支出交通费的,应当赔偿交通费损失。这种赔偿是赔偿受害人因人身损害而支出的实际财产损失。《关于审理人身损害赔偿案件适用法律若干问题的解释》第22条规定:"交通费根据受害人及其必要的陪护人员因就医或者转院治疗实际发生的费用计算。交通费应当以正式票据为凭;有关凭据应当与就医地点、时间、人数、次数相符合。"

按照本条规定,交通费的赔偿费用计算方法和标准如下。

(1) 交通费赔偿的是受害人、护理人员就医、转院治疗所实际发生的交通费用。救治人身损害需要支出交通费的:一是在救治人身损害的当时,送到医院时的交通费用;二是在转院治疗或者到外地治疗时支出的交通费。对于没有在就近治疗的,但是选择的医院是合理的、必要的,其交通费也应当赔偿。交通费赔偿的范围:一是受害人的交通费;二是参加救护的人的交通费;再就是需要护理的人的交通费。

(2) 判断交通费赔偿的标准,以正式票据为准,且与就医地点、时间、人数、次数相符。对于不合理的支出,不应当予以赔偿,但确定的标准不宜过于严苛,对于属于合理的部分应当予以赔偿。

(五) 住院伙食补助费

受害人遭受人身损害需要住院的,在住院期间支出一定的伙食补助费,是必需的。《关于审理人身损害赔偿案件适用法律若干问题的解释》第24条规定:"住院伙食补助费可以参照当地国家机关一般工作人员的出差伙食补助标准予以确定。""受害人确有必要到外地治疗,因客观原因不能住院,受害人本人及其陪护人员实际发生的住宿费和伙食费,其合理部分应予赔偿。"

按照本条规定,住院伙食补助费的赔偿标准和计算方法如下。

(1) 一般原则,是参照国家机关一般工作人员出差伙食补助标准确定。这样的标准是基本可行的。如果受害人的伤势严重,根据医疗单位的意见,可以适当高于这个标准计算赔偿数额。

(2) 到外地治疗,不能住院的,受害人本人及其陪护人员实际发生的住宿费、伙食费,合理部分应当赔偿。关于住宿费赔偿,是对受害人在治疗期间需要住宿,以及护理人员需要住宿,实际支出的住宿费的赔偿。这里不仅仅是对需要去外地治疗的要赔偿住宿费,就是在本地治疗的,确实需要住宿的,也应当赔偿。

(六) 营养费赔偿

《关于审理人身损害赔偿案件适用法律若干问题的解释》第24条规定:"营养费根据受害人伤残情况参照医疗机构的意见确定。"

按照本条规定,关于营养费的赔偿标准和计算方法是:根据伤残情况和医疗机构的意见确定。一般说来,凡是受害人的伤势较重的,都应当赔偿适当的营养费。医疗单位认为或者根据实际情况判断有必要补充营养的,可以按照适当的标准确定。

（七）侵害身体权所造成的财产利益损失的赔偿

对于侵害身体权,造成难以计算的财产利益损失的,应当参照相当的标准计算。例如,侵害身体、非法抽血等形式的侵权行为,应当按照所抽取的血的数量和价格作标准,适当高于这个标准确定赔偿数额。没有办法计算的,则可以作估价,以估价作为赔偿计算的标准。在侵害身体权所造成的受害人的间接利益损失的场合,还要考虑对其所损失的间接利益给予赔偿。

第三节　丧失劳动能力的赔偿

一、劳动能力丧失赔偿的理论依据

劳动能力丧失是受害人健康权遭受侵害所致严重后果,使其无法继续劳动以维持生计,因而必须予以赔偿。《侵权责任法》第16条中段确认这项人身损害赔偿。

在理论上确认劳动能力丧失赔偿,有以下不同学说:一是所得丧失说;二是劳动能力丧失说;三是生活来源丧失说。我国立法大体上采取上述第一种主张作为劳动能力丧失赔偿的依据,即有限的所得丧失说,《侵权责任法》第16条规定的是赔偿"残疾赔偿金"。

> **案例 11-1**
> 9岁男孩许诺因淘气攀登高压电变电房,被高压电击伤,双上肢截肢。法院判决,按照北京地区男性平均寿命,确定赔偿生活补助费、残疾赔偿金和残疾器具费的赔偿数额。

二、赔偿范围

劳动能力丧失的赔偿范围,最高人民法院《关于审理人身损害赔偿案件适用法律若干问题的解释》第17条第2款规定:"受害人因伤致残的,其因增加生活上需要所支出的必要费用以及因丧失劳动能力导致的收入损失,包括残疾赔偿金、残疾辅助器具费、被扶养人生活费,以及因康复护理、继续治疗实际发生的必要的康复费、护理费、后续治疗费,赔偿义务人也应当予以赔偿。"这包括残疾赔偿金、残疾辅助器具费和必要的康复费、护理费、后续治疗费。被扶养人的生活补助费赔偿项目已经被《侵权责任法》所废止,原因在于残疾赔偿金补偿的是受害人的收入损失,因此不能再赔偿被扶养人的生活补助费。

（一）残疾赔偿金

《侵权责任法》第16条规定对丧失劳动能力的受害人赔偿残疾赔偿金。对此,最高人民法院《关于审理人身损害赔偿案件适用法律若干问题的解释》第25条规定:"残疾赔偿金根据受害人丧失劳动能力程度或者伤残等级,按照受诉法院所在地上一年度城镇居民人均可支配收入或者农村居民人均纯收入标准,自定残之日起按二十年计算。但六十周岁以上的,年龄每增加一岁减少一年;七十五周岁以上的,按五年计算。""受害人因伤致残但实际收入没有减少,或者伤残等级较轻但造成职业妨害严重影响其劳动就业的,可以对残疾赔偿金作相应调整。"《侵权责任法》颁布实施之后,是否还继续采取这个办法计算,尚未得到立法机关和司法机关的确认。

按照本条司法解释的规定,对残疾赔偿金计算的方法如下。

（1）赔偿依据:根据受害人丧失劳动能力程度或者伤残等级,确定残疾赔偿金。凡是造成劳动能力丧失的,或者定为残疾的,确定给付残疾赔偿金。

(2) 赔偿标准:以受诉法院所在地上一年度城镇居民人均可支配收入为标准,在农村,则以农村居民人均纯收入为标准。

(3) 赔偿期限:定残之日起,赔偿20年。但60周岁以上的,年龄每增加1岁减少1年;75周岁以上的,按5年计算。

(4) 个别调整:其一,伤残但实际收入没有减少的;其二,伤残等级较轻但是造成严重职业妨害,都可以对赔偿金作适当调整。

赔偿办法,可以一次性给付,也可以按定期金赔偿。一次性给付的,按照上述规定赔偿。定期金赔偿,则从致残时起,赔偿至受害人死亡时止,按月计算,按年给付;为防止侵权人逃避责任,按定期金赔偿,应责令侵权人提供担保。以上两种方法,可以根据具体情况选择使用。

(二) 残疾辅助器具费赔偿

受害人遭受伤害致残,需要配置残疾辅助器具的,对购置、安装的费用,应当予以赔偿。最高人民法院《关于审理人身损害赔偿案件适用法律若干问题的解释》第26条规定:"残疾辅助器具费按照普通适用器具的合理费用标准计算。伤情有特殊需要的,可以参照辅助器具配制机构的意见确定相应的合理费用标准。""辅助器具的更换周期和赔偿期限参照配制机构的意见确定。"

按照本条规定,关于残疾辅助器具费赔偿的方法如下。

(1) 残疾辅助器具标准为普通型,费用应当合理。

(2) 如果受害人的伤情有特别需要的,上述赔偿标准可以变通,但是要合理,参考器具配制机构的意见。

(3) 残疾辅助器具的更换周期和赔偿期限,参照器具配制机构的意见确定。

(三) 必要的康复费、护理费和后续治疗费赔偿

对于造成劳动能力丧失的受害人的这三项赔偿,应当按照实事求是的原则,根据实际情况,按照前述有关规定确定赔偿数额。

第四节　造成死亡的赔偿

一、对致死者损害赔偿的理论根据

侵害生命权造成受害人死亡的,其受害人的近亲属究竟依据何种根据取得对加害人的赔偿请求权,虽然对确定赔偿标准没有直接关系,但在理论上有重大意义。对此,有以下四种理论作为根据:一是"民事权利能力转化说";二是"加害人赔偿义务说";三是"同一人格代位说";四是"间隙取得请求权说"。

解决侵害生命权的受害人赔偿请求权的理论基础,上述各种理论都有道理,但是,按照"双重受害人说"的理论,能更好地解决这个问题。在侵害生命权的行为造成受害人的生命权丧失的过程中,侵权行为既侵害了生命权人的权利,同时,由于对受害人的伤害进行抢救及丧葬,受害人的近亲属在财产上和精神上都受到了损害,使死者的近亲属也成为侵害生命权的受害人,即财产损失和精神损害的受害人。这样,在侵害生命权的场合就存在双重受害人:一重受害人是生命权丧失之人;另一重受害人就是因救治、丧葬受害人而受到财产损害和精神损害的死者的近亲属。按照这样的理论,死者的近亲属是因为侵害生命权的事实直接取得赔偿请求权,而不是由于继承而

取得这种请求权[①]。《侵权责任法》第 18 条规定基本上采纳了这种意见。

二、赔偿内容

根据上述理论和实际情况,最高人民法院《关于审理人身损害赔偿案件适用法律若干问题的解释》第 17 条第 3 款规定:"受害人死亡的,赔偿义务人除应当根据抢救治疗情况赔偿本条第 1 款规定的相关费用外,还应当赔偿丧葬费、被扶养人生活费、死亡补偿费以及受害人亲属办理丧葬事宜支出的交通费、住宿费和误工损失等其他合理费用。"其中被扶养人生活费一项已经被《侵权责任法》废止。

除了上述规定的赔偿项目之外,人身伤害的常规赔偿项目,侵害生命权的加害人也应当承担,如在遭受人身损害丧失生命的案件中,对于因抢救、治疗而发生的前述医疗费、误工费、护理费、交通费、住宿费、住院伙食补助费和必要的营养费的损失,都是正常的财产支出,按照常规赔偿项目进行赔偿。

(一)丧葬费赔偿

最高人民法院《关于审理人身损害赔偿案件适用法律若干问题的解释》第 27 条第 3 款规定:"丧葬费按照受诉法院所在地上一年度职工月平均工资标准,以六个月总额计算。"

在原来的司法实践中,丧葬费的赔偿采用具体标准,就是损失多少赔偿多少。按照本条规定,丧葬费赔偿标准采用统一的计算方法和赔偿标准,就是受诉法院所在地上一年度职工月平均工资乘以 6 个月。这个方法简明,便于计算和操作,对受害人的保护也较为妥当。

(二)死亡赔偿金

《侵权责任法》规定死亡赔偿金,赔偿的究竟是何种损害,看起来好像并不清楚,但实际上是明确的,即赔偿受害人的收入损失。在原来的其他法律中和司法解释中规定的死亡赔偿金赔偿的是精神痛苦,并不是物质损害赔偿。最高人民法院《关于审理人身损害赔偿案件适用法律若干问题的解释》第 29 条规定:"死亡赔偿金按照受诉法院所在地上一年度城镇居民人均可支配收入或者农村居民人均纯收入标准,按二十年计算。但六十周岁以上的,年龄每增加一岁减少一年;七十五周岁以上的,按五年计算。"这基本上是按照死者收入损失的赔偿,不过是有限赔偿。这个规定受到非常严厉的指责,认为是"同命不同价"的规定。《侵权责任法》第 17 条规定:"因同一侵权行为造成多人死亡的,可以以相同数额确定死亡赔偿金。"这就意味着非因同一侵权行为造成他人死亡的,并非一律确定相同数额的死亡赔偿金。这个计算方法究竟应当如何确定,尚待有效解释,但有一点是明确的,即歧视农民的死亡赔偿金计算方法不会再继续适用。

(三)其他费用赔偿

最高人民法院在《关于审理人身损害赔偿案件适用法律若干问题的解释》第 17 条第 3 款仅规定了一个范围,即"受害人亲属办理丧葬事宜支出的交通费、住宿费和误工损失等其他合理费用",没有规定具体办法。在实践中,应当按照该司法解释的相关规定赔偿受害人亲属办理丧葬事宜支出的交通费、住宿费和误工损失等其他合理费用。《民法通则》第 119 条规定的死者生前扶养的人的生活补助费的赔偿,已经被《侵权责任法》所废止,原因在于《侵权责任法》规定的死亡赔偿金属于死者收入损失的赔偿,因此不能再继续赔偿被扶养人的生活补助费。

---

① 参见杨立新:《人身权法论》,中国检察出版社 1996 年版,第 412—414 页。

第五节 人身损害的抚慰金赔偿

一、人身伤害抚慰金赔偿的地位和性质

（一）人身伤害抚慰金赔偿在精神损害赔偿中的地位

在一般的理解上，抚慰金与精神损害赔偿是同一或者近似的概念，系指对财产权以外之非财产上的损害，即精神上的损害，给付相当金额，以赔偿损害之谓[①]。从严格的意义上说，精神损害赔偿与抚慰金赔偿并不是完全同一的概念。精神利益的损害赔偿，主要是对精神性人格权损害的民事救济手段，保护的对象是名誉权、人身自由权、肖像权、姓名权、隐私权、性自主权以及一般人格权等人格权。而对人身伤害所造成的精神痛苦的抚慰金赔偿，是对物质性人格权损害造成精神痛苦的民事救济手段，保护的对象是民事主体不受精神创伤的权利。因而它只能对自然人适用，不能对法人适用。当自然人的身体、健康、生命权受到损害，除应当赔偿其财产上的损害以外，对其本人或亲属造成的精神痛苦和精神创伤，应以一定数额的金钱予以抚慰。就人身损害而言，抚慰金适用于三种场合：一是对身体权侵害造成精神痛苦的，二是对健康权损害造成精神痛苦的，三是侵害生命权对其近亲属精神痛苦的救济。

（二）人身伤害抚慰金赔偿的性质

人身伤害抚慰金赔偿的性质，是民法赋予人身伤害的受害人对造成精神痛苦的一项保护性民事权利，属于损害赔偿的请求权。相对应的，就是加害人的赔偿精神损害的义务。因而称其为民法上损害赔偿请求权的性质，自是毫无疑问。从另一个角度讲，这种赔偿义务以国家强制力为后盾，以承担民事责任为保障，认其为民事制裁当然也无问题。

（三）我国人身损害抚慰金赔偿的发展

自《民法通则》公布实施以来，我国人身损害抚慰金赔偿发生了五次变化：

（1）《民法通则》在第119条中，没有规定人身损害抚慰金赔偿，也没有类似的赔偿。这是《民法通则》第119条的漏洞。

（2）在《道路交通事故处理办法》中，规定了死亡补偿费的赔偿。这是为了补救《民法通则》立法不足而采取的一项措施，其性质是精神损害赔偿，即侵害生命权的抚慰金赔偿。

（3）《消费者权益保护法》和《国家赔偿法》规定了死亡赔偿金和残疾赔偿金。死亡赔偿金和残疾赔偿金的性质，法律没有确定，一般认为是精神损害赔偿。

（4）最高人民法院《关于确定民事侵权精神损害赔偿责任若干问题的解释》规定，死亡赔偿金和残疾赔偿金的性质为精神损害赔偿，与精神抚慰金一道构成精神损害赔偿的全部内容。

（5）最高人民法院《关于审理人身损害赔偿案件适用法律若干问题的解释》规定，死亡赔偿金和残疾赔偿金的性质为造成人身损害的物质损害赔偿，不是精神损害赔偿性质。第18条规定："受害人或者死者近亲属遭受精神损害，赔偿权利人向人民法院请求赔偿精神损害抚慰金的，适用《最高人民法院关于确定民事侵权精神损害赔偿责任若干问题的解释》予以确定。""精神损害抚慰金的请求权，不得让与或者继承。但赔偿义务人已经以书面方式承诺给予金钱赔偿，或者赔偿权利人已经向人民法院起诉的除外。"

《侵权责任法》第22条规定："侵害他人人身权益，造成他人严重精神损害的，被侵权人可以

[①] 曾隆兴：《现代损害赔偿法论》，台湾泽华印刷公司1988年版，第28页。

请求精神损害赔偿。"这里包括侵害生命权、健康权和身体权的精神损害抚慰金赔偿。人身损害抚慰金就是人身损害的精神损害赔偿。

二、人身伤害抚慰金赔偿责任的构成和适用

（一）抚慰金赔偿责任构成

构成人身伤害抚慰金赔偿责任的基础，是首先构成侵害身体权、健康权、生命权的赔偿责任。在这个基础上，再须有受害人受有精神上的痛苦，并且该种精神痛苦与加害人侵权行为有因果关系时，人身伤害抚慰金赔偿责任即为构成。

受害人受有精神痛苦，诸如精神上、肉体上苦痛，因丧失肢体而搅乱生活之苦痛，因容貌损伤以致将来婚姻、就业困难之精神上苦痛，由于失业、废业或不得不转业之苦痛，因后遗症而对将来所生精神上苦痛①，以及致人死亡的近亲为丧失亲人而遭受的精神上的苦痛者，均是。精神痛苦的受害人，应当包括两种：一种是侵害身体、健康权的直接受害人，即受人身侵害、人身伤害的受害人；另一种是侵害生命权死亡人的近亲，一般认为包括直接受害人的父母、子女和配偶。这两种人在精神上因侵权行为而受有痛苦时，享有人身伤害抚慰金赔偿的请求权。

该种精神上的痛苦，应为侵害身体权、健康权、生命权行为产生的结果，即两者为因果关系。该种侵权行为，应符合法定构成要件，当这种侵权行为与受害人上述精神痛苦的损害具有因果关系时，该抚慰金赔偿责任构成要件就完全具备。

（二）人身伤害抚慰金赔偿的适用范围

人身伤害抚慰金赔偿的适用范围，包括以下三个方面。

1. 侵害身体权

对于身体权的侵害究竟以何种方法救济，《民法通则》没有明文规定，最高人民法院关于精神损害赔偿的司法解释作了规定，这就是赔偿精神抚慰金。侵害身体权，往往不会造成人身伤害的后果，因而很少有造成财产损失的可能。对此，以赔偿抚慰金作为救济的主要方法，辅之以财产损失应予赔偿的方法，是最好的选择。

2. 侵害健康权

凡是侵害健康权造成精神痛苦和精神创伤的，无论是否造成残疾，凡是受害人请求的，都应当予以抚慰金赔偿。对此，最高人民法院关于精神损害赔偿的司法解释已经作出了肯定的解释。

3. 侵害生命权

侵害生命权的后果，在于直接受害人死亡和其近亲属的亲人丧失。因此，不法侵害他人致死者，受害人之父母、子女及配偶所受精神上之痛苦，实较普通权利被侵害时为甚，自不可不给与相当金额，以资抚慰②。请求权人的范围，以死者死亡时为限，包括胎儿在内。即或请求权人为年幼或精神病人，一般也包括在内③。

上述三种情况，抚慰金赔偿请求权由权利人专有享有，均为专属权利。前两种的直接受害人为权利人，明文规定不得让与或继承；后一种侵害生命权的抚慰金请求权人，本身就是直接受害人的第一顺序的继承人，因而没有必要加以规定。上述三种抚慰金请求权均为专属其请求权人自身所享有，都不得让与或继承，侵害生命权者同样如此。只是在抚慰金的赔偿金额已经由当事人双方有约定，或者权利人已经起诉的，可以不受上述限制，对约定的赔偿金额或者经判决确定

---

① 曾隆兴：《现代损害赔偿法论》，台湾泽华印刷公司1988年版，第28页。
② 何孝元：《损害赔偿之研究》，台湾商务印书馆1982年版，第133页。
③ 应当注意的是，该项抚慰金请求权人的范围与侵害生命权间接受害人扶养损害赔偿请求权人的范围并不相同，两者不是同一概念，适用时必须加以区别。

的金额,可由权利人转让他人,权利人已经死亡的,可由其继承人继承。

三、抚慰金赔偿办法

(一) 基本原则

确定人身伤害抚慰金赔偿数额的基本原则,一种意见认为"由法院依痛苦之程度而自由酌定"①,一种意见认为"由法院斟酌各种情形定其数额"②。精神损害赔偿的"基本方法是由人民法院斟酌案件的全部情况,确定赔偿金额"③。后一种方法,对于确定人身伤害抚慰金的赔偿数额是适用的。

(二) 具体应当斟酌的因素

具体应当斟酌的情况,最高人民法院曾经提出应当包括"侵权人的过错程度、侵权行为的具体情节、给受害人造成精神损害的后果等"④。最高人民法院在关于精神损害赔偿的司法解释中,关于斟酌的情节又规定为:"(一) 侵权人的过错程度;(二) 侵害的手段、场合、行为方式等具体情节;(三) 侵权行为所造成的后果;(四) 侵权人的获利情况;(五) 侵权人承担责任的经济能力;(六) 受诉法院所在地平均生活水平。"后一个司法解释的规定更为全面。确定侵害人身的精神损害抚慰金,应当根据以上具体情况,综合计算抚慰金的具体数额。

案例 11-2

> 1998 年 7 月 8 日上午十时许,当上海外国语大学学生钱缘离开上海屈臣氏日用品有限公司四川北路店时,店门口警报器鸣响,该店一女保安员上前阻拦钱缘离店,并引导钱缘穿行三处防盗门,但警报器仍鸣响,钱缘遂被保安人员带入该店办公室内。女保安用手提电子探测器对钱缘全身进行检查,确定钱缘在髋部带有磁信号。在女保安员及另一女文员在场的情况下,钱缘解脱裤扣接受女保安的检查。店方未检查出钱缘身上带磁信号的商品,允许钱缘离店。1998 年 7 月 20 日,钱缘起诉到上海市虹口区人民法院,以自己在四川北路店无端遭到搜身,被两次脱裤检查,使自己心理受到极大伤害为由,要求屈臣氏公司公开登报赔礼道歉,赔偿精神损失费人民币 50 万元。屈臣氏公司、四川北路店辩称,因钱缘出店门引起警报器鸣叫后才对其进行必要的检查,不存在侵权行为。一审法院判决被告上海屈臣氏日用品有限公司四川北路店应向钱缘赔礼道歉,判决被告上海屈臣氏日用品有限公司四川北路店应赔偿钱缘精神等损失费人民币 25 万元;被告上海屈臣氏日用品有限公司承担连带责任。被告不服,随后上诉至上海市第二中级人民法院,二审法院判决撤销一审法院判决,判决上海屈臣氏日用品有限公司应向钱缘赔礼道歉,并应对钱缘精神损害赔偿人民币 1 万元。在本案中钱缘的身体权受到侵害无疑,引起最大争议的是一审法院破天荒地判决 25 万元的巨额精神损害赔偿是否符合中国国情,而二审改判赔偿 1 万元是否合理。

我们认为对此应当综合考虑,既要考虑受害人受到损害的严重程度,又要考虑加害人的主观恶性,最终应当由审理案件的法官进行自由裁量。

---

① 龙显铭:《私法上人格权之保护》,中华书局 1948 年版,第 64 页。
② 曾隆兴:《现代损害赔偿法论》,台湾泽华印刷公司 1988 年版,第 28 页。
③ 杨立新:"论人格损害赔偿",《河北法学》1987 年第 6 期。
④ 最高人民法院《关于审理名誉权案件若干问题的解答》第 10 条。

第六节 定期金赔偿

一、可以实行定期金赔偿的赔偿项目

(一) 定期金赔偿的选择性

在人身损害赔偿中,有些赔偿项目可以实行定期金赔偿,也可以一次性赔偿。一次性赔偿的好处是,尽快解决纠纷,消灭现存的法律关系,有利于稳定社会。但是,一次性赔偿有很多不公平的因素,转而适用定期金赔偿,更符合公平、正义的理念。因此,最高人民法院《关于审理人身损害赔偿案件适用法律若干问题的解释》第33条规定:"赔偿义务人请求以定期金方式给付残疾赔偿金、被扶养人生活费、残疾辅助器具费的,应当提供相应的担保。人民法院可以根据赔偿义务人的给付能力和提供担保的情况,确定以定期金方式给付相关费用。但一审法庭辩论终结前已经发生的费用、死亡赔偿金以及精神损害抚慰金,应当一次性给付。"《侵权责任法》确认这种做法,第25条规定:"损害发生后,当事人可以协商赔偿费用的支付方式。协商不一致的,赔偿费用应当一次性支付;一次性支付确有困难的,可以分期支付,但应当提供相应的担保。"对此,赔偿权利人可以选择采用一次性赔偿还是定期金赔偿。

(二) 可以实行定期金赔偿的项目

可以实行定期金赔偿的人身损害赔偿项目,必须符合一个条件,就是损害赔偿的项目是将来的多次性赔偿,既不是现在的赔偿,也不是将来的一次性赔偿。其特点,就是从判决确定时起,到将来的特定的或者不特定的时间里,应当持续不断地进行赔偿。符合这些条件的人身损害赔偿项目,是以下两项。

(1) 残疾赔偿金。残疾人赔偿金,在前述的赔偿方法是一次性赔偿;也可以采用定期金赔偿,即按照判决确定的标准,按年支付。

(2) 残疾辅助器具费。对将来的残疾辅助器具费的赔偿,也可以实行定期金赔偿。

二、定期金赔偿方法

确定定期金方法赔偿是有很多好处的,学者列举了诸如避免加害人因一次性支付过多的赔偿金而破产或支付不能、避免通货膨胀给受害人带来的可能不利、避免受害人提前花费赔偿金而使其未来生活发生重大困难、避免受害人近亲属得到重大不当得利等四项好处[①]。这些分析都是对的。

但是,实行定期金赔偿也有困难,例如定期金赔偿时日遥远,执行较为麻烦;同时,也是由于其时日遥远,加害人的负担能力存在变化的可能,对将来的赔偿有可能带来不利的甚至是支付不能的危险。因此,确定定期金赔偿的,必须提供担保,由有较高经济资信的人提供保证,或者提供高保值的财产作为抵押或者质押,以保证未来的定期金赔偿能够得到实现。

关于定期金赔偿的方法,最高人民法院《关于审理人身损害赔偿案件适用法律若干问题的解释》第34条规定:"人民法院应当在法律文书中明确定期金的给付时间、方式以及每期给付标准。执行期间有关统计数据发生变化的,给付金额应当适时进行相应调整。""定期金按照赔偿权利人的实际生存年限给付,不受本解释有关赔偿期限的限制。"

按照本条规定,采用定期金赔偿的方法应当注意以下五点:(1) 定期金赔偿的给付时间,是

---

① 参见张新宝:"侵害公民健康权、身体权的民事责任",《人民法院报》2001年8月12日。

指按月或者按年(一般应当按年赔偿),在什么时候给付。(2)定期金赔偿的方式,是指采用什么方法给付,或者邮寄,或者法院执行之类。(3)定期金每期给付的标准,也就是每次应当给付的数额。(4)定期金赔偿的变化,是指执行期间有关统计数据发生变化的,给付金额应当适时进行相应调整。(5)定期金赔偿的期限,是赔偿权利人终生,不受前述各种赔偿期限规定的限制。

第七节 未出生的胎儿受到损害的赔偿和死者尸体损害赔偿

一、概说

对于侵害身体权,法律规定应当予以保护。但是,在自然人出生前和死亡后,对胎儿的身体进行侵害,或者对死者的尸体进行侵害,各国的立法和司法也都予以保护。问题是,自然人的民事权利能力始于出生终于死亡,在自然人还没有出生,以及在自然人死亡之后,还不具有或者已经不具有权利能力了,为什么还要予以保护?其中依据的什么理论,有不同的主张。例如,权利保护说认为保护的仍然是权利,近亲属利益保护说认为保护的是死者近亲属的利益,家庭利益保护说认为保护的是死者家庭的利益,法益保护说认为保护的不是权利而是一种法益①。

这些理论都有道理,但是,对身体权延伸保护的理论更能够说明问题的实质。对于身体权的保护,是法律对自然人的身体利益保护,在这个时间中,自然人具有权利能力,享有的是身体权。但是在自然人出生前,虽然没有成为一个享有权利能力的人,但是,他(她)在母体中已经成为一个实体,并在将来的一定时间内会出生,如果成为一个活体,就享有了人的权利。如果在其以胎儿的形式存在时,身体受到了损害,在其出生以后,就可以对这种在胎儿时期造成的损害请求损害赔偿。这是对身体利益向前延伸保护的一种形式。在公民死亡以后,虽然已经丧失了权利能力,但是其生前存在的身体利益在其死亡后再延伸保护一段时间,保护的权利转由其近亲属行使。这种身体权的延伸保护,就是对胎儿的身体进行保护和对死者的尸体进行保护的准确诠释。在美国,辛德尔案件就是对身体权向前延伸保护的实际案例。最高人民法院在《关于确定民事侵权精神损害赔偿责任若干问题的解释》中,采用了人格权延伸保护的理论,对死者遗体遗骨的保护作出了司法解释。对胎儿身体利益的延伸保护问题则没有作出规定。《侵权责任法》第2条第2款规定侵权责任法保护的"民事权益"中,是否包括胎儿的人格利益,尽管条文中未明确规定,但学者专家均认为包括胎儿人格利益和死者人格利益的保护②。同样,《侵权责任法》第22条的"人身权益"中,也应作此解释。

案例 11-3

女市民贾某怀有 4 个多月身孕,某日乘坐某出租汽车公司戚某驾驶的奥拓车出行。在行驶过程中,出租车将正在前方右侧车道修车的黄某、张某撞伤,坐在出租车内副驾驶座的贾某同时被撞伤,右额粉碎性凹陷骨折及颅内血肿。交警部门认定,该起交通事故的发生,司机戚某及黄某、张某均违反有关交通法规规定,负事故同等责任。贾某认为,出了车祸后,自己吃了那么多药,肯定会对胎儿的健康有影响。某中级法院法庭科学技术研究所法医学鉴定认为,

---

① 以上各种学说的内容,请参见杨立新在《人身权法论》中所作的阐释,中国检察出版社 1996 年版,第 279—280 页。
② 王胜明主编:《中华人民共和国侵权责任法释义》,法律出版社 2010 年版,第 25—26 页。

贾某属十级伤残,其受伤后服用的复方磺胺异噁唑等药物对胎儿的生长发育有一定影响,但由于缺乏具体的用药量及用药方法、时间,加之人的个体差异等,对胎儿的生长发育的具体影响尚无法确定。由于贾某住院后司机戚某等三人拒付医疗费,贾不得不出院。贾某在生下小孩后,与对方多次协商无效后,向法院起诉,请求三名被告赔偿其医疗费、伤残补助费及对胎儿的伤害费等,共计20万元。

二、具体赔偿方法

(一)侵害尸体

1. 非法利用尸体

非法利用尸体的,应当适当赔偿。这种赔偿应分为两种情况:一是非法移植死者器官的,应当按照当地移植该种器官的一般补偿标准予以赔偿;二是非法利用尸体进行教学,或者采集尸体器官、骨骼以及用整尸制作标本的,应当按照利用尸体的一般补偿标准予以赔偿。

2. 非法损害尸体

非法损害尸体,以及其他侵害尸体的行为,应当予以精神损害赔偿。此种赔偿,应当包括两项内容:一是赔偿死者人格利益损害,即延续身体利益的损害;二是赔偿死者近亲属因此而造成的精神痛苦、感情创伤的抚慰金。

3. 造成财产损失的

侵害尸体造成死者近亲属财产利益直接损失的,应按照"全部赔偿"的原则,对全部财产利益的损失予以赔偿。

关于追究侵权人侵权责任的请求由谁提出,应当参照最高人民法院前述司法解释的规定办理,由死者的近亲属提出,死者的近亲属作为尸体的保护人和管理人,享有诉权,有权向人民法院起诉,请求保护死者的身体法益。对尸体侵害情节严重,影响到社会公共利益,又没有近亲属的,人民检察院可以法律监督机关的身份,向人民法院起诉。

(二)侵害胎儿利益

对于胎儿的身体利益的保护问题,应当在其出生后进行。自然人在出生后发现自己的身体在胎儿期间受到损害,对加害人可以请求人身损害赔偿。这种赔偿内容与一般的人身损害赔偿一样,没有特殊的规定,应当赔偿因治疗损害所支出的财产损失,以及赔偿精神损害。

本 章 小 结

本章主要介绍了人身损害赔偿制度。《民法通则》第119条专门规定了人身损害赔偿的范围和方法,但是存在不足。最高人民法院《关于审理人身损害赔偿案件适用法律若干问题的解释》对人身损害赔偿作了详细的规定。《侵权责任法》第16条和第17条又作了新的规定。人身损害,包括轻伤害、重伤害和轻微伤害、致人死亡以及未造成人身损害的对身体权的侵害。而人身损害赔偿,是指民事主体的生命权、健康权、身体权受到不法侵害,造成致伤、致残、致死的后果以及其他损害,要求侵权人以财产赔偿等方法进行救济和保护的侵权法律制度。重点介绍了人身损害赔偿的一般范围,包括人身损害的常规赔偿、劳动能力丧失、致人死亡、抚慰金赔偿和定期金赔偿的具体赔偿方法。人身损害的常规赔偿是指侵害身体权、健康权、生命权造成人身损害的一般的赔偿范围,即造成人身损害一般都要赔偿的项目。劳动能力丧失的赔偿是指人身损害所致残废,造成劳动能力丧失所应赔偿的范围,它是在常规赔偿的基础上,对因伤害致残而丧失劳动能力,赔偿残疾赔偿金以及相关的项目。致人死亡的赔偿是侵权行为致受害人死亡所应赔偿的项目,它主要包括丧葬费等赔偿,对于常规赔偿项目,也应予以赔偿。抚慰金赔偿是指侵害身体权、健康权、生命权,给受害人造成精神痛苦和精神创伤的,应当予以抚慰金赔偿。定期金赔偿是指从判决确定时起,到将来的特定的或者不特定的时间里,赔偿义务人以定期金方式就残疾赔偿金、被扶养人生活费、残疾辅助器具费持续不断地进行赔偿。

【关键术语】

死亡　丧失劳动能力　一般伤害　侵犯身体　常规赔偿　丧失劳动能力赔偿　死亡赔偿　一次性赔偿　定期金赔偿

【思考题】

1. 人身损害和人身损害赔偿的概念和基本特征是什么?
2. 人身损害常规赔偿有哪些项目?赔偿方法是什么?
3. 阐释残疾赔偿金的性质和赔偿的理论根据。
4. 阐释死亡赔偿金的性质和赔偿的理论根据。
5. 人身损害抚慰金赔偿的发展有哪些阶段?如何进行赔偿?
6. 在将来的多次性赔偿中,一次性赔偿和定期金赔偿各有哪些利弊?定期金赔偿的具体方法是什么?
7. 对尸体进行保护应当采用什么样的赔偿方法?
8. 对胎儿人格利益损害应当如何进行保护?

第十二章 财产损害赔偿

本章要点

本章依照《侵权责任法》第19条规定,介绍了财产损害赔偿的基本情况。包括财产损害的概念和特征、种类、赔偿范围,财产损害数额的计算,财产损害赔偿的方法。

第一节 财产损害赔偿概述

一、财产损害的概念和特征

(一)财产损害的概念

财产损害,是指侵权行为侵害财产权,使财产权的客体遭到破坏,其使用价值和价值的贬损、减少或者完全丧失,或者破坏了财产权人对于财产权客体的支配关系,使财产权人的财产利益受到损失,从而导致权利人拥有的财产价值的减少和可得财产利益的丧失。

从一般的意义上而言,财产损害从其物理形态上分析,是物的本身的损害,即物的毁损和被侵占。但是,财产权的客体绝不仅仅指有形物的本身,还包括他物权、债权、知识产权中的财产利益,这些无形财产对于权利人而言,其重要性绝不亚于有形物。确认财产损害的概念,仅仅从损坏和侵占的狭义角度去理解,是不正确的,其后果,就是对财产权人的财产权利保护不完备。

按照广义的角度去理解财产损害中的财产,实际上比物权的观念还要广泛,就是指的是广义的财产权利,应当包括自物权、他物权、占有以及债权和知识产权。因此,财产损害中的财产,是指物权、债权和知识产权中的财产利益。

(二)财产损害的法律特征

按照这样的角度理解的财产损害概念,其法律特征如下。

1. 财产损害是侵权行为侵害财产权所造成的客观后果

侵权行为侵害财产权,必然造成财产损害后果。财产损害在侵权责任法上有两个最基本的意义。首先,财产损害作为侵害财产权民事责任构成要件之一,决定着侵权行为责任的构成与否。在这个意义上,财产损害的决定作用是其是否客观存在,而不是财产损害范围的大小。其次,财产损害作为确定侵权赔偿责任范围的尺度,起决定作用的,正是它的损害范围的大小,而不是其是否客观存在。在这个意义上,确定财产损害不是以事实是否存在为准,而是以其财产价值量的变化作为标准。财产损害正是以它的客观存在形态和客观损失大小这样两个相互对立又相互统一的客观因素,完整、和谐地构成一个整体,在财产损害赔偿中起着重要而且是决定的作用。

2. 财产损害是指财产的价值量的改变

财产损害不是指财物的物理形态的变化和灭失,而是指财产价值量的改变。从客观上说,财产损害在财物的侵占和毁损上,是指财物的物理形态的变化和灭失;但是,由于财产损害不仅仅是指物的损失,还包括其他财产利益的损害;并且财产损害虽然有的表现为财产权人财产的减少和灭失,但从法律意义上看,财产损害表现形式,应是权利人财产的价值量的改变,其财产既包括有形财产,也包括无形财产;既包括积极财产,也包括消极财产。只有以价值的损失作为财产损害的形态,才能准确地加以计算财产损害的具体范围,并且按照这种损害范围来予以准确地赔偿。

3. 财产损害的表现形式是价值量的贬损、减少和灭失

财产损害的表现方式,是财产权人价值量的贬损、减少和灭失。贬损,是财产利益遭受贬值、损毁等不利益。减少,是指财产价值量的降低;灭失,则指一定范围内财产价值量的全部失去。财产损害的上述表现形式,总是体现在某项特定的财产或者财产利益上,如某件财产、某项权利中的某种财产利益的贬损、减少和灭失。虽然它们最终表现为受害人财产拥有总量的减少,但原则上只计算特定财产即受到侵害的财产的损害,而不计算受害人拥有的全部财产损失多少。

二、财产损害的种类

对财产损害,《侵权责任法》第19条没有作任何区别,《民法通则》将其分为侵占财产和损坏财产两种。这种划分显然是不够的,不能涵盖全部财产权损害的客观后果。从确定赔偿方法的意义上说,财产损害的种类除上述两种以外,还应当包括其他财产利益的损害。因此,从侵权责任法的救济手段上来认识财产损害的种类,应当包括侵占财产、损坏财产和其他财产利益损失三种。

(一) 侵占财产

侵占财产是以对他人所有的财产的非法占有为特点,使该财产的所有人对该财产丧失占有乃至丧失所有权,最典型的是偷窃、抢夺,还包括其他侵占财产的行为,诸如非法扣押他人财产等。侵占财产的最典型的表现形态,是"位移",即由所有权人或者合法占有人占用、支配的特定的财物,转而被行为人所占有,物的所在位置发生了变化,是因侵权行为而使被侵害的财产转移占有。

(二) 损坏财产

损坏财产是以对他人所有的财产进行毁损为特点,使该财产的价值和使用价值受到破坏,以至完全丧失,使原所有权人的财产拥有量减少,以至丧失。损坏财产的最典型的表现形态,是"质变",即财物的外在形态和内在质量受到破坏,财物虽然还在所有权人或者合法占有人的控制支配之下,但是由于财物的"质变",而使权利人所拥有的财产价值量发生了变化,受到了损失。损坏财产包括对财产的毁灭和损坏。前者是指财物的质的根本改变,由于侵害,该物已经不是原来意义上的财物,而是成为另外一种意义上的物,使用价值完全改变。例如,建筑物被毁坏,不再成为建筑物,而是成为建筑材料;木制家具被毁坏,不再是家具,而成为木柴。后者是指财物的非本质的改变,作为原来意义上的财物并没有发生变化,只是其使用价值降低。区分毁损和灭失的意义是,财物的毁损只能进行赔偿,如果财物损坏后还有残存的价值,则有适用损益相抵原则的必要;财物的损坏,可以使用恢复原状的方法救济,也可以使用折价赔偿的方法救济。

(三) 其他财产利益损失

其他财产利益损失,是指除所有权以外的其他财产权受到损害而损失的财产利益。例如,他物权、占有、债权和知识产权中所包含的财产利益均属之,就是在相邻权中,也具有相当的财产利益因素。当这些权利受到侵害以后,就会造成这些财产利益的损失。随着市场经济的日益发展,人们越来越重视这些权利及其体现的财产利益,这些财产利益在社会中也越来越重要。侵权责任法必须适应社会的发展需求,把这种财产利益的损失作为侵权行为的重要的后果,采取相应的措施,加以切实、有效的保护。

三、财产损害的赔偿范围

(一) 一般规则

确定财产损害赔偿范围,应当以全部赔偿为原则,即财产损害赔偿数额的确定,以客观的财产、财产利益所损失的价值为客观标准,损失多少,赔偿多少。《侵权责任法》第 19 条规定:"侵害他人财产的,财产损失按照损失发生时的市场价格或者其他方式计算。"这一规定确认了这个规则。

这种赔偿规则的依据是由侵权损害赔偿的性质决定的。财产损害赔偿的最基本、最主要的性质是补偿受害人的损失。既然如此,补偿就只能以财产损失的多少为依据,赔偿大于损失,就超过了补偿的意义;赔偿小于损失,就没有达到补偿的要求;只有全部赔偿,才能完全体现损害赔偿的补偿性质。

(二) 具体注意事项

对财产损害全部赔偿,应当着重强调以下四点。

1. 坚持客观标准

对损害赔偿责任范围的确定,不能采用刑事责任的确定方法。首先,不能以过错的程度来作为赔偿范围的依据,不能认为故意造成的损害应该全赔或者多赔,过失造成的损害就可以少赔。其次,也不能以行为的损害程度作为赔偿范围的依据。刑事责任的主要标准在于社会危害程度。损害程度指的是损害所达到的地步,很难加以准确计算。作为财产责任的损害赔偿,必须以民法的公平和等价有偿原则作为衡量的尺度。损失多少,就应该赔偿多少,其他没有任何科学的标准。这样,只能精确计算,实事求是,才能在侵权责任法中实现等价有偿的原则,因此,赔偿范围依据损害程度来确定是不科学的。再次,认错态度的好坏也不能作为确定责任范围的标准。刑事责任会因被告人的悔罪程度而发生变化,而民事责任绝不会如此,无论加害人如何悔悟,损失财产的价值则是不变的。

既然损害赔偿的目的主要是补偿受害人的财产损失,确定赔偿责任范围的唯一依据是财产损失的大小,那么,对于财产的损失必须给予全部赔偿。

2. 全部赔偿包括直接损失和间接损失

加害人既要对现有财产的直接减少进行赔偿,也要对在正常情况下实际上可以得到的利益即间接损失进行赔偿。直接损失是行为人的加害行为所直接造成的受害人的财产减少,如侵犯财产权而造成的财物的损坏、灭失,都属于直接损失,都应当全部赔偿。间接损失原则上也应当全部赔偿。因为在正常情况下,受害人本应当得到这些利益,只是由于加害人的侵害才使这些可得利益没有得到。这种损失虽然与直接损失有些区别,但这种区别只是形式上的,在实质上并没有根本的区别。对于间接损失如果不能全部予以赔偿,受害人的权利就得不到全部保护,同时加害人的违法行为也得不到应有的制裁。因此,间接损失也应当全部赔偿。

3. 赔偿合理损失

实行全部赔偿原则必须有一个前提,就是予以赔偿的损失必须是合理的。不合理的损失不应赔偿。对于受害人故意或者过失扩大的财产损失,不能予以赔偿,而应当由受害人自己承担损失。

案例 12-1

袁某暂借原生产队饲养所居住。当年底经村民大会讨论,将此房卖给刁某。遂决定让袁于翌年 6 月 15 日搬出,而袁拒不搬家。8 月 14 日,刁某强行维修房屋,将袁的粮食、衣物等压在房内。事后,村和乡派人进行了清点登记,并让袁将物品收回,刁按损失程度进行赔偿。

> 袁拒不收回东西,使被压物品长期放于院内,造成了新的损失,并向法院诉讼,要求刁某全部赔偿。法院认为,刁某强行维修房屋,致袁某造成损失,虽与袁某拒不搬家有一定责任,但应负担赔偿责任;然而袁某借机刁难,所造成的新的损失,是由袁某的过错所致,不属于全部赔偿的损失范围,因而只判决刁某赔偿原来所造成的损失。

4. 实行损益相抵

实行全部赔偿,必须从全部损失中扣除新生利益,实行损益相抵。对此,应当依照损益相抵原则,进行科学、准确的计算,以其相抵以后的损失额,予以全部赔偿。

第二节 财产损害数额的计算

一、直接损失的计算

财产损害无论表现为何种形式,都可以分为直接损失和间接损失。计算财产损害,就是直接计算财产的直接损失和间接损失,然后实行全部赔偿。

(一) 直接损失的界定

直接损失是指现有财产的减少。《说文解字》称:"损,减也。"《说文解字注》称:"在手而逸去为失。"按照"损失"的本义讲,实际上是指的直接损失,并不包括间接损失。日后的发展中,出现了间接损失的概念,再创造出了直接损失的概念,使直接损失和间接损失相对应,而使损失成为这两个概念的上属概念。

侵害财产权的直接损失,就是指加害人侵权行为侵占或损坏受害人的财产,致使受害人现在拥有的财产价值量的实际减少。在实践中,直接损失是直观的、实在的。侵占财产,就表现为权利人财产的丧失占有,该物的全部价值,就是直接损失。损坏财产,表现为被损坏的财产价值的减少和灭失。灭失者,该物的全部价值就是直接损失;减少者,减少的部分,就是直接损失。在侵占财产已经无法返还原物和损坏财产无法恢复原状的情况下,存在财产的直接损失;即使在可以返还原物和恢复原状,但原物的价值和使用价值已经发生减损的情况下,也存在财产的直接损失。

对于直接损失全部赔偿的方法,是将被侵害的财产计算出实际减少的价值,按照实际减少的价值进行赔偿,这就是对直接损失的赔偿范围。对于侵害财产使原物灭失,即原物的价值全部丧失,以原物的原有价值进行赔偿;对于侵害财产使原物受到损坏,或者可以返还原物或恢复原状,但原物价值仍然受到一定程度影响的,就要计算出原物实际减少的价值,进行赔偿。中国古代侵权法中的备偿制度和偿所减价制度,就是指的上述这两种情况。

(二) 直接损失的计算方法

计算直接损失的赔偿范围,首先必须确定原物的价值。原物价值的计算,必须根据原物的原有价格,可以使用时间、已经使用时间等因素,综合判断。其公式是:

$$原物价值 = 原物价格 - \frac{原物价格}{可用时间} \times 已用时间$$

对"原物价格"的确定,在实践中往往出现由于实物的价格发生变化,其赔偿价格难以掌握的问题。在损失计算中遇到价格确定时,主要有三种情况,均须按不同情况酌情处理。

1. 原价高、现价低的物品

折价赔偿应按原价计算，还是按现价计算，应实事求是地按现价处理。因为这样处理，受害人的损失也能得到全部补偿①。

2. 原价低、现价高的物品

有的物品相比之下提价了，在这种情况下也应从现实价格考虑，否则，受害人的合法财产权益就会得不到切实的保护。

3. 原价高、现价低的特殊物品

例如某些贵重首饰、珍藏等，现价低于原价，而且市场难以买到。对于这类物品的损害，应当实事求是地按照受害人购进的价格计算。不过，这种计算应当有证据证明，避免有的受害人趁机虚报损害物的价值。

公式中的"原有价值/可用时间"，实际上是财物单位时间的折旧。在实践中，有些财产有固定的折旧率，可以按照折旧率计算这个量。有的财产没有固定的折旧率，则可以根据一般的经验法则来按这个公式计算。公式中的"已用时间"这个量，比较好确定，关键是要有准确的证据。

在按照上述公式计算了原物的价值以后，要根据被侵害财产的原物价值和残存价值之间的差额。这里所说的，就是损益相抵的过程：原物价值，就是全部损失，残存价值，就是新生利益；全部损失扣除新生利益，损益相抵以后，即为应当赔偿的范围。这一过程，就是损益相抵原则的具体应用。

计算出该财产被侵害的直接损失，公式是：

$$财产直接损失 = 原物价值 - 残存价值 = 赔偿范围$$

其中的残存价值即新生利益，只存在于原物并没有全部灭失的场合，尽管有的财产被损坏以后，作为原物已经不存在，但其残存物仍有价值，形成新生利益。例如机器损坏和家具损坏，会遗留金属制品、木材制品等；汽车报废，还有部分零件及残骸具有价值；牲畜被打死，还有骨、肉、皮具有价值。如果原物全部灭失，并且毫无残存价值，那么，原物的价值，就是直接损失价值，也就是直接损失的赔偿范围。

确定加害人直接损失的赔偿数额还可以用下列公式计算，即设定应赔偿的数额为 S，被损害的物的原价为 M，损害以前的质量为 P，被损害以后的质量为 Q，用公式表示为：

$$S = M \times P - M \times Q$$

这一计算方法的精确度，只能是相对的，因为物价本身往往是上下波动，原价和现实价格会有差异，同时，质量的估价也只能是大体上正确。因此，有条件的，在运用上述公式的时候，要经过专家的技术鉴定，或者是经过公正的评议。

二、间接损失的计算

（一）间接损失的界定

间接损失就是可得利益的减少。财物损害造成间接损失的情况比较复杂，无论是理论上还是实践上，都有争议。我国《民法通则》第117条第3款规定："受害人因此受到其他重大损失的，侵害人应当赔偿损失。"这一条文规定的，就是对间接损失予以赔偿的规则。我们认为，财物损害的间接损失，是指加害人侵害受害人所有的财物，致使受害人在一定范围内的未来财产利益的损

---

① 《侵权责任法》第19条强调要按照损失发生时的市场价格计算，并不是一个好办法，对此应实事求是地采取"其他方式计算"。

失,它属于"其他重大损失"的范围。

间接损失有三个特征:(1)损失的是一种未来的可得利益,在侵害行为实施时,它只具有一种财产取得的可能性,还不是一种现实的利益。(2)这种丧失的未来利益是具有实际意义的,而不是抽象的或者假设的。(3)这种可得利益必须是一定范围的,即损害该财物的直接影响所及的范围,超出这个范围,不能认为是间接损失。

间接损失与直接损失有着原则的区别。首先,间接损失不是现有财产的减少,不表现为受害人现实拥有的财产价值量的实际减少,而是受害人应当得到的财产利益因侵权行为的实施而没有得到。它不是"在手而逸去",而是"该得而未得"。其次,间接损失具有依附性,而直接损失不具有依附性。间接损失与直接损失有直接的关联,即间接损失是依据直接损失的发生而发生,而不是自己独立产生的,没有直接损失,就没有间接损失;但是,间接损失又不是直接损失的本身,存在的形态各不相同。再次,直接损失是直观的、现实的财产价值的损失;间接损失虽然也是客观的损失,但是,它不是那么直观,而是要根据实际情况进行计算,经过计算才能得出实际的间接损失的量。

(二)间接损失的计算方法

对于财物损害间接损失的赔偿,关键在于三个方面:一是间接损失的性质;二是间接损失赔偿适用的场合,三是间接损失的计算。把这三个问题弄清楚以后,即可按照赔偿原则加以赔偿。

间接损失是违法行为对处于增值状态中的财产损害的结果①。处于增值状态的财物是指正常生产、经营过程中以生产、经营资料的面目出现的财物。没有处在生产、经营过程中的财物不会发生增值。例如,购买的图书供自己阅读,它不会发生增值,但以其作为经营资料出租收取租金的时候,这时的图书则成为增值状态的财物。那么,这种增值是怎样产生的呢?马克思主义政治经济学认为,生产过程中的生产资料并不创造价值。同样,处于增值状态的财物本身也并不会增值。增值状态的财物在生产、经营的过程中,只把原有的价值转移到生产、经营的成果当中。创造增值的是人,是与该财物结成一定的生产、经营关系的人创造的。因此,间接损失产生的机制,是不法行为破坏了生产者、经营者与作为生产、经营资料的财物构成的生产、经营关系中的物质条件,使生产、经营者(即受害人)不能正常地利用这一生产、经营资料进行生产、经营活动,造成了可得利益的减少和丧失。对财物损害间接损失的赔偿,不是对该财物价值损失的赔偿,而是对该财物的所有者利用该财物在经营中应创造出因遭受损害而未创造出的新价值这种损失的赔偿。对间接损失的赔偿,赔偿的是人的损失,而不是物的损失,这一点必须明确。

侵害财产间接损失赔偿适用的场合,原则上应当是有间接损失就应当赔偿。有人认为,我国《民法通则》第117条第3款中规定的是,对"其他重大损失"才能予以赔偿,是指对重大的间接损失才应当予以赔偿,对一般的间接损失,不予赔偿。这样解释并不正确。财产损害赔偿的原则是全部赔偿原则,如果对一般的间接损失不予赔偿,就违背了全部赔偿原则,也违背了损害赔偿的填补损害性质,对受害人来说是不公平的。具体适用的场合,既包括侵占财产,也包括损坏财产;既包括侵害生产、经营中的财产,也包括侵害未处于生产、经营状态但可以应用于生产、经营产生利润的财产;既包括侵害种类物,也包括侵害特定物。因此,适用财产间接损失赔偿,并不绝对在于侵权行为的方式和侵害对象的种类,而是在于侵害的对象确因侵权行为而使受害人的可得利益丧失。只有掌握这一最基本的标准,才能准确地确定间接损失赔偿的场合。

计算财产损害间接损失的赔偿范围,同样是要计算间接损失的价值,以间接损失价值的数额,作为对间接损失的赔偿数额。在间接损失价值的计算中,必须注意两个问题:一是财产的损

① 吴小华:"试论间接损失的赔偿责任",《法学季刊》1982年第1期。

害本身不是间接损失,而是直接损失,不能将财产损害的本身计入间接损失当中;二是被侵害的财产是生产、经营资料,受害人因财产被侵害而无法进行生产、经营的时候,不能在计算财产损害的间接损失的同时,再计算受害人停产的误工工资,因为这两项内容是同一性质的损失,是一个损失,不能重复计算。

计算间接损失价值的公式是:

$$间接损失价值 = 单位时间增值效益 \times 影响效益发挥的时间$$

在这一公式中,"单位时间增值效益"是一个关键的量。确定这个量,通常用以下三种方法。

1. 收益平均法

即计算出受害人在受害之前一定时间里的单位时间平均收益值。例如,某甲经营汽车运输,汽车被损坏后,10天没能营运。对此,可以用前一个月的总收益除以该月的天数,即得出该汽车一天营运的收益额。在使用这种计算方法时,要注意季节等条件因素对经营的影响,应取同等条件或相似条件的季节作为参照来计算。

2. 同类比照法

即确定条件相同或基本相同的同类生产、经营者,以其为对象,计算该人在同等条件下的平均收益值,作为受害人损失的单位时间增值效益的数额,按此数额确定受害人的单位时间增值效益。使用这种计算方法要注意同等条件,如同等劳力,同等财产,同等生产、经营因素,等等。条件越相似,计算就越接近准确。

3. 综合法

即将以上两种方法综合使用,使计算的结果更趋于准确。

关于"影响效益发挥的时间"这个量的计算,因财产的损坏和财产的侵占、灭失而不同。财产的一般损坏,其影响效益发挥的时间,是从损坏发生之时到经维修为正常使用之时。财产的侵占、灭失,则从侵害发生之时,到返还、购买的财产正常使用之时。

在确定了这两个量以后,就可以按照上述计算公式计算出实际的间接损失,确定赔偿数额。

三、其他财产利益损失的推算

(一) 其他财产利益损失的界定

在其他财产利益的损害赔偿中,绝大部分是赔偿间接损失。这种间接损失,绝大多数赔偿的是预期利益损失。例如侵害债权,使债权人丧失的利益,就是依其债权可得的预期利益;侵害用益物权,受害人损失的财产利益,就是占有、用益该用益物应当得到而未能得到的预期利益。即使是侵害担保物权,受害人受到的损失,实际上也是设置担保物权时,所担保的债权的预期利益,当债权丧失物权担保时,债权可能全部或部分不能实现,因而受到的损失仍然是全部或部分预期利益。

(二) 其他财产利益损失的计算方法

对于预期利益损失的计算,首先必须准确地确定预期利益的数额,在此基础上,减去已得利益额和必要支出的费用,其余额,是预期利益的赔偿数额。

在其他财产利益的损害赔偿中还有一种损失数额的计算问题,就是对其他财产利益损失的推算问题。

《中华人民共和国商标法》第56条规定了对侵害商标权的赔偿方法:"侵犯商标专用权的赔偿数额,为侵权人在侵权期间因侵权所获得的利益,或者被侵权人在被侵权期间因被侵权所受到的损失,包括被侵权人为制止侵权行为所支付的合理开支。"在这一条文中规定的两种损失计算方法中的前一种,实际上就是一种推算的计算方法。后一种方法,实际就是计算间接损失的方法。参照这两种计算方法,可以计算其他财产利益的赔偿数额。

1. 参照侵权人在侵权期间因侵权而获得的财产利益数额

侵权人因侵权行为所获得的利益,是不法所得,可视为受害人所受到的损失。计算出侵权人侵权期间的非法所得,即可确定赔偿金数额。其计算公式是:

$$W = A \times (P - C)$$

其中,W 是所获利益额,A 是侵权人在侵权期间生产、经营的总量,P 为单位产品或服务的价格,C 是单位产品或服务的成本。依此公式,可计算出侵权期间所获的不法利益,推定其为受害人的财产利益损失额,依此确定赔偿数额。

2. 参照受害人在被侵权期间可得利益的损失数额

在生产、经营组织的其他财产利益受到侵害时,这种可得利益的损失较为明显,很容易计算。实际上,这种损失就是受害人在侵权期间受到的财产不利益。其计算公式是:

$$W = (P - C) \times (A_1 - A_2)$$

其中,W 是损失数额,P 是单位产品或服务的价格,C 是单位产品或服务的成本,A_1 是在侵权期间受害人应生产、经营的总量,A_2 是在侵权期间受害人实际的生产经营总量。依此计算出的 W,实际上就是赔偿金数额。

第三节 财产损害赔偿的方法

赔偿损失,分为两种形式:一是折价赔偿;二是实物赔偿。对于直接损失,既可以折价赔偿,也可以实物赔偿。对于间接损失,只能用折价赔偿方式进行。应当说明的是,财产损害赔偿的方法中,还应该包括返还财产和恢复原状,因为这是对侵占财产和损坏财产的两种重要的救济方法。对于侵占财产的侵权行为,首先应当责令加害人返还财产,在不能返还财产的时候,才考虑折价赔偿或者实物赔偿。对于损坏财产的侵权行为,在恢复原状、折价赔偿和实物赔偿的几种方法中,可以根据具体情况选择适用,并没有优先适用的问题。

一、折价赔偿

折价赔偿是对实物损害不能恢复原状、返还原物的,以物所遭受的损害折合成现金,以金钱予以赔偿。在复杂的财产损害面前,如果只这样从字面上进行理解,就不能涵盖所有的财产损害赔偿问题,必须扩展其内容,使其能够包括所有的财产损害赔偿。

折价赔偿应当理解为金钱赔偿,这样,不仅可以概括实物损害的金钱赔偿,也能够概括各种财产利益损失的赔偿问题,将财产利益折合成金钱,以金钱予以赔偿,也可以称之为折价赔偿。

折价赔偿的关键,是对损失的计算。对于财产损害的直接损失和间接损失,按照计算方法计算出实际损失数额以后,以金钱全部赔偿,即补偿了受害人的财物损害。

对于其他财产利益的损失如何折价赔偿,是值得研究的。对此,可以根据财产利益损失的具体情况和性质,确定其是直接损失还是间接损失,分别按照直接损失和间接损失的计算方法计算损失数额,予以金钱赔偿。例如,侵害债权,损失的财产利益一般是预期利益,可以视为间接损失,按照间接损失的办法计算、赔偿。侵害地役权,使地上工作物受到损害的,则按直接损失计算赔偿。某些财产利益损害既不是直接损失,又不是间接损失,可以采用估算方法,确定一个概略的财产利益损失数额,依此予以赔偿。例如,对相邻权的侵害,建筑物遮挡相邻人的阳光或影响通风,这种财产利益的损害,就既不是直接损失,也不是间接损失,不能用这些办法计算损失数额,只能够估算损失数额,以金钱赔偿。

在折价赔偿中,还有一个重要问题是如何确定法定利率。

货币可以产生孳息。当侵占货币等侵权行为发生时,货币的法定孳息就是该财产侵害的间接损失。计算这种间接损失,关键是确定法定利率。法定利率实际上就相当于前述计算公式中的"单位时间增值效益",是确定侵占货币间接损失的一个关键的量,应当有一个准确的规定。

所谓法定利率,是法律规定的货币借贷利率,也适用于类似货币借贷的其他货币支付场合,在当事人双方对于货币借贷等没有约定利率的情况下适用。国外立法对于应付利息的债务,其法定利率为周年百分之五。我国没有关于法定利率的规定。因而在确定侵占货币或者其他侵害财产需要按照货币利息计算,确定间接损失时,没有法定利率依循。

在法律没有规定法定利率之前,可以按照最高人民法院《关于审理民间借贷纠纷案件适用法律的意见》中规定的"可参照银行同类贷款利率计息",计算法定利率。这样规定法定利率,一是具有不稳定因素,二是利率过高,因而只能作临时的应急办法。在财产损害涉及货币间接损失赔偿的计算中,对于利息的计算,应当参照这些规定,以银行同类贷款利率计算。计算时,一是要弄准贷款的期限,如一年的和几个月的贷款利率各不相同;二是要按同期贷款利率,因不同时期的利率并不相同。

二、实物赔偿

用实物赔偿,方法简便易行,只要是用同种类、同等质量的实物赔偿,就达到了全部赔偿的目的。所要注意的是,被侵害的财产一般多为已经使用过的,有折旧的问题。赔偿的实物往往是新购置的种类物,赔偿的时候,有时会出现赔偿范围过大的情况。在这种情况下,应当考虑这种因素,按照受损坏物品的实际折旧,计算出其中的差价,由受害人按照差价找价,比较公平合理。如果双方争议过大,一般就不考虑实物赔偿的办法,而采用折价赔偿的方法。因此,实物赔偿的办法在调解中采用较多,在判决中采用的并不太多。

第四节　侵害特定纪念物品的精神损害赔偿

一、确立侵害特定纪念物品精神损害赔偿制度的必要性

最高人民法院 2001 年 3 月 10 日公布了《关于确定民事侵权精神损害赔偿责任若干问题的意见》,其中第 4 条规定:"具有人格象征意义的特定纪念物品,因侵权行为而永久性灭失或者毁损,物品所有人以侵权为由,向人民法院起诉请求赔偿精神损害的,人民法院应当依法予以受理。"这一司法解释确立了我国侵害特定纪念物品精神损害赔偿制度。

(一)对侵害特定纪念物品完全排斥精神损害赔偿的适用是不适当的

从原则上说,对于侵害特定纪念物品的侵权行为,是不必采用精神损害赔偿制度进行救济的。但是,任何事物都不是绝对的,对侵害特定纪念物品的侵权行为完全排斥精神损害赔偿制度的适用,不能完全概括侵害特定纪念物品的全部情况。适当地在侵害特定纪念物品的场合扩大精神损害赔偿制度的适用,可以适应纷繁复杂的社会生活现象,更好地发挥精神损害赔偿制度的作用。

(二)对侵害特定纪念物品予以精神损害赔偿可以更好地保护受害人的合法权益

侵害特定纪念物品,虽然原则上仅仅对受害人的财产利益造成损失,但是,由于受侵害的财

产本身的性质不同,有些财产对于财产所有人而言,有着超出财产本身价值的更为重要的精神价值。如果对这些财产的侵害造成了受害人的精神痛苦的损害,那么,仅仅按照财产损失的赔偿原则,赔偿受害人所减少的财产,对受害人的救济就是不全面的。全面保护受害人的合法权益,就要对这样的损害不仅要赔偿财产的损失,而且还要采用精神损害赔偿的方法救济受害人的精神损害,对受害人的精神损害进行抚慰,使受害人的合法权益得到全面保护。

（三）对特定纪念物品的损害采用精神损害赔偿方式进行救济保护的是受害人的人格利益

精神损害赔偿所赔偿的是受害人的人格利益损害,而不是财产利益的损失。在侵害特定纪念物品的场合适用精神损害赔偿制度,其实是因为这些财产中凝聚着人格利益。正是因为这些财产中凝聚着人格利益的因素,因此,受害人所有的这样的财产受到侵害以后,才会造成受害人的精神损害,造成一般的财产损害赔偿所不能起到的精神损害抚慰的精神补偿的作用。在这种情况下,只有对受害人采用精神损害赔偿方式进行救济,才能够对受到侵害的人格利益进行抚慰,对受害人的权利损害进行完全的救济。

《侵权责任法》第22条并没有明确规定这种情形,但在其规定的"侵害他人人身权益"中包含人格利益,而具有特定意义的纪念物品受到损害的,精神损害赔偿所要救济的,正是其中所包含的人格利益因素。因此,这种侵害财产的精神损害赔偿并不违反《侵权责任法》第22条规定,是完全正当的。

> **案例 12-2**
> 某甲为唐山大地震幸存者,其父母在地震中遇难,当时某甲还是一岁的女童。后来,某甲的亲属送给她一张其父母的结婚照片,某甲极为珍视,妥善保存,作为对父母的纪念。2000年,某甲将该照片送到某照相馆加工放大,被照相馆将该照片丢失。某甲向法院起诉,请求财产损害的精神损害赔偿。

二、侵害特定纪念物品精神损害赔偿责任的构成

（一）确定侵害特定纪念物品精神损害赔偿责任的一般原则

确定侵害特定纪念物品的精神损害赔偿责任,应当把握好以下两项原则。

1. 必要原则

在确定侵害特定纪念物品的精神损害赔偿责任时,一定要把握好必要原则。这一原则有两层含义:第一,就是坚持这种精神损害赔偿责任的必要性,不能否认其存在的必要性;第二,就是在审理这类案件的时候,要对确有必要的才给予赔偿。不是必须给予精神损害赔偿的侵害特定纪念物品的案件,不能决定给予精神损害赔偿,只要是按照一般的财产损害赔偿规则予以赔偿,就是救济了特定纪念物品的损害。

2. 严格原则

严格原则的含义,就是要在确认侵害特定纪念物品精神损害赔偿责任的时候,要严格坚持这种责任构成的要件,不能轻易、随意地认定这种赔偿责任;同时,在决定精神损害赔偿数额的时候,也要严格掌握,不能判决过高的赔偿数额。

按照这样的原则,对侵害特定纪念物品的精神损害赔偿,首先,要严格限制在侵害财产所有权的场合,财产所有权以外的特定纪念物品,如用益物权、担保物权,以及债权、知识产权等特定纪念物品受到侵害,都不得请求精神损害赔偿。其次,对特定纪念物品受到侵害的,也不能全部都请求精神损害赔偿,只有法律和司法解释所确定的范围内的财产所有权受到侵害,才能够请求

精神损害赔偿。再次,法官在确定侵害特定纪念物品的精神损害赔偿责任的时候,在责任构成和赔偿数额上都要严格把握,不能任意加以扩大。

(二) 侵害特定纪念物品精神损害赔偿责任的构成

1. 构成侵害特定纪念物品精神损害赔偿责任的前提

构成侵害特定纪念物品精神损害赔偿责任的前提条件,就是某一违法行为构成侵害特定纪念物品的侵权责任。

2. 侵害特定纪念物品精神损害赔偿责任构成的特别条件

在认定侵害特定纪念物品精神损害赔偿责任构成的时候,除了要具备侵害特定纪念物品的基本的责任构成要件以外,还必须具备特别要件。这个特别要件就是:该侵权行为所侵害的财产是具有人格利益因素的特定纪念物品。这个要件的具体要求如下。

(1) 侵权行为所侵害的财产不是普通的财产,须是具有特定纪念意义的物品。侵害一般的财产不会产生精神损害赔偿责任。只有侵害特定的纪念物品,才有可能构成精神损害赔偿责任。所谓的特定的纪念物品,首先应当是特定的物品。该物品特定的缘由,是就所有人而言不仅仅是特定物,而且还对所有人具有特定的特别意义。其次,这种特定物品还应当是纪念物品,对所有人具有相当的纪念意义。只有这样的特殊的具有纪念意义的物品,才有可能成为需要承担侵害特定纪念物品精神损害赔偿责任的侵权行为的侵害对象。

(2) 在受到侵害的特定纪念物品中,须具有人格利益因素。在一般的财产中,财产就是财产,不具有人格利益因素。因此,侵害这样的财产,不产生精神损害赔偿责任。但是,在特定的具有纪念意义的物品中,有的会具有人格利益的因素。侵害这样的财产,就会产生侵害特定纪念物品的精神损害赔偿责任。这就是说,一般的具有纪念意义的物品不一定就具有人格利益因素。侵害具有纪念意义的物品,不一定都产生侵害特定纪念物品的精神损害赔偿责任。只有侵害具有人格利益因素的特定的纪念物品,才会产生侵害特定纪念物品的精神损害赔偿责任。这种人格利益因素,就是在一个特定的物品中渗进了人的精神利益和人格价值,使这个特定的物具有了不同寻常的人的意志或者人的品格,成为人的精神寄托、人格的寄托,或者是人格的化身。只有这样的财物受到损害后,才能够给该物品的所有人造成精神损害,必须用精神损害赔偿的方式进行救济。

(3) 财产所具有的这种人格利益因素来源于与其相对应的人的特定关系,双方当事人在这一特定关系中赋予了特定的物的人格利益因素。物品中的人格利益不会凭空产生,必须依据一定的人与人的关系才会产生。当人与人之间具有这种特定的关系,并且将这种关系寄托于某一种具体的纪念物品之上时,这种具体的纪念物品就具有了人格利益因素。如果仅仅是所有人对自己所钟爱的物品的深情,不会使这种物产生人格利益。

三、侵害特定纪念物品精神损害赔偿范围

侵害特定纪念物品精神损害赔偿责任的具体数额确定,应当遵循一般的侵害精神性人格权精神利益损害赔偿数额确定的方法进行,这就是由法官斟酌案件的具体情况,确定具体的赔偿数额。对此,最高人民法院《关于确定民事侵权精神损害赔偿责任若干问题的解释》第 10 条作了原则的规定,可以按照这个规定,由法官决定具体的赔偿数额。

对侵害特定纪念物品的精神损害赔偿数额的确定,也要贯彻确定精神损害赔偿数额的三条原则:(1)能够对受害人的精神损害起到抚慰作用;(2)能够对加害人的违法行为起到制裁作用;(3)能够对社会起到一般的警示作用。符合这三项原则的赔偿数额,就是一个适当的赔偿数额,而不在于具体赔偿数额的大小。

本章小结

本章主要介绍了财产损害赔偿。财产损害,是指侵权行为侵害财产权,使财产权的客体遭到破坏,其使用价值和价值的贬损、减少或者完全丧失,或者破坏了财产权人对于财产权客体的支配关系,使财产权人的财产利益受到损失,从而,导致权利人拥有的财产价值的减少和可得财产利益的丧失。财产损害的种类分为侵占财产、损坏财产、其他财产利益损失。财产损害赔偿,就是要赔偿这种财产价值的减少和可得财产利益的丧失,前者是直接损失的赔偿,后者是间接损失的赔偿。确定财产损害赔偿范围,应当以全部赔偿为原则。财产损害赔偿数额的确定,以客观的财产、财产利益所损失的价值为客观标准,损失多少,赔偿多少。进行财产损害数额的计算时不仅要计算直接损失,还要计算间接损失和其他财产利益的损失。财产损害赔偿的方法分为两种形式:一是折价赔偿;二是实物赔偿。建立侵害特定纪念物品的精神损害赔偿制度可以更好地保护受害人的合法权益,确定侵害特定纪念物品精神损害赔偿责任时要坚持精神损害赔偿的必要原则和严格原则。

【关键术语】

财产损害　赔偿损失　直接损失　间接损失　特定纪念物品

【思考题】

1. 简述财产损害和财产损害赔偿的概念和特征。
2. 说明财产损害赔偿的基本方法。
3. 确定财产损害赔偿范围应坚持什么原则?
4. 间接损失如何界定?有什么特征?
5. 确立侵害特定纪念物品的精神损害赔偿制度的必要性及财产损害中精神损害赔偿的适用范围应当如何掌握?

第十三章 精神损害赔偿

本 章 要 点

本章依照《侵权责任法》第22条规定并结合司法实务,介绍精神损害赔偿制度。包括精神损害和精神损害赔偿的概念、结构和功能以及我国精神损害赔偿制度的新发展,同时对精神损害赔偿的责任形式和精神损害赔偿金的计算进行重点阐述。

第一节 精神损害赔偿概说

一、精神和精神损害的概念

（一）精神

精神损害赔偿是救济人身权利损害的一项重要方法,是侵权损害赔偿的内容之一。

精神这一概念,在不同的领域有不同的含义。从本质上看,精神是与物质相对应、与意识相一致的哲学范畴,是由社会存在决定的人的意识活动及其内容和成果的总称①。马克思主义哲学认为,精神是高度组织起来的物质即人脑的产物,是人们在改造世界的社会实践中通过人脑产生的观念、思想上的成果。人们的社会精神生活即社会意识是人们的社会物质生活即社会存在的反映。哲学上的精神包含两个层次:一是精神生产,二是社会精神生活。在范围上主要表现为精神生产、精神生产成果的传播与意识的传播、精神享受。精神享受与精神生产、精神传播三者互相联系,构成一定社会的丰富多彩的精神生活②。

法律上使用精神这一概念,并不是使用哲学上精神概念的全部内容,只是使用其中的一部分内容,主要是指精神活动,并且总是与精神损害、精神损害的法律后果即精神损害赔偿联系在一起使用,以确定其在法律上的含义。法律学上的精神活动,是法律上的财产流转活动相对应的活动,包括生理或心理上的活动和维护精神利益的活动。自然人的精神活动包括上述两项内容。法人作为拟制的法律人格,不存在生理或心理上的精神活动,但存在保持和维护其精神利益的精神活动。

（二）精神损害

精神损害是指对民事主体精神活动的损害。以侵权行为侵害自然人、法人的人身权利以及具有特定纪念物品,造成的自然人生理、心理上的精神活动和自然人、法人维护其精神利益的精神活动的破坏,最终导致精神痛苦和精神利益丧失或减损。精神损害的最终表现形式,就是精神痛苦和精神利益的丧失或减损。

---
① 王利明主编：《民法·侵权责任法》,中国人民大学出版社1993年版,第617页。
② 《中国大百科全书·哲学》,中国大百科全书出版社1987年版,第379页。

1. 精神痛苦和精神利益的丧失或减损

精神痛苦的产生有两个来源。一是侵害自然人人体的生理损害。当侵权行为侵害身体权、健康权、生命权时,给权利主体造成生理上的损害,使其在精神上产生痛苦。二是侵害自然人心理的心理损害。当侵权行为侵害自然人的人身权利时,侵害了人的情绪、感情、思维、意识等活动,导致人的上述精神活动的障碍,使人产生愤怒、恐惧、焦虑、沮丧、悲伤、抑郁、绝望等不良情感,造成精神痛苦。

精神利益的丧失或减损,是指自然人、法人维护其人格利益、身份利益的活动受到破坏,因而导致其人格利益、身份利益造成损害。这种损害,首先不以民事主体是否具有生物形态而有所不同,而是自然人、法人均可造成这种损害;其次,自然人、法人享有的人身权种类不同,损害的范围也不同,如自然人享有人身自由权、肖像权、性自主权、配偶权、亲权、亲属权等,法人并不享有,因而法人不可能造成这种人格利益和身份利益的损害。

2. 法人的精神损害

有些学者认为法人不存在精神损害。最高人民法院的司法解释接受了这种观点,在《关于审理名誉权案件若干问题的解答》第10条第4款中否认法人有精神损害的问题。精神损害包括精神痛苦与精神利益丧失,法人的精神损害不包括精神痛苦,而仅指精神利益丧失。精神利益包括人格利益和身份利益,是民事主体人格的基本利益所在,否认法人有精神损害,就等于否认法人的人格,其结果必然使法人本身失去了存在的依据。因此,法人没有精神损害这种说法是不准确的。

二、精神损害赔偿的概念

精神损害赔偿是民事主体因其人身权利受到不法侵害,使其人格利益和身份利益受到损害或遭受精神痛苦等无形损害,要求侵权人通过财产形式的赔偿等方法,进行救济和保护的民事法律制度。

精神损害赔偿是侵权责任法的组成部分,是侵权责任中的一个具体形式,是行为人实施侵权行为之后应当承担的法律后果。它与人身损害赔偿和财产损害赔偿一起,构成了侵权责任的基本形式。

三、精神损害赔偿的结构

(一) 历史发展形成的结构

精神损害赔偿结构,是指精神损害赔偿在其内在的部分究竟是怎样构成的,是由哪几部分构成的。随着社会文明的进步和法律文化的发展,侵权损害赔偿责任不断发展,才构成了今日精神损害赔偿的内在结构。

在罗马法初期,损害赔偿是一个笼统的概念。在罗马法后期,损害赔偿发生了变化。侵辱行为(injuria)既包括对人身的损害,也包括精神的损害。在罗马法后期,对身体的有形损害即侵害生命健康权的行为从侵辱行为中分离出来,变成了独立的侵权行为,使精神损害赔偿与人身损害赔偿对立起来,形成了侵害人身权损害赔偿制度中的两大基本制度。

其后,在精神损害赔偿制度的内部,又逐步分成两个不同的部分:(1)对人格权的非财产损害赔偿,即人格权精神利益的损害赔偿制度;(2)对侵害人格权、身份权造成人的精神痛苦、精神创伤的抚慰金制度。这一进程,是在近现代民法的发展中实现的。对精神利益损害的赔偿,与对人身损害造成的痛苦的赔偿,成为各不相同但又相互联系的制度,构成了今天精神损害赔偿的内部结构。

(二) 两种结构的内容

精神利益的损害赔偿,主要是对精神性人格权损害的民事救济手段,保护的对象是名誉权、人身自由权、肖像权、姓名权、隐私权、性自主权以及一般人格权和身份权。具体进行分析，这种保护手段，大体包含三个层面：(1)对精神性人格权、身份权侵害造成财产损害的赔偿；(2)对精神性人格权、身份权侵害造成精神利益损害的赔偿；(3)对精神性人格权、身份权侵害造成自然人精神痛苦的抚慰金赔偿。在立法上，对上述第二、第三两个层面的保护，通常不加区分，而这正是侵害自然人和法人精神性人格权相同的损害结果。因此，在这一点上，自然人和法人都存在精神利益的损害，都可以实行精神损害赔偿。

精神痛苦的抚慰金赔偿，是对人格权损害造成精神痛苦的民事救济手段，保护的对象是民事主体不受精神创伤的权利。因而，它只能对自然人适用，不能对法人适用。当自然人的人格权受到损害，除应当赔偿其财产上的损害以外，对其本人或亲属造成的精神痛苦，应以一定数额的金钱予以抚慰。抚慰金赔偿制度是对自然人物质性人格权受侵害的救济[①]。

(三) 精神损害赔偿结构的成因

精神损害赔偿制度之所以出现这样的内在结构，原因是这一制度保护的客体——人格权的复杂性和可划分性所决定的。民法发展到今天，对民事主体确定的人格权达十几种，构成了庞大的人格权体系。但尽管它们是那样的复杂、繁多，却可以用最简单的方法划分为两大类，即依人格权的存在方式为标准，分为物质性人格权和精神性人格权。即使是身份权，也可以视为精神性的民事权利，与精神性人格权的保护方式基本相同。前者依托于自然人的物质实体，"是自然人对于物质性人格要素的不转让性支配权"[②]；后者以观念的形态存在，是自然人和法人"对其精神性人格要素的不转让性支配权的总称"[③]。对这两种不同的人格权进行民法上的保护，依据它们的不同特点，采取的方法当然也不会相同。对物质性人格权侵害，会造成财产上的损失和精神上的痛苦，因而要赔偿财产损失和抚慰金。对于精神性人格权的侵害，也会造成一定程度上的财产损失，同时造成精神利益的损害，对财产损害当然要进行赔偿，对于精神利益损害，可以一并用精神损害赔偿的方法，予以保护。正因为如此，精神损害赔偿制度必然形成以上两种结构。

从另一个角度分析，无论侵害人格权还是侵害身份权，以及侵害某些特定的财产权，都可能造成两种侵害，即精神痛苦和精神利益丧失。精神损害赔偿作为对精神损害的救济手段，也必然形成对精神痛苦的抚慰金赔偿和对精神利益丧失的精神利益赔偿这样两种结构。

四、精神损害赔偿的功能

(一) 确认精神损害赔偿功能的不同学说

关于精神损害赔偿的功能，有诸多学说，归纳起来，分为以下三种基本观点。

1. 单一功能说

这种观点认为精神损害赔偿只有单一的功能，并认为这种单一功能，或者是惩罚，或者是补偿，或者是满足，或者是克服，或者是调整[④]。

2. 双重功能说

这种观点认为精神损害赔偿的功能有双重性，具有两种不同的功能，互相作用。一种意见认为，精神损害是具有补偿和满足的双重功能；另一种意见认为，精神损害赔偿既具有补偿性的功

[①] 关于抚慰金赔偿的适用范围，应当限制在侵害物质性人格权的保护范围之中，这样会使对精神利益损害的救济和对精神痛苦的救济更加分明，逻辑层次更加清楚。

[②] 张俊浩主编：《民法学原理》，中国政法大学出版社1991年版，第142页。

[③] 同上书，第146页。

[④] 参见王利明主编：《人格权法新论》，吉林人民出版社1994年版，第658—661页。

能,又具有惩罚性的功能①。

3. 三重功能说

这种观点认为精神损害赔偿的性质是经济补偿,仍具备填补损害、抚慰受害人和制裁违法三种功能②。

(二) 精神损害赔偿的三种不同功能

(1) 精神损害赔偿的首要功能,就是补偿损害。尽管精神损害不是现实的、有形的损害,但它毕竟是一种损害事实。法律肯定精神损害赔偿制度,就是要肯定其补偿对受害人的作用。因此,精神损害赔偿具有填补损害功能,不可否认。

(2) 精神损害赔偿制度兼具惩罚性。惩罚性(或称制裁性)的来源是侵权人承担损害赔偿责任,不仅不能因自己的侵权行为而得到任何经济上的便宜,还会带来更大的经济损失。这种制裁职能可以刺激侵权人履行自己的法定义务③。这种赔偿是对违法行为的制裁。近现代法律分工,刑法担负惩罚职责,民法主要担负补偿职责。认为精神损害赔偿乃至整个损害赔偿制度具有惩罚性,并非对古代民法那种民刑不分的回复,而是在克服古代民法的上述弊端,更加注意保护受害人的利益,加重对加害人的处罚,以达到防止侵权行为,稳定社会秩序的目的④。另外也应当看到,精神损害赔偿的惩罚功能不是其基本功能,应是其填补损害功能附带的、兼具的另一种功能。

(3) 关于精神损害赔偿的抚慰功能,相当于国外学说中的满足功能和克服功能。正如学说所指出的那样,金钱作为价值和权利的一般尺度,可以成为满足受害人人身及精神需要的物质手段。尽管它无法弥补受害人的精神利益,但是它可以使受害人在其他方面得到精神的享受。因此,金钱赔偿在这种情况下是民法唯一可以采用的给受害人以满足的方法。这种需要的满足,恰恰是为了平复受害人精神创伤,慰藉其感情的损害,通过改变受害人的外环境而克服其内环境即心理、生理以及精神利益损害所带来的消极影响,恢复身心健康。

五、我国精神损害赔偿制度的新发展

(一)《民法通则》第 120 条确立了我国的精神损害赔偿制度

1949 年至 1986 年,我国没有建立精神损害赔偿制度,并将精神损害赔偿视为落后的民法制度。1986 年制定《民法通则》,在第 120 条第一次规定了精神损害赔偿制度,规定侵害姓名权、肖像权、名誉权、荣誉权,可以运用精神损害赔偿的方法进行法律保护。

但是,《民法通则》的这一规定还有很多不完善之处。(1)对物质性人格权受到损害,没有规定精神损害赔偿的保护方法;(2)对精神性人格权规定不完全,没有规定隐私权、人身自由权、性自主权等人格权,特别是没有规定一般人格权,因而精神损害赔偿所保护的范围还不够完善;(3)对身份权则完全没有规定,更没有规定精神损害赔偿的保护方法。同时,也没有明确适用精神损害赔偿的概念。

(二)《关于确定民事侵权精神损害赔偿责任若干问题的解释》对精神损害赔偿制度的新发展

最高人民法院于 2001 年 3 月 10 日发布《关于确定民事侵权精神损害赔偿责任若干问题的解释》,阐发《民法通则》规定的原则以及其他单行法律,补充立法的不足,对我国自然人的人身权

---

① 参见王利明主编:《人格权法新论》,吉林人民出版社 1994 年版,第 663 页。
② 杨立新:《侵权损害赔偿》,吉林人民出版社 1990 年版,第 206—207 页;杨立新:"论人格损害赔偿",载《河北法学》1987 年第 6 期。
③ 《中国大百科全书·法学》,中国大百科全书出版社 1984 年版,第 571 页。
④ 王利明主编:《人格权法新论》,吉林人民出版社 1994 年版,第 664 页。

进行司法保护有六个重大突破,这表明了我国法律对自然人人格权、人格利益和身份权法律保护的重大进步,使中国对自然人人身权司法保护实现了重大进展。这些突破是:(1)在保护生命权、健康权和身体权方面的重大突破,特别是直接承认身体权为独立人格权,适用精神损害赔偿的保护方法进行保护;(2)对人格尊严权和人身自由权法律保护方面的重大突破,确认人格尊严的一般人格权的最高地位,确认人身自由权是独立的人格权;(3)对隐私权的保护从间接保护改为直接保护方式进行,更有利于对隐私权的保护;(4)对亲权和亲属权等身份权可以采用精神损害赔偿保护作出明确规定;(5)全面扩展保护死者人格利益的范围,确认对死者的姓名利益、肖像利益、名誉利益、荣誉利益、隐私利益以及遗体、遗骨进行保护;(6)将精神损害赔偿的适用扩展到具有人格因素的某些财产权损害的场合,侵害特定纪念物品的,受害人可以请求精神损害赔偿。

在该司法解释中,有一个特别重要的条款,就是第1条第2款关于"违反社会公共利益、社会公德侵害他人隐私或者其他人格利益,受害人以侵权为由向人民法院起诉请求赔偿精神损害的,人民法院应当依法予以受理"的规定中,有关侵害"其他人格利益"起诉精神损害赔偿应予受理的规定。这个"其他人格利益"保护条款的最基本的作用,就是概括对人格利益保护的任何未尽事宜。这就是说,任何人格利益,尽管没有明文规定,只要需要依法保护的,都可以概括在这个概念里面,依法予以精神损害赔偿的保护。

(三)《侵权责任法》对精神损害赔偿责任制度的确认

《侵权责任法》第22条规定:"侵害他人人身权益,造成他人严重精神损害的,被侵权人可以请求精神损害赔偿。"这是我国法律第一次明确规定精神损害赔偿责任制度。《侵权责任法》第22条明确规定精神损害赔偿责任制度,使我国在实践中确立的精神损害赔偿责任制度在民法基本法上得到确认,具有重大意义。

第二节 精神损害赔偿责任

一、精神损害赔偿的一般形式

(一)精神损害赔偿在侵权责任中的地位

在侵权责任法中,民事责任方式是一个完整的体系,除了上面所说的精神损害赔偿的体系外,还包括人身损害赔偿和财产损害赔偿。精神损害赔偿只是其中的一种形式。

在三种损害赔偿责任形式中,精神损害赔偿是一种重要的责任形式,其适用范围之广,为其他两种损害赔偿责任形式所不及。这主要表现在精神损害赔偿责任形式的适用范围的广泛程度上。首先,精神损害赔偿有其独自的适用范围,这就是对精神性人格权和身份权侵害的救济上。对于精神性人格权和身份权的损害救济,基本的责任方式就是精神损害赔偿。其次,对人身损害赔偿和财产损害赔偿的适用范围,精神损害赔偿也要参与调整。对物质性人格权的侵害,造成了人身的伤害,要承担人身损害赔偿责任,但是,侵害物质性人格权造成受害人精神痛苦的,也应当予以精神损害赔偿救济。在某些具有人格利益因素的侵害财产权的场合,精神损害赔偿对于造成精神利益损害或者精神痛苦的,也可以请求精神损害赔偿救济。

(二)精神损害赔偿责任的体系

一般所讲的精神损害赔偿,是指狭义的精神损害赔偿,仅仅指对精神损害的金钱赔偿形式。广义的精神损害赔偿除包括狭义的精神损害赔偿以外,还包括停止侵害、赔礼道歉、恢复名誉、消除影响等责任形式。这些责任方式结合在一起,构成精神损害赔偿的完整的责任形式。

精神损害赔偿的责任形式具有重要的不可替代的地位。但另外的几种责任形式也具有重要的作用。它们的作用是挽回损害的后果,也有抚慰受害人的作用。在实践中不能忽视在精神损害赔偿责任体系中其他非财产责任形式的作用。一方面,在这些非财产责任形式中,所起的作用也是精神损害赔偿责任形式所不能替代的,运用得好,可以起到调整法律关系的重要作用;另一方面,更好地适用非财产责任形式,可以避免精神损害赔偿责任形式存在的弊病,更好地救济侵害人身权利的后果。

(三)精神损害赔偿形式的内容

精神损害赔偿形式实际上包括对精神利益的损害赔偿和对精神痛苦的赔偿。前者称之为精神利益损害赔偿,后者称之为抚慰金赔偿。在最高人民法院的司法解释中,将上述两种精神损害赔偿都称为精神损害抚慰金。这种做法当然有其根据,但不利于区分两种不同的精神损害赔偿的界限。

应当看到,精神损害赔偿中的精神利益损害赔偿和精神痛苦的损害赔偿,虽然都是精神损害赔偿,但是它们的性质还是不同的。精神利益的损害赔偿,是对精神性人格权中的精神利益受到损害的赔偿。精神痛苦的损害赔偿则是对受害人因为身体权、健康权和生命权受到侵害,在心灵上造成的创伤所进行的救济。

二、精神利益损害赔偿

(一)精神利益损害赔偿的作用

对精神利益的损害赔偿,是精神损害赔偿的主要形式。

这种精神损害赔偿,主要是对侵害一般人格权以及精神性人格权和身份权,造成受害人的精神利益的损害,对受害人的这种精神利益的损害以财产补偿的形式进行救济。

严格地说,这种精神损害赔偿还是侵权责任中的赔偿损失。但是与一般的侵权损害赔偿相比,这种损害赔偿所救济的对象不是财产的损失,而是受害人由于一般人格权、精神性人格权和身份权受到侵害,对这些权利中所含有的精神利益损失的赔偿。正是这样,精神损害赔偿的真实意义是救济精神利益的损害,而不是对财产利益损失的补偿。

(二)精神利益损害赔偿的适用范围

精神利益损害赔偿的范围:一是侵害一般人格权;二是侵害名誉权、人身自由权、肖像权、姓名权、名称权、隐私权、信用权、性自主权、荣誉权;三是侵害其他人格利益;四是侵害配偶权、亲权、监护权。

案例 13-1

2000年10月17日,网蛙公司在其"三九网蛙音乐网"举行"国内歌坛十大丑星评选活动",将臧某列为候选人之一,同时还有其他歌星共30人。评选活动同时在网易网站音乐频道进行互动链接。11月13日,评选结果在上述两家网站公布,臧某以16 911票当选"十大丑星"之一,位列第三名。臧某认为,这两家公司未经自己同意,擅自使用自己的照片,并加文字介绍,将自己列为候选人,在文中出现"要嫁就嫁臧某,但怎么也没看出来广大适龄未婚女青年有什么重大举措"等调侃内容,并在评选期间遭到网民的随意攻击,两被告的行为严重侵害了自己的肖像权、名誉权,给自己造成重大经济损失和精神损失,影响了自己的声誉,构成侵权行为,故提出索赔经济损失65万元、律师费10万元、精神损失20万元及赔礼道歉等诉讼请求。网蛙公司与网易公司均认为,照片是在公开媒体上发表的,文中出现的文字内容也是事实,网民的评论与网蛙公司、网易公司无关,此次活动也没有对臧某的声誉与形象进行贬低,"丑星"是个广泛的称谓并非就是贬义,因此没有对臧某构成侵权。法院一审判决认为,网蛙公司和网易公司在未告知臧某并经本人同意的情况下,擅自将其列为"国内歌坛十大丑星评选活动"的候选人,在"评丑"的前提下,又擅自加配了涉及人身的调侃性文字,并最终给臧某冠以国内歌坛十大丑星第三名的称谓,侵害了臧某的人格尊严;同时对臧某照片的使用,一定程度上是以营利为目的的经营性行为,构成对臧某肖像权的侵害。法院判决,两家公司赔礼道歉;共同一次性赔偿经济损失人民币1 500元、精神抚慰金人民币2万元。

三、抚慰金赔偿

(一)抚慰金赔偿的作用

侵害物质性人格权,造成精神痛苦损害的,也应当进行精神损害赔偿。这种精神损害赔偿就是抚慰金赔偿。

物质性人格权,包括身体权、健康权和生命权。在这三种权利中,最主要的利益是非财产性的利益,即人之所以作为民事主体所应当具备的物质性人格基础。当人的物质性人格基础受到损害,使人的物质性人格基础受到损失,造成残缺,人的人格就会受到严重损害,甚至于丧失。因此,侵害物质性人格权所造成的损害,不是一般的财产上的损失,也不是精神利益上的损害,而是在物质上损害乃至消灭人的人格。对于这样的侵权行为所造成的后果,必须认识到其严重性,用坚决的手段予以制裁,以保护受害人的人格利益。

案例 13-2

2000年4月22日、28日及5月1日,某咨询公司市场主管高某在进入敦煌公司开办的"The Den"酒吧时,酒吧工作人员因其"面容不太好,怕影响店中生意"而拒绝其入内。2000年7月,高某向北京朝阳区法院提起诉讼,认为酒吧工作人员的行为侵害了其人格尊严,给其造成极大精神伤害,要求被告赔偿精神损失费5万元及经济损失2 847元,并公开赔礼道歉。

(二)抚慰金赔偿的范围

抚慰金赔偿适用的范围是:(1)死亡赔偿,侵害生命权造成受害人死亡的,抚慰金赔偿的是死者近亲属的精神痛苦;(2)残疾赔偿,侵权行为造成了受害人残疾丧失劳动能力的,抚慰金赔偿的是受害人的精神痛苦;(3)一般伤害赔偿,对于侵权行为造成健康权损害,即造成人身损害但是还没有造成残疾的,应当给予这样的抚慰金赔偿;(4)侵害身体权,对于侵害身体权没有造成伤害后果的,如果需要赔偿,也基于这种抚慰金赔偿;(5)侵害财产,侵害特定纪念物品,造成受害人的人格利益损害的,采用抚慰金赔偿予以救济。

四、对精神损害救济的其他方式

对于侵权行为造成精神损害应当承担民事责任的,还可以采用停止侵害、消除影响、恢复名誉、赔礼道歉等责任方式救济。

第三节 精神损害赔偿金的计算

一、精神损害赔偿请求权

侵权损害赔偿的性质是债权债务关系,当事人对于精神损害赔偿享有的是债权性质的请求权。

这种请求权,是在相对人之间发生的。在侵权行为发生以后,在当事人之间产生这种损害赔偿的债权债务关系。受害人享有精神损害赔偿的请求权,加害人负有给付精神损害赔偿的履行义务。究竟是否行使这种权利,在于受害人即权利人的意志。受害人愿意行使精神损害赔偿请求权的,可以向法院提出诉讼请求,由人民法院判决。不愿意行使这种精神损害赔偿请求权的,任何人都无权强制其行使。

因而,由权利人行使权利,当然就是当事人主义,而非职权主义。当事人不提出精神损害赔偿请求的,人民法院不能依职权责令加害人承担精神损害赔偿责任。

至于受害人向人民法院提出精神损害赔偿的请求之后,加害人应否承担精神损害赔偿责任,应当在何种范围内承担精神损害赔偿,以及精神损害赔偿金的具体数额,则由法院依据案情判定。

二、计算精神损害赔偿金的原则

(一)国外关于计算精神损害赔偿金的原则

国外关于计算精神损害赔偿金的原则,大致分为以下五种。

1. 酌定原则

这种原则不制定统一的赔偿标准,而是法官根据案件的具体情况酌定。英美法系法院通常采用这种原则,根据具体案情,法官自由裁量精神损害赔偿金的具体数额,这种原则自由、灵活,可以根据具体情况酌定,是其优点。但缺乏计算精神损害赔偿金的统一标准,导致法院在相似的案件上对同样的精神损害作出赔偿数额相差悬殊的判决。

2. 比例赔偿原则

有些国家认识到酌定赔偿原则的缺点,通过确定与有关医疗费的一定比例而使痛苦和遭遇赔偿的数额标准化。在德国,痛苦和遭遇的赔偿额是通过医疗费用的价值数额估算。秘鲁法规定,法官只能在受害人所必须花费的医疗数额的半数和两倍之间来估算赔偿金数额。

3. 标准赔偿原则

这种赔偿原则是确定每日赔偿标准,按标准计算赔偿金数额。如丹麦法院在1968年之前,加害人对躺在床上的病人给付的精神损害赔偿金每天为15丹麦马克,给付其他病人的为每天7.5丹麦马克;1968年以后,这两种精神损害赔偿金的标准,分别增加到25丹麦马克和10丹麦马克。

4. 固定赔偿原则

在日本,对于某些方面的人身损害抚慰金赔偿,制定固定的抚慰金赔偿表格,规定各种精神损害的固定的赔偿数额,法官只要查表,即可确定应当赔偿的数额。例如,在交通事故造成的人身损害中,就有固定的抚慰金赔偿表格,详细规定住院治疗的每天赔偿多少钱,不住院治疗的每天赔偿多少钱,等等。只要按照表格的固定数额计算即可。

5. 限额赔偿原则

这种赔偿原则规定精神损害赔偿的最高限额,法官可在最高限额下酌定具体数额。如埃塞俄比亚法律规定精神损害赔偿数额最高不能超过1 000埃塞俄比亚元;哥伦比亚规定不得超过2 000比索。

(二)我国计算精神损害赔偿金的原则

确定精神损害赔偿金的原则有三个,其中一个是基本原则,另两个是辅助性原则。

1. 法官酌量原则

这是确定精神损害赔偿金的基本原则,它赋予法官在处理精神损害赔偿案件时,依自由裁量权,确定精神损害赔偿金的具体数额。自由裁量权不是无限制的权利,并不意味着法官可以在确定赔偿金数额时可以随心所欲、主观臆断,必须遵循一定的规则和办法。最高人民法院在《关于审理名誉权案件若干问题的解答》第 10 条规定："公民提出精神损失赔偿要求的,人民法院可根据侵权人的过错程度、侵权行为的具体情节、给受害人造成精神损害的后果等情况酌定。"其中"酌定"二字,就是指法官酌量原则。

2. 区别对待原则

在法官自由酌量原则的基础上,在具体确定精神损害赔偿金的时候,必须对精神损害的不同利益因素的损害予以区别对待,根据其不同特点,依据不同的计算规则,各个计算出应赔偿的数额,最后酌定总的赔偿金数额。例如,对于财产利益的直接损失,应当参照财产损害赔偿的计算规则计算;对于精神利益中财产利益的损害,应当依照精神利益中财产利益损害的计算法和某些权利转让使用费的计算规则计算;对于纯精神利益损害和精神痛苦的损害,按照酌定规则和抚慰金计算规则计算;对于侵害人身自由权的,可依照《国家赔偿法》第 26 条规定,每日赔偿金按照国家上年度职工日平均工资计算。实行区别对待原则,有利于克服自由酌定原则的不利因素,使精神损害赔偿金的计算更为准确、可行。

3. 适当限制原则

在实行法官自由酌量原则的基础上,除了适用区别对待原则以外,还应实行适当限制原则,其目的也是克服自由酌量原则的不利因素,防止误导人们盲目追求高额赔偿的倾向。适当限制原则表现在两个方面:(1)对于精神损害具有一般情节的,可以责令受害人承担非财产性质的民事责任,造成财产利益损失或者精神损害情节较重的,可以责令承担赔偿责任;(2)对精神损害赔偿金的数额应当适当限制,考虑当地居民实际负担能力,自然人、企业、单位负担能力的不同,以及其他情况,酌定限额。

三、计算精神损害赔偿金的具体规则

根据司法实务部门的实践,我国精神损害赔偿金计算的基本办法是综合法,即由法官按照具体规则,综合各项精神损害的各个赔偿数额,酌定损害赔偿金总额。综合法是前述计算精神损害赔偿金三项原则的具体体现。

(一)概算规则

对于纯精神利益损害的赔偿和精神痛苦的抚慰金的计算,适用概算规则。适用概算规则,法官应将案件情况分为加害人过错程度的轻重、受害人被侵害的精神利益损害后果及所受精神痛苦程度、双方的经济负担能力及经济状况和受害人的资力这四种因素,其中前三种是着重考虑的因素。在计算时,首先按照当地精神损害赔偿金的一般限额,分成低、中、高三个档次,按前三种着重考虑的因素确定适用哪一个档次;然后再按照其他因素,在这一档次的幅度中上下浮动;最后确定具体赔偿数额。办法是,把上列三种着重考虑的因素列为两类情况,一类是提高赔偿的情况,如:损害后果严重,加害人出于故意,加害人生活水平高而受害人生计困难,等等。另一类是降低赔偿的情况,如,侵害结果较轻,加害人处于过失,加害人经济状况不佳而受害人经济状况良好,等等。具备前一类情况的,可以给予较多的赔偿;具备后一类情况的,可以给予较少的赔偿;两类情况兼而有之的,可以给予中等水平的赔偿。在确定了三种赔偿幅度中的一种之后,再斟酌当事人的身份、地位、年龄、职业以及案件的其他因素,确定具体的数额。

(二)比照规则

现行立法对于精神损害赔偿金计算已有明确规定的,应当比照该规定计算赔偿数额。目前立法有规定的,只有《国家赔偿法》对人身自由权侵害、生命权侵害和扶养请求权侵害是由国家行为造成的有具体的赔偿规定。对于人身自由权损害的精神损害赔偿金,该法第 16 条规定:"侵害公民人身自由的,每日的赔偿金按照国家上年度职工日平均工资计算。"这虽然是国家赔偿标准,但在关于人身自由权侵害的赔偿没有正式标准的情况下,可以比照这一规定执行。

(三) 参照规则

当确定精神利益中财产利益损失的数额时,可以参照其他标准确定赔偿金数额。

1. 参照受害人在被侵权期间可得利益的损失数额

在营业组织的人身权受到侵害时,这种可得利益的损失较为明显,较容易计算。实际上,这种损失就是受害人在侵权期间受到的财产不利益。对此,可以参照财产损害赔偿中的受害人在被侵权期间可得利益的损失数额计算方法计算。

2. 参照侵权人在侵权期间因侵权而获得的财产利益数额

侵权人因侵权行为所获得的利益是不法所得,可视为受害人所受到的损失。计算出侵权人侵权期间的非法所得,即可确定赔偿金数额。对此,可以参照财产损害赔偿中参照侵权人在侵权期间因侵权而获得财产利益数额的方法计算。这种参照规则,适用于营业组织为侵权人侵害他人人身权的场合。

3. 参照某些人格权转让使用的一般费用标准

在肖像权、名称权转让使用中,可以约定一定的使用费。对此,有约定使用费数额标准的,依其约定标准计算;没有约定标准的,参照类似使用费的一般标准,确定赔偿金数额。

(四) 全部赔偿规则

对于因侵害精神性人格权和身份权而造成的财产的直接损失,应当比照侵害财产权的全部赔偿原则,以全部财产损失作为赔偿金数额。所应注意的是,其财产损失应是合理的、必要的费用支出。不合理、不必要的支出,不应计算在内。

在依据上述四项具体规则分别计算出纯精神利益损害、精神痛苦损害、精神利益中间接财产利益损失和直接财产利益损失的具体数额以后,法官可依自由酌定原则、综合评断,确定精神损害赔偿金的总额,并依此作出判决。

在计算精神损害赔偿金时,还有三个问题必须注意。

(1) 一个行为侵害数个精神性人格权时,应以所侵害的主要人格权为准,在计算赔偿金时,应将一并侵害的人格权事实作为加重情节,适当提高赔偿金总额。

(2) 单一民事主体的数个行为侵害一个权利,应作为一个侵权行为计算赔偿金数额。单一主体数个行为侵害数个权利是数个侵权行为,应分别计算,最后综合确定赔偿金总额。

(3) 综合评断精神损害赔偿金总额,应以各种损害所应赔偿数额相加的总和为标准,依据案情作适当的调整,但不应与总和数额相差悬殊。当一个侵权行为只造成一项利益损害时,则按该项利益损害计算赔偿金数额,并综合评断之。

本 章 小 结

精神损害是指对民事主体精神活动的损害。侵权行为侵害自然人、法人的人身权利以及具有特定纪念物品,造成的自然人生理、心理上的精神活动和自然人、法人维护其精神利益的精神活动的破坏,最终导致精神痛苦和精神利益丧失或减损。精神损害的最终表现形式,就是精神痛苦和精神利益的丧失或减损。精神损害赔偿是救济人身权利损害的一个重要方法,是侵权损害赔偿的内容之一,是民事主体因其人身权利受到不法侵害,使其人格利益和身份利益受到损害或遭受精神痛苦等无形损害,要求侵权人通过财产形式的赔偿等方法,进行救济和保护的民事法律制度。精神损害赔偿的内部结构分为对精神利益损害的赔偿与对人身损害造成的精神痛苦的赔偿。精神利益的损害赔偿,主要是对精神性人格权损害的民事救济手段,保护的对象是名誉权、人身自由权、肖像权、姓名权、隐私权、性自主权以及一般人格权和身份权。精神痛苦的抚慰金赔偿,是对人格权损害造成精神痛苦的民事救济手段,保护的对象是民事主体不受精神创伤的权利。精神损害赔偿的首要功能是补偿损害,同时兼具惩罚性功能和抚慰功能。精神损害赔偿的主要方式,就是精神损害抚慰金赔偿。确定精神损害赔偿金的原则有三个,即法官自由酌量原则、区别对待原则和适当限制原则。

【关键术语】

精神损害　赔偿损失　发展历史　规则　方法

【思考题】

1. 简述精神损害赔偿的概念。
2. 精神损害赔偿的内部是怎样的结构?
3. 最高人民法院《关于确定民事侵权精神损害赔偿责任若干问题的解释》在保护人身权利方面有哪些重要突破?
4. 精神损害赔偿的功能有哪些?
5. 简述精神利益损害赔偿的适用范围。
6. 简述抚慰金赔偿的作用。
7. 试述计算精神损害赔偿金的具体规则。

第十四章　一般侵权责任

本章要点

本章依照《侵权责任法》第6条第1款规定，介绍我国侵权责任类型中的一般侵权责任。按照我国司法实践经验，将其分为9种侵权责任类型：故意或者过失侵害人身、故意或者过失侵害人格、妨害家庭关系、侵害物权、侵害债权、侵害知识产权、媒体侵权、商业侵权以及恶意利用诉讼程序的侵权责任。

第一节　故意或者过失侵害人身

一、故意或者过失侵害人身侵权行为的基本规则

（一）概念界定

故意或者过失侵害人身的侵权行为类型，是故意或者过失地以侵害生命权、健康权或者身体权及其相关人格利益为侵害对象的侵权行为。

（二）基本规则

1. 侵害客体包括生命权、健康权和身体权

故意或者过失侵害人身的侵权行为所侵害的客体是物质性人格权，即生命权、健康权和身体权。凡是以这些权利为侵害对象的侵权责任法，都是故意或者过失侵害人身的侵权行为。因此，故意或者过失侵害人身的侵权行为，可以分为侵害身体、故意或者过失侵害健康权、故意或者过失侵害生命权。

这样区分的意义在于，所有的侵害身体权的侵权行为都概括在这一种侵权行为当中，除此之外不再有侵害身体权的侵权行为，在其他任何类型的侵权行为中，都没有侵害身体权的侵权行为。但是，侵害生命权、健康权的侵权行为却不一定都是故意或者过失侵害人身的侵权行为，因为在下面阐释的各种不同的侵权行为类型中，都有可能存在侵害生命权和健康权的行为。因此，现在讨论的这种侵权行为类型，是具有明确的故意，或者纯粹的过失，造成侵害生命权或者健康权的侵权行为。

2. 侵害客体包括物质性人格利益

在侵害人身的侵权行为中，还包括侵害胎儿和侵害死者遗体的侵权行为。这种侵权行为所侵害的客体，仍然是物质性人格利益。前者是人没有出生之前的形态，虽然他还没有民事权利能力，没有人格，但是他作为一个人的基本形态已经具备，产生民事权利能力和人格只是时间的问题，因此胎儿的身体、健康利益受到损害的，应当受到侵权责任法的保护。人死亡之后，其物质性人格利益也要受到保护，这就是对尸体的保护。这两种物质性人格利益的保护，就是通常所说的

人身权的延伸保护①。

3. 责任方式主要是人身损害赔偿

故意或者过失侵害人身的侵权行为的损害赔偿责任,是赔偿所造成的财产损失,诸如医药费赔偿、误工费赔偿、丧葬费赔偿等;同时还要赔偿精神损害抚慰金。

二、故意或者过失侵害人身侵权行为的具体形式

(一)侵害身体

侵害身体的行为,就是侵害他人身体权,破坏身体组成部分的完整性的侵权行为。

在中国的传统习惯中,对于身体权是不够重视的,在法律上也不够重视。长期以来,人们对一般的身体接触,并不认为是对身体权的侵害。即使是对身体权造成了损害,一般也不会请求损害赔偿,法院一般也不支持其损害赔偿的请求。这不说明中国的自然人不需要保护身体权,反而说明对身体权的保护有必要进一步加强。

侵害身体权的行为,是以身体权为侵害客体的行为。侵害身体权的责任实行过错责任原则。无过错责任原则不适用于侵害身体权行为。

构成侵害身体侵权责任,应当具备侵害身体权的违法行为,行为的方式主要以作为的方式构成,如殴打、非法搜查、侵扰等,均为作为的方式。当行为人对他人负有特殊的作为要求时,不作为也可以构成。例如,医师施行手术以后,于适当时间内怠于除去绷带因而化脓,为不作为的侵害身体权行为②。确认侵害身体权的损害事实,最重要的是必须与侵害健康权的损害事实区分开。其标准在于,侵害身体权的损害事实,必须是对身体构成完整性、完全性的损害,而对于身体机能运作的正常性及其整体功能的完善性没有明显的影响。侵害身体权责任,故意、过失均可构成。在非法搜查、侵扰、殴打等行为中,行为人的主观过错应为故意,违反法定作为义务的不作为所生身体损害或不当外科手术所致身体损害的,由过失构成。

侵害身体是对自然人身体完整性的侵害,包括形式上的完整性破坏和实质上的完整性破坏。对身体组成部分实质完整性的破坏,就是侵害身体权的实质的完整,造成身体组成部分的残缺,如强制性剪掉他人的毛发、对他人进行强制性的抽血等。对身体组成部分形式上完整性的侵害,就是对身体的冒犯,对身体的冒犯就是侵害身体权的侵权行为。

案例 14-1

江西省景德镇汪某在深圳打工时到一家医院拔牙,拔掉了3颗槽牙。3个月后,汪某感觉自己的右脸小了一点,就意识到是不是因为拔牙造成的。4年后,发现自己的右脸越来越凹陷下去,变得丑陋,经过某大学附属医院神经科鉴定,认为属于神经性损害。起诉后,法院建议撤诉重新鉴定,经上海市某医院检验,认为可以考虑起始原因为:局部麻醉、拔牙所造成的后遗症。重新起诉之后,法院认为超过诉讼时效,不予保护。这是对身体权侵害的侵权行为③。

构成侵害身体权的,应当承担赔礼道歉、停止侵害、赔偿损失等责任,造成精神损害的,受害人有权请求精神损害抚慰金。

侵害身体的具体侵权行为,诸如非法搜查身体、侵扰身体、没有造成伤害的冒犯性殴打、破坏

---

① 参见杨立新:"人身权的延伸法律保护",《法学研究》1995年第3期。
② 参见龙显铭:《私法上人格权之保护》,中华书局1948年版,第60页;何孝元:《损害赔偿之研究》,台湾商务印书馆1982年版,第135页。
③ 案情引自《南方都市报》2003年2月22日报道。

身体组织、强制性利用身体组织等行为。

(二) 故意或者过失侵害健康权

很多类型的侵权行为都可以构成对健康权的损害。故意或者过失侵害健康权,单指行为人所实施的侵害的对象就是他人健康权侵权行为,而不是实施其他类型的侵权行为而侵害了健康权的行为。

构成故意或者过失侵害健康权的侵权责任,首先要有侵害健康权的违法行为。侵害健康权行为主要是作为的方式,行为人违反了保护他人健康权的不作为义务,通过积极的行为而致他人以健康的损害。不作为也可以侵害健康权行为。其次,要有侵害健康权的损害事实,包括三个层次:(1)健康受损的事实,这表现为自然人维持人体生命活动的生理机能正常运作和功能完善发挥受到损害,因而生理机能不能正常运作,功能不能完善发挥,包括器质性的损害和功能性的损害;(2)健康受损导致受害人财产利益的损失,这种损失是受害人因医治伤害、恢复健康所支出的费用,以及因健康受损而致的其他财产损失;(3)精神痛苦的损害,这种损害难以用金钱计算其损失价值,但予以金钱适当赔偿,可以抚慰受害人的感情,平复其精神创伤。健康损害分为一般伤害和劳动能力丧失。一般伤害赔偿按照常规赔偿进行;丧失劳动能力则在常规赔偿的基础上,还要赔偿受害人的残疾赔偿金。再次,确定侵害健康权违法行为与损害事实之间的因果关系,应依相当因果关系学说判断。最后,在侵害健康权的责任构成中,故意、过失均可构成。

故意或者过失侵害他人健康权,分为两种基本类型:(1)一般伤害,受害人所受伤害经过治疗痊愈,恢复健康,没有丧失劳动能力;(2)造成劳动能力丧失,受害人健康权受到侵害造成残废,侵害了劳动能力。这两种侵权行为的区别是造成伤害或者造成残疾,都是侵害健康权的行为,只是后果不一样,承担的责任也不同。

侵害他人健康权,首先应当承担赔偿财产损失的责任,同时,受害人也有权请求精神损害抚慰金的赔偿。

侵害未成年人的健康权,造成残疾或者其他严重后果的,对受害人的终生发生严重影响,更应当予以严密保护,以补偿其长期受到的损害和痛苦。

(三) 故意或者过失侵害生命权

生命权是以自然人的生命安全的利益为内容的权利[①],是自然人的最高人格利益,法律必须严密保护。凡是故意或者过失侵害生命权的都构成侵权行为,应当承担侵权责任。

构成侵害生命权侵权责任,必须具有侵害生命权的损害事实,通常包括三个层次:(1)生命丧失的事实。民法上所说的侵害生命权,其意义较刑法上杀人的意义为广,乃指招致自然人死亡的一切违法行为[②],因此侵害生命权的最基本的损害事实,就是生命丧失。(2)生命丧失导致死者近亲属财产损失的事实,包括死者近亲属为抢救受害人而支出的费用,如抢救医疗费、护理费、车船费、住宿费等;也包括死者近亲属为安葬而支出的丧葬费。(3)死者近亲属的精神痛苦损害。侵害生命权的违法行为,包括作为和不作为,违反不作为义务,致死他人,是侵害生命权的违法行为;违反作为义务,以不作为的方式致人死亡,亦为侵害生命权的侵权行为。侵害生命权的违法行为与生命丧失的损害事实之间,须有因果关系。其中判断因果关系的标准,为相当因果关系,即依通常的社会经验和智识水平予以判断,并非求必然因果关系的存在。侵害生命权的主观过错并无特殊要求,故意、过失均可构成。

故意侵害生命权,是故意剥夺他人生命的行为,这种行为是犯罪行为。因此,故意杀人行为,

---

① 史尚宽:《债法总论》,台湾荣泰印书馆1978年版,第140页。
② 龙显铭:《私法上人格权之保护》,中华书局1948年版,第43页。

在侵权责任法的立场上观察,多数是刑事附带民事损害赔偿问题,是杀人罪的行为人所要承担的民事责任。但是,如果杀人的是无刑事责任能力的未成年人,或者无民事行为能力的精神病人,因为其不能够负刑事责任,因而就是纯粹的民事侵权行为,是法定代理人的侵权责任,要由其法定代理人承担民事责任。未尽必要注意义务,造成了剥夺他人生命权的后果,构成过失侵害生命权的侵权行为。这种侵权行为较为常见,各种各样的行为人因为自己没有尽到注意义务,造成了他人的生命丧失,就构成这种侵权行为。

侵害生命权侵权行为的责任形式是损害赔偿,应当承担赔偿损失的责任,包括赔偿财产上的损失和精神上的损害。受害死者的近亲属有权请求上述赔偿。至于侵害生命权的损害赔偿究竟是由怎样的机制而产生的,有不同的主张,如"民事权利能力转化说""加害人赔偿义务说""同一人格代位说""间隙取得请求权说"等。我们认为,"双重受害人说"更为贴切,即在侵害生命权的场合,实际上是有两个受害人的,而且都是直接受害人:生命权丧失之人是一个直接受害人,是生命权受到损害的人;另外的直接受害人,则是因为近亲属的死亡而损失财产和造成精神利益损害的人。作为因侵害生命权而损失财产和造成精神利益损害的受害人,也是直接受害人,有权直接请求损害赔偿。《侵权责任法》采取双重受害人的立场,第18条规定:"被侵权人死亡的,其近亲属有权请求侵权人承担侵权责任。被侵权人为单位,该单位分立、合并的,承继权利的单位有权请求侵权人承担侵权责任。""被侵权人死亡的,支付被侵权人医疗费、丧葬费等合理费用的人有权请求侵权人赔偿费用,但侵权人已支付该费用的除外。"

(四)侵害胎儿人身利益

对侵害胎儿人身利益的侵权行为,应当认定为侵害胎儿人身利益的侵权行为,加害人应当承担侵权责任。

侵害胎儿的人身利益的侵权行为有两种形式:(1)直接侵害胎儿人身,行为人的行为直接指向胎儿的身体健康,意图造成胎儿的健康受损,这种侵权行为较为少见;(2)间接侵害胎儿人身,行为人的行为侵害了孕妇的身体健康,作为后果,造成了胎儿的身体健康受损。有人认为,我国侵权法没有规定对胎儿利益的保护,是不对的。《侵权责任法》第2条第2款关于民事利益的解释中,就包含胎儿利益①。

确定侵害胎儿人身利益的侵权责任的基本规则是:(1)胎儿在母体中人身利益受到损害的,胎儿出生后,有权请求侵权人承担赔偿损失的侵权责任;(2)胎儿出生后死亡的,其人身利益受损的赔偿请求权由其法定代理人享有,有权向行为人请求损害赔偿;(3)胎儿人身利益受损的诉讼时效,应当从其损害发现之日计算,而不是从其出生之时计算;(4)如果侵权行为使胎儿流产,即母亲受到侵害后生产的是死胎的,则不认为是侵害了胎儿的身体健康,而是侵害了母亲的身体健康,由母亲行使损害赔偿请求权。

(五)侵害尸体

死者的遗体、遗骨,以及骨灰和埋葬遗体及骨灰的墓葬,都受到法律保护,禁止进行非法侵害。凡是故意、过失侵害死者的遗体、遗骨或者墓葬的行为,都是侵权行为。例如,非法利用尸体(死胎)、非法损害尸体、非法陈列尸体、殡仪馆对尸体的不法处理等行为,都属于侵害尸体的侵权行为。对骨灰、墓葬的侵害,既是对死者人格利益的侵害,也是对死者近亲属祭祀权或者管理权的侵害。

---

① 王胜明主编:《中华人民共和国侵权责任法解读》,中国法制出版社2010年版,第10页。

第二节 故意或者过失侵害人格

一、故意或者过失侵害人格侵权行为的基本规则

（一）概念界定

故意或者过失侵害一般人格权和精神性人格权及其利益的侵权行为，构成故意或者过失侵害人格的侵权行为。

（二）基本规则

1. 侵害的客体是一般人格权和精神性人格权以及其他人格利益

这种侵权行为所侵害的客体，包括人身自由权、名誉权、隐私权、性自主权、肖像权、姓名权、名称权、荣誉权、信用权、人格尊严和其他人格利益（即一般人格权）。这些权利都是精神性人格权，大致可以分为：标表型的人格权，即姓名权、名称权和肖像权；评价型的人格权，如名誉权、荣誉权和信用权；其他人格权，如人身自由权、隐私权、性自主权；一般人格权，即人格尊严和其他人格利益。此外，对于死者的人格利益，侵权责任法也予以保护，即死者的姓名、肖像、名誉、荣誉和隐私利益。

2. 适用过错责任原则

凡是故意或者过失侵害人格及其利益的侵权行为，在归责上都是适用过错责任原则，不适用过错推定原则，也不适用无过错责任原则。

3. 侵权行为造成的损害事实是精神利益的损害

确定故意或者过失侵害人格及其利益的侵权行为的精神损害赔偿，应当明确赔偿的是这些人格利益中的精神利益的损害，而不是一般的精神痛苦。只要是构成这类侵权行为责任，就应当考虑责令受害人承担精神损害赔偿责任。同时，也可能造成财产上的损害，这也是损害事实的内容。

4. 基本的救济手段是精神损害赔偿

故意或者过失侵害人格及其利益的基本救济手段是精神损害赔偿，辅之以停止侵害、赔礼道歉、消除影响、恢复名誉等非财产性的民事责任方式。应当根据具体的情况决定适用何种侵权责任方式。造成财产利益损害的，应当赔偿财产损失。

二、故意或者过失侵害人格及其利益侵权行为的具体形式

（一）侵害姓名权

采取盗用、假冒、非法干涉、不当使用等方式，侵害他人姓名权的，构成侵权行为。侵害姓名权的主要方式，就是盗用和假冒。非法干涉、不当使用他人姓名的，也构成侵权行为。

侵害姓名权的违法行为一般由作为的方式构成，如盗用、冒用、干涉姓名的行为，均须以作为的方式进行，不作为不构成此种侵权行为。以不作为方式侵害姓名权，只存在应使用而不使用他人姓名的场合。侵害姓名权的损害事实，以盗用、冒用他人姓名、干涉他人行使姓名权、不使用他人姓名的客观事实为足，不必具备特别的损害事实。由于侵害姓名权的违法行为和损害事实合一化的特点，因而两者之间的因果关系无须加以特别证明。侵害姓名权的主观过错，应为故意，过失不构成侵害姓名权。

侵害姓名权应当承担的责任方式，是停止侵害、赔礼道歉、消除影响、赔偿损失，这几种责任方式都可以采用。侵害姓名权而获得利益的，应当赔偿权利人的财产利益损害。

1. 应当使用而不使用他人姓名

姓名是正当的指示手段,指明某人时,应使用其姓名①。应当使用他人姓名而不予使用,为侵权行为。如使用他人作品时,未予标表作者姓名,或者标表有误②,而不能认为是原作者的作品的;指明某人时,应使用其人之姓名,否则其人之姓名权即受侵害③;不称呼他人姓名而代以谐音,因不使用而侵害他人姓名权④。

2. 干涉行使姓名权

干涉命名权,指干涉自然人为自己命名权利的行使,主要表现为不准某自然人使用其姓名,或者强迫某自然人使用某姓名。干涉改名权,强迫自然人变更姓名,或者强迫自然人不得变更姓名,为侵权行为。

3. 盗用他人姓名

盗用他人姓名,为未经本人同意,擅自使用该人的名义从事不利于姓名权人的行为。构成这种侵权行为,应当承担侵权责任。

4. 假冒他人姓名

假冒他人姓名,不仅是未经姓名权人的同意而使用其姓名,而且还冒充该姓名权人的名义从事民事活动。假冒他人姓名就是冒名顶替,使用他人姓名并冒充该人,实施民事活动或其他行为。

5. 故意混同他人姓名

故意利用自己的姓名与被侵害人姓名相同或相近的特点,冒充他人进行民事活动,为故意混同他人姓名的侵权行为。姓名的平行,是重名行为,不构成侵害姓名权。姓名的混同,则构成侵害姓名权。两种行为的区别在于,前者不是故意而为,后者是故意而为;前者没有侵权目的,后者总是有一定的侵权目的。

(二) 侵害名称权

采取盗用、假冒、非法干涉、不当使用等方式侵害他人名称权的,构成侵害名称权的侵权行为。侵害名称权的主要方式是盗用和假冒,凡是盗用、假冒他人名称的,都构成侵权行为。非法干涉、不当使用他人名称的,也构成侵权行为。

确定侵害名称权损害赔偿责任的构成,仍须具备侵权责任的一般构成要件,即具备侵害名称权的违法行为、名称权受有损害的客观事实、该违法行为与损害结果有因果关系、主观上的过错这四个要件。

侵害名称权应当承担的责任方式,是停止侵害、赔礼道歉、消除影响、赔偿损失,这四种责任方式都可以采用,但更侧重的是保护名称权中的经济利益,着重适用损害赔偿的方式进行保护。在确定侵害名称权的赔偿范围时,应当特别注意侵害名称权而获得的利益。这种获利,是名称权的人格利益所转化的财产利益,应当是归属于权利人的,受害人有权在获利范围内请求赔偿损失。

1. 干涉名称权行使

干涉他人名称权的行使,是指干涉他人依法选择名称、使用名称、变更名称、转让名称的侵权行为。例如禁止他人变更名称,禁止他人使用某种名称,强迫他人使用某种名称,都是侵害名称

---

① 何孝元:《损害赔偿之研究》,台湾商务印书馆1982年版,第152页。
② 张俊浩主编:《民法学原理》,中国政法大学出版社1991年版,第148页。
③ 龙显铭:《私法上人格权之保护》,中华书局1948年版,第89页。
④ 何孝元:《损害赔偿之研究》,台湾商务印书馆1982年版,第152页。

权的行为,应当承担侵权责任。

2. 盗用、冒用他人名称

盗用他人名称和冒用他人名称,都是侵害名称权的行为。盗用名称是未经名称权人同意,擅自使用他人的名称。冒用名称是未经名称权人同意,不仅使用他人名称,而且还冒名顶替,进行民事活动和行为。盗用和冒用他人名称,都是非法使用,为侵权行为。其区别在于,前者仅仅是使用他人的名称,后者则是不仅使用他人的名称,而且还冒充他人进行民事行为。

3. 名称混同

在名称登记范围内,同行业的营业不得以不正当竞争目的而使用与登记相似易于为人误认的名称。此种行为为名称的混同,也是非法侵害他人名称权的侵权行为。

4. 违反约定使用他人名称

名称权可以转让,一种是使用权部分让与,一种是名称权全部出让。违反约定使用他人名称的行为,分为三种形式:(1)部分转让名称使用权的,超出使用范围而使用,为侵权行为;(2)部分转让名称使用权的,自己将取得的名称使用权擅自转让他人使用,也是侵权行为;(3)权利人全部出让自己的名称权之后,仍然继续使用,构成对新的权利人的名称权侵害,为侵权行为。

5. 应当使用而不使用他人名称

应当使用他人名称而不使用或改用他人的名称,也构成对名称权的侵害。

(三)侵害肖像权

侵害肖像权,是未经本人同意,擅自制作、复制、使用、销售、毁损他人肖像的侵权行为。凡是符合这样要求的非法使用他人肖像的,都构成侵害肖像权的侵权行为。

侵害肖像权责任构成:(1)须有肖像使用行为,就他人的肖像为公布、陈列、复制、利用或者进行商业化开发的,都属于肖像使用行为;(2)须未经肖像权人同意而使用,肖像的使用应于双方当事人之间进行协议,依照合同约定的范围而使用,未经同意而使用,破坏了肖像权的专有性,具有违法性;(3)须无阻却违法事由而使用,虽然未经本人同意而使用他人肖像,但如果有阻却违法事由,则该使用行为为合法。具备这三个要件,即构成侵害肖像权。

案例 14-2

某摄影家想参加全国人体摄影大赛,以免费拍摄写真集为手段,为某女青年拍摄照片。拍好后,选出最好的两张参赛,其余交给女青年。作品获得奖励,女青年发现后,请求其承担侵害肖像权的责任。

侵害肖像权的责任方式,是停止侵害、赔礼道歉、赔偿损失。赔偿损失是用精神损害赔偿的方式,补偿受害人精神利益的损失。在确定侵害肖像权的赔偿范围时,应当特别注意侵害肖像权而获得的利益。这种获利,是肖像权的人格利益所转化的财产利益,应当归属于权利人。在这种情况下,受害人有权在获利范围内请求赔偿损失。

侵害肖像权的免责事由:(1)为了新闻和舆论监督的需要而确有必要而使用;(2)以社会公共利益为目的使用公众人物的肖像;(3)国家机关为执行公务而确有必要而强制使用;(4)为了本人的利益而确有必要使用;(5)在诉讼过程中当事人在举证中涉及有关自然人的肖像;(6)其他以社会公共利益为目的而确有必要使用自然人的肖像的。

1. 未经同意而使用他人肖像

凡是未经本人同意而使用他人肖像的,无论具有营利目的还是没有营利目的,都构成侵权行为责任。这种使用应当是广义的,包括一切形式的使用,如非法复制、非法传播、非法利用等,都构成使用。即使是经过约定,肖像使用人有权使用权利人肖像的,如果超出约定的使用范围而使用的,亦为侵权行为。

2. 对肖像的毁损

故意毁损他人肖像,构成对他人肖像权的侵害,应当承担侵权责任。过失造成肖像权毁损的不构成侵害肖像权责任,可能构成侵害财产权的侵权责任。

3. 非法转让取得的他人肖像使用权

经过约定取得权利人的肖像使用权,在约定的使用范围内的使用,是合法行为;但未经权利人本人同意,使用权人擅自转让取得的该肖像使用权,构成对肖像权的侵害,应当承担侵权责任。

4. 对人体模特肖像权的侵害

自然人接受作为人体模特的邀请,同意为他人的文艺创作作为模特,视为放弃以其人体形象制作的作品的肖像权。创作的艺术家以艺术的目的而使用该作品的,不认为侵害肖像权。如果另有约定的,应当按照约定的范围使用该作品,超出范围而使用该作品的,构成侵权。

(四)侵害名誉权

名誉,是对特定民事主体的综合才能的客观的综合评价。名誉是客观评价,不是主观名誉。主观名誉也称为名誉感,是民事主体对自己名誉的感受。名誉权只保护客观名誉,不保护主观名誉。因此,行为人实施的违法行为致使民事主体的客观名誉受到损害的,构成侵害名誉权①。

衡量名誉权受到损害的标准,就是行为人基于故意或者过失,将侮辱、诽谤的言辞或者行为予以公布,为第三人所知道,即构成该种侵权行为。

认定侵害名誉权应当特别注意以下五个问题:(1)侵害名誉权的侵权行为方式,主要是侮辱、诽谤以及其他侵害名誉权。(2)侵权责任构成其要件:一是存在关于他人的虚伪不实并具诽谤性、侮辱性的陈述或者行为;二是将上述陈述或者行为向第三人进行公布,使第三人知道;三是行为人具有故意或者过失。(3)侵权责任方式,包括停止侵害、恢复名誉、消除影响、赔礼道歉、赔偿损失等责任。(4)受害主体的范围,包括自然人、法人和其他组织,侵害法人或者其他组织名誉权的,也应当承担侵权责任。(5)侵害名誉权的免责事由:自然人依法向国家机关工作人员提出批评和建议,各级人民代表、政协委员在各种会议上的发言,有关党政机关部门依据职权对自己管理的干部职工作出的与其工作有关的评价,从事正当的舆论监督,以及其他履行法律或道德上义务的行为等。

主要的侵害名誉权侵权行为有如下四个方面。

1. 诽谤

诽谤指的是把某种事实归罪于某人的詈骂。对自然人进行诽谤一般表现为:出于妒忌或报复而捏造并散布有损他人名誉的虚假事实;在新闻报道中捏造有损他人名誉的虚假事实;在文学作品中编造损害他人名誉的虚假情节等。对法人进行诽谤一般表现为:捏造并散布有损法人名誉的虚假事实;侵权单位以公函或广告虚构事实,诽谤法人声誉,在电视、广播、报纸等新闻媒介的报道中虚构事实,损害法人名声等。诽谤的内容,包括一切有损于他人名誉的言论和事实,如诬蔑他人犯罪、品德不良、素质能力不高、企业形象不佳等。判断的标准是,某种言论如果经社会中具有正常思维能力的成员判断,认为有损于他人的名誉,该言论即为诽谤。诽谤的范围,无需较大范围的散布,以第三人知悉为最低限度。

---

① 对于主观名誉即名誉感的侵害,如果损害严重,应当认定为侵害其他人格利益,可以按照一般人格权的保护方法进行保护。

2. 侮辱

侮辱是谴责某种缺陷或者一般的侮辱性语言,侮辱是使对方名誉受到损害,蒙受耻辱。侮辱既可以是以行为方式,也可以是以语言方式进行。当侮辱是以语言方式进行时,两者之间的区别是,诽谤的言词是无中生有,"无事生非";而侮辱则是将现有的缺陷或其他有损于人的社会评价的事实扩散,传播出去,以诋毁他人的名誉,让其蒙受耻辱,因此侮辱可以称为"以事生非"的言词或者行为。

3. 过失侵害名誉权

没有诽谤、侮辱的故意,而是由于没有尽到应尽的注意义务而损害他人名誉的,也构成侵害名誉权。

4. 其他侵害名誉权的行为

行为人虽然没有指名道姓地实施侮辱、诽谤行为,但通过其动作、行为或语言内容等,能够使社会一般人认定其指向某特定人,从而使该特定人的名誉受到损害的,应当认定为侵害名誉权的侵权行为,承担民事责任。

(五)侵害信用权

信用权,是民事主体就其所具有的经济能力在社会上获得的相应信赖与评价所享有其保有和维护的人格权。

《民法通则》实施以来,我国对信用权的保护采用间接保护的方式,对构成侵害信用权的行为认定为侵害名誉权,用保护名誉权的方式保护信用权。在《反不正当竞争法》第14条,规定了"经营者不得捏造、散布虚伪事实,损害竞争对手的商业信誉、商品声誉"的内容,包括了信用权的内容。但是,在理论和实务上并没有确立信用权的独立地位,还是采用名誉权的保护方式保护信用权。2002年《民法草案》规定信用权以及对信用权保护的一系列具体内容,顺应了市场经济发展的需要,是十分必要的。据此,应当确认信用权是独立的人格权。

侵害信用权的违法行为,首先必须具备有损他人信用的内容。这样的内容,包括对主体的经济实力、履约能力及态度、产品质量、经营现状、销售状况等经济能力的贬损、误导以及其他施加不当影响的事实。侵害信用权的损害事实,是侵权行为作用于社会,而导致公众对特定主体经济能力的信赖毁损和社会经济评价的降低,以及由此而造成的财产利益损失。侵害信用权的因果关系较易判断。侵害信用权的主观过错形态,不仅限于故意,不论行为人主张或散布有损他人信用的事实是出于故意,还是出于过失,均可构成信用权的侵害①。

1. 主张不真实信息侵害信用权

主张不真实信息侵害信用权的行为,一般表现为作为的方式,以捏造、传播、转述流言为主要形式。主张或散布的事实应当是不真实的事实,包括绝对不真实的事实和相对不真实的事实。前者包括故意虚构的事实、自认为真实但却不真实的事实、轻信他人主张的不真实事实。后者为行为人所述事实为真实,但对其实质内容未作详细说明,或对事实未作全面报道②。

2. 影射、攻击他人信用

影射、攻击他人信用,构成侵害信用权。贬损经营者的经济能力,造成经营者对其公众信赖的损害,就是对信用的损害,损害了信用权人的社会经济评价,构成侵权。

3. 不作为侵害信用权

当行为人负有特定的作为义务时,不作为亦可构成侵害信用权。《消费者权益保护法》第19

---

① 王利明、杨立新等:《民法·侵权责任法》,中国人民大学出版社1993年版,第301页。
② 同上。

条规定:"经营者应当向消费者提供有关商品或者服务的真实信息,不得作引人误解的虚假宣传。""经营者对消费者就其提供的商品或者服务的质量和使用方法等问题提出的询问,应当作出真实、明确的答复。"这种答复和提供信息的义务,就是法定的作为义务。违反这种义务,没有对商品、服务的信息作真实的提供,甚至作出引人误解的虚假宣称,造成他人信用损害的,即为不作为的侵害行为。

(六)侵害荣誉权

荣誉权是权利人对于取得的荣誉保有和维护的权利。非法剥夺、毁损、玷污他人荣誉,属于侵害荣誉权的行为。扣押、侵夺他人获得的荣誉中的财产的,同样构成侵权行为。

侵害荣誉权的违法行为,是行为人对荣誉权人的荣誉及其利益造成损害的作为和不作为。侵害荣誉权的损害事实,是指违法行为侵害荣誉权,造成荣誉的损害和荣誉精神利益、财产利益的损害。荣誉的损害往往导致财产利益的损失,如荣誉权的物质利益获得权和支配权受到损害的事实。侵害荣誉权的因果关系要件,要求侵害荣誉权的损害事实必须是由侵害荣誉权的违法行为所引起的。侵害荣誉权的主观过错要件,故意、过失均可构成。

在侵害荣誉权的侵权行为中,有一种特别的情况,是对荣誉权中的财产利益的损害,也就是加害人实施侵害荣誉权的物质利益获得权和既得权的行为,造成了受害人荣誉权中附带的财产利益的损害。对此,行为人应当在承担精神损害赔偿的责任之外,还要承担财产利益损失的赔偿责任。

1. 非法剥夺他人荣誉

非法剥夺他人荣誉,是未经合法程序,取消他人的荣誉,或者非法宣告取消他人的荣誉。这种剥夺,可能出现剥夺的后果,也可能没有出现剥夺的后果。不论是否出现荣誉被剥夺的后果,凡是实施非法剥夺他人荣誉的行为,都构成侵害荣誉权。

2. 非法侵占他人荣誉

对于他人获得的荣誉,行为人以非法手段窃取,或者强占他人荣誉,或者冒领他人荣誉,或者非法侵占他人荣誉的行为,都是侵害他人荣誉权的行为。这种行为既可由机关、组织为主体,也可由自然人为主体。一般而论,侵权人大致要和荣誉权人有一定的联系和关联。

3. 诋毁他人荣誉

严重诋毁他人所获得的荣誉,以及严重侵害荣誉的精神利益的行为,构成侵害荣誉权行为。例如,对他人获得的荣誉心怀忌妒,趁机报复,向授予机关或组织诬告,诋毁荣誉权人,造成严重后果的,构成侵害荣誉权民事责任[①]。

4. 剥夺、侵害荣誉财产

对于荣誉权人附随享有的物质利益,颁奖单位、授予荣誉的机关或组织如果将其扣发、挪作他用、少发等,是对权利人物质利益获得权的侵害,构成侵权责任。对于权利人因获得荣誉而得到的物质利益实施侵害,同样构成侵害荣誉权责任。这种侵权行为,应当具有侵害荣誉权的故意,过失侵害这些物品,如不知是奖品而破坏、侵占等,则为侵害财产权的行为。

(七)侵害人身自由

人身自由权是指自然人在法律规定的范围内,按照自己的意志和利益进行行动和思维,不受约束、控制或妨碍的权利。

人身自由权包括身体自由和意志自由。身体自由权所包含的,是自然人自由支配自己外在身体运动的权利。非法限制或剥夺自然人的身体自由,即为侵权行为。精神自由权也称作决定

[①] 杨立新:《精神损害赔偿疑难问题》,吉林人民出版社1991年版,第209页。

意思的自由,是自然人按照自己的意志和利益,在法律规定的范围内自主思维的权利,是自然人自由支配自己内在思维活动的权利。非法限制、妨碍自然人的精神自由,即为侵权行为。

1. 侵害身体自由的侵权行为

这种侵权行为及其责任,就是针对侵害身体自由而实施的侵权行为。非法限制他人的身体自由,侵害自然人身体自由的,受害人有权请求停止侵害、赔礼道歉,并赔偿损失;受害人受到精神损害的,有权要求精神损害赔偿。

2. 侵害意志自由的侵权行为

盗用、假冒他人名义,以函、电等方式进行欺骗或者愚弄他人,侵害自然人意志自由,造成其财产、精神损害的,应当承担赔偿责任。这就是,自然人的意志(思维)不受限制、不受干涉、不受约束,通过不正当手段使权利人的意志或者思维受到限制、干涉、约束的,构成侵害意志自由的行为。

3. 非法强制治疗

非法采取强制治疗手段侵害人身自由权的行为,也是侵权行为。因此,未经本人或者其近亲属同意,采取强制性治疗,限制其身体自由的,应当承担侵害人身自由权的民事责任。这种侵权行为本来就是侵害身体自由的行为,因其具有特殊性,应当单独作为一种侵权行为加以强调。

(八)侵害隐私权

采取披露、宣扬、窥视、窃听、偷拍等方式,侵入他人私人空间、侵害私人活动或者侵害私人信息的行为,是侵害隐私权的行为。

侵害隐私权责任的构成,必须具备侵权责任构成的一般要件,即须具备违法行为、损害事实、因果关系和主观过错四个要件。所适用的归责原则是过错责任原则,不适用无过错责任原则。(1)应当具备侵害隐私权的违法行为要件,侵害隐私权的行为一般为作为的方式,且须具备违法性。(2)损害事实表现为隐私被刺探、活动被监视、空间被侵入、资讯被公布、私生活被搅扰、行为被干预,等等。(3)侵害隐私权的因果关系,是指侵害隐私违法行为与隐私损害事实之间的引起与被引起的关系。这种因果关系容易判断,是因为侵害隐私权的行为与隐私损害事实的直接关连性,行为直接导致后果事实的出现。(4)侵害隐私权的行为人在主观上必须具备主观过错,才能构成侵权责任,无过错不构成此种责任。

1. 侵害私人信息

私人信息,是自然人的重要隐私,为隐私权所着重保护。侵害私人信息,无论是采取何种形式,凡是刺探、宣扬、泄漏私人信息,造成损害的,都构成对隐私权的侵害。

2. 侵害私人活动

私人的活动,只要与公共利益没有关系,隐私权予以保护。侵害他人的私人活动,以窥视、窃听、跟踪等形式损害私人活动,造成损害的,都构成对隐私权的侵权责任。

3. 侵害私人空间

私人空间分为具体空间和抽象空间。具体空间为自然人独处的、不便他人介入或者他人不便介入的空间,如卧室、居室、抽屉、手包,尤其是女士的手包等为绝对隐私。侵入这些私人空间,构成对具体空间的侵害。抽象空间为日记,是思想空间,也是不得私自侵入的领域。非法侵辱这些私人空间,造成损害的,构成侵害隐私权行为。

4. 侵害生活安宁

生活安宁,是自然人生活的必备要求。多数人主张生活安宁是一般人格权的内容,也有人主张生活安宁是隐私权的内容。在民法典草案中,生活安宁被概括在隐私权的内容当中,作为隐私权的内容。侵害生活安宁,构成对隐私权的侵害。

5. 擅自公布他人隐私

非法刺探、调查所得私人秘密后,或者因业务或者职务关系而掌握他人隐私后,未经本人同意而予以公布,这是既刺探、调查,又予以非法公布,构成侵害隐私权行为。

6. 非法利用隐私

非法利用隐私是指未经隐私权人同意而利用权利人的个人资讯、情报资料的行为,特征是将他人的资讯、情报为自己所利用,用于营利或非营利目的。一种是未经本人同意而利用,此种为盗用他人隐私;另一种是虽经本人同意,但利用人超出约定的范围而利用。

(九) 侵害性自主权

侵害自然人的性自主权,是违背权利人的意志,对权利人进行强制性的性行为,造成损害的行为,包括强奸妇女、奸淫幼女、鸡奸幼童、猥亵妇女等行为。

性自主权是自然人的一项重要的人格权,应当严密保护。长期以来,对于这项人格权的保护,主要采用刑法和行政法的方法进行,没有或者很少用侵权损害赔偿的方法进行保护。性自主权是一种具体人格权,应当与其他具体人格权一样,适用侵权责任法的精神损害赔偿方式进行保护。性自主权受到侵害的,对行为人追究刑事责任之后,并不能免除其民事赔偿责任,受害人提出精神损害赔偿请求的,应当得到支持。

构成侵害性自主权民事责任,必须具备如下条件:(1)性自主权遭受损害的事实,表现为自然人性纯洁被破坏和遭受精神痛苦的损害,也会造成身体的伤害和财产上的损失,如因奸淫而受孕、生产而支出的财产损失。(2)侵害性自主权的行为具有违法性,主要表现在违背权利人的意志上。(3)侵害性自主权的行为与性利益受损害的事实之间有因果关系,要求侵害性自主权的行为是引起损害事实的原因,加害人只对其侵害性自主权行为所引起的损害后果承担责任。(4)行为人故意的要件,只要决意对权利人性自由和性纯洁进行不法侵害,就可以认定其有侵害性自主权的故意。

构成侵害性自主权的侵权行为,行为人应当承担恢复名誉、赔礼道歉、赔偿损失等民事责任,造成精神损害的,受害人有权请求精神损害赔偿。

1. 强奸行为

使用暴力或者以暴力相威胁,违背妇女意志与其性交,构成强奸罪。这种性侵犯是严重的侵权行为,不仅应当以刑罚手段进行救济,而且应当以民事手段进行救济。

2. 奸淫幼女或鸡奸儿童

对未成年人性自主权的侵害,最典型的就是奸淫幼女和鸡奸幼童。这些受害人都是未成年人,没有性承诺能力,没有性行为能力,对他们的性权利侵害,是最残忍的侵权行为,在承担刑事责任的同时,应当承担民事责任。

3. 强迫他人卖淫

强迫他人卖淫,也称为强迫他人提供性服务,是严重的侵害性自主权的侵权行为。强迫他人提供性服务,包括为自己提供性服务和为他人提供性服务,都构成侵害性自主权,应当承担侵权责任。

4. 猥亵

没有经过权利人的承诺,对他人强制进行猥亵行为,也构成侵害性自主权的侵权行为,应当承担侵权责任。

5. 非正当承诺的性行为

没有经过权利人的正当承诺,即与权利人强制进行性行为,包括性交行为和其他性行为,也是对性自主权的侵害,构成侵权责任。

6. 性骚扰

在工作场所和其他场所对他人进行性骚扰,危害比较严重,已经引起了各界的广泛注意,都要求对这种行为采取法律措施,制止这种侵权行为。凡是进行性骚扰行为的,应当认定为侵害性自主权的侵权行为,承担侵权责任。

(十) 侵害死者人格利益

对死者人格利益进行法律保护,是既定的法律制度。按照最高人民法院《关于确定民事侵权精神损害赔偿责任若干问题的解释》的规定,对于死者的姓名、肖像、名誉、荣誉和隐私利益,都应当进行保护。因此,非法侵害这些人格利益,应当认定为侵权行为,对行为人予以民法制裁。

侵害死者姓名、肖像、名誉、荣誉、隐私利益的主要方式,是毁损这些人格利益,故意或者过失毁损死者上述人格利益的,都构成侵权行为。

承担责任的方式,是加害人应当对死者的人格利益保护人即死者的近亲属承担停止侵害、赔礼道歉、赔偿损失等民事责任。近亲属的范围分为两个顺序:第一顺序是配偶、父母、子女;第二顺序是祖父母、外祖父母、孙子女、外孙子女、兄弟姐妹。第一顺序的近亲属在位时,由他们行使保护的权利;第一顺序的近亲属不在位时,第二顺序的近亲属行使保护的权利。

1. 侵害死者姓名

盗用、冒用死者的姓名,以及以其他方式使用死者的姓名,构成对死者姓名利益的侵害,应当承担侵权责任。例如,未经死者近亲属的同意,擅自对死者姓名进行商业化开发的,构成侵害死者姓名利益的侵权责任。

2. 侵害死者肖像

未经死者生前同意,或者没有经过死者近亲属的同意,擅自使用或者故意毁损死者肖像的,构成对死者肖像利益的侵害,应当承担侵权责任。同样,未经死者近亲属的同意,擅自对死者肖像进行商业化开发的,构成侵害死者肖像利益的侵权责任。

3. 侵害死者名誉

对死者进行诽谤、侮辱,败坏其名声,构成对死者名誉利益的侵害,应当承担侵权责任。

4. 侵害死者荣誉

对死者获得的荣誉进行诋毁、侵占、非法剥夺等,构成对死者荣誉的侵害,其近亲属可以主张行为人承担侵害死者荣誉利益的侵权责任。

5. 侵害死者隐私

未经死者生前同意,或者死者近亲属的同意,非法刺探、披露、宣扬死者的隐私,造成死者隐私利益损害的,构成侵权行为,应当承担民事责任。

(十一) 侵害人格尊严和一般人格利益

侵害人格尊严和侵害一般人格利益,就是侵害一般人格权。

一般人格权是抽象的人格权利,是概括人格尊严、人格自由和人格平等抽象人格利益的权利。一般人格权是具体人格权的渊源权、上位权、母权,对具体人格权具有指导意义,约束具体人格权的解释。同时,它对具体人格权没有规定的一般人格利益的保护起到补充作用,对受到侵害的、依据具体人格权无法进行保护的一般人格利益,起到概括和保护的作用。

侵害一般人格权民事责任属于普通的侵权责任,其责任构成,应当按照一般侵权行为的责任构成要件来要求。侵害一般人格权的违法行为,应当违反保护民事主体人格尊严的法律。判断行为违法性的标准,是《宪法》、《民法通则》、《消费者权益保护法》等法律关于人格尊严的具体规定,以及《民法通则》第5条和《侵权责任法》第2条第2款关于保护公民、法人合法权益的规定。一般人格权受到损害的事实,应当是人格独立、人格自由或者人格尊严受到损害的事实,即一般人格利益受到损害的事实。在一般人格权损害事实中,最重要、最常见的是人格尊严的损害。在超级商场对顾客搜身,侵害的是顾客做人的权利,是对人格尊严的侵害。侵害尚未成为具体人格权的其他人格利益,造成损害的,也构成侵害一般人格权。构成侵害一般人格权的民事责任,应当具备主观过错的要件。

对于侵害一般人格权的侵权行为的法律制裁方式主要是精神损害赔偿。对于侵害人格独立、人格自由、人格尊严的行为,应当用精神损害赔偿的方法对受害人进行法律救济。对侵害人格独立、人格自由或人格尊严的行为予以精神损害赔偿制裁,应当遵循精神损害赔偿的一般原则、方法,确认精神损害赔偿的责任,准确计算损害赔偿抚慰金。

1. 侵害人格尊严

侵害人格尊严的,应当认定为侵害一般人格权的侵权行为。凡是侵害自然人人格尊严的,受害人有权请求停止侵害、赔礼道歉、赔偿损失等责任。受害人因此遭受精神损害的,有权请求精神损害抚慰金的赔偿。

2. 侵害一般人格利益的行为

侵害法律没有规定为具体人格权,人格尊严又不能具体概括的那些一般人格利益的,应当视为侵害自然人的一般人格权,可以请求财产上的损害赔偿和精神上的损害赔偿①。

第三节 妨害家庭关系

一、妨害家庭关系侵权行为的基本规则

(一) 概念界定

妨害家庭关系的侵权行为,就是侵害配偶权、亲权和亲属权等身份权的侵权行为。因此在区分这种侵权行为的时候,将具体类型划分为侵害配偶权的侵权行为、侵害亲权的侵权行为、侵害亲属权的侵权行为三种。

在立法上和司法实践中,《婚姻法》规定了离婚过错损害赔偿,是侵害配偶权的侵权行为;最高人民法院的司法解释规定了诱使无民事行为能力人和限制民事行为能力人脱离监护的民事责任,是侵害亲权或者亲属权的侵权行为。这些都是妨害家庭关系的侵权行为,但这只是妨害家庭关系中的一部分侵权行为,应当进一步完善。

(二) 基本规则

妨害家庭关系的侵权行为所侵害的客体就是配偶权、亲权和亲属权。这三种权利都是身份权,调整的都是亲属之间的法律地位和相互之间的权利义务关系。凡是侵害身份权的侵权行为,都构成这类侵权行为。

身份权的特点,是既有对世性,也有对人性。在亲属的外部关系,是对世性,表明特定的两个人之间是亲属关系。在亲属的对内关系,是对人性,是相对的亲属之间的权利义务关系。妨害家庭关系的侵权行为,原则上是对其对外关系的保护,但是在特定情况下,对内部的权利义务关系的侵害,也构成侵权行为。

妨害家庭关系的侵权责任方式,为停止侵害、赔礼道歉、赔偿损失。在赔偿损失之中,主要的

① 最高人民法院在《关于确定民事侵权精神损害赔偿责任若干问题的解释》中,规定违反社会公共利益或者社会公德侵害其他人格利益的,可以请求精神损害赔偿,就是这样的意思。不过,使用其他人格利益这个概念,不如一般人格利益的概念准确。在实践中适用的方法,应当与司法解释的规定内容相一致。

是精神损害赔偿,赔偿的是身份权中的精神利益损害,赔偿责任的确定,参照侵害人格及其利益的精神损害赔偿的一般规则。在侵害了身份权的财产方面的亲属利益的,应当承担财产损害赔偿责任。

二、妨害家庭关系侵权行为的具体形式

(一) 侵害婚姻关系

侵害婚姻关系的违法行为,就是以通奸的方式致使配偶一方享有的配偶身份利益受到损害而违反配偶权保护法律的行为。这种行为须违反保护配偶权的法律,在配偶一方作为侵权人的,是违反配偶的忠实义务,在第三人作为侵权人的,是违反配偶权的不可侵义务。违法行为的方式须以作为方式为之,应以与有配偶之男女通奸为其内容。侵害婚姻关系的损害事实,是使配偶身份利益遭受损害的事实:一是合法的婚姻关系受到破坏;二是配偶身份利益遭受损害;三是受害配偶精神痛苦和精神创伤;四是为恢复损害而损失的财产利益。侵害婚姻关系违法行为与配偶身份利益损害事实之间须具备因果关系,只要确认行为人与配偶一方通奸的事实,即可确认构成因果关系要件。侵害婚姻关系的主观过错,应为故意形式。

在侵害婚姻关系的侵权行为中,分为直接侵害婚姻关系的侵权行为和间接侵害婚姻关系的侵权行为。

1. 直接侵害婚姻关系的侵权行为

明知他人有配偶而与之通奸或者非法同居的,为侵害配偶权的侵权行为,凡是明知他人有配偶而与之通奸或者非法同居的,都是侵权行为,对方配偶请求追究侵权人的侵权责任的,应当予以支持。在《婚姻法》的第46条中规定了过错离婚损害赔偿,这是侵害配偶权中的一种情况。但是这种制度只是规定了侵害配偶权中的一个方面,即有配偶的一方的不忠实行为对配偶权的侵害行为,但是对明知他人有配偶而与之通奸或者非法同居的行为,却没有认定为侵权行为,这是不全面的。对于与配偶一方发生性行为的,包括非法同居,只要是配偶对方未允许,均构成侵害配偶权的侵权责任。

2. 间接侵害婚姻关系的侵权行为

行为人实施侵权行为造成受害人的健康损害,致使丧失性功能后果的,间接造成了直接受害人配偶的性利益的丧失,构成间接侵害婚姻关系,侵害的是对方配偶的性利益,应当承担侵权责任。

> **案例 14-3**
> 山东省莱州市未婚男青年陈某27岁,受雇于被告孙某做倒料车司机。1999年3月5日,陈某在驾车为孙某拉运石料途中,因维修车辆,被倒料车轧伤,经诊断为骨盆粉碎性骨折,尿道管断裂,阴茎勃起检查明显异常,构成六级伤残。2001年11月,陈某向莱州市法院提起民事诉讼,要求法院判令孙某赔偿各种损失31万余元,其中包括精神补偿费5万元。

(二) 侵害亲权关系

侵害亲权关系,就是以亲权作为侵害客体的侵权行为。

侵害亲权的行为必须违反法律,行为具有违法性。侵害亲权行为的行为主体,既包括侵害亲权的第三人,也包括侵害亲权关系相对人合法权益的亲权人。第三人侵害亲权,是违反不得侵害亲权的法定不作为义务,行为方式基本为作为的方式。亲权人侵害亲权,实际是亲权人违背亲权人的教养、保护未成年子女的合法权益的义务,以作为或不作为的方式侵害未成年子女的合法权益的行为。

亲权受到损害,表现为两种形式:(1)狭义的亲权损害事实,表现为亲权人亲权的损害,如亲权人行使亲权受到障碍,使亲权人未能对未成年子女行使亲权;(2)广义的亲权损害事实,表现为亲权关系相对人的合法权益遭受损害。亲权损害事实的形态有三种:(1)财产利益的丧失;(2)健康权、生命权的损害,如亲权人滥用惩戒权而造成未成年子女人身伤害、死亡的;(3)精神利益及精神痛苦的损害。

侵害亲权的民事责任构成,以侵权人主观上有过错为必要,故意、过失均可构成。

1. 离间父母与未成年子女关系

对父母与未成年子女之间的感情进行挑拨离间,损害了父母和未成年子女之间的关系的,构成对亲权的侵害,应当承担侵权责任。

2. 引诱未成年子女脱离亲权人

采取引诱或者其他非法手段使未成年子女脱离监护人的,是侵害亲权或者亲属权的侵权行为,应当承担侵权责任。

3. 无正当理由拒绝探视

对离婚后不享有对未成年子女实际抚养权的一方,探视权是其法定权利,应当予以保障。没有正当理由拒绝探视权人探视未成年子女的行为,是侵害亲权的侵权行为。

4. 非法剥夺亲权

第三人非法剥夺亲权人的亲权,也构成侵害亲权的侵权责任。

5. 侵害亲权权利行为

侵害亲权权利的行为不是从整体上或部分上将亲权人的亲权予以剥夺,而是以作为的行为方式对亲权的权利进行非法侵害。这种非法侵害,可以是针对亲权的整体而为,也可以是针对亲权的具体内容而实施,均构成侵害亲权的行为。

6. 其他使亲权受到侵害的侵权行为

其他使亲权受到侵害的行为,也是侵害亲权的侵权行为。例如,由于医院过失发生产妇将婴儿错抱的情况,是侵害亲权的行为。

7. 向有吸毒习惯的未成年子女提供毒品

向有吸毒习惯的未成年子女提供毒品,伤害未成年人的健康,同时也对亲权构成了间接侵害,应当认定为侵权行为。

8. 违背法定义务

亲权人违背法定的抚养义务,断绝其未成年子女的生活来源者,为不作为的侵害亲权行为。这是狭义的侵害亲权行为,因为抚养义务是亲权人的法定义务,同时为未成年子女的权利,亲权人拒不履行亲权的抚养义务,侵害了未成年子女的抚养权利,也构成侵权责任。

9. 滥用亲权

滥用亲权既指滥用人身照护权的行为,也指滥用财产照护权的行为,是亲权人以行使亲权的名义为亲权人自己谋取私利,或者虽为行使亲权的目的但因未尽义务而致未成年子女遭受损害。前者为故意滥用亲权,后者为过失滥用亲权。

(三)侵害亲属权

违背亲属权绝对义务的违法行为,为侵权行为。这是因为,亲属权是绝对权,除特定的亲属权权利人及相对人之外,其他任何人都是亲属权的绝对义务人,都负有不可侵犯的不作为义务。违背这种义务而使亲属权人遭受亲属利益损害的,构成侵权行为,应当承担侵权责任。亲属权的相对人违背自己的法定义务,造成相对的亲属权人的亲属利益损害的,也构成侵害亲属权的侵权行为。

侵害亲属权行为的违法性,表现在违反国家保护权利的法律规定。侵害亲属权行为的义务主体,既包括亲属权的绝对义务主体,即特定亲属关系以外的第三人,也包括亲属权关系主体内部的相对义务人。第三人侵害亲属权,主要的行为方式是作为方式;相对义务人侵害亲属权,主要的行为方式是不作为。

亲属权受到损害的表现:(1)扶养来源的丧失。扶养权利人依靠扶养来源而生活,失去扶养来源,将造成扶养权人的生活出现困难以致发生危险。(2)精神利益的损害。侵害尊重权、帮助体谅权等精神性权利内容,必然造成亲属权人精神利益的损害,亲情受到破坏。(3)精神痛苦的损害。断绝扶养来源,侵害亲属权精神利益内容,可以使权利人遭受精神上的打击,造成精神痛苦和感情的创伤。

对于相对义务人侵害亲属权的,应具备故意的主观心理状态,过失不构成侵权责任。对于绝对义务人侵害亲属权的,在一般情况下,故意、过失均可构成侵权责任。

1. 侵害扶养关系

侵害扶养关系,不仅仅是对亲属权的保护,而且也是对配偶权、亲权的保护。凡是对扶养、抚养、赡养关系构成侵害的,都是侵害扶养关系的侵权行为。

2. 强迫、诱使具有监护关系的亲属脱离监护

通过强迫手段或者欺骗等手段,使具有监护关系的亲属脱离监护,构成对亲属权的侵害,应当承担侵权责任。

3. 侵害亲属权中其他支分权的行为

亲属权是一种身份权,身份权的基本特征,就是具有复杂的支分权。对亲属权中的支分权造成损害的,构成侵害亲属权的侵权行为。

第四节 侵害物权

一、侵害物权侵权行为的基本规则

(一)概念界定

侵害他人所有权和他物权,造成财产利益损害的,构成侵害物权的侵权行为。

(二)基本规则

侵害物权主要的行为方式和后果有三种:(1)侵占,将他人合法所有或者占有的财产非法占有,或者据为己有,改变了财产的占有状态,使权利人丧失了对该物的权利或者占有。(2)损坏,侵权行为破坏了财产的价值和使用价值,使财产所有人或者占有人所拥有的财产的价值量发生减少。(3)造成财产利益的损失,这是其他行为方式侵害物权所产生的损害后果,也构成侵害物权的侵权行为。

侵害他人所有权和他物权,造成财产利益损失的,应当承担恢复原状、返还原物、赔偿损失的民事责任。侵害他人合法占有的,应当承担返还原物、恢复原状的责任;造成损失的,应当赔偿损失。

二、侵害物权侵权行为的具体形式

(一)侵占财产

没有法律根据而非法占有属于他人所有或者占有的财产,是非法侵占财产。非法侵占财产,可以是以非法侵占为目的,也可以是以非法取得所有权为目的,均构成非法侵占财产。以非法取

得所有权为目的而非法侵占,是严重的侵权行为。以非法侵占为目的的侵占财产,加害人期待的是占有、使用或者收益。对于这种侵权行为,在实践中作为普通的侵害财产所有权或者占有的典型侵权行为处理。这种侵害财产权的行为,表现为财产的"位移",即侵害的标的物由所有权人或者占有权人的占有改变为侵权人占有。侵占财产侵权行为的侵权责任是返还原物和赔偿损失。

案例 14-4

叶某与胡某系同学关系,都是集邮爱好者。胡某的父亲将自己收藏的一枚"放光芒"邮票(即1956年国庆节拟发行的纪念邮票,为"1956特15首都名胜4",由于认为有政治错误而未发行,但是江西某地提前发行过十几枚,邮市上极为罕见)交给胡某收藏。该邮票是盖销票,票面盖有"1956.10.16.江西南昌"的邮戳。胡某向叶某说明此事,叶某便要求借看这枚邮票。叶某到胡某家后,认为该邮票真假难辨,要求借走邮票找其老师鉴定真伪,胡某应允,叶某便将该邮票放在书本中夹着带走。嗣后,胡某多次要求叶某返还邮票,叶某都以邮票丢失需要找寻为借口,长期拖延不还。1991年6月,南昌市邮票市场出现一枚标有"1956.10.16.江西南昌"邮戳的"放光芒"邮票,标价3万元,没有成交。由于该邮票是在邮市上第一次出现,引起轰动。叶某的老师证实,曾看到过叶某持有这枚邮票。胡某向法院起诉,法院以侵占财产为由,确认叶某侵权责任成立,限期返还财产,不能按期返还则应按照高于该邮票的市场流通价的数额赔偿原告的财产损失。

非法扣押他人财产,是对物权的侵害,从性质上属于侵占,应当承担返还财产的责任,造成损失的,应当承担损害赔偿责任。

(二)损坏财产

损坏财产的侵权行为,是指侵害他人所有的财产,造成损害,使财产的价值或者使用价值受到破坏的行为。加害人因其故意或者过失而致他人财产毁损、灭失的,构成侵害财产所有权的行为,应负侵权责任。毁损,是指原物仍然存在,但在物理形态上受到损坏或物的内在价值减少,或者两者兼而有之。灭失,是指原物因遭受他人非法侵害,使其不复存在,或者不以原有的形态存在。这种损害,具体表现为财产的"质变",即受到损害的财产的本身品质有了改变。损坏财产的,应当恢复原状或者赔偿损失。

(三)妨害物权行使

行为人妨害物权人依法行使其权利的,这种权利不论是所有权、他物权还是占有权,都构成侵权行为,应当承担侵权责任。例如,非法查封他人财产,阻碍他人收获自己的庄稼或果园里的果实,禁止他人依法使用、收益、处分自己的财产,均为妨害所有权人依法行使其财产所有权,构成对财产所有权的侵害。

(四)造成财产危险

行为人实施行为,给他人的动产、不动产造成危险,尚未造成损害的,尽管还没有产生损害赔偿责任,但是这种危险状态不消除,对社会和个人的危害是极有可能的,增加了社会的不安全状态和危险性。因此,对实施这种行为的行为人,应当责令其承担消除危险的民事责任。

(五)非法侵入

侵入土地和建筑物的行为,为侵权行为,是侵害所有权的侵权行为。这种侵权行为在我国司法实践中较少处治,多数不认为是侵权行为。随着社会的发展和进步,人们进一步要求自己的不动产的权利保障,要求自己权利行使的安宁状态,禁止他人非法侵入自己的财产领域。对于未经许可进入他人不动产的行为,应当认定为侵害财产权的侵权行为,应当承担停止侵害的责任;对于造成损失的,应当承担赔偿责任。

(六)无权处分和非法出租

无权处分是指非所有人或无合法授权的人擅自将所有人的财产转让给他人的行为。(1)如果受让人是善意、无过失的,则发生权利转移的后果,造成权利人的损害,无权处分人的行为构成侵权行为,对原所有权人承担侵权责任。(2)如果受让人具有恶意,不发生权利转移的后果,即无权处分不构成善意取得的,所有权人有可能不会受到损失,也可能受到损失,因此构成对所有人的侵权,但是尽管没有发生所有权转移的后果,但是财产受到损失的,也使权利人的财产权受到了损害,也构成侵权行为。(3)无权处分不构成善意取得的,受让标的物的第三人受有财产损失的,无权处分行为也构成侵权责任,应当对受让人的财产损失承担侵权责任。

非法出租是指无合法权利而擅自出租他人财产。一般的非法出租构成违约行为,如违背不得转租的约定而转租,未经出租人同意而将租赁财产转租他人。与所有人之间无租赁合同而擅自租赁他人财产,且未得所有人追认的,构成侵害财产所有权,应废除非法出租合同,返还租赁物,并赔偿所有人的财产损失。

(七)毁谤动产、不动产

对动产和不动产进行毁谤,或者对财产的品质进行毁谤,造成损失的,构成对财产权的损害,应当承担侵害物权的侵权责任。对此,应当承担赔偿损失的责任。所谓毁谤,是指陈述被了解为使人怀疑他人的不动产、动产或无体财产的品质,或使人怀疑他人的不动产、动产或无体财产的财产权的存在与范围的行为。行为人的主观方面应当是故意。

(八)侵害具有人格利益因素的特定纪念物品

侵害他人具有人格利益因素的特定纪念物品,对受害人的精神利益造成损害的,除了应当赔偿财产的损失之外,还应当赔偿其精神损害。在这类案件中,很多是因为合同关系引起的,限于合同关系不能起诉主张精神损害赔偿,因此,在这种情况下,该种侵权行为必须构成责任竞合的,才可以侵权为由,请求精神损害赔偿。

(九)破坏资源

开采矿产资源,造成耕地、草原、林地破坏的,为破坏资源的侵权行为,应当因地制宜地采取复垦利用、植树种草或者其他利用、改良措施,改善矿山环境。同时,对他人合法权益造成损失的,均应负责赔偿。

违反法律规定,破坏、污染土地资源,造成环境损害的,土地所有权人、使用权人有权要求侵权人消除危害、恢复原状、赔偿损失。

违反法律规定,破坏森林、草原、渔业、野生动植物等生物资源,造成环境损害的,自然资源的所有权人、使用权人都有权要求侵权人承担侵权责任。实施这种侵权行为的行为人,应当承担消除危害、恢复原状、赔偿损失的责任。

(十)侵害相邻权

侵害相邻权的侵权行为,是相邻关系中的负有义务的一方当事人由于不履行相邻义务,而使相邻另一方当事人的相邻权受到侵害。其特点,就是因为相邻权不过是不动产所有权所派生的权利,是由于不动产因为相邻,而在相邻的当事人之间产生的权利义务关系。当相邻一方当事人不履行相邻义务,就构成对相邻他方当事人的权利的侵害。在形式上,侵害相邻权的侵权行为侵害的是相对权,其实质的侵害客体,仍然是不动产所有权这种绝对权。

侵害相邻权的侵权行为,其损害事实一般表现为特定的损害。例如,对通风、采光、滴水等权利的侵害,多数并不表现为一般的财产损害,而是影响通风、采光、排水等,损害的形式是造成一定的不方便,或者对权利的行使造成妨碍。在有些情况下,侵害相邻权可以造成财产损害事实。

例如在用水的相邻关系中,上游当事人抢占水源,或者过量排水,造成下游的当事人因用水不足而减少粮食产量,或者酿成洪水造成下游当事人的财产损害。在相邻防险关系中,违反防险义务,造成相邻方当事人的财产损害的,也构成侵权行为。

(十一) 第三人侵害共有权

在共有权的对外关系中,共有人以外的其他人侵害共有权,与其他侵害财产权的侵权行为没有更大的区别,只是在共有人之间产生连带债权。在这种情况下,共有权对外仍然是一个所有权,是共有权整体受到侵害,每一个共有人都受到了侵害,所受到的损失是全体共有人的损失。就是在按份共有的场合,侵权行为仅仅侵害了某一共有人享有权利的那一份额,也应当视为对共有权的侵害,而不能看成是对该共有人财产权利的侵害。在侵权行为产生的损害赔偿请求权的问题上,这个请求权是连带的侵权损害赔偿请求权。行使这个请求权,可以由全体共有人共同行使,全体共有人作为权利人,共同向侵权人请求损害赔偿,其效力及于全部债权;也可以由共有人中的一人或者数人行使,当该请求权已经实现以后,其他共有人不能再行使该请求权,因为该请求权由于实现而消灭。部分共有人行使损害赔偿请求权的效力,及于全体共有人,其实现的债权应当由全体共有人共同共有或者按份共有。

(十二) 共有人之间的侵权行为

共有人之一侵害其他共有人的共有权利的,可以构成侵权行为。例如,部分共有人未经全体共有人同意,擅自处理共有财产,致使全体共有人的财产利益受到损害,就是侵害了全体共有人的共有权,应当认为构成侵权行为。部分共有人未经全体共有人的同意,侵吞共有财产,也是对共有人财产权利的侵害,亦构成侵权行为。对于这些侵权行为都应当责令侵权人承担侵权损害赔偿责任。

第五节 侵 害 债 权

一、侵害债权侵权行为的基本规则

(一) 概念界定

侵害债权,是以他人享有的合法债权为侵害客体,故意实施侵害行为,造成该债权不能实现的损害后果的侵权行为。关于第三人侵害债权的侵权行为,也包括在《侵权责任法》第 2 条第 2 款中①。

(二) 基本规则

债权作为一种基本的民事权利,其本身就具有第三人的不可侵性。《民法通则》第 5 条明确规定:"公民、法人的合法的民事权益受法律保护,任何组织和个人不得侵犯。"债权作为民事权利,这种不可侵性是法律赋予的,而不是人们所臆造的。因此,债权的不可侵性,既不是指债的对内效力,也不是指债的对外效力,而是指债权对抗债的关系当事人以外的其他第三人的效力。第三人侵害债权,就违背了这种法定的不作为义务,构成侵权行为。

侵害债权侵权行为的构成要件如下。

1. 须有合法债权的存在

构成债权侵权损害赔偿责任的前提条件,就是必须有合法债权关系的存在。合法债权的存

---

① 王胜明主编:《中华人民共和国侵权责任法解读》,中国法制出版社 2010 年版,第 11 页。

在是构成债权侵权责任的基础。法律保护的债权关系,只能是合法的债权。

2. 行为人必须是债的关系以外的第三人

侵害债权的行为人仅限于第三人。这里所说的第三人,是指债权债务关系当事人以外的其他任何第三人。

3. 行为须违反法律

侵害债权的行为,必须是违反法律的行为。侵害债权行为的违法性,主要表现在行为人的行为违反了《民法通则》第5条关于任何公民、法人不得侵犯他人合法民事权利的强行法规定,违反了对合法债权的不可侵义务。

4. 第三人须出于主观上的故意

侵害债权的损害赔偿责任的主观要件,只能由故意构成。这是由债权的相对性决定的,只有明知债权的存在而故意侵害,才成立侵权行为,过失不可能构成债权侵权责任。

5. 第三人的行为须造成债权人债权损害

债权损害的事实,就是债权人债权不能实现的客观事实。其主要表现是:债务人不能履行债务使债权不能实现,债务人因对他人的有效履行而使债权人的债权归于消灭,债权人应该获得的利益丧失,债权人的债权不能执行等。

> **案例 14-5**
> 某城市演出公司举办纪念毛泽东《在延安文艺座谈会上的讲话》大型演唱会,邀请毛阿敏等著名歌星到场演唱。在各项准备工作基本就绪之后,演出公司举行新闻发布会,邀请新闻媒体的记者参加招待会,发布这一新闻。第二天,各媒体发布演出消息,同时开始售票。仅仅几天,就售出了一万多张票,销售形势非常乐观。就在这时,某晚报在娱乐版头条用半个版的篇幅,大字标题报道《毛阿敏不来了》,内容是毛阿敏由于重感冒,正在日本治疗,不能到本市演出,喜欢毛阿敏的歌迷们大概要大失所望了。虚假消息发布的第二天,演出公司就收到退票8 000张。演出公司与毛阿敏联系,确认是虚假新闻,毛阿敏还专门发来传真,向歌迷承诺一定会来演出,但是演唱会的票还是无法销售出去。最后无奈,只好送票保证演出,造成了重大财产损失。演出公司向法院起诉,请求该报社承担侵权责任。法院判决认为被告恶意侵害债权,造成重大损失,承担赔偿损失的责任。

侵害债权是侵害财产权的侵权行为,其责任方式为损害赔偿。赔偿的标的,就是债权没有实现造成的债权预期利益损失。

二、侵害债权侵权行为的具体形式

(一)诱使违约

诱使违约是侵害债权的一种具体方式,是一种具体的侵害债权的侵权行为。在侵权客体、侵权的损害后果、侵权的违法行为以及侵害债权的故意等方面,与侵害债权的基本要求是一样的。其区别在于,诱使违约的行为方式与一般的侵害债权不同,是债的关系以外的第三人作为加害人,以诱惑的方式使债务人相信侵权人的诱惑而不履行债务,进而使债权人的债权不能实现,债权受到损害。诱使违约分成两种形式。一种诱使违约是加害人的行为构成侵权,债务人的行为不构成侵权。这种侵权行为是加害人的故意侵权,而债务人只是由于错误相信加害人的诱惑,自己并没有侵害债权人的故意。对此,恶意诱使合同一方当事人(债务人)违约,给对方(债权人)造成损害的,受害人有权请求侵权人(第三人)承担民事责任。另一种诱使违约,是债务人明知侵权人的侵权故意,而与加害人共同实施侵害债权行为的,构成侵害债权的共同侵权行为,债务人与第三人即加害人都是共同加害人,应当与加害人承担连带责任。

(二) 阻止债务履行

阻止债务履行行为也是一种具体的侵害债权行为,其责任的构成和承担与侵害债权行为基本相同。不同之处在于,债的关系以外的第三人侵害债权,是以损害他人债权为目的,行为方式是散布虚假信息或者采取非法手段,以此来阻止或妨害债务人履行债务的行为,致使其不能履行债务。其行为的结果是造成了债权人的债权损害,致使债权人的债权不能实现。例如,债务人决定向债权人交付的标的物,第三人故意毁损或消灭,致使债权无法实现。又如,第三人将作为债务人的演出者或者其他有特殊身份的人予以监禁或者限制人身自由,致使合同的债权人遭受损失。

(三) 干扰他人接受赠与

对已经成立的赠与合同,通过非法手段干扰受赠人接受赠与,造成损失,构成侵害债权的侵权行为,应当承担损害赔偿责任。

(四) 债权准占有人主张债权

债权准占有人接受清偿,如果清偿的债务人为善意无过失,则发生清偿效力,债权准占有人接受清偿的行为,为债权侵权行为,构成侵权损害赔偿责任,债权准占有人应承担侵害债权的侵权责任,赔偿债权人的财产损失;如果债务人清偿时有过失,则不发生清偿的效力,不构成债权侵权行为,是债权准占有人侵害债务人的财产权,对债务人的财产损失承担侵权责任。例如,某甲拾得某乙的储蓄存折并去银行支取存款,银行审查存单无误而予以支付,某甲为侵害某乙的债权①。

(五) 代理人超越代理权限免除被代理人的债务人对被代理人的债务

代理人超越代理权限免除被代理人的债务人对被代理人的债务的行为,如果未经其被代理人追认,则属无效的民事行为,因此造成债权人的损失,为债权侵权行为。

(六) 第三人与债务人通谋妨害债权实现

第三人与债务人恶意串通,隐匿财产或者设置财产担保,使债权不能实现。此种行为构成第三人与债务人共同侵权。如某甲负担某乙侵权债务,遂与甲之妻丙共同合谋,将全部财产藏于娘家,使债务无法履行。这种行为即为共同的债权侵权行为。

第六节 侵害知识产权

一、侵害知识产权侵权行为的基本规则

侵害知识产权的侵权行为,是侵害著作权、专利权、商标权等无形财产权的侵权行为,主要是由知识产权的单行法规定。在侵权责任法中阐释的是侵害知识产权的侵权行为及其责任一般化的规则,就是侵害他人的著作权、专利权、商标权等造成损害的,应当承担停止侵害、赔偿损失等民事责任。

二、侵害知识产权侵权行为的具体形式

(一) 侵害著作权

侵害著作权的侵权行为分为侵害著作人身权和著作财产权两种侵权行为。

---

① 杨立新:"对债权准占有人清偿的效力",《法学研究》1991年第3期。

1. 侵害著作人身权

侵害著作人身权的违法行为，必须违反《著作权法》关于著作人身权保护的法律规定。这种违法行为的主要行为方式，是作为的行为，但不作为亦构成。侵害著作人身权的损害事实，是指著作人身权受到损害的事实：(1)著作人身权中的发表权、署名权、修改权、维护作品完整权、收回权和追续权受到损害的事实；(2)作者精神利益的损害；(3)作者财产利益的损害。前两个损害事实是必须具备的，财产利益的损害，则不是必要条件。侵害著作人身权适用过错责任原则，侵权人必须在主观上有过错方能构成侵权责任。

2. 侵害著作财产权

凡是未经著作权人的许可而使用其作品的行为，以及使用著作权人的作品而不按照规定或者约定给付报酬的行为，都是侵害著作财产权的违法行为。侵害著作财产权的损害事实，是指著作权人所享有的著作财产权受到损害的事实。这种损害事实表现为以下两个层次：(1)著作财产权中的使用权、获得报酬权受到损害的事实；(2)作者财产利益的损害。在侵害著作财产权的损害事实中，这两个损害事实在一般情况下是必须具备的。侵害著作财产权的构成，适用过错责任原则，侵权人必须以主观上有过错方能构成侵权责任。

按照《著作权法》的规定，未经合作作者许可将与他人合作创作的作品当作自己的作品发表、没有参加创作为谋取个人名利在他人作品上署名、歪曲篡改他人的作品、剽窃他人作品、未经著作权人许可使用他人作品、使用他人作品应当支付报酬而没有支付、未经许可出租电影等作品或者录音录像作品、未经出版者许可使用其出版的图书期刊的版式设计、未经表演者许可从现场直播或者公开传送其现场表演或者录制其表演，以及其他侵犯著作权以及与著作权有关的权益的行为，都是侵害著作财产权的侵权行为。

(二) 侵害专利权

专利侵权损害赔偿责任的确定，应当适用过错责任原则。

专利权受到侵害的客观事实，就是专利权人所独占享有的专利被他人以经营为目的而生产、使用、销售，或者专利发明方法被使用，或者专利产品被假冒的事实。

专利侵权人所实施的行为，必须是违反专利权保护法律的行为。其含义：(1)行为的主体是一般主体，既可以是自然人，也可以是法人；(2)专利侵权行为的行为方式是作为形式；(3)行为违反的法律是专利管理法律，包括《专利法》和《民法通则》以及我国参加的有关专利权保护的国际条约。违反专利保护法律的行为，分为直接侵害专利权行为和间接侵害专利权行为。直接侵害专利权行为，是指侵权人自己直接公然仿制或者假冒他人专利发明创造的行为，其特点是原封不动地照搬专利文件中描绘的技术特征，或者仅是他人专利发明的简单变种，只对材料、形式、构造、尺寸做简单变化，而在功能、效果和特征上与专利产品基本一致。间接侵害专利权行为，是指侵权人向他人提供属于专利保护的发明创造的重要组成部分，或者为实施专利发明创造，向他人提供了必要的手段，从而构成他人直接侵犯专利权的行为。

专利侵权损害赔偿责任中的因果关系，只限于直接因果关系，只有当违反专利权保护法律是专利权损害事实发生的唯一的或者必要的原因时，才构成侵权损害赔偿责任的因果关系要件。在间接侵害专利权的行为中，这种行为是侵害专利权的直接行为的必要条件，它与直接行为相结合，就构成了侵害专利权的直接因果关系，仅仅单一的间接行为，不构成侵害专利权的行为。

侵害专利权的主观过错，是指违反专利保护法律的行为人在实施违反专利保护法律的行为时，对行为后果所持的故意或过失的心理状态。

按照《专利法》的规定，侵害专利的侵权行为主要有以下三种。

1. 未经许可实施他人专利

对他人享有专利权的专利,没有得到专利权人的许可,擅自实施他人的专利,构成对专利权的侵害,应当承担侵权责任。

2. 假冒他人专利

将自己的发明假冒他人注册的专利,构成对专利权人权利的侵害,应当承担侵权责任。

3. 冒充专利

对没有取得专利权的发明,冒充已经获得专利权的专利,也是对专利权的侵害。这种侵权行为侵害的是专利管理权和"专利"产品使用人的权利,冒充专利产品的使用人有权请求行为人承担侵权责任。专利管理机关有权对其进行处罚。

(三) 侵害商标权

侵害注册商标专用权的侵权行为,是侵权人实施侵害他人的商标专用权的行为,致使被侵权人合法的注册商标权益损害的违法行为。

商标侵权的损害事实表现为两个层次:商标侵权损害事实的第一层次,是注册商标专用权受到损害的事实。它表现为由国家商标管理机关依法授予商标权人享有并受到国家强制力保护的权利受到了侵害。商标侵害损害事实的第二层次,是使商标权人对注册商标所享有的财产权益受到损害。侵权行为侵害了这一商标权,就使该商标权人应当获得的合法收益受到损害,减少了财产的收益。第二层次的损害事实,主要是财产利益的间接损失,即可得利益的减少,这是由商标专用权的性质决定的。商标侵权损害事实的利益损害表现为以下三种形式:(1)客观的间接损害事实,即商标权人因受侵权而造成的未来利益减少的客观事实,如被侵权人遭受损失而侵权人并未获利,被侵权人遭受的损失大于侵权人获得的利益;(2)推定的间接损害事实,即以侵权人在侵权期间所获利益的事实推定为被侵权人所遭受的损害事实,包括侵权人获得利益而被侵权人在此期间并未减少损失,侵权人获得的利益大于被侵权人在此期间所实际减少的损失;(3)直接的损害事实,即商标权人因其商标权被侵害而造成的现有财富的实际减少。

商标侵权人所实施的行为,必须是违反商标权保护法律的行为,这是构成商标侵权赔偿责任的必要条件。其含义:(1)行为的主体是一般主体,法律并未对商标侵权行为的主体作任何限制;(2)行为违反的法律,应当是商标管理法律;(3)商标侵权行为的表现形式,是作为的形式,不作为构不成商标侵权行为。

案例 14-6

2000 年 8 月,美国耐克公司发现西班牙一家公司授权浙江嘉兴某制衣厂生产标有"耐克"(NIKE)商标的男滑雪夹克。该批 4 194 件服装生产出来后,嘉兴某制衣厂又委托浙江某进出口公司代理出口,并在深圳海关报关。美国耐克公司向深圳市中级人民法院起诉,法院判决三被告停止侵权,销毁侵权标识和侵权物,共赔偿 30 万元人民币的损失。

违反商标保护法律的行为人在主观上必须有过错。这种过错是该行为人在实施违反商标法律的行为时,对行为后果所持的故意或过失的心理状态。

1. 未经许可使用他人注册商标或者近似商标

未经许可擅自使用他人的注册商标或者近似商标,构成对商标专用权的侵害,应当承担侵权责任。这是使用他人商标的侵权行为。

2. 销售侵犯注册商标专用权的商品

销售侵犯注册商标专用权的商品的,也构成侵害商标权的侵权行为,应当承担侵权责任。这是销售侵权商品的侵权行为。

3. 伪造擅自制造他人注册商标或者销售伪造擅自制造的注册商标标识

伪造或者擅自制造他人的注册商标,销售、伪造或者擅自制造注册商标标识的,构成对商标权的侵害,应当承担侵权责任。这是制造商标的侵权行为。

4. 未经商标注册人同意更换其注册商标并将该更换的商标的商品又投入市场

更换他人的注册商标,必须经过商标权利人的同意。未经其同意,就对注册商标的商品予以更换,并将其商品投入市场,构成对商标专用权的侵害,应当承担侵权责任。

5. 给他人注册商标专用权造成其他损害

其他给注册商标专用权造成损害的侵权行为,都应当承担侵权责任。

(四)侵害域名专用权

随着网络的发展,网络侵权行为不断增多,其中侵害网络域名专用权的行为较为突出。这种权利应当属于知识产权的性质,应当加以保护。因此,非法使用他人网络域名的,应当承担停止侵害、赔偿损失等侵权责任。

(五)其他侵害知识产权的侵权行为

1. 侵害技术秘密

技术秘密就是技术窍门,具有重要的经济价值。侵害技术秘密,造成损害的,应当承担侵权责任。

2. 侵害发明权

侵害其他没有取得专利权的发明权,造成损害的,应当承担停止侵害、赔偿损失的侵权责任。

3. 侵害发现权

侵害其他没有取得专利权的发现权,造成损害的,应当承担停止侵害、赔偿损失的侵权责任。

4. 侵害其他智力成果权

侵害其他智力成果权的,即不在前述著作权、商标权和专利权等权利保护范围的智力成果权,应当承担停止侵害、赔偿损失等侵权责任。

第七节 媒 体 侵 权

一、媒体侵权的基本规则

(一)概念界定

媒体侵权不过是将几种性质相似的侵权行为放在一起说明,并不是一个严格的概念。媒体侵权所概括的,是新闻侵权、文学作品侵权和网络侵权三种以媒体实施的行为侵害他人权利的侵权行为。《侵权责任法》第36条仅规定了网络侵权责任,没有规定其他媒体侵权责任规则,在司法实践中采用以下方法确定媒体侵权责任。

(二)基本规则

媒体侵权行为实际上都是以文字或者语言的形式侵害他人的民事权利和利益,主要侵害的客体是精神性人格权,尤其是名誉权、姓名权、肖像权、隐私权等权利以及其他人格利益。

媒体侵权行为都适用过错责任原则,须具备违法行为、损害事实、因果关系和主观过错四个要件才能构成。

媒体侵权行为的免责事由都有特殊的规定,应当注意以下说明的具体情况。

二、媒体侵权的具体形式

(一) 新闻侵权

新闻侵权,是新闻单位和新闻从业人员故意或者过失实施的行为侵害他人人格权的侵权行为。

新闻侵权主要涉及的是行使新闻监督权与人格权法律保护的冲突问题。新闻监督,实质上是新闻批评自由的权利。媒体对于社会的阴暗面进行暴露,进行监督,就是通常所说的舆论监督。这种监督是必要的,必需的。正当行使舆论监督权利,对于受批评的人的权利并不构成侵权。但是,如果超出了正当的舆论监督范围,对他人的人格权造成了损害,就构成了对人格权的侵害。在两者发生冲突的时候,对冲突的利益应当进行协调和平衡,掌握适当的尺度。制裁新闻侵权,就是确定这个适当的尺度,确认什么样的行为是超出了正当的舆论监督范围,构成了侵权。对于受到侵权行为侵害的受害人,如何进行救济,也是新闻侵权法所要解决的基本问题。

新闻侵权是一般侵权行为,应当以过错为构成侵权的必要条件,实行的是过错责任原则,因此,侵权责任的构成应当具备违法行为、损害事实、因果关系和主观过错的要件。新闻侵权行为所侵害的客体主要是名誉权,但是其他人格权如肖像权、姓名权、隐私权、荣誉权、信用权等人格权也能够受到侵害,因此,新闻侵权是侵害他人人格权的行为。

案例 14-7

> 北京某女居民是智障人,某天风雪交加的早上,抱着独生女儿在北京火车站的风雪中发抖。路人关切,她便说恶毒的婆母就是因为她生了女孩,被赶出家门。记者拍下了这个镜头,发表在一份著名的党报上,后来又被某晚报的副刊版用来介绍抓拍的技巧。事实上完全不是这么回事,严重失实,造成了她婆母名誉的损害。

新闻机构,是指依法设立的从事新闻报道工作的机构,包括报社、通讯社、杂志社、广播电台、电视台等。

新闻作品,是指已经公开发表的消息、通讯、评论、电视和广播中的新闻节目中发布的消息等作品。新闻机构发布的其他文字作品,侵害他人人格权的,适用新闻侵权的规定。

具有下列情形之一的,新闻机构不承担新闻侵权责任:(1)新闻作品的内容真实、合法。这样的报道不构成对人格权的侵害。(2)新闻作品具有权威性的来源。这个免责事由也称为权威消息来源,是指消息的来源是权威机构公开发布的,而不是新闻机构自己采制的新闻。对此,新闻机构不承担侵权责任。所称的权威性来源,是指由有关司法机关、政府主管机关所发布的信息。(3)评论基本公正。既然是评论公正,那就不存在侵权问题,因此而免责。(4)当事人同意公布相关内容。既然是当事人同意公布相关的内容,那么就不存在侵权问题。但是要注意的是,当事人同意公布的范围是确定的,超出同意范围的公布,仍构成侵权。(5)正当行使新闻舆论监督权。既然是正当行使权利,当然不要承担侵权责任。(6)法律规定的其他情形。这是一个弹性的条款,例如新闻性等,都是应当免除责任的事由。

1. 报道内容严重失实

即新闻作品的内容与实际的客观事实不相符合,达到相当的程度。这种情况构成对他人人格权的侵害,应当承担侵权责任。

2. 评论严重不当

这种侵权行为不是对事实报道的失实,而是对事件评论的严重不当,即对发生的事件进行了歪曲的、丑化的、侮辱性的评论,造成他人人格权或者人格利益的损害,构成侵权责任。

3. 未经同意披露他人隐私

这种侵权行为是对他人隐私的披露,侵害的是隐私权,构成对隐私权的侵权责任。

4. 使用侮辱性语言诽谤

在新闻作品中使用侮辱性语言对被报道人的人格进行侮辱、诽谤,是对名誉权和人格尊严的侵害,构成侵权责任。

5. 其他侵害他人人格权的行为

新闻作品中具有前述情形之外的其他侵害人格权的行为的,当事人可以请求新闻机构或者新闻作品的作者承担侵权责任。

6. 不作为的新闻侵权

不作为的新闻侵权,是指新闻机构在刊登了侵权作品之后,对受害人的人格权损害负有实施补救措施的义务,即更正或者道歉的义务。这种作为义务不履行,造成受害人的损害后果扩大的,构成新闻机构的不作为侵权行为,应当承担侵权责任。

(二)文学作品侵权

文学作品侵权是一种重要的侵权行为,较为常见。文学作品的作者,以及文学作品的编辑、出版单位,写作、编辑、出版文学作品侵害他人人格权的,都构成文学作品侵权行为,应当承担侵权责任。

1. 作者侵权

作者故意或者过失地在作品中表现了具有侵害他人人格权的内容,造成了他人人格权的损害,构成侵权责任。这种侵权,不拘什么样的文学样式,小说、剧本、电影、电视、诗歌等都可以构成侵权。在主观方面,故意可以构成,过失也可以构成。

2. 编辑出版者侵权

文学作品的编辑出版者侵权,有三种形式:(1)故意侵权,即利用编辑出版作品的机会,侵害他人的人格权。这种侵权行为很少见。(2)未尽事实真实性审查的义务,造成侵权后果。这种情况,应当是在对以真人真事作为描写对象的文学作品进行编辑中未尽事实真实性审查义务而构成的侵权行为,对于虚构的文学作品,不存在这样的侵权行为。(3)侵权的文学作品发表后,对其负有的更正或者道歉的义务没有履行,造成了侵权后果的扩大,构成侵权责任。

3. 作者与编辑出版者共同侵权

在文学作品侵权中,作者与编辑出版者承担连带责任的,较为少见。这种共同侵权行为的构成,一定要在作者和编辑、出版者之间具有共同故意,或者编辑出版者具有间接故意,否则不能构成。

第八节 商业侵权

一、商业侵权的基本规则

商业侵权是现代侵权责任法中正在发展的一种特殊的侵权行为。这类侵权行为的基本特点,是发生在商业领域中的侵权行为,行为主体或者受害人是从事商业活动的人,包括法人或者自然人。这种侵权行为所侵害的并不是一类简单的权利客体,或者是物权、或者是债权、或者是知识产权、或者是人格权、或者不是什么权利,而只是一种经营的利益。

二、商业侵权的具体形式

(一) 商业诽谤

商业诽谤是商业侵权中的一种重要的侵权行为,侵害的客体是经营者的信用权以及经营者的商品信誉。我国《反不正当竞争法》规定这种行为为侵权行为。该法第 14 条规定:"经营者不得捏造、散布虚伪事实,损害竞争对手的商业信誉、商品声誉。"这一条文所说的商业信誉和商品声誉,就是商业诽谤行为所侵害的客体。商业诽谤行为侵害的是受害人的信用和商誉,同时也侵害了市场的正常交易秩序。制裁商业诽谤行为,既是对受害人的合法权益的保护,也是对正常的市场交易秩序的维护。

1. 诽谤商事主体

对从事商业活动的主体进行诽谤,构成诽谤商事主体的侵权行为。这种侵权行为是公开贬低他人的商业信誉,影响他人的交易,造成财产上的损害。这种侵权行为发生在交易的过程中,其损害后果是破坏了受害人进行的交易,由于交易的损害,而造成了财产损失的后果。

2. 诽谤产品

对经营者的商品的品质进行诽谤,构成对产品的诽谤,应当承担侵权责任。这种侵权行为是诽谤他人的产品,致使受害人受到财产利益损失。这种侵权行为不是局限在交易的场合,而是一般的场合,是对受害人的产品进行诽谤,使受害人造成财产利益的损失。行为人应当对受害人的财产利益损失承担侵权责任。

3. 诽谤交易

对商事主体进行的交易行为故意或者过失进行诽谤,构成对交易的诽谤。这种交易行为是广义的概念,凡是商事主体实施的商事行为均包括在内。

(二) 不正当竞争

不正当竞争,是商业领域中的侵权行为。在《反不正当竞争法》中,规定了多种不正当竞争行为,都是法律所禁止的行为。实施这些不正当竞争行为,侵害了其他经营者经营权的正常行使,构成侵权行为,侵权责任法应当予以制裁。

> **案例 14-8**
> 黄某的儿子黄甲经营其父遗留下来的凉茶生意。其兄黄乙在店中作一般的推销工作。两年后,黄乙退出该店,自己另立招牌,也叫做黄某凉茶店,并称自己是黄某的长子,是亲传的秘方,黄甲开一处店,黄乙就在对面开一处店,并且使用黄甲的经营招牌、装潢,使之真假难辨。黄甲提出侵权,诉讼到法院。这样的竞争行为,构成侵权。

不正当竞争行为,在《反不正当竞争法》中规定得较为宽泛,其中很多是其他侵权行为责任所规制的行为,如假冒他人注册商标行为等,都有相应的法律规定,可以不按照不正当竞争行为认定为侵权行为。对于违反禁止垄断经营、权力经营、贿赂方式经营、虚假广告等规定,实施不正当竞争行为的,应当以不正当竞争侵权行为制裁,保护受害的经营者的合法权益。实施不正当竞争行为给他人造成损害的,行为人应当承担民事责任。

(三) 违反竞业禁止

竞业禁止,是指禁止本公司的某些人员在职或者离职后自营或者到其他公司从事与本公司具有竞争关系的业务,包括法定竞业禁止和约定竞业禁止两种。违反竞业禁止义务,构成违反竞业禁止的侵权行为。

1. 违反法定竞业禁止

法定竞业禁止主要是针对公司的董事和经理,因为这些人员都是公司的高层管理者,法律对其竞业行为直接作出了禁止性的规定,《公司法》第61条规定,董事、经理不得自营或者为他人经营与其所任职公司同类的营业或者从事损害本公司利益的活动。违反法定的竞业禁止,构成侵权责任。

2. 违反约定竞业禁止

约定竞业禁止是指公司与本公司的特定从业人员对竞业禁止行为采用合同的方式进行约定,法律并不进行强制性规范。违背竞业禁止义务,造成损害的,构成侵权行为。因此,行为人应当承担民事责任。

(四)盗用商业信息进行交易

经营者的姓名、账号、密码、执照等,都是经营者的商业信息,应当为经营者所支配使用,他人未经允许,不得擅自使用。未经权利人准许,盗用他人姓名、账号、密码、执照等进行交易,就是盗用他人商业信息,是侵权行为,造成他人损害的,行为人应当承担民事责任。此外,对他人商业信息息安全负有义务的人未尽职责,造成商事主体商业信息被盗用的,也构成侵权行为。

(五)商业欺诈

商业欺诈,是在商业领域中用欺诈的方法,使对方当事人受到损害的侵权行为。在一般情况下,这种行为的后果可以通过合同责任予以救济,如宣告合同撤销、对合同进行变更等方法,都可以使损害的后果得到救济。如果受到欺诈行为的侵害造成了财产的损失,不能通过合同责任的方式得到救济的,可以请求依侵权责任法规定的方法进行救济。

(六)妨害经营

在商业领域,以不正当的方式妨害他人正常经营活动,造成经营者损害的,构成商业侵权。对此,如果仅仅是妨害经营的,受害人有权请求行为人停止侵害;如果既造成妨害,又造成损失的,受害人有权请求行为人停止侵害、赔偿损失。

(七)证券侵权

1. 虚假陈述

虚假陈述的侵权行为及其责任的内容是:任何机构或者个人在证券发行、交易及其他相关活动中,实施不符合事实真相、严重误导、含有重大遗漏等虚假陈述,致使投资人受到损害的,全体发起人,发行人及其负责人,承销的证券公司及其负有责任的董事、监事、经理,为发行人出具文件的注册会计师及其所在事务所、专业评估人员及其所在机构、律师及其所在事务所,工程师或其他专业技术人员及其所在机构,应当承担连带赔偿责任。

2. 内幕交易

证券交易内幕人员,以获取利益或减少损失为目的,自己或建议他人,或泄露内幕信息使他人利用该信息进行证券发行交易,并给在相同时间内从事同一证券买卖的相对人或其他投资者造成损害的,应承担赔偿责任。

内幕人员,是指因持有发行人的证券,或者在发行人或者与发行人有密切联系的公司中担任董事、监事、高级管理人员,或者由于其会员地位、管理地位、监督地位和职业地位,或者属于聘用、雇佣关系履行职务,或者与发行人有承销关系、专业服务关系、业务关系、信息交流关系,能够接触或者获得内幕信息的人员。

内幕信息,是指涉及公司的经营、财务及其他方面尚未公开、一旦泄露或公开即可能对该公司证券的市场价格产生影响的重大信息。

内幕交易行为方式包括下列行为:(1)内幕人员利用内幕信息买卖证券或者根据内幕信息

建议他人买卖证券;(2)内幕人员向他人泄露内幕信息,使他人利用该信息为自己或者第三人进行内幕交易;(3)非内幕人员通过不正当的手段或者其他途径获得内幕信息,并根据该信息买卖证券或者建议他人买卖证券;四是其他内幕交易行为。

内幕交易的免责事由:从事内幕交易行为的人能够证明下列情形之一的,不承担赔偿责任:(1)所利用的信息不属于内幕信息;(2)不具有利用内幕信息或从事内幕信息的故意;(3)受害人所出现的损失并非内幕交易所导致;(4)行为人不属于内幕人员。凡是属于这些情形之一的,行为人不承担内幕交易行为的侵权责任。

3. 操纵市场

凡是故意从事操纵市场行为,影响证券市场价格,损害投资者利益的,构成操纵市场行为,应当向受害人承担赔偿责任。具体的行为方式是十种操纵市场行为:(1)通过单独或者合谋,集中资金优势、持股优势或者利用信息优势联合或者连续买卖,操纵证券交易价格;(2)以散布谣言、传播虚假信息等手段影响证券发行、交易;(3)为制造证券的虚假价格,与他人串通,进行不转移证券所有权的虚买虚卖;(4)以自己的不同账户在相同的时间内进行价格和数量相近、方向相反的交易;(5)出售或者要约出售其并不持有的证券,扰乱证券市场秩序;(6)以抬高或者压低证券交易价格为目的,连续交易某种证券;(7)利用职务便利,人为地压低或者抬高证券价格;(8)证券投资咨询机构及股评人士利用媒介及其他传播手段制造和传播虚假信息,扰乱市场正常运行;(9)上市公司买卖或者与他人串通买卖本公司的股票;(10)其他操纵市场的行为。

4. 证券商的侵权责任

在证券侵权行为中,证券商的侵权包括擅自处分和擅自允许利用的侵权行为。擅自处分是指,证券商在托管投资者证券过程中,未经投资者授权擅自处分其证券,给投资者造成损失的,应当承担赔偿责任。擅自允许利用是指,证券商擅自允许第三人利用投资者的证券账户和资金进行证券交易,给投资者造成损失的,应与第三人承担连带责任。

第九节 恶意利用诉讼程序

一、恶意利用诉讼程序侵权行为的基本规则

恶意利用诉讼程序是一类侵权行为,即刑事诉讼程序的非法控诉、民事诉讼程序的非法利用民事诉讼程序,以及滥用诉讼程序,侵害他人合法权益的侵权行为。前两种侵权行为的基本特征,是行为人没有诉权而提起诉讼程序,即无可能原因而行为,其目的是为追求刑事、民事诉讼请求适当审理以外的其他目的,并且除仅有一方当事人的诉讼外,诉讼程序有利于被告而终结。第三种侵权行为是行为人有诉权,但是故意利用这种诉权提起刑事或民事诉讼程序控诉他人,是为了达成该诉讼程序目的以外的其他非法目的,给被诉人造成损害的行为。

二、恶意利用诉讼程序侵权行为的具体形式

(一)恶意诉讼

恶意诉讼是指对民事诉讼程序的恶意提起,意图是使被告在诉讼中由于司法机关的判决而受其害。在这种侵权行为中,形式上的加害人是法院,是恶意诉讼人故意提起诉讼程序,在诉讼过程中法院作出错误的判决,使被告受到损害。其实质是行为人故意所为,是行为人借用法院的力量,使被告受到损害。因此,故意以他人受到损害为目的,无事实根据和正当理由而提起民事诉讼,致使相对人在诉讼中遭受损失的,应当承担民事责任。

按照这一要求,构成恶意诉讼侵权责任,应当具备的要件是:(1)加害人必须是故意所为,过失甚至是重大过失都不能构成这种侵权责任;(2)加害人须是无事实根据和正当理由,即没有实体上的诉权和程序上的诉权;(3)受害人在这一诉讼程序中受到损害,主要是财产利益上的损害,并且损害事实与这一行为有因果关系;(4)该诉讼程序的最终结果是被告胜诉,而不是原告胜诉。具备这些要件的,构成恶意诉讼的侵权责任,恶意诉讼人应当承担损害赔偿责任。

（二）恶意告发

恶意告发,就是恶意提起刑事诉讼程序,使该程序中的被告在该诉讼程序中受到损害,恶意告发人应当承担赔偿责任的侵权行为。这种侵权行为与恶意诉讼行为基本相似,只是提起的诉讼程序有所不同;另外,在追求的目的方面,一个是追求他人在民事诉讼中受到财产的损害,一个是追求他人在刑事诉讼程序中受到名誉的或者其他人格的以及财产的损害。应当注意的是,这种恶意告发,主要是行为人自行提起刑事诉讼程序,但也包括通过侦查机关或者公诉机关提起诉讼程序。在一般情况下,如果通过侦查机关或者公诉机关提起的刑事诉讼程序,自应由这些机关自己承担提起诉讼程序的后果责任,而不是由侵权责任法解决。但是,在告发人有恶意的情况下,即使告发人只是举报,刑事诉讼程序是由司法机关提起的,或者仅仅在侦查或者公诉的程序中,就终结了程序,使受害人受到损害的,恶意告发人也应当承担责任。

案例 14-9

杨某与顾某原是好友,1998年7月,二人共同投资创办了某公司。杨某是股东,顾某是法人代表。在办理业务中双方发生争议,曾经进行过两次民事诉讼。2000年12月18日,4位公安局的民警闯进杨某的家,将杨某刑事拘留,原因就是顾某刑事举报杨某侵占公司款5万元。杨某被关押在看守所,与杀人的死刑犯关押在一起,两天后被转押到某县看守所。关押期间,皮鞋里的钢条、皮衣拉链、裤子上的铁质纽扣全部被取出或者被剪掉。杨某前后共被关押8天7夜。调查查明,杨某收到5万元货款,又用于另一家公司的业务中,顾某也在协议中签了字的,杨某并没有侵占这笔财产。案件撤销后,杨某被无罪释放。杨某申请国家赔偿,中级法院决定赔偿298.64元。杨某向法院起诉,提出向恶意告发者顾某请求赔偿1.3万元①。这样的案件,应当构成恶意告发的责任。

（三）滥用诉权

滥用诉权的侵权行为,是指行为人有诉权,但是其提起的刑事诉讼和民事诉讼,所追求的是正当诉权之外的非法诉讼目的,造成受害人损害的行为。

在行政诉讼中,不存在恶意诉讼的问题,因为行政诉讼的被告是政府,对于政府的诉讼即使是不当的,也不应当追究原告的责任。

本 章 小 结

本章主要介绍了一般侵权责任。它是违法行为人对由于自己的过错造成的他人人身损害和财产损害由自己承担的侵权责任形态,分为9种具体类型,每节介绍一种具体侵权责任类型。第一节是侵害人身的侵权责任类型,是指故意或者过失地以侵害生命权、健康权、身体权及其相关人格利益为侵害对象的侵权责任。第二节是侵害人格的侵权责任,是指故意或者过失侵害一般人格权和精神性人格权及其利益的侵权责任,包括人身自由权、名誉权、隐私权、性自主权、肖像

---

① 王晓菁:《错误刑拘8日被拘者怒告举报人》,《半岛都市报》2003年1月1日第33版。

权、姓名权、名称权、荣誉权、信用权、人格尊严和其他人格利益(即一般人格权)。第三节是妨害家庭关系的侵权责任,包括侵害配偶权、亲权和亲属权等身份权的侵权责任。第四节是侵害他人所有权和他物权,造成财产利益损害的,构成侵害物权的侵权责任,包括侵占他人财产、损坏财产、妨害物权、造成财产危险、非法侵入、无权处分和非法出租等。第五节是侵害债权的侵权责任,是以他人享有的合法债权为侵害客体,故意实施侵害行为,造成该债权不能实现的损害后果的侵权责任,包括诱使违约、阻止债务履行、干扰他人接受赠与、第三人与债务人通谋妨害债权实现等。第六节是侵害知识产权的侵权责任,是侵害著作权、专利权、商标权等无形财产权的侵权责任。第七节是媒体侵权,是指包括新闻侵权、文学作品侵权和网络侵权三种以媒体实施的行为侵害他人权利的侵权责任。第八节是商业侵权,是现代侵权责任法中正在发展的一种特殊侵权责任。这类侵权责任的基本特点,是发生在商业领域中的侵权责任,行为主体或者受害人是从事商业活动的人,包括法人或者自然人。第九节是恶意诉讼和恶意告发的侵权责任,恶意诉讼是指对民事诉讼程序的恶意提起,意图是使被告在诉讼中由于司法机关的判决而受其害;恶意告发,就是恶意提起刑事诉讼程序,使该程序中的被告在诉讼程序中受到损害,恶意告发人应当承担赔偿责任的侵权责任。

【关键术语】

自己责任　直接责任　侵害人身　侵害人格　妨害家庭关系　侵害物权　侵害债权　侵害知识产权　媒体侵权　商业侵权　恶意利用诉讼程序

【思考题】

1. 认定侵害身体权的行为为侵权行为的必要性是什么?
2. 认定侵害一般人格权的侵权行为的重要意义有哪些?
3. 为什么要确认侵害身份权的行为为侵权行为?
4. 侵害物权的侵权行为的基本表现形式是什么?
5. 侵害债权侵权责任的构成要件应当如何掌握?
6. 简述侵害著作权侵权行为的两种方式。
7. 具有哪些法定事由才能够抗辩新闻侵权的诉讼请求?
8. 简述商业侵权的主要类型。
9. 举例说明恶意诉讼侵权责任的构成要件。

第十五章 责任主体特殊的侵权责任

---本章要点---

本章介绍《侵权责任法》第四章规定的侵权责任类型,包括监护人责任、暂时丧失心智损害责任、用人者责任、网络侵权责任、违反安全保障义务的侵权责任和学生伤害事故责任。这些侵权责任类型,按照《侵权责任法》的规定,属于责任主体特殊的侵权责任类型,既有适用过错推定原则的侵权责任,也有适用过错责任原则的侵权责任。

第一节 监护人责任

一、监护人责任的概念和特征

监护人责任是指无民事行为能力人或者限制民事行为能力人因自己的行为致人损害,由行为人的父母或者其他监护人承担赔偿责任的特殊侵权责任。

《侵权责任法》第32条规定:"无民事行为能力人、限制民事行为能力人造成他人损害的,由监护人承担侵权责任。监护人尽到监护责任的,可以减轻其侵权责任。""有财产的无民事行为能力人、限制民事行为能力人造成他人损害的,从本人财产中支付赔偿费用。不足部分,由监护人赔偿。"监护人责任的另外一种称谓是法定代理人责任。在多数侵权法的著作中都对这种侵权行为采用这样的称谓①。

我国《侵权责任法》规定监护人责任具有以下特点。

(1) 监护人责任是对人的替代责任。监护人责任是替代责任,无民事行为能力人或者限制民事行为能力人实施具体的侵害行为,造成了被侵权人的人身损害或者财产损害,侵害了被侵权人的权利,但是,承担侵权责任的不是造成损害的行为人,而是行为人的监护人,是监护人替代实施加害行为的行为人承担侵权责任,是典型的替代责任。

(2) 监护人责任是过错推定责任。监护人责任是过错责任,这种过错并没有体现在具体的加害人身上,而是体现在行为人的监护人身上。监护人的过错表现在监护人对未成年人或者精神病人没有尽到监护责任的过错,并由此作为这种侵权责任构成的过错要件。由于实行过错推定责任原则,因此监护人的过错并不需要原告证明,而是由具体的加害行为人的侵害行为推定其监护人未尽监护职责的过错。

(3) 监护人责任的执行受行为人财产状况的制约。在各国的侵权法中,对于监护人责任的

---

① 张新宝:《侵权责任法原理》,中国人民大学出版社2005年版,第306页。

确定都是依据行为人的责任能力而确定,即没有民事责任能力的未成年人或者心智丧失之人,不承担侵权责任,而由他们的监护人承担责任。我国立法没有采纳这种规则,而是确定监护人责任的承担,受无行为能力或限制行为能力的行为人有无财产的制约。行为人自己有财产的,应当先从他自己的财产中支付赔偿金,赔偿不足部分,则由其监护人承担补偿性的连带责任。至于行为人的财产,可以是受赠的财产、继承的财产,以及其他合法所得财产。行为人没有财产的,则由其监护人承担赔偿责任。

(4)监护人责任以公平责任为补充。我国的监护人责任实行过错推定原则,但是,在监护人能够证明自己对于实施加害行为的未成年人或者精神病人已经善尽监护职责的时候,即监护人自己无过错,但并不免除监护人的侵权责任,而是"可以适当减轻他的民事责任",这是公平责任的适用,是考虑平衡双方当事人的经济利益而采取的措施。

(5)对于成年监护制度,我国民法尚未建立,本条留出适当空间。丧失民事行为能力的老年人、植物人等,都没有或者限制民事行为能力,应当设置监护制度保护,在制定《民法总则》的时候,是应当补充这个制度的。本条留出适当空间,可以容纳无民事行为能力人和限制民事行为能力人的成年人的监护人责任。

二、监护人责任的归责原则

《侵权责任法》沿用《民法通则》第133条规定的精神,确认我国监护人责任的归责原则是过错推定原则,并以公平责任作补充。

(一)监护人责任的归责原则是过错推定原则

确定监护人责任,适用过错推定责任原则归责,即从加害行为人致人损害的事实中,推定其监护人有疏于监护的过失。监护人认为自己无过错,实行举证责任倒置,即监护人可以举证证明自己无过错。不能证明自己无过错的,监护人应当承担侵权替代责任。如果对监护人责任适用过错责任原则,被侵权人将因不能举证证明监护人的过错而无法得到赔偿。

(二)以公平责任作为补充

确定监护人责任,在适用过错推定原则的基础上,如果证明监护人已尽监督责任,即监护人无过错,本应免除监护人的侵权责任,但是为了平衡当事人之间的利益关系,则按照法律的规定,适用公平责任进行调整,合理确定赔偿责任归属。在根据公平责任原则确定当事人的责任时,应注重考虑当事人的财产状况、经济收入、必要的经济支出和负担、造成损害的程度等因素,公平合理地分担损失。

三、监护人责任的构成要件

监护人责任适用过错推定责任原则,其责任构成必须具备损害事实、违法行为、因果关系和主观过错这四个要件。在监护人责任构成的四个要件中,损害事实的要件并没有特别之处,其他三个要件具有显著特点。

(一)违法行为

监护人责任是替代责任,其违法行为的要件必然是行为人与责任人相脱离,是责任人为行为人承担赔偿责任。

构成监护人的侵权责任最首要的,为违法行为人必须是无民事行为能力人或者限制民事行为能力人,包括精神病患者和未成年人。

构成监护人责任的行为人的违法行为,应当是无民事行为能力人或者限制民事行为能力人自己实施的行为,而不是他人利用无民事行为能力人或者限制民事行为能力人而实施侵权行为。最高人民法院司法解释依此推理,认为受他人帮助实施侵权行为的无民事行为能力人也不构成共同加害人,则欠周全,是值得研究的。如果未成年的或者患有精神病的侵权行为人正在实施侵权行为,他人予以帮助,构成帮助行为,但是基本的、主要的行为,是无民事行为能力人所实施,还应当由无民事行为能力人的监护人承担主要的民事责任;或者他人实施侵权行为,无民事行为能力人或限制民事行为能力人对其进行帮助,都是无民事行为能力人或者限制民事行为能力人自己实施的行为,其监护人未尽监督责任者,即构成监护人的侵权责任,与侵权行为人共同承担侵权责任。这样才比较合理。如果无论是无民事行为能力人还是限制民事行为能力人受人帮助或者帮助他人,都由帮助人或者被帮助人自己承担责任,显然是不合理、不公平的。

无民事行为能力人或者限制民事行为能力人实施的加害行为应当具有违法性。否则不足以认定构成监护人责任。

监护人在监护人责任构成中的行为,是未尽监护职责的行为,主要表现为不作为的行为方式。法律明确规定,监护人对于无民事行为能力人或者限制民事行为能力人负有监护义务,这种义务是作为义务,监护人必须履行。监护人没有履行监护义务,没有教育管教好无民事行为能力人或者限制民事行为能力人,使之造成他人的损害,构成不作为的违法行为。

(二)因果关系

监护人责任构成中的因果关系,具有双重性。

首先,加害行为人的行为与损害事实之间须具有因果关系,即损害事实须因行为人的行为所引起,两者之间有引起与被引起的客观联系。无此联系,不构成侵权责任。判断的标准,应以相当因果关系理论衡量。这与一般侵权责任的因果关系的要求是一致的。

其次,监护人的疏于监督责任与损害事实之间亦应有因果关系。但是,这种因果关系在因果关系链上相距较远,而不是直接的因果关系。具体要求是,监护人的疏于监督职责,是行为人即受监督之人实施加害行为的原因,受监督之人因为监护人疏于监督而实施加害行为,并因此而导致被侵权人的权利被侵害。尽管疏于监督之责与损害事实之间的因果关系非为直接,但却必须具备这种因果关系,不具备这种因果关系,就不构成监护人的侵权责任。学者认为,监督之疏懈与损害之发生,应有因果关系。如证明其无此关系,监护人亦可免责,是完全正确的。

(三)主观过错

监护人责任构成中的主观过错要件,最主要的特点,是主观过错与行为人相分离,即主观过错不是行为人的过错,而是对行为人负有监督之责的监护人的过错。监护人责任构成中的过错,就是监护人自己的过错,是监护过失的过错。

监护人过错的第二个特点是,监护人的主观过错只能是过失,不能是故意。监护人主观过错的内容是未能善尽监督责任,具体表现为疏于教养、疏于监护或者疏于管理。这些,都是监护人应当注意而未能注意,因而为过失的心理状态。

此外,监护人责任构成中的主观过错要件不采证明形式,而采推定形式。如果监护人认为自己无过错,则举证责任倒置,由监护人自己举证,证明自己已尽监督责任。监督是否疏懈,应以加害人行为之时为准。即于此时监护人是否以善良管理人之注意,尽其监督责任,过去因监督之不得其宜而养成不良之倾向,尚不能以为对于第三人负责的原因。唯于行为时,对于有此不良倾向者,是否为其必要的特别注意,以定其疏懈之有无①。

---

① 史尚宽:《债法总论》,台湾荣泰印书馆 1978 年版,第 178 页。

案例 15-1

1996年,孙某被车辆撞倒受伤,诱发"癔症型"精神病,经常发作。2001年7月,孙某因为宅基地问题与人争执,再次发病,被家人关在家中。7月23日,孙某趁其丈夫外出,拿了一把菜刀,藏匿在身后窜出家门,发现对门正在玩耍的李某母子,便两眼发直,走上前去,挥刀向李某母子砍去,致3岁的儿子被砍6刀,母亲也被砍三刀。孙某砍伤李某母子后,又砍伤5人,然后将自己砍伤。法院判决孙某的丈夫承担赔偿责任28 148.10元。

四、监护人责任的法律关系与当事人

(一)监护人责任的赔偿法律关系

1. 理论上的应然做法

监护人责任是替代责任,因而,这种赔偿法律关系的当事人是被侵权人和监护人。其中,被侵权人为侵权法律关系的赔偿权利主体,监护人为侵权法律关系的赔偿责任主体。对此,《最高人民法院关于审理人身损害赔偿案件适用法律若干问题的解释》第1条第3款作了明确规定:"本条所称'赔偿义务人',是指因自己或者他人的侵权行为以及其他致害原因依法应当承担民事责任的自然人、用人单位。"监护人作为赔偿责任主体,就是为他人的侵权行为承担责任的自然人。

如果致人损害的受监督人即无民事行为能力人或者限制民事行为能力人有财产,则该加害行为人亦为当事人,在赔偿责任主体方面,增加加害行为人作为被告,与监护人为共同被告。

2. 实务操作上的差别

在实务中的操作方法,与上述规则相反。在通常的情况下,多数法院在判决书中,首先确认无民事行为能力人或者限制民事行为能力人的被告地位,以及被侵权人的原告地位,而监护人则只以监护人的身份列入其中;然而,在判决主文中却判决监护人承担赔偿责任,而实际的被告则不承担任何责任;只有在行为人有财产时,才判决行为人承担侵权责任或者判决行为人与监护人共同承担赔偿责任。对于这种理论与实务相矛盾的状况,学者和专家早有论述,但多数法院在实务上始终沿袭这样的做法操作。对此,还是应该继续宣传替代责任的理论,尽早纠正实践中的错误做法。

(二)监护人责任的当事人

1. 责任人

监护人侵权法律关系中的赔偿责任主体,是监护人。

监护人的身份包括三种:第一种是未成年人的亲权人;第二种是丧失亲权监督的未成年人的监护人;第三种是精神病患者的监护人。

行为人致人损害时没有明确的监护人,应当按照监护顺序指定由顺序在前的监护人承担赔偿责任。《民法通则》并没有规定监护顺序,但在事实上,不能不存在一个监护顺序问题。因此,最高人民法院在司法解释中规定,将《民法通则》第16条第2款和第17条第1款的规定视为监护顺序,即未成年人的监护顺序:一是祖父母、外祖父母;二是兄姐;三是关系密切的其他亲属、朋友。精神病人的监护顺序:一是配偶;二是父母;三是成年子女;四是其他近亲属;五是关系密切的其他亲属、朋友。依照这一顺序,由顺序在前的监护人作为赔偿责任人。

2. 行为人

监护人责任案件中的行为人,就是实际致人损害的未成年人和精神病人,以及无民事行为能力人和限制民事行为能力人的成年人。

行为人是否合格,必须按照《民法通则》的有关规定确认。对于未成年人,应当按照《民法通则》第 11 条和第 12 条的规定,确认其是无民事行为能力人还是限制民事行为能力人。对于已满 16 周岁不满 18 周岁的公民,以自己的劳动收入为主要生活来源的,应视为完全民事行为能力人,不应再作为监护人责任中的行为人,而应作为独立的侵权行为人。对于精神病人,应当按照《民法通则》第 13 条规定确认其民事行为能力。

3. 被侵权人

在监护人侵权法律关系中,被侵权人是赔偿权利人。对于这种特殊侵权责任中的被侵权人,法律没有作特别的规定和要求,只要具备一般被侵权人的资格即可。

五、法律适用的基本规则

在司法实践中应用本条,应当遵守的规则如下。

(一)四种基本规则

本条规定的监护人责任的基本规则有四点。

1. 监护人承担责任

无民事行为能力人、限制民事行为能力人造成他人损害的,由监护人承担侵权责任。这里实行的是过错推定原则,即从无民事行为能力人或者限制民事行为能力人致人损害的事实中,推定监护人有过错,推定成立的,就应当由监护人承担赔偿责任。

2. 适用公平责任

监护人尽到监护责任的,可以减轻其侵权责任。监护人证明自己没有过失,也就是能够证明自己已经尽到监护责任的,适用公平责任规则,减轻其责任,由双方当事人分担损失。

3. 被监护人自己有财产的自己赔偿

有财产的无民事行为能力人、限制民事行为能力人造成他人损害的,从本人财产中支付赔偿费用。不管是未成年人还是精神病人,以及丧失民事行为能力的老年人、植物人等,自己有财产的,就不必由监护人承担赔偿责任,在行为人的财产中直接支付赔偿金即可。

4. 监护人补充责任

不足部分,由监护人赔偿。如果行为人的财产不足以支付全部赔偿责任,则由监护人承担补充责任。这一规定,是完全的补充责任,只要行为人不能承担的部分,全部由监护人补充承担。这一规定,与《侵权责任法》第 37 条规定违反安全保障义务人等承担的"相应的补充责任"完全不同。

(二)监护人的赔偿责任及承担

监护人侵权赔偿责任有两种形式。第一种是基本的赔偿责任方式,即由监护人单独承担替代责任,被监护的行为人不承担赔偿责任,也没有对行为人的追偿关系。第二种是特别的赔偿责任方式。按照《侵权责任法》第 32 条第 2 款的规定,是一种补充责任。当被监护的行为人本人有财产时,应由本人的财产支付赔偿费用;对赔偿不足的部分,由监护人负补充责任。这种责任不是连带责任,监护人不是就全部赔偿责任负责,而只对有财产的行为人赔偿不足部分承担补充赔偿责任。如果行为人的财产足以赔偿被侵权人的损失,就不用监护人承担赔偿责任。这两种赔偿责任适用的标准,就是行为人是否有财产。有财产的,可以采用第二种责任方式;没有财产的,则一律由监护人单独负责。

第二节 暂时丧失心智损害责任

一、暂时丧失心智损害责任概述

暂时丧失心智损害责任这种特殊侵权责任类型,在我国以前的侵权法中从来没有规定过,《民法通则》以及最高人民法院的有关司法解释都没有规定过,但在司法实践中确实存在这样的案例。《侵权责任法》第33条规定:"完全民事行为能力人对自己的行为暂时没有意识或者失去控制造成他人损害,有过错的,应当承担侵权责任;没有过错的,根据行为人的经济状况对受害人适当补偿。""完全民事行为能力人因醉酒、滥用麻醉药品或者精神药品对自己的行为暂时没有意识或者失去控制造成他人损害的,应当承担侵权责任。"

暂时丧失心智损害责任,是指完全民事行为能力人对于因过错引起暂时心智丧失,或者因醉酒、滥用麻醉、精神药品暂时丧失心智,造成他人损害,所应当承担的特殊侵权责任。

暂时丧失心智损害责任的构成,须具备以下要件。

1. 侵权人是完全民事行为能力人

这种特殊侵权责任的行为主体,即侵权人,必须是完全民事行为能力人,而不是限制民事行为能力人或者无民事行为能力人。无民事行为能力人和限制民事行为能力人造成他人损害,由其监护人承担责任,专门有监护人责任的特殊侵权责任规则调整。而完全民事行为能力人存在暂时丧失心智的情况,需要专门规则调整。

2. 被侵权人须受到实际损害

在损害事实要件,被侵权人须造成实际损害,这种损害,既可以是人身损害,也可以是财产损害。对于造成人身损害的,对发生的精神损害,当然构成损害事实要件。这种特殊侵权行为是否能够侵害精神性人格权造成精神利益的损失,如暂时丧失心智而进行诽谤、侮辱等,我们认为,心智丧失中的胡言乱语者,既然能够确认,不应当认定为侵权行为。但是,恶意诽谤、侮辱,借口心智丧失而主张者,不应当免除其责任。

3. 侵权人造成他人损害时暂时丧失心智

这种特殊侵权责任的被侵权人在受到侵害时,侵权人须在暂时丧失心智状态下,无法控制自己的行为,因此造成被侵权人的损害。因此,这种特殊侵权责任的致人损害原因,须是侵权人暂时丧失心智,两者之间有因果关系。应当注意的是,暂时丧失心智与间歇性精神病不同,间歇性精神病造成损害的责任应当适用《侵权责任法》第32条规定,为监护人责任,并非本条调整范围。

4. 侵权人暂时丧失心智是因自己的过错所致

构成这种特殊侵权责任,被侵权人须具有过错,即侵权人自己的心智暂时丧失是基于自己的过失而发生。丧失心智的过错,除了第33条第2款规定的醉酒、滥用麻醉药品或者精神药品之外,其他故意或者过失所为都包括在内,构成这种特殊侵权责任。这种特殊侵权责任的过错认定,应当实行过错推定原则,即被侵权人已经证明其他责任构成要件后,法官可以推定侵权人对其心智丧失有过错,丧失心智的行为人如果主张自己没有过错,应当举证证明。不能够证明自己没有过错的,侵权责任成立,应当承担赔偿责任。

二、暂时丧失心智损害责任的法律适用

在司法实践中应用本条,暂时丧失心智损害责任的承担规则如下。

1. 侵权人承担过错责任

因过错导致暂时心智丧失致人损害的,应当由侵权人承担赔偿责任。完全民事行为能力人

由于自己的过错,导致暂时心智丧失,因此而造成他人损害的,应当为自己的过错所造成的损害负责,因此,应当对被侵权人承担侵权责任。

2. 醉酒等属于侵权人的过错

因醉酒、滥用麻醉药品或者精神药品对自己的行为暂时没有意识或者失去控制造成他人损害的,应当由侵权人承担赔偿责任。这种情形同样是侵权人的过错所为,当然应当由自己承担侵权责任。事实上,第33条第2款规定的情形是第1款规定的过错的特殊表现形式,适用同样的规则,只不过这种过错已经证明,无须适用下文的公平责任而已。

案例 15-2

2006年4月21日3时许,唐某驾驶小客车与于某驾驶的小客车发生交通事故,致使唐某受伤。公安交通管理部门认定于某属醉酒后驾车,应负此次事故的全部责任。事发当日,急救站对唐某进行救治,唐某支付出诊费、抢救费等共计260元。2006年4月21日至5月19日,唐某在北京军区总医院住院治疗,被诊断为脑挫裂伤、蛛网膜下腔出血、外伤性失忆,共住院28天,并支付医疗费19 753.64元。

3. 没有过错的实行公平责任

完全民事行为能力人对自己暂时心智丧失没有过错的,应当依照公平责任规则,由双方当事人公平负担损失。由于暂时丧失心智损害责任实行过错推定原则,因此,必须有过错才承担责任。所不同的是,这种承担赔偿责任须是全部责任,如果行为人能够证明自己没有过错,则并不免除责任,而是按照公平责任的要求,根据行为人的经济状况对受害人予以适当补偿。行为人的经济状况良好的适当多赔,经济状况不好的适当少赔。应当注意,《侵权责任法》第32条规定的没有过错的赔偿是减轻责任,而第33条规定的没有过错的责任是适当补偿,内容并不一样。

第三节 用人者责任

一、用人者责任概述

《侵权责任法》第34条和第35条规定的是用人者责任,包括用人单位责任、劳务派遣责任和个人劳务责任。

(一) 用人者责任的概念

用人者责任,是一种特殊侵权责任类型,它所概括的是用人单位的工作人员或者劳务派遣人员以及个人劳务关系中的提供劳务一方在工作过程中或者在提供劳务过程中造成他人损害,用人单位或者劳务派遣单位以及接受劳务一方应当承担赔偿责任的特殊侵权责任。

案例 15-3

某律师事务所接受当事人某乙的委托,委派律师某甲为其作诉讼代理。某乙将自己的借据等诉讼证据和材料交给某甲。某甲将这些资料放在皮包里,携带去赴宴,喝醉后,将皮包丢失,诉讼资料没有找回来,致使某乙败诉。某乙起诉律师事务所,请求追究赔偿责任。

(二) 用人者责任的基本特征

用人者责任是侵权替代责任,它具有以下法律特征。

1. 三种侵权责任都是发生在工作过程中致人损害

用人者责任都是发生在工作过程中的侵权行为。无论是用人单位责任、劳务派遣责任还是个人劳务责任,都是劳动者在工作过程中发生的侵权行为,其基本特点是,在工作过程中,一方支配另一方的劳动。不是在工作过程中发生的这种支配他人劳动的行为,不能构成用人者责任。

2. 行为人与责任人相脱离

这种侵权责任类型是最典型的替代责任,因此其典型表现是行为人与责任人相脱离。在造成损害的过程中,直接行为人是用人单位的工作人员,或者叫做劳动者;承担侵权责任的不是这些行为人,而是对他们有支配关系的用人者。

3. 行为人造成损害的行为与责任人监督、管理不力的行为相区别

在用人者责任中,实际上存在两个行为:一个是造成损害的工作人员的行为,这是造成损害的具体行为;另一个则是用人单位、劳务派遣单位或者雇主的监督不力、管理不当。仅仅研究一个行为,仅仅研究单位或者工作人员、雇员的行为,是不够的,必须研究用人单位、派遣单位以及接受劳务一方的行为。他们的行为作用在工作人员或者劳动者的身上,才造成了劳动者的具体行为的发生。因此,在用人者责任的构成中,因果关系存在造成损害的直接原因和间接原因,两种原因行为相结合,才能构成侵权责任。

4. 责任人的过错与行为人的过错作用不同

在用人者责任中,对过错的直接要求,是用人者的过错。没有用人者的过错,就不可能构成用人者责任。但是,在处理这种侵权责任的时候,规则要求也要考察工作人员、雇员的过错。这些过错尽管对侵权责任构成不起重要作用,但是在确定追偿关系上还是很重要的。因此,这两种过错的作用并不相同。

(三) 用人者责任的类型及意义

《侵权责任法》将用人者责任规定为三种类型,即用人单位责任、劳务派遣责任和个人劳务责任。

区别三种不同的用人者责任类型,主要意义在于:(1)三种用人者责任的基础都是劳动合同关系,但三种劳务关系的性质不同。用人单位责任的劳务合同,是工作单位和工作人员形成的单一的劳务关系,工作人员在工作过程中造成了他人损害,用人单位必须负责。劳务派遣责任,实际上形成了两种合同关系,既有劳务派遣单位和劳动者的合同关系,又有接受劳务派遣的用工单位与劳务派遣单位的合同关系,并且接受派遣单位在实际上支配工作人员的劳动。个人劳务尽管也是劳务关系,但内容较为简单,关系明确。(2)正因为如此,三种用人者责任的规则并不相同,对此,《侵权责任法》第34条和第35条作出了不同的规定,都是有针对性的。在司法实践中适用时,应当认真分析,保证准确适用法律。

二、用人单位责任

(一) 用人单位责任的概念和特征

用人单位责任,是指用人单位的工作人员在工作过程中造成他人损害,由用人单位作为赔偿责任主体,为其工作人员致害的行为承担损害赔偿责任的特殊侵权责任。《侵权责任法》第34条第1款规定:"用人单位的工作人员因执行工作任务造成他人损害的,由用人单位承担侵权责任。"

用人单位责任的基本特征是:(1)其实施侵权行为的主体特定化,只有用人单位的工作人员造成侵权后果的时候,才能够成立这种侵权行为;(2)其侵权行为发生的场合特定化,就是只有用人单位的工作人员在工作过程中造成他人损害,才能构成这种侵权行为;(3)其侵权损害的被侵权人即损害赔偿权利人特定化,只有用人单位的工作人员在工作过程中造成第三人的损害,才能

构成这种侵权责任;(4)这种侵权行为的责任形态是替代责任,用人单位工作人员造成第三人损害,承担责任的不是行为人即用人单位的工作人员,而是用人单位,是典型的替代责任形态。

(二)用人单位责任的归责原则

用人单位责任应当适用过错推定责任。过错推定原则的适用,能够从工作人员致被侵权人损害的事实中,推定用人单位疏于选任、监督之责的过错,实行举证责任倒置,由用人单位举证证明自己已尽相当的注意,无须被侵权人举证证明而直接推定法人的过失,就使被侵权人处于有利地位,使其合法权益能够得到更好保护。

(三)用人单位责任的构成要件

依据过错推定责任原则的规定性,用人单位责任的构成,须具备以下五个要件。

1. 违法行为

这种侵权行为的违法行为要件,是指用人单位的法定代表人、负责人及其他工作人员须有执行职务行为,且该行为违反法律。

用人单位的概念,是指依法成立的法人,以及没有法人资格的其他组织。举凡不是个人劳务的私人雇工关系,也不是劳务派遣关系,都是本条所指的用人单位。

用人单位工作人员的行为须是执行职务的行为,才能构成用人单位责任。《侵权责任法》第34条规定使用的概念不是执行职务,而是"执行工作任务中"。对于"执行工作任务"的理解,应当按照执行职务过程中理解更为妥当。只有在执行职务过程中造成损害的,才是职务行为,用人单位才有必要为其造成的损害负责。法定代表人、负责人及其他工作人员虽然造成他人损害,但如果不是执行职务的行为,则用人单位不承担侵权责任,只能由行为人自己承担责任,变成了自己承担责任的一般侵权行为。上述人员实施与职务无关的行为致人损害的,应当由行为人承担赔偿责任。

用人单位的工作人员是否执行职务,是用人单位承担替代责任的决定性因素。确定用人单位的工作人员执行职务范围的依据,应当采用客观说,即以执行职务的外在表现形态为标准,如果行为在客观上表现为与用人单位指示办理的事件要求相一致,就应当认为是属于执行职务的范围。因此,下列行为不属于执行职务范围:(1)超越职责行为。工作人员执行职务包括为了实现其职能的一切行为在内,但工作人员超越了他的职责范围而实施的行为,用人单位不承担责任;(2)擅自委托行为。工作人员未经授权,擅自将自己应做的事委托他人去办,用人单位对于该人所为的侵权行为不负责任;(3)违反禁止行为。用人单位明令禁止的行为工作人员而为之,不属于执行职务行为;(4)借用机会行为。工作人员利用职务提供的机会,趁机处理私事而发生的损害,如果行为与执行职务没有关联,不属于执行职务范围。如果工作人员在执行职务中,以执行职务为方法,故意致害他人,以达到个人不法目的,虽然其内在动机是出于个人的私利,但其行为与职务有内在的关联,因此也认为是执行职务的行为。

行为的违法性判断,适用侵权责任构成要件的一般规则,即违反法定义务、违反保护他人的法律和故意违背善良风俗致人以损害,都构成违法性。应当注意的是,行为违法性要件主要的表现在具体的行为人方面,即用人单位的法定代表人、负责人、工作人员的执行职务行为,具有违法性,造成了他人的损害,因此才要求用人单位承担侵权责任。

2. 损害事实

用人单位责任的损害事实要件,包括侵害人身权利和财产权利所造成的损害后果。损害事实可以是人身损害事实,也可以是精神损害事实,也包括财产损害事实。

3. 因果关系

用人单位责任的因果关系要件,与其他侵权责任构成要件中的因果关系要件没有太大的差别,就是要求用人单位的法定代表人、负责人及其他工作人员的行为须与损害事实有引起与被引起的因果关系。(1)要求这种因果关系必须是客观存在的,即执行职务行为是损害事实的原因,该损害事实确系该执行职务行为造成的客观结果。(2)判断这种因果关系以直接因果关系和相当因果关系为判断标准,有直接因果关系的,当然构成侵权责任;如果依通常的社会知识经验判断,执行职务行为是损害事实发生的适当条件的,为相当因果关系,确认其因果关系。有因果关系的,可以构成侵权责任,无因果关系的,不构成侵权责任。(3)这一因果关系是指直接实施加害行为的行为人的行为,即用人单位的法定代表人、负责人和工作人员的行为与损害事实之间的因果关系。用人单位与损害事实之间,只具有间接因果关系。

4. 过错

用人单位责任的过错要件,为用人单位主观上须有过错。

用人单位责任构成要件中的主观过错,是用人单位本身的过错。过错的内容主要是指用人单位对于选任、监督、管理其工作人员上的过错,基本内容是过失。尽管在很多情况下,用人单位的工作人员在执行职务中并没有过错,但由于用人单位本身具有过错,仍构成用人单位责任。

用人单位的法定代表人、负责人以及工作人员的过错,也要进行考察,但这不是侵权责任构成要件的要求,而是对用人单位对于造成损害的法定代表人、负责人或者工作人员是否构成追偿权的要件。如果法定代表人、负责人或者工作人员在造成损害中有过错,则用人单位在承担了侵权责任之后,对法定代表人、负责人或者工作人员享有追偿权。

认定用人单位责任的主观过错责任要件采推定方式,即工作人员执行职务行为造成他人损害,即可依此推定用人单位的主观过错。过错推定之后,实行举证责任倒置。如果用人单位认为自己无过错,应当依法举证,证明自己无过错。证明成立的,免除侵权责任;不能证明或证明不足的,推定成立,认定其有过错。

(四)用人单位的替代责任

用人单位责任是替代责任,其赔偿法律关系与其他替代责任一样,具有赔偿主体与直接行为人相脱离的特点。在该种赔偿责任关系中,直接侵权人是用人单位的法定代表人、负责人和其他工作人员。而赔偿责任主体为用人单位,即致害他人的法定代表人或者其他工作人员所属的用人单位。在用人单位责任中,用人单位作为赔偿义务人,直接对被侵权人承担责任,而不是由直接行为人承担责任。用人单位在承担了赔偿责任之后,对于有过错的直接行为人,可以依法追偿。被侵权人不得向直接行为人请求赔偿,因为直接行为人不具有义务主体资格。

该种赔偿法律关系的赔偿权利主体不具有特殊性,凡属遭受用人单位的工作人员执行职务行为侵害造成损害的,都有赔偿权利主体资格,有权请求用人单位予以赔偿。

(五)举证责任

法院受理赔偿权利主体的起诉,不要求原告举证证明用人单位有过错,而以证明违法行为、损害事实、工作人员执行职务行为与损害结果有因果关系、加害人为用人单位工作人员为已足。至于用人单位是否已尽选任、监督之注意义务,则须用人单位自己举证证明,用人单位欲免除自己的责任,应当证明他选任工作人员及监督工作人员职务的执行已尽了相当的注意。

选任工作人员已尽相当的注意,就是指在选任之初,对工作人员的能力、资格与对所任的职务能否胜任,已经作了详尽的考察,所得结论符合实际情况。监督其职务执行已尽相当的注意,就是指用人单位对工作人员执行职务的总体行为是否予以适当的教育和管理,其标准应以客观情况决定。用人单位如果能够证明上列事项确实已尽了相当的注意,即可证明用人单位并无过失,可以免除其赔偿责任。

用人单位不能证明自己没有过失,即应承担赔偿责任。

如果工作人员致人损害在主观上有过错,用人单位赔偿被侵权人的损失以后,即对工作人员取得求偿权,工作人员应当赔偿用人单位因赔偿被侵权人的损失所造成的损失,此时形成一个新的损害追偿法律关系。如果工作人员在主观上没有过错,则由用人单位单独承担赔偿责任。用人单位对工作人员不取得求偿权。尽管《侵权责任法》第34条没有规定追偿关系的规则,但替代责任的追偿关系是必然的规则,是不可以否认的。因此,必须确认用人单位对有过错的工作人员的追偿权,并且在实践中予以执行。

三、劳务派遣责任

（一）劳务派遣的概念和法律关系

劳务派遣,又称为劳动派遣,也被称为人力派遣或人才租赁,是指劳务派遣单位与用工单位签订派遣协议,将工作人员派遣至用工单位,在用工单位指挥、监督下提供劳动的劳务关系。《侵权责任法》第34条第2款规定:"劳务派遣期间,被派遣的工作人员因执行工作任务造成他人损害的,由接受劳务派遣的用工单位承担侵权责任;劳务派遣单位有过错的,承担相应的补充责任。"

劳务派遣的典型特征是劳动力雇佣与劳动力使用相分离,被派遣的工作人员不与用工单位签订劳动合同,不建立劳动关系,而是与劳务派遣单位存在劳动关系,但却被派遣至用工单位劳动,形成"有关系没劳动,有劳动没关系"的特殊用工形态。

劳务派遣的法律关系有两个合同关系。

第一个合同关系,是劳务派遣单位与工作人员之间的劳动关系,按照《劳动合同法》的规定,劳务派遣单位是这个劳动合同的用人单位,履行用人单位的义务,劳动合同法规定的用人单位的应尽义务,劳务派遣单位均应当执行,包括被派遣的劳动者符合无固定期限劳动合同签订条件时,应当签订无固定期限劳动合同。

第二个合同关系,是劳务派遣单位与用工单位的合同关系。当用工单位需要劳务派遣单位派遣劳务,则应当签订合同,确定派遣的工作人员,协商具体的劳动派遣的内容,确立劳务派遣合同关系。

劳务派遣单位应当将劳务派遣协议的内容告知被派遣的工作人员。劳务派遣单位不得克扣用工单位按照劳务派遣协议支付给被派遣工作人员的劳动报酬。劳务派遣单位和用工单位不得向被派遣的工作人员收取费用。在劳务派遣关系中,用工单位虽不是劳动法意义上的用人单位,但由于被派遣的工作人员实际在用工单位提供劳动,接受用工单位的管理,因此,用工单位同样需对被派遣劳动者负有相应的义务。用工单位应当履行的义务是:(1)执行国家劳动标准,提供相应的劳动条件和劳动保护;(2)告知被派遣劳动者的工作要求和劳动报酬;(3)支付加班费、绩效奖金,提供与工作岗位相关的福利待遇;(4)对在岗被派遣劳动者进行工作岗位所必需的培训;(5)连续用工的,实行正常的工资调整机制。

（二）劳务派遣责任的概念和构成

劳务派遣责任,是指在劳务派遣期间,被派遣的工作人员在工作过程中造成他人损害的,由接受劳务派遣的用工单位承担责任,劳务派遣单位承担补充责任的特殊侵权责任。

构成劳务派遣责任,应当具备以下要件。

1. 在当事人之间存在劳务派遣的劳动关系

构成劳务派遣责任,首先必须在三方当事人之间存在劳务派遣的劳动关系。在劳务派遣单位与被派遣的工作人员之间有劳动合同关系,劳务派遣单位与用工单位有劳务派遣合同关系。根据上述两个合同关系,被派遣的工作人员在用工单位提供劳动。没有这样的劳务派遣的劳动关系,不存在劳务派遣责任。

2. 被派遣的工作人员在劳务派遣工作过程中造成他人损害

劳务派遣责任中的损害事实要件，同样是致他人损害，包括人身损害和财产损害。这个损害事实应当发生在被派遣的工作人员执行派遣的工作过程中发生，也就是被派遣的工作人员在工作过程中造成他人损害的客观事实。如果不是在执行派遣的劳务过程中造成损害，则不构成劳务派遣责任，而可能是一般的用人单位的责任。例如，在被派遣的工作人员去往派遣单位的途中尚未到达用工单位即造成损害，或者在完成派遣任务回到派遣单位中造成他人损害，则不构成劳务派遣责任，而应当按照用人单位责任的要求，由劳务派遣单位承担责任。

3. 损害事实的发生与被派遣的工作人员的执行职务行为有因果关系

造成他人损害的行为，应当是被派遣的工作人员执行派遣工作的职务行为所致，两者之间有因果关系。在接受派遣劳务之后，被派遣的工作人员在执行职务中，造成他人损害，就构成劳务派遣责任。本条规定使用的是"因执行工作任务"，也应当理解为执行职务。

4. 用工单位在指挥监督工作人员工作中有过失

构成劳务派遣责任，用工单位须有过失。过失的表现，是用工单位在指挥、监督工作人员执行职务行为中，应当注意而未尽注意义务。确定用工单位的过失，应当采用推定方式，在被侵权人已经证明前述三个要件的基础上，推定用工单位存在上述过失。用工单位认为自己没有过失者，应当自己提供证据证明。能够证明自己没有过失的，不承担侵权责任。不能证明的，过失推定成立，应当承担赔偿责任。

按照《侵权责任法》第34条第2款关于劳务派遣单位过错的规定，其目的在于规定劳务派遣单位承担补充责任，而不是确定用工单位的责任，即劳务派遣单位有过错的，才承担补充责任。

（三）劳务派遣责任的承担

劳务派遣责任的承担分为两种，《侵权责任法》第34条第2款分别作了规定。

1. 接受派遣用工单位的责任

具备前述劳务派遣责任构成要件的，成立接受派遣用工单位的责任，接受派遣用工单位应当承担赔偿责任。之所以在劳动派遣责任中不由劳务派遣单位承担责任，而由用人单位承担责任，原因在于用工单位在支配工作人员的劳动，工作人员是在用工单位的指挥、监督下，直接为用工单位进行劳动。

如果工作人员在执行派遣劳务的工作过程中致人损害有过错的，则在用工单位承担了赔偿责任之后，有权向有过错的工作人员追偿。

2. 劳务派遣单位的责任

在派遣的工作人员工作过程中造成他人损害，派遣单位也有过错的，由于派遣单位与被派遣的工作人员之间有劳动关系，那么，本条法律规定，劳务派遣单位应当承担相应的补充责任。理解相应的补充责任应当把握两点：(1) 补充责任是补充用人单位的责任，如果用人单位能够承担全部赔偿责任，就不存在补充责任，在用人单位不能承担或者不能全部承担赔偿责任的时候，才由劳务派遣单位补充赔偿。(2) 相应的责任，应当与劳务派遣单位的过错程度和行为的原因力相适应，即以过错程度和原因力的作用，确定应当承担的责任。相应的补充责任与补充责任的区别在于，补充责任是全部补充，即凡是直接责任人不能承担的责任都由补充责任人承担；承担补充责任之后，可以向直接责任人追偿。而相应的补充责任，虽然是补充责任，由于是与补充责任人的过错程度和行为的原因力相适应，故不得主张向直接责任人追偿。

四、个人劳务责任

（一）个人劳务责任的概念和特征

个人劳务责任是一种特殊的用人者责任，属于特殊侵权责任，是指在个人之间形成的劳务关系中,提供劳务方面在执行劳务过程中,由于执行劳务活动造成他人损害,接受劳务一方应当承担替代赔偿责任的特殊侵权责任。《侵权责任法》第35条规定:"个人之间形成劳务关系,提供劳务一方因劳务造成他人损害的,由接受劳务一方承担侵权责任。提供劳务一方因劳务自己受到损害的,根据双方各自的过错承担相应的责任。"

个人劳务责任与其他侵权责任相比较,具有以下法律特征:(1)接受劳务一方与提供劳务一方之间具有个人劳务关系。(2)提供劳务一方执行劳务活动所造成的损害等于是接受劳务一方的行为造成的损害。(3)个人劳务责任的侵权责任形态是替代责任。

在各国侵权法中,个人劳务责任包括在雇主责任中,因此范围相当宽。我国的个人劳务责任范围较窄,仅仅限于在个人之间形成的劳务关系中,实际上就是个人雇用个人。在私人企业中,即使也是雇工形式,但属于法律规定的劳动关系,不属于个人劳务关系,因此适用用人单位责任,不适用个人劳务责任。

(二)个人劳务责任的归责原则和构成要件

个人劳务责任适用何种归责原则,《侵权责任法》第35条前段没有明确规定。个人劳务责任应当与其他用人者责任一样,适用过错推定原则。

实行推定过错责任,被侵权人只需证明损害事实,损害结果与行为人的行为之间的因果联系、行为人与被告的特殊关系,不必证明被告是否对行为人实施的侵权行为具有过错。对于被告来说,必须反证证明其对损害的发生没有过错。个人劳务责任适用过错推定原则,实行举证责任倒置,可以减轻被侵权人的举证责任,使其合法权益得到有效的保护。

在替代责任中,存在三种主体,即行为人、责任人和被侵权人。当行为人致他人损害以后,依据法律的规定,由责任人承担损害赔偿责任。个人劳务责任的替代责任同样如此,应当具备以下四个条件。

1. 接受劳务一方与提供劳务一方之间须有特定关系

构成个人劳务责任,首先必须在责任人和行为人之间具有劳务关系。在接受劳务一方与提供劳务一方之间的特定关系,主要表现为:提供劳务一方在受雇期间所实施的行为,直接为接受劳务一方创造经济利益以及其他物质利益,接受劳务一方承受这种利益,提供劳务一方据此得到报酬。有人认为个人家庭装修也是个人劳务①,这种认识是不对的,因为家庭装修属于承揽合同关系,不属于个人劳务。对此,学者有明确的论述②。

2. 接受劳务一方须处于特定地位

在个人劳务责任中,接受劳务一方就应当处于这样带有支配性质的地位,这种支配地位的产生,就是基于劳动合同,由于接受劳务一方购买的是提供劳务一方的劳动力,因此,接受劳务一方也就取得了对提供劳务一方人身的某种支配权。

3. 提供劳务一方在造成第三人的损害中应处于特定状态

替代责任中的加害人处于特定状态,是必要条件。个人劳务责任的替代责任,接受劳务一方是提供劳务一方的雇主,提供劳务一方在造成损害的时候是因劳务活动行为。考察提供劳务一方致人损害时是否执行劳务,该因素为接受劳务一方承担替代责任的决定性因素。怎样确定提供劳务一方是否因劳务活动,规则是:(1)接受劳务一方有明确指示授权的,按照接受劳务一方的明确指示确定。从事劳务活动,是指从事接受劳务一方授权或者指示范围内的劳务活动。接受劳务一方指定提供劳务一方做什么,提供劳务一方按照接受劳务一方的指示所做的事情,就是

---

① 奚晓明主编:《〈中华人民共和国侵权责任法〉条文理解与适用》,人民法院出版社2010年版,第257页。
② 王胜明主编:《中华人民共和国侵权责任法释义》,法律出版社2010年版,第176页。

执行职务。(2)超出接受劳务一方授权的范围,即接受劳务一方没有明确指示的,如何确定执行职务,一般通说采客观说,即以从事劳务活动的外在表现形态为标准,如果行为在客观上表现为与接受劳务一方指示办理的事件要求相一致,就应当认为是属于从事劳务活动的范围。我国司法实践采纳客观说。应当按照客观说确定执行职务。

提供劳务一方的行为在某些特定情形下不属于执行职务行为:(1)超越职责行为;(2)擅自委托行为;(3)违反禁止行为,接受劳务一方明令禁止的行为,提供劳务一方而为之,不属于执行职务;(4)借用机会行为。

4. 接受劳务一方在主观上存在过错

考察接受劳务一方主观上是否有过错,不同于一般侵权责任的过错。这种主观过错表现在接受劳务一方身上,而提供劳务一方在主观上是否有过错一般不问。只是在确定接受劳务一方对提供劳务一方是否享有求偿权时,才考察提供劳务一方的主观过错。

接受劳务一方的过错内容,表现在对提供劳务一方的选任、监督、管理上的疏于注意义务。如果接受劳务一方故意指使提供劳务一方侵害他人权利,则是共同侵权行为,而不是接受劳务一方的替代责任。只要接受劳务一方在选任、监督、管理上有疏于注意义务的心理状态,即应承担替代赔偿责任。确定接受劳务一方的过错,应采过错推定的形式。

(三) 个人劳务责任的处理规则

在司法实践中应用本条,应当把握的,一是提供劳务一方因劳务造成他人损害的规则,二是提供劳务一方因劳务造成自己损害的规则。

1. 提供劳务一方因劳务造成他人损害的规则

接受劳务一方的赔偿责任确定之后,接受劳务一方承担替代责任应当按照下列步骤进行。

(1) 确定损害赔偿的责任主体。个人劳务责任既然是替代责任,其责任主体就是接受劳务一方,而不是提供劳务一方。被侵权人是当然的赔偿权利主体。

(2) 赔偿权利主体举证。法院受理被侵权人的起诉,不要求原告举证证明责任主体即接受劳务一方的过错,而以证明损害事实、提供劳务一方行为与损害结果的因果关系、加害人与接受劳务一方存在个人劳务关系为已足。

(3) 赔偿责任主体举证责任倒置。接受劳务一方是否已尽选任、监督之注意义务,须自己举证证明。接受劳务一方欲免除自己的责任,应当证明他选任提供劳务一方及监督提供劳务一方职务的执行,已尽了相当的注意。选任提供劳务一方已尽相当的注意,就是指在选任之初,对提供劳务一方的能力、资格与对所任的职务能否胜任,已经作了详尽的考察,所得结论符合实际情况。监督其职务的执行已尽相当的注意,就是指接受劳务一方对提供劳务一方从事劳务活动的总体行为是否予以适当的教育和管理,其标准应以客观情况决定。接受劳务一方如果能够证明上列事项确实已尽了相当的注意,即可证明接受劳务一方并无过失,可以免除其替代赔偿责任。

(4) 接受劳务一方承担赔偿责任。接受劳务一方不能证明自己没有过失,即应承担赔偿责任。如果提供劳务一方在致人损害时有过错,接受劳务一方赔偿被侵权人的损失以后,即对提供劳务一方取得求偿权,提供劳务一方应当赔偿接受劳务一方因赔偿被侵权人的损失所造成的损失,形成一个新的损害追偿法律关系。如果提供劳务一方主观上没有过错,则由接受劳务一方单独承担赔偿责任,接受劳务一方对提供劳务一方不取得求偿权。

(5) 接受劳务一方的追偿权。在接受劳务一方为提供劳务一方承担替代责任后,如果提供劳务一方有重大过失或故意,则该接受劳务一方有追偿的权利。接受劳务一方享有追偿权,一方面是为了弥补接受劳务一方的损失;另一方面是为了规范提供劳务一方,要求其在执行职务的过程中谨慎行事,减少损害的发生。

2. 提供劳务一方因劳务造成自己损害的规则

第35条后段规定:"提供劳务一方因劳务自己受到伤害的,根据双方各自的过错承担相应的责任。"这里规定的,实际上是个人劳务关系中的工伤事故责任。此条规定似可商榷。因为《侵权责任法》根本就没有规定工伤事故责任,而交由行政法规解决。既然《侵权责任法》对此已经作出了规定,当然其效力高于行政法规,具有优先适用的效力。

个人劳务关系中的工伤事故责任,其规则与一般的工伤事故责任不同。其区别是个人劳务关系原则上不进行工伤保险,因此,确定提供劳务一方在劳务过程中自己的伤害,应当根据双方各自的过错承担相应的责任。这就是说,提供劳务一方在提供劳务过程中受到伤害,是否由接受劳务一方承担责任,实行过错责任原则,有过错的,当然承担责任,没有过错的,就不承担责任。

分析具体情形,应当有三种情况:(1)提供劳务一方自己有过错。提供劳务一方对于自己在提供劳务的过程中造成自己损害,是因为自己的过错造成的,接受劳务一方没有过错的,应当对自己的过错承担后果,接受劳务一方不承担责任。(2)接受劳务一方自己有过错。接受劳务一方对于提供劳务一方在提供劳务过程中造成自己损害,而提供劳务一方没有过错的,当然应当由接受劳务一方承担全部赔偿责任。提供劳务一方有权请求损害赔偿。(3)提供劳务一方和接受劳务一方均有过错。在这种情况下,构成过失相抵,应当按照双方过错程度和原因力,确定各自应当承担的责任。

第四节 网络侵权责任

一、网络用户和网络服务提供者的侵权责任

《侵权责任法》第36条第1款规定的是网络用户和网络服务提供者的自己责任,即"网络用户、网络服务提供者利用网络侵害他人民事权益的,应当承担侵权责任"。

网络用户利用网络,侵害他人民事权益,构成侵权责任,应当由自己对被侵权人承担赔偿责任。这是过错责任,应当适用第6条第1款规定确定责任。

网络服务提供者自己利用网络侵害他人民事权益的表现形式,例如自己在网络上发表作品、信息诽谤、侮辱他人,网络服务提供者在网络上抄袭、剽窃他人著作,未经著作权人同意而在网站上发表他人作品等,按照《侵权责任法》第6条第1款的规定,都构成侵权责任,应当承担赔偿责任。

这种侵权责任是过错责任,也是自己责任,与《侵权责任法》第36条第2款和第3款规定的网络服务提供者的连带责任并不相同。

二、网络服务提供者的连带责任

网络服务提供者的连带责任,是指网络用户利用网络实施侵权行为,网络服务提供者在何种情况下与网络用户一起承担连带责任的网络侵权特殊形式。

因特网的网络服务提供者根据其职能可以做如下区分:(1) ISP(Internet Service Provider),即"网络服务商",是指提供通路以使使用者或者网络连线的从业者,为用户提供接入网络服务。(2) IAP(Internet Access Provider),主要投资建立网站中转站、租用信道和电话线路,以及提供中介服务,包括连线服务、IP地址分配、电子布告版BBS(Bulletin Board System)等。(3) ICP(Internet Content Provider),即网络内容提供者,是利用IAP线路,通过设立网站提供信息服务,如YAHOO、新浪网等大网站,小到设立Web网页的个人用户。(4) OSP(Online

Service Provider），容易与网络连线服务者（ISP）混淆的另一类网上服务，是在线服务提供者，实际上是提供上网后网际网络数据库、检索查询、论坛（Forums）服务等。（5）IPP（Internet Plat Provider），即"网络平台提供商"，为用户提供一个信息交流和技术服务的空间。（6）IEP（Internet Equipment Provider），是新出现的一种网络服务提供商，即为ICP、ISP等提供所有接入设备和技术服务的专业化网络产品厂商。（7）ASP（Application Service Provider），即"应用服务供应商"，是向用户提供一切可能性的Internet应用服务。向其用户提供各种Internet应用外包租用服务业务，ASP向用户提供服务的应用系统本身属于ASP，用户租用服务之后对应用系统拥有使用权。（8）IMP（Internet Media Provider），网上媒体提供者，例如我国的网盟。

网络服务提供者简称ICP和IPP，以及OSP，就是指网站，即提供信息服务，为用户提供信息交流和技术服务的空间的服务提供者。在《侵权责任法》第36条，网络服务提供者就是指网站。

第36条第2款和第3款着重规定的是网络服务提供者对网络用户实施的侵权行为承担连带责任。对此，应当适用以下两种规则。

（一）提示规则

提示规则，是《侵权责任法》第36条第2款规定的网络服务提供者连带责任："网络用户利用网络服务实施侵权行为的，被侵权人有权通知网络服务提供者采取删除、屏蔽、断开链接等必要措施。网络服务提供者接到通知后未及时采取必要措施的，对损害的扩大部分与该网络用户承担连带责任。"

与后一种网络服务提供者连带责任不同，网络服务提供者不知道网络用户利用该网站实施侵权行为，对网络服务提供者无论是要求已知还是应知，都有所不妥。因此，采取提示规则，被侵权人知道自己在该网站上被侵权，向网络服务提供者提示，告知其网站的文章构成侵权，网络服务提供者应当进行删除、屏蔽、断开链接等必要措施。经过提示，网络服务提供者其实已经明知，其接到该通知之后未及时采取必要措施的，也属于对网络用户侵权行为的放任，具有间接故意，视为共同侵权行为，应当与侵权的网络用户就损害扩大部分，与网络用户承担连带责任。这个规则是完全正确、合情合理的。

何为扩大部分的损害？应当以网络服务提供者被提示之后为界限确定，凡是被提示之后造成的损害，就是损害的扩大部分。网络用户侵权行为实施之后提示网站的，当然是被提示之后的损害为扩大部分。

在起草《侵权责任法》中，对此存在的疑问是，如果提示者认为侵权，但其实没有侵权的，网络服务提供者对所采取必要措施进行删除、屏蔽、断开链接的行为就可能构成侵害网络内容提供者的权利。如果网络内容提供者主张网络服务提供者侵权，应当如何处理呢？"被侵权人"提出提示，应当提供必要的证明和担保，如果按照提示的要求，网络服务提供者采取了必要措施而侵害了网络内容提供者的权利，需要承担侵权责任的，应当由提示者承担责任。这就是反提示规则。非如此，不能保护网络服务提供者的合法权益。

按照提示规则，网络服务提供者承担的连带责任的范围应当如何确定，《侵权责任法》第36条第2款不像第3款那样承担全部的连带责任，而是明确规定就"扩大部分"承担连带责任。这就意味着网络服务提供者在经过提示之后的连带责任，范围不是全部损害，而是经过提示之后没有及时采取措施而扩大的损失部分。

（二）明知规则

明知规则，是《侵权责任法》第36条第3款规定的网络服务提供者的连带责任："网络服务提供者知道网络用户利用其网络服务侵害他人民事权益，未采取必要措施的，与该网络用户承担连带责任。"

由于网络侵权的特殊性,并非网络上发表的所有内容构成侵权时,网络服务提供者就必须承担侵权责任。这一点,与传统媒体的新闻侵权不同。传统媒体发表文章,需要进行审查、编辑,如果发表的文章构成侵权,编辑出版者应当承担侵权责任,因为其未尽必要注意义务,因而构成侵权责任。网络发表作品、信息,并非有编辑或者审查的过程,任何网络用户都可以上载文章,而网络服务提供者仅仅是提供网络平台支持而已。如果让网络服务提供者承担与新闻媒体的编辑出版者同样的责任,对作品进行事先审查,是不公平的,也不合理。

网络服务提供者的明知规则,就是网络服务提供者明知网络用户利用其网络实施侵权行为,而未采取必要措施,任凭侵权行为实施,对被侵权人造成损害,对于该网络用户实施的侵权行为就具有放任的间接故意,因此,对网络服务提供者的这种明知的行为,视为共同侵权行为,对所造成的后果中,就有网络服务提供者的责任份额,应当承担连带责任。

明知规则在条文表述中是"知道"。对此,专家在起草过程中多次建议应当改为"明知",但立法者并没有接受。按照一般理解,知道包括已经知道和应当知道,而明知就是已经知道。确定网络服务提供者的连带责任,如果凡是应当知道的也应承担上述连带责任,过于严苛,不利于互联网事业的发展,应当区别。对于侵害知识产权的网络用户侵权行为,对网站采取明知规则较为妥当。对于其他形式的网络用户侵权行为,则对网站采取明知规则更为妥当。应当明确的是,网站对发布信息不承担事先审查义务,并非实行明知规则就认为网站负有发布信息的事先审查义务。

三、在司法实务操作中应当注意的问题

在司法实践中应用本条确定网络服务提供者的侵权责任,应当特别注意本条规定前后三款责任的不同。第1款规定的是网络侵权责任的一般规则,对于网络用户和网络服务提供者都适用,适用过错责任原则,网络用户和网络服务提供者利用网络实施侵权行为的,都构成侵权责任,自己承担。第2款和第3款规定提示规则和明知规则都适用连带责任,但连带责任的范围不同。

(1)违反提示规则,网站承担的是"对损害的扩大部分与该网络用户承担连带责任"。这个连带责任的规则是正确的,网站仅仅是对网络用户的侵权行为经过提示而没有采取必要措施,是对损害的扩大有因果关系,因而就损害的扩大部分承担连带责任。

(2)违反明知规则,网站承担的是"与该网络用户承担连带责任"。这个连带责任规则,有人认为不正确,其实不然。经过提示,网络用户的行为构成侵权,网站仍不及时采取必要措施,对于损害的扩大部分当然有责任,但对于造成的损害后果也有放任的态度,因此,就网络侵权的全部责任连带负责,也有其道理。

(3)与网站承担连带责任的是作为直接侵权人的网络用户。在通常情况下,连带责任需要由连带责任人共同承担,但网络侵权行为的特点决定,被侵权人多数只知道侵权的网站,很难知道网络用户是谁,在实践中,被侵权人通常只起诉网络服务提供者,而不起诉或者无法起诉直接侵权人。对此,并不违反《侵权责任法》第13条和第14条规定的连带责任规则。在网络服务提供者承担了全部赔偿责任之后,其责任性质为中间责任,其有权向侵权的网络用户就自己支付超出自己赔偿数额的部分,进行追偿。

这种连带责任并非典型的连带责任,而是不真正连带责任,因为造成被侵权人损害的,全部原因都在于实施侵权行为的网络用户,其原因力为百分之百。网站尽管有一定的原因力和过错,但其没有及时采取必要措施的过错和原因力,是间接的,不是直接的。这种情形类似于违反安全保障义务侵权责任中的违反安全保障义务人的责任,并不应当承担连带责任。因此,在网站承担了全部赔偿责任,或者承担了部分责任之后,有权向实施侵权行为的网络用户全部追偿。

第五节　违反安全保障义务的侵权责任

一、违反安全保障义务的侵权行为概念和特征

违反安全保障义务的侵权行为,是指依照法律规定或者约定对他人负有安全保障义务的人,违反该义务,因而直接或者间接地造成他人人身或者财产权益损害,应当承担损害赔偿责任的侵权行为。《侵权责任法》第37条规定了违反安全保障义务的侵权责任:"宾馆、商场、银行、车站、娱乐场所等公共场所的管理人或者群众性活动的组织者,未尽到安全保障义务,造成他人损害的,应当承担侵权责任。""因第三人的行为造成他人损害的,由第三人承担侵权责任;管理人或者组织者未尽到安全保障义务的,承担相应的补充责任。"

违反安全保障义务的侵权责任的特征是:(1)行为人是对受保护人负有安全保障义务的人,即负有安全保障义务的公共场所或者群众性活动的管理人或者组织者,受保护人是进入到行为人公共场所或者群众性活动领域之中的人。(2)行为人对于受安全保障义务保护的相对人违反安全保障义务。(3)受安全保障义务人保护的相对人遭受了人身损害或财产损害。(4)违反安全保障义务的行为人应当承担侵权损害赔偿责任。

二、违反安全保障义务侵权责任的主体及安全保障义务的来源

(一)安全保障义务的主体范围确定

1. 义务主体的确定

按照最高人民法院《关于审理人身损害赔偿案件适用法律若干问题的解释》第6条规定,负有安全保障义务的义务主体应当是经营者和其他社会活动的组织者,包括自然人、法人和其他组织。可见,第一种主体是经营活动的经营者,第二种主体是其他社会活动的组织者。在司法解释中列举的"住宿、餐饮、娱乐等经营活动"并不是完全的列举,一个"等"字应该把它们都概括进去了。

《侵权责任法》第37条改变了这样的规定,将违反安全保障义务侵权责任的义务主体范围界定为"宾馆、商场、银行、车站、公园、娱乐场所等公共场所的管理人或者群众性活动的组织者",即"公共场所的管理人或者群众性活动的组织者"。这个范围比原来司法解释规定的范围窄,不利于保护受保护的人的利益,在司法实践中可以适当扩大。

对此,可以借鉴英美侵权法的土地利益占有人或者土地占有者的概念,更容易处理实际问题。不论是经营者,还是社会活动的组织者,他们都占有土地,在土地上进行活动。即使不是公共场所的管理人或者群众性活动的组织者的其他人,如果占有土地进行活动,对于进入土地范围的人也应当承担安全保障义务。例如,自己的房屋和庭院存在现实危险,造成他人损害,是不是也要承担侵权责任呢?不仅如此,还可以通过这种标准界定义务主体负有安全保障义务的范围。

2. 权利主体的确定

受到安全保障义务保护的人,就是安全保障义务的权利主体。《侵权责任法》第37条规定为"他人",没有规定具体的范围。事实上,安全保障义务的权利主体应当是受安全保障义务保护的当事人。按照一般推论,既然义务主体是公共场所的管理人或者群众性活动的组织者,那么,权利主体就一定是参加公共场所和群众性活动的参与者。可是,如果仅仅这样理解,就会限制权利主体的范围。对此,应当按照本条规定确定为"他人"。

(二)安全保障义务来源的确定

确定违反安全保障义务侵权责任的责任,最重要的就是确定行为人是不是负有安全保障义

务、负有什么样的安全保障义务。确定公共场所的管理人或者群众性活动的组织者的安全保障义务来源,主要有以下三个方面。

1. 法律直接规定

法律直接规定安全保护义务,是最直接的安全保障义务的来源。例如《消费者权益保护法》第 7 条规定:"消费者在购买、使用商品和接受服务时享有人身、财产安全不受损害的权利。""消费者有权要求经营者提供的商品和服务,符合保障人身、财产安全的要求。"

2. 合同约定的主义务

如果在当事人约定的合同义务中规定,合同的一方当事人对另一方当事人负有安全保障义务的,合同当事人应当承担安全保障义务。例如,订立旅客运输合同,旅客的人身安全保障义务就是合同的主义务,当事人必须履行这种义务①。

3. 法定的或者约定的合同附随义务

按照诚信原则,一方当事人应该对另一方当事人提供安全保障义务,该方当事人也应该负有安全保障义务。例如,餐饮业、旅馆业向顾客提供服务,按照诚信原则的解释,应当保障接受服务的客人的人身安全②。

(三)安全保障义务性质的确定

按照上述分析,公共场所的管理人或者群众性活动的组织者承担的安全保障义务的基本性质有两种:一是法定义务;二是合同义务。事实上,这两种义务是竞合的。例如,经营者的安全保障义务既是法律规定的义务,也是合同约定的义务。那么,经营者违反这种安全保障义务,既可能构成侵权责任,也可能构成违约责任。因此,会发生民事责任竞合,即违反安全保障义务的行为发生侵权责任和违约责任竞合,被侵权人产生两个损害赔偿的请求权。对此,应当按照《合同法》第 122 条规定,由赔偿权利人进行选择,选择一个最有利于自己的请求权行使,救济自己的权利损害。

三、违反安全保障义务侵权责任的归责原则和构成要件

(一)归责原则

对违反安全保障义务侵权责任的过错认定,应当采用过错推定原则。推定的事实基础,就是被侵权人已经证明了被告的行为违反了安全保障义务。在此基础上,推定被告具有过错。如果否认自己的过错,则过错的举证责任由违反安全保障义务的行为人自己承担,由他证明自己没有过错的事实。如果他能够证明自己没有过错,则推翻过错推定,免除其侵权责任;如果不能证明其没有过错,或者证明不足,则过错推定成立,应当承担侵权责任。

(二)构成要件

1. 违反安全保障义务的行为

构成违反安全保障义务侵权责任,首要就需具有违反安全保障义务的行为。在实践中怎样判断义务人是否违反安全保障义务,需要有一个客观的标准。可以从四个方面加以把握。

(1)法定标准。如果法律对于安全保障的内容和安全保障义务人必须履行的行为有直接规定时,应当严格遵守法律、法规的明确规定判断。例如,公安部《高层建筑消防管理规则》规定:"建筑物内的走道、楼梯、出口等部位,要经常保持畅通,严禁堆放物品。疏散标志和指示灯要完整ልቡ用。"这就是一种法定标准,用以衡量高层建筑所有者或管理者是否尽到对火灾的预防义务。

---

① 崔建远主编:《合同法》,法律出版社 2003 年版,第 414 页。
② 其实,前文所述银河宾馆案,即使宾馆没有承诺"二十四小时保障客人安全",依照诚信原则,也应承担这种安全保障义务。

违反这个标准,造成了被保护人的人身损害或财产损害,构成违反安全保障义务。

(2)特别标准。对于未成年人的安全保障义务,应当采用特别标准。这样的标准是,如果在一个经营活动领域或者一个社会活动领域,存在对儿童具有诱惑力的危险时,公共场所的管理人或者群众性活动的组织者必须履行最高的安全保障义务。应当采取的保障义务:①消除这个危险,使之不能发生;②使未成年人与该危险隔绝,让其无法接触这个危险;③采取其他措施,保障不能对儿童造成损害。没有实施这些保障措施,即为违反安全保障义务。

(3)善良管理人的标准。如果法律没有规定确定的标准,是否履行了安全保障义务的判断标准,要高于侵权法上的一般人的注意标准。在美国侵权法中,对于受邀请而进入土地利益范围的人,土地所有人或者占有人应当承担的安全保障义务是很高的,标准是要保证受邀请人的合理性安全。这种安全注意义务可以扩展到保护受邀请者免受第三者的刑事性攻击。在法国,最高法院在判例中认为,在欠缺法定的作为义务的情况下,行为人是否对他人负有积极作为的义务,应根据善良家父的判断标准加以确立。如果被告在一个善良家父会积极作为时却没有作为,即表明被告有过错,在符合其他责任构成的条件下即应承担过错侵权责任[1]。善良家父、保障合理性安全的标准,就是善良管理人注意的标准。这种标准与罗马法上的"善良家父之注意"和德国法上的"交易上必要之注意"相当,都是要以交易上的一般观念,认为具有相当知识经验的人,对于一定事件的所用注意作为标准,客观地加以认定。行为人有无尽此注意的知识和经验,以及他向来对于事务所用的注意程度,均不过问,只有依其职业斟酌,所用的注意程度应比普通人的注意和处理自己事务为同一注意要求更高。这种注意的标准,是使用客观标准[2]。

(4)一般标准。这种标准分为两方面:一方面,公共场所的管理人或者群众性活动的组织者对于一般的被保护人,如主动进入经营场所或社会活动场所的人,或者非法进入者,所承担的义务就是对于隐蔽性危险负有告知义务。对这种告知义务没有履行,则构成违反安全保障义务。例如,对于进入商场不是意欲购买物品,只是要通过商场过道的人,经营者只对隐蔽危险负有告知义务,并非承担善良管理人的注意义务。另一方面,公共场所的管理人或者群众性活动的组织者对于受邀请者进入经营领域或者社会活动领域的一般保护事项,例如商场、列车、公共交通工具遭受窃贼侵害的危险,负有一般的告知义务和注意义务,并非遭受窃贼损害,都是义务人违反安全保障义务。

按照上述标准,以下四种行为是违反安全保障义务的行为:①怠于防止侵害行为。对于负有防范制止侵权行为的安全保障义务的人,没有对发生的侵权行为进行有效的防范或制止。②怠于消除人为的危险情况。这就是对于管理服务等人为的危险状况没有进行消除。③怠于消除经营场所或者活动场所具有伤害性的自然情况。例如,设施、设备存在的不合理危险,没有采取合理措施予以消除。④怠于实施告知行为。对于经营场所或者社会活动场所中存在的潜在危险和危险因素,没有尽到告知义务,亦未尽适当注意义务。对于上述安全保障义务标准,如果超出了合理限度范围,则即使造成了进入经营或者活动领域的人的损害,也不应当承担损害赔偿责任。

2. 负有安全保障义务的相对人受到损害

构成违反安全保障义务侵权责任,应当具备损害事实要件,包括人身损害和财产损害。违反安全保障义务的人身损害赔偿责任所保护的是自然人的健康权和生命权。财产损害事实是由于违反安全保障义务行为造成了受保护人的财产或者财产利益受到损害的事实。

---

[1] 张民安:《过错侵权责任制度研究》,中国政法大学出版社2002年版,第328页。
[2] 杨立新:《侵权行为法专论》,高等教育出版社2005年版,第112页。

3. 损害事实与违反安全保障义务行为之间具有因果关系

在违反安全保障义务侵权责任构成中,义务人的违反义务行为与受保护人的损害之间,应当具有引起与被引起的因果关系。不过,由于违反安全保障义务的侵权行为的类型不同,这种因果关系的要求也不相同。

在违反安全保障义务的侵权责任构成中,由于其侵权行为类型不同,对因果关系要件的要求也不同。

(1) 在违反安全保障义务行为直接造成损害事实的情况下,对因果关系的要求应当是直接因果关系或者相当因果关系,违反安全保障义务行为是损害发生的原因。例如,在设施、设备违反安全保障义务的侵权行为、服务管理违反安全保障义务的侵权行为和对儿童违反安全保障义务的侵权行为中,对于因果关系要件的要求,是具有确定的直接因果关系或者相当因果关系,表现为,违反安全保障义务的行为就是引起受保护人损害事实的原因。

(2) 在防范、制止侵权行为违反安全保障义务的侵权行为中,对于因果关系的要求比前三种侵权行为的要求为低,其侵权责任构成的因果关系应当是间接因果关系,违反安全保障义务行为仅仅是损害发生的间接原因,不要求是直接原因。这是因为,侵权行为人对受保护人所实施的侵权行为,就是直接针对受保护人的,并且直接造成了受保护人的损害。这种情形,该侵权行为是受保护人受到损害的全部原因。但是,安全保障义务人的违反安全保障义务行为也是造成受保护人的损害的全部原因,因为如果其尽到了保护义务,就会完全避免这种损害。事实上,安全保障义务人的行为是受保护人受到损害的一个必要条件,也具有因果关系,只是这种因果关系是间接因果关系而已。

4. 违反安全保障义务行为的行为人具有过错

构成违反安全保障义务侵权责任,行为人应当具有过错。

(1) 过错性质。违反安全保障义务人的过错性质,是未尽注意义务的过失,不包括故意。如果违反安全保障义务人在造成损害中具有故意,包括直接故意和间接故意,则不属于这种侵权行为类型,而是故意侵权。这种过失的表现,就是应当注意而没有注意,是一种不注意的心理状态。这种心理状态实际地表现在其违反安全保障义务的行为中,应当通过对其行为的考察作出判断。具体地说,违反安全保障义务的行为人有无过错的标准是,行为人是否达到了法律、法规、规章等所要求达到的注意义务,或者是否达到了同类公共场所管理人或者群众性活动组织者所应当达到的注意程度,或者是否达到了诚信、善良的公共场所管理人或者群众性活动组织者所应当达到的注意程度①。

(2) 过错的证明责任。违反安全保障义务侵权责任适用过错推定原则,因此,过错的证明实行举证责任倒置。这就是,只要被侵权人证明义务人未尽安全保障义务,并且已经造成了被侵权人的损害,就直接从损害事实和违反安全保障义务的行为中推定义务人有过失。如果义务人认为自己没有过错,应当自己举证,证明自己没有过错。证明自己没有过错的,推翻过错推定,义务人不承担侵权责任;反之,不能证明或者证明不足的,过错推定成立,构成侵权责任。

(3) 义务人如何证明自己没有过错。义务人如果要证明自己没有过错,应当做到:证明自己的注意标准是什么,自己的行为已经达到了这样的注意标准,因此没有过失;或者证明自己虽然没有达到要求的注意标准,但是另有抗辩的原因,或者由于不可抗力,或者由于自己意志以外的原因,或者是第三人的原因行为所致等。义务人能够证明这些内容,应当认定其不具有过错要件,不构成侵权责任。

---

① 张新宝:《侵权责任法原理》,中国人民大学出版社 2005 年版,第 281 页。

案例 15-4

原告徐某与妻子结婚后感情不和，向妻子提出离婚，遭妻子的拒绝。1995年10月3日，妻子娘家数人与徐发生抓扯，致徐某受伤，当晚被送进县人民医院住院治疗。次日上午11时许，徐妻带着一瓶浓硫酸来到徐的病房，并将浓硫酸倒向徐的面部，致徐面部、颈部严重烧伤。后经法医鉴定，徐的面部、颈部被硫酸烧伤后，左耳已经萎缩，左面部瘢痕达80%以上，颈部及右面部形成大片瘢痕。法医鉴定结论为：徐所受伤害为重伤，伤残等级为四级。2002年3月，徐某向法院起诉，认为被告县人民医院有义务对病员的生命、财产安全给予特殊的保护，也应当预见到病员有遭受外来侵害的可能性。由于医院方面存在疏漏，未能采取有效措施保障他的人身安全，导致其在住院期间遭到他人严重伤害，医院应当承担赔偿责任，据此索赔34万元人民币。

本案的医院已尽对侵权行为的防范制止义务，没有过错，因此不应当承担侵权责任。

四、违反安全保障义务侵权责任的类型

违反安全保障义务侵权责任分为四种具体类型。

（一）设施、设备违反安全保障义务

公共场所的管理人或者群众性活动的组织者在设施、设备方面的安全保障义务，主要是不违反相关的安全标准。经营场所或者社会活动场所设施、设备必须符合国家的强制标准要求，没有国家的强制标准的，应当符合行业标准或者达到进行此等经营活动所需要达到的安全标准。设置的硬件没有达到保障安全的要求，存在缺陷或者瑕疵，造成了他人的损害。经营者应当对被侵权人承担人身损害赔偿责任。例如，某商场在通道上安装的玻璃门未设置警示标志，一般人很难发现这是一扇门，顾客通过时撞在门上，造成伤害。对此，商场应当承担违反安全保障义务的人身损害赔偿责任。

案例 15-5

2002年8月1日晚，中央电视台的女主持人沈某和朋友们相约在安贞桥旁边的某大厦吃饭。沈某亲自订了12号包间，该房间在二楼，邻近消防通道。当大家落座正要点菜之际，沈某的手机响起，即边接电话边走出包间，来到了包间斜对门三四米处的木制消防通道门旁，后不见踪影。经寻找，发现沈某坠落楼下，经抢救无效身亡。一审法院经审理认为，被告作为餐饮行业的经营者，应向消费者提供符合保障人身安全的服务，但存在过错未尽安全保障义务；被告某宾馆的过错行为与沈某坠楼身亡事件存在因果关系。因此，两被告对沈某坠楼身亡的损害后果应承担赔偿责任。一审法院依据《消费者权益保护法》和《民法通则》的规定，判决两被告赔偿原告法医鉴定费、丧葬费、交通费、民航机场管理建设费共计68 439元，以及精神损害抚慰金18万元、赡养费72 000元、抚育费67 200元。

（二）服务管理违反安全保障义务

公共场所的管理人或者群众性活动的组织者在服务管理方面的安全保障义务，主要包括以下三个方面：(1)加强管理，提供安全的消费、活动环境。(2)坚持服务标准，防止出现损害。在经营和活动中，应当按照确定的服务标准进行，不得违反服务标准。(3)必要的提示、说明、劝告、协助义务。

服务管理违反安全保障义务，就是经营者或者组织者的工作人员违反上述安全保障义务，存

在瑕疵或者缺陷,因此造成他人损害,构成侵权责任。

（三）对儿童违反安全保障义务

儿童是祖国的未来,是民族的未来,因此法律对儿童予以特别的关照和保护。对儿童的保护适用特别标准,公共场所的管理人或者群众性活动的组织者必须竭力采取保护儿童的各项措施,以保障儿童不受场地内具有诱惑力危险的侵害。公共场所的管理人或者群众性活动的组织者对儿童违反安全保障义务,造成儿童的损害,应当承担赔偿责任。

（四）防范制止侵权行为违反安全保障义务

对于他人负有安全保障义务的公共场所的管理人或者群众性活动的组织者,在防范和制止他人侵害方面未尽义务,造成受保护人损害的,也构成违反安全保障义务的侵权责任,是一种特定的侵权责任类型。

五、违反安全保障义务侵权责任的责任形态

违反安全保障义务侵权责任的赔偿责任分为三种:自己责任、替代责任和补充责任。

（一）自己责任

自己责任,就是违法行为人对自己实施的行为所造成的他人人身损害和财产损害的后果由自己承担的侵权责任形态。从公共场所的管理人或者群众性活动的组织者的经营或者活动而言,违反安全保障义务造成受保护人的人身损害,自己承担责任,就是自己责任。在设施设备违反安全保障义务的侵权行为、服务管理违反安全保障义务和对儿童违反安全保障义务的侵权行为中,违反安全保障义务的行为人如果是单一的自然人主体,那么他就要承担自己责任。《侵权责任法》第37条第1款规定的责任就是违反安全保障义务侵权责任的自己责任。

（二）替代责任

但是,如果公共场所的管理人或者群众性活动的组织者是法人或者雇主,违反安全保障义务的具体行为人是公共场所的管理人或者群众性活动组织者的工作人员或者雇员,而且符合法人侵权或者雇主责任的要求,那么,在设施设备违反安全保障义务的侵权行为、服务管理违反安全保障义务和对儿童违反安全保障义务的侵权行为中,这种侵权责任形态实际上是替代责任,而不是自己责任。对此,应当适用《侵权责任法》第34条和第35条规定,确定侵权责任。因此,无论是公共场所的管理人或者群众性活动的组织者自己违反安全保障义务,还是其雇员或者工作人员违反安全保障义务,都是要由作为公共场所的管理人或者群众性活动的组织者的法人、其他组织或者雇主承担责任的。不过,如果公共场所的管理人或者群众性活动的组织者的雇员或者成员违反安全保障义务造成损害的,公共场所的管理人或者群众性活动的组织者在承担了赔偿责任之后,可以向有过错的工作人员或者成员求偿。

（三）补充责任

《侵权责任法》第37条第2款规定:"因第三人的行为造成他人损害的,由第三人承担侵权责任;管理人或者组织者未尽到安全保障义务的,承担相应的补充责任。"在违反安全保障义务的侵权行为中,防范制止侵权行为违反安全保障义务的一方当事人承担的损害赔偿责任,是补充责任。按照这一规定,防范制止侵权行为违反安全保障义务的侵权损害赔偿责任,是指第三人侵权导致被侵权人损害的,安全保障义务人对此有过错,承担相应的补充赔偿责任。

侵权法上的补充责任,是指两个以上的行为人违反法定义务,对一个被侵权人实施加害行为,或者不同的行为人基于不同的行为而致使被侵权人的权利受到同一损害,各个行为人产生同一内容的侵权责任,被侵权人享有的数个请求权有顺序的区别,首先行使顺序在先的请求权,该请求权不能实现或者不能完全实现时,再行使其他请求权的侵权责任形态。

侵权补充责任的基本规则如下。

（1）在侵权补充责任形态中，即构成自己责任与补充责任的竞合时，被侵权人应当首先向自己责任人请求赔偿，自己责任人应当承担侵权责任。自己责任人承担了全部赔偿责任后，补充责任人的赔偿责任终局消灭，被侵权人不得向其请求赔偿，自己责任人也不得向其追偿。

（2）被侵权人在自己责任人不能赔偿、赔偿不足或者下落不明无法行使第一顺序的赔偿请求权时，可以向补充责任人请求赔偿。补充责任人应当满足被侵权人的请求。补充责任人的赔偿责任范围，并不是自己责任人不能赔偿的部分，而是"相应"的部分。如何理解相应的补充责任，我们认为应当与违反安全保障义务人的过错程度和行为的原因力"相应"。并且只此而已，并不承担超出相应部分之外的赔偿责任。

（3）相应的补充责任还意味着，其责任只是补充性的，如果直接侵权人有能力全部赔偿，则应当承担赔偿责任，违反安全保障义务的人不承担补充责任，因为已经不存在补充的必要。所以，相应的补充责任不是连带责任。现在在司法实践中很多法官将其理解为连带责任，是不正确的。故补充责任中"补充"的含义是，补充责任的顺序是第二位的，自己责任人承担的赔偿责任是第一顺序的责任，补充责任人承担的赔偿责任是第二顺序的责任。因此，补充责任是补充自己责任的侵权责任形态。

第六节 学生伤害事故责任

一、学生伤害事故概述

（一）学生伤害事故的概念

学生伤害事故是指无民事行为能力或者限制民事行为能力的学生在幼儿园、学校或者其他教育机构学习、生活期间，受到人身损害，应当由幼儿园、学校或者其他教育机构承担赔偿责任的特殊侵权责任。《侵权责任法》第38条至第40条对此作了明确规定。

> **案例 15-6**
>
> 旧寨村村民委员会办起了幼儿班，聘请本村村民张向琴任教师。上午11:30左右，幼儿班下课后，张向琴离校回家，几个幼儿在教室里的火炉旁烤火。张小平玩火点燃了闫红瑞身上的衣服，闫红瑞带火跑出教室，被人发现后，将火扑灭并送回家中。张向琴闻讯赶来查问起火原因，闫红瑞说是张小平点燃他身上的衣服引起的。当日下午，闫红瑞被送往医院治疗，当时所见，闫红瑞嘴唇下翻，两腋粘连，双胳膊抬不起来。3日后转至县人民医院治疗，诊断为头、面、双上肢、侧胸烧伤，面积37%，深2度，住院25天，因无钱治疗而出院。经过诉讼，法院判决旧寨村村委会给付3948.69元，张小平的监护人张海生给付1000元。

界定学生伤害事故，应当准确界定以下概念。

1. 学生

按照教育部颁布的《学生伤害事故处理办法》的规定，学生伤害事故中所指的学生，包括各类全日制学校的全日制学生、幼儿园的幼儿和儿童、在全日制学校注册和在其他教育机构就读的其他受教育者。最高人民法院《关于审理人身损害赔偿案件适用法律若干问题的解释》第7条规定，则仅指未成年学生，保护对象是学校、幼儿园或者其他教育机构中的未成年人。《侵权责任法》第38条至第40条规定，是在"幼儿园、学校或者其他教育机构学习、生活的""无民事行为能力人或限制民事行为能力人"，未成年学生当然在其中，已经成年的无民事行为能力人或者限制民事行为能力人也在其中。

2. 在幼儿园、学校或者其他教育机构学习生活期间

幼儿园、学校或者其他教育机构是指所有的这类机构,被保护的学生在其教育、生活期间,应当采用"门至门"的原则,就是学生从进校门到出校门期间参加的学校教育教学活动。例外的是,学校组织的校外的活动不在此限,学校或者幼儿园有接送班车的,应当以班车的门为限,包括上下车的安全保护。

3. 事故

事故的种类,包括学生本人人身伤害或者死亡的事故,按照《侵权责任法》的规定,不包括学生在学校造成他人人身伤害或者死亡的事故。

(二)学校承担学生伤害事故赔偿责任的法理基础

幼儿园、学校或者其他教育机构与在校学生的关系,基本性质是依据《教育法》成立的教育关系。其成立的基础不是依据合同而成立,而是依据《教育法》而成立,《教育法》是幼儿园、学校或者其他教育机构与在校学生发生法律关系的基础。这种法律关系的基本性质属于准教育行政关系,既区别于纯粹的教育行政关系,也区别于民事法律关系,是学校对学生的教育、管理和保护的法律关系。教育、管理和保护构成这一法律关系的基本内容,学校对学生有教育、管理的权力,同时对学生有保护的义务;学生有接受教育、接受管理的义务,享有受到保护的权利。《侵权责任法》对此规定的说法是教育、管理职责。

二、学生伤害事故责任的归责原则和构成要件

(一)学生伤害事故责任的归责原则

《侵权责任法》第38条至第40条明确规定,对于无民事行为能力人在幼儿园、学校或者其他教育机构学习、生活期间受到人身损害的,适用过错推定原则;对于限制民事行为能力人在幼儿园、学校或者其他教育机构学习、生活期间受到人身损害的,适用过错责任原则。对于第三人的行为造成学生损害的,适用过错责任原则。对此,《侵权责任法》规定十分明确。

学生伤害事故责任不适用公平责任。

(二)学生伤害事故责任的构成

1. 学生遭受人身损害的客观事实

损害事实是指由于行为人的侵权行为致使他人的财产和人身等利益损害的客观事实。学生在校期间遭受人身伤害的损害事实,是构成学生伤害事故人身损害赔偿责任的前提性要件。

在学生伤害事故中,损害事实主要表现为学生的人身伤害和死亡。由此产生的财产性损失,主要如医疗费、护理费、交通费、住宿费、营养费、住院伙食补助费、伤残用具费和丧葬费等支出。在人身伤害的损害中,还导致精神损害的损害事实发生,这是责任主体承担精神抚慰金赔偿责任的条件。存在以上所述损害事实,才能构成学生伤害事故责任。

2. 学校等教育机构在学生伤害事故中存在违法行为

学校在学生伤害事故中的违法行为,是指学校在实施教育和教学活动中,违反或者未能正确履行《教育法》等法律法规关于学校对学生的教育、管理和保护职责的行为。

(1)学校疏于管理的行为。学校在教育和教学活动中,疏于管理义务,致使在这个过程中,造成学生遭受人身损害后果的发生。这种管理,是对学校活动的管理,不是指对学生的管理。这种行为是学校自己的行为,是自己的行为致人损害,因而属于普通的侵权行为,学校应当对自己的行为负责。

(2)学校疏于保护的行为。学校对在校的未成年学生负有安全保护义务。学生在校接受教育,学校虽然不承担监护义务,但是仍然应当承担安全保护义务。负担这种义务,就应当善尽职

守,不能因为自己的疏忽和懈怠而使学生受到人身伤害。学校疏于这种对学生安全的注意义务,致使学生受到人身伤害,学校的行为构成违法性。

(3) 学校疏于教育的行为。这种教育行为,是专指对学生的教育,而不是指广义上的教育活动。在对学生的教育中,没有尽到教育职责,使学生在教学活动中造成他人的人身伤害,应当承担人身损害赔偿责任。

学校的上述行为,既包括学校的行为,也包括负该种责任的教师的行为。学校的疏于职守行为,学校应当承担责任。学校教师和其他管理人员在教育和教学活动中,行为不当,违反法律规定的义务,造成学生伤害或者学生伤害他人,学校应当承担替代责任。

(三) 学校的违法行为与事故发生有因果关系

学校疏于教育、管理和保护职责的行为,必须与学生遭受伤害或者学生伤害他人的损害事实之间具有引起与被引起的因果关系。在判断上,应当采取相当因果关系学说。

(四) 学校在学生伤害事故中存在过错

学校承担学生伤害事故责任须具有主观上的过错。只有学校在主观上具有过错,学校才对自己的行为承担赔偿责任,不具有主观上的过错,则不承担责任。

确定学校过错的标准,就是对履行《教育法》规定的教育、管理和保护的职责是否尽到了必要的注意义务。对这种注意义务的违反,就是过失。

认定学校在学生伤害事故中的过错,要注意以下三个方面。

(1) 学校对学生是否具有注意义务。过失以是否具有注意义务为前提,无注意义务当然不构成过失。学校的注意义务是一种特殊的注意义务,这种义务是基于学校对学生的教育、管理和保护职责。这种注意义务既包括基于法律法规、行政规章等规定而产生的法定性的注意义务,也包括基于有关部门颁布的教育教学管理规章、操作规程等规定而产生的一般性注意义务,以及学校与学生家长签订合同约定的注意义务。

(2) 学校是否能尽相当注意义务。对侵害结果的可预见性和可避免性,是能否尽相当注意义务的条件。认定学校在学生伤害事故中的过错,还要考虑学校的预见能力,如果学校不具有预见能力,不应该预见也无法预见,即损害结果无可预见性,学校就无法尽相当的注意义务,采取合理行为避免损害结果的发生,因而主观上也就没有过失。

(3) 学校对学生是否尽了相当注意义务。所谓尽了相当注意义务,是指学校按照法律法规、规章规程等以及合同要求的注意而付出必要的努力,尽到了对学生人身健康安全的合理的、谨慎的注意。

三、学生伤害事故责任的类型

(一) 无民事行为能力人受到损害的学校责任

第38条规定幼儿园、学校或其他教育机构承担的责任是过错推定责任。其条件非常清楚,即受到损害的学生是无民事行为能力人。对于学生伤害事故,受到伤害的学生是无民事行为能力人还是限制民事行为能力人,法律是否予以区分,其实在1988年制定《关于贯彻执行〈民法通则〉若干问题的意见(试行)》时,就想解决的,但都没有提出解决的办法。在制定《学生伤害事故处理办法》时对此也没有解决。在制定《关于审理人身损害赔偿案件适用法律若干问题的解释》中,仍然采取同样的归责原则处理。《侵权责任法》根据实际情况和侵权法法理,最终作出这样的规定,确定对无民事行为能力的学生受到人身损害采用过错推定原则,解决了这个问题。

对于无民事行为能力人受到损害的学校责任,适用过错推定原则。被侵权人主张学校承担侵权责任,应当证明违法行为、损害事实和因果关系要件。证明成立的,直接推定幼儿园、学校等教育机构有过失。幼儿园、学校等教育机构主张无过失的,应当举证责任倒置,由自己举证证明自己没有过错。幼儿园、学校或者其他教育机构不能证明自己没有过失的,应当承担侵权责任;能够证明尽到了教育、管理职责的,不承担侵权责任。

(二)限制民事行为能力人受到损害的学校责任

对于限制民事行为能力的未成年学生在学校受到人身损害,确定学校等教育机构的责任,实行过错责任原则,有过错的承担赔偿责任,没有过错的不承担赔偿责任。

确定过错,须由被侵权人承担举证责任。

(三)第三人伤害学生的责任

第三人责任事故,是指学生伤害事故的发生,不是由于学校的过错,而是由于第三人的过错行为所引起,应当由第三人承担民事责任的事故责任。

无民事行为能力人或者限制民事行为能力人在幼儿园、学校或者其他教育机构学习、生活期间,受到幼儿园、学校或者其他教育机构以外的人员人身损害的,由侵权人承担侵权责任。这种第三人责任,与《侵权责任法》第 28 条规定的"损害是由第三人造成的,第三人应当承担侵权责任"基本相同,是在此基础上,以学校等教育机构相应的补充责任为补充。

确定第三人造成学生人身伤害,应当根据造成学生伤害的具体侵权行为类型,确定不同的归责原则:(1)造成学生伤害事故的第三人实施的侵权行为是一般侵权行为,应当依照《侵权责任法》第 6 条第 1 款规定,实行过错责任原则。(2)造成学生伤害事故的第三人实施的侵权行为,是法律规定应当适用过错推定责任的侵权行为,则应当按照《侵权责任法》的有关具体规定,参照《侵权责任法》第 6 条第 2 款的规定确定第三人的责任。(3)造成学生伤害事故的第三人实施的侵权行为,是法律规定应当适用无过错责任原则的侵权行为,则应当按照《侵权责任法》有关的具体规定,参照《侵权责任法》第 7 条规定,确定第三人的责任。

第三人造成学生人身损害,如果第三人能够承担全部赔偿责任,则按照该规定,由第三人承担全部赔偿责任,不存在学校的相应的补充责任问题。

本条后段规定幼儿园、学校或者其他教育机构未尽到管理职责的,承担相应的补充责任,是在第三人无力承担赔偿责任的情形下,规定的具体规则。

学校承担相应的补充赔偿责任,除了具备学生伤害事故责任的构成要件之外,还必须具备以下三个要件:(1)学生人身损害是由于第三人的原因所致,如果是完全由于学校的过错所致,就是一般的学生伤害事故赔偿责任。(2)幼儿园、学校或者其他教育机构有过错,无过错则不产生补充赔偿责任,损害的赔偿责任应当完全由加害的第三人承担。(3)幼儿园、学校或者其他教育机构的过错与第三人的致害应当有间接的或者直接的因果关系,如果不存在因果关系,不应当让学校承担补充责任。

学校承担补充赔偿责任的法理依据,在于学校存在过错,使本来可以避免或者减少的损害得以发生或者扩大,因此,学校应当为被侵权人向第三人求偿得不到赔偿或者得不到完全赔偿而承担补充的赔偿责任。补充责任的"相应",是与学校的过错程度和原因力相适应。

四、学生伤害事故责任及承担规则

(一)学生伤害事故的赔偿当事人

学校承担赔偿责任,在实体法律关系上,学校应当是赔偿的义务主体,是赔偿责任的承受者。在诉讼法律关系上,学校应当是被告。受到伤害的学生向学校请求损害赔偿。

学校承担赔偿责任的权利主体,是受到伤害的学生或者他人。受到伤害的是学生的,学生是赔偿权利主体,如果该学生是未成年人,在诉讼中作为原告,其亲权人或者监护人是监护人。学生伤害他人,学校承担责任的,受到伤害的人是赔偿权利主体,受害的人是赔偿权利主体,作为原告;伤害他人的学生是利害关系人,伤害他人的学生是未成年的,其亲权人或者监护人是利害关系人,在诉讼中可以作为无独立请求权第三人参加。

至于学生自己应当承担责任或者学生的监护人承担责任的,应当按照侵权法的规定确定责任,学校不是当事人,不是赔偿法律关系的主体。

在学校应当承担赔偿责任,订立有学生伤害事故保险合同的,应当依照保险合同确定赔偿关系。保险公司赔偿不足的部分需要学校承担赔偿责任的,学校有过错的,是赔偿责任主体,赔偿权利主体可以向学校请求承担赔偿责任。

(二)免责事由

在一定的条件下,即使发生了学生人身伤害事故,学校也不承担赔偿责任,这就是学校责任的免除。凡是符合《侵权责任法》第三章规定的不承担责任或者减轻责任法定情形的,应当免除学校责任。

除此之外,由于学生及其监护人责任引发的人身损害,学校也不承担责任。学生及其监护人责任事故,是指学生伤害事故的发生,学校没有过错,而是由于学生自己的过失,或者是由于其监护人没有尽到监护责任而造成的,损害应当自己负担的事故责任。这里的监护人,应当是亲权人以及其他监护人,统一称作监护人更为妥当。对此,可以参考《学生伤害事故处理办法》第10条规定。学生或者未成年学生监护人由于过错,有下列情形之一,造成学生伤害事故,应当依法承担相应的责任:(1)学生违反法律法规的规定,违反社会公共行为准则、学校的规章制度或者纪律,实施按其年龄和认知能力应当知道具有危险或者可能危及他人的行为的;(2)学生行为具有危险性,学校、教师已经告诫、纠正,但学生不听劝阻、拒不改正的;(3)学生或者其监护人知道学生有特异体质,或者患有特定疾病,但未告知学校的;(4)未成年学生的身体状况、行为、情绪等有异常情况,监护人知道或者已被学校告知,但未履行相应监护职责的;(5)学生或者未成年学生监护人有其他过错。这些事故的责任,应当由学生或者未成年学生监护人承担。

本 章 小 结

本章介绍《侵权责任法》第四章规定的侵权责任类型,包括监护人责任、暂时丧失心智损害责任、用人者责任、网络侵权责任、违反安全保障义务的侵权责任和学生伤害事故责任。监护人责任是指无民事行为能力人或者限制民事行为能力人因自己的行为致人损害,由行为人的父母或者其他监护人承担赔偿责任的特殊侵权责任。暂时丧失心智损害责任,是指完全民事行为能力人对于因过错引起暂时心智丧失,或者因醉酒、滥用麻醉药品、精神药品暂时丧失心智,造成他人损害,所应当承担的特殊侵权责任。用人者责任,是一种特殊侵权责任类型,它所概括的是用人单位的工作人员或者劳务派遣人员以及个人劳务关系中的提供劳务一方在工作过程中或者在提供劳务过程中造成他人损害,用人单位或者劳务派遣单位以及接受劳务一方应当承担赔偿责任的特殊侵权责任。网络服务提供者的连带责任,是指网络用户利用网络实施侵权行为,网络服务提供者在何种情况下与网络用户一起承担连带责任的网络侵权特殊形式。违反安全保障义务的侵权行为,是指依照法律规定或者约定对他人负有安全保障义务的人,违反该义务,因而直接或者间接地造成他人人身或者财产权益损害,应当承担损害赔偿责任的侵权行为。学生伤害事故是指无民事行为能力或者限制民事行为能力的学生在幼儿园、学校或者其他教育机构学习、生活期间,受到人身损害,应当由幼儿园、学校或者其他教育机构承担赔偿责任的特殊侵权责任。这些侵权责任类型,按照《侵权责任法》的规定,属于责任主体特殊的侵权责任类型,既有适用过错推定原则的侵权责任类型,也有适用过错责任原则的侵权责任类型。

【关键术语】

监护人　暂时丧失心智　用人者　网络用户　网络服务提供者　违反安全保障义务　教育机构

【思考题】

1. 确定监护人责任应当适用何种归责原则？
2. 确定暂时丧失心智损害责任应当如何认定过错要件？
3. 用人者责任有哪些类型？分别适用何种规则？
4. 在何种情况下网站与网络用户承担连带责任？
5. 违反安全保障义务的侵权责任有哪些类型？确定设施设备未尽安全保障义务的侵权责任应当注意哪些问题？
6. 处理学生伤害事故责任怎样确定学校的侵权责任？

第十六章 其他特殊侵权责任

本 章 要 点

本章介绍《侵权责任法》第五章至第十一章规定的侵权责任类型。这些侵权责任都是特殊侵权责任,包括产品责任、机动车交通事故责任、医疗损害责任、环境污染责任、高度危险责任、饲养动物损害责任和物件损害责任。这些侵权责任类型既包括适用无过错责任原则的侵权责任类型,也包括适用过错推定责任的侵权责任类型,还包括适用过错责任的侵权责任类型。

第一节 产 品 责 任

一、产品责任概述

（一）产品责任的概念和特征

产品责任是指产品生产者、销售者因生产、销售缺陷产品致使他人遭受人身伤害、财产损失或有致使他人遭受人身、财产损害之虞而应承担的赔偿损失、消除危险、停止侵害等责任的特殊侵权责任。

产品责任具有以下法律特征：(1)产品责任发生在产品流通领域；(2)致人损害的产品必须存在缺陷；(3)产品责任是特殊侵权责任。

（二）产品缺陷的概念和种类

《产品质量法》第46条对产品缺陷作了界定："本法所称缺陷,是指产品存在危及人身、他人财产安全的不合理的危险；产品有保障人体健康、人身、财产安全的国家标准、行业标准的,是指不符合该标准。"《侵权责任法》对产品缺陷没有界定,应当继续适用《产品质量法》的上述规定。缺陷的具体含义是：(1)缺陷是一种不合理的危险,合理的危险不是缺陷；(2)这种危险危及人身和产品之外其他的财产安全；(3)缺陷是产品不符合保障人体健康、人身、财产安全的标准。

产品缺陷的种类有以下四种。

1. 制造缺陷

产品制造缺陷是指产品在制造过程中所产生的不合理的危险。导致危险的原因多样,包括质量管理不善、技术水平差等。此种缺陷可能发生于从原材料、零部件的选择到产品的制造、加工和装配工序等各个环节。

2. 设计缺陷

产品设计缺陷是指产品的设计,如产品结构、配方等存在不合理危险[①]。考察设计缺陷,应当结合产品的用途,如果将产品用于所设计的用途以外的情形,即使存在不合理危险,也不能认为

[①] 张新宝：《中国侵权法》(第二版),中国社会科学出版社1998年版,第493页。

其存在设计缺陷。产品设计缺陷会引起批量产品存在缺陷,引起大规模的缺陷产品造成损害,危害较大。

3. 警示缺陷

警示缺陷是指产品存在合理危险而销售产品时没有适当的警示与说明。警示包括警告和指示说明,警告是对产品所具有的危险性运用标志或文字所作的提示,指示说明则是对产品的主要性能、正确的使用方法以及错误使用可能招致的危险等所作的文字表述。产品的警示缺陷是指因产品提供者未对产品的危险性和正确使用作出必要的说明与警告所造成的不合理的危险。产品的合理危险是指产品虽然包含危险,但该危险只要依照合理的方法使用,危险就不会发生。凡是具有合理危险的产品,就必须进行充分的警示说明。

案例 16-1

2002年7月11日,某蛋糕店业主宗学平在黄玉霞经营的小百货店购买10瓶歼敌牌杀虫气雾剂,店里留下3瓶使用。7月19日21时许,工人毛志民、雷宗亚在蛋糕店制作间、营业厅和二楼清扫卫生,并用该杀虫气雾剂进行喷洒。在毛志民用完两瓶、雷宗亚用了大半瓶时,工人包国兴招呼二人下班回家,毛志民在关闭电灯时发生爆炸,毛志民被炸成重伤,另外两人造成轻伤,蛋糕店木隔玻璃墙、家用电器等财产造成损害。经公安机关现场勘验,为空气爆炸,是空气中的杀虫气雾剂浓度过高所致。该杀虫气雾剂为山东省聊城市鲁亚精细化工厂厂生产,产品有质量检验合格证、检验报告、农药临时登记证、注册商标,产品包装上注明"可按10平方米房内喷射15秒的剂量做空间喷射,喷后若关闭门窗约20分钟效果更佳",产品有易燃品标识,但没有易爆品及切勿接触电源等字样,没有适当的禁止性、警示性说明。法院认为,被告生产的歼敌牌杀虫气雾剂产品未有适当的禁止性、警示性说明,使其存在危及人身及他人财产安全的不合理危险,故该产品属于缺陷产品,由此造成人身及财产的损害,生产者应当承担损害赔偿责任。原告在使用该产品的时候有不当之处,也是发生此损害的原因之一,应当适当减轻生产者的责任。

4. 跟踪观察缺陷

跟踪观察缺陷,是指在发展风险中,生产者将新产品投放市场后,违反对新产品应当尽到的跟踪观察义务,未采取必要的警示、召回措施,致使该产品造成使用人的人身损害或者财产损害的不合理危险。《侵权责任法》第46条规定的"产品投入流通后发现存在缺陷的,生产者、销售者应当及时采取警示、召回等补救措施。未及时采取补救措施或者补救措施不力造成损害的",就是跟踪观察缺陷。产品生产者将未能发现有缺陷的产品投放市场后,应当尽到必要的跟踪观察义务,在法律确定的较长的观察期中如果没有发现产品存在的问题,或者发现后未采取必要的措施,并且因此而造成了损害,应当承担侵权责任。确定了跟踪观察缺陷,就更能够发挥产品侵权责任保护消费者权益的作用,在新产品投放市场以后,生产者必须跟踪观察,对于用户的反映和提出的问题必须付诸行动,要进行研究并且提出改进的方法。如果存在损害的可能性的,则还要召回;有的还要向用户进行可靠使用的说明。没有做到这一点,致使新产品的隐蔽缺陷造成了损害,就应当承担跟踪观察缺陷的侵权责任。确立跟踪观察缺陷的意义在于,对一般的产品侵权责任免责事由即"将产品投放流通时的科学技术尚不能发现缺陷存在"进行了突破,因而给产品使用者提供更加安全的权利保护。

二、产品责任的归责原则和构成要件

产品责任的性质是无过错责任。

这不是说产品缺陷的制造者和销售者没有过错,因为产品存在缺陷本身就是一种过错,现代社会对产品质量的规定越来越具体,如果产品不符合规定的质量要求,产品的生产者就有过错,除非现有的科学技术无法发现。但是,产品责任确定是无过错责任,其立意是确定这种侵权责任不考察过错,无论其有没有过错在所不论,只要受害人能够证明产品具有缺陷,即可构成侵权责任。受害人不必证明产品制造者或者销售者的过错,因而也就减轻了权利人的诉讼负担,有利于保护受害人的权利。

根据无过错责任原则的规定性,构成产品责任须具备以下三个要件。

(一) 产品存在缺陷

产品及其缺陷在产品责任构成中处于极其重要的地位。《产品质量法》第2条第2款规定,产品是指"经过加工、制作,用于销售的产品"。产品须具备两个条件:一是经过加工、制作,未经过加工制作的自然物,不是产品;二是用于销售,因而是可以进入流通领域的物,按照该法第41条第(1)项关于未进入流通的产品,生产者不承担赔偿责任的免责规定,产品应进入流通领域。应当区别的是,未进入流通领域的产品,是免责条件;用于销售,是指生产、制造该产品的目的,而不是已经进入流通。上述产品存在缺陷,就构成本要件。

(二) 人身、财产受到损害

产品责任中的损害事实包括人身损害、财产损害和精神损害。人身损害包括致人死亡和致人伤残。财产损失,不是指缺陷产品本身的损失,即购买该产品所付价金的损失,而是指缺陷产品外的其他财产的损失,其范围包括直接损失和间接损失。精神损害,是指缺陷产品致人损害,给受害人所造成的精神痛苦和感情创伤。

(三) 因果关系

产品责任中的因果关系要件,是指产品的缺陷与受害人的损害事实之间存在的引起与被引起的关系,产品缺陷是原因,损害事实是结果。确认产品责任的因果关系,要由受害人证明,证明的内容是,损害是由于使用或消费有缺陷的产品所致。使用,是对可以多次利用的产品的利用;消费,是对只能一次性利用的产品的利用。这两者在构成侵权责任时无原则性区别,因此一般称作使用也可以。

三、产品责任的法律关系主体和责任承担

(一) 产品责任法律关系的权利主体

我国《侵权责任法》和《产品质量法》未明确界定产品责任的权利主体,仅指"他人"。为维系加害人与受害人之利益平衡,促进生产者、销售者努力降低产品危险,消除产品缺陷,界定"他人",应当将法人和其他组织纳入产品责任的保护范围,产品责任法律关系的权利主体应当包括因产品存在缺陷造成人身伤害或者财产损害的一切受害者,无论是自然人还是法人或其他组织都在其内。

(二) 产品责任法律关系义务主体

1. 生产者

生产者应当包括:(1)成品制造者。成品制造者是产品责任的主要承担者。(2)准制造者。对他人制造的产品像自己制造的产品一样进行销售或者以其他形式经营,视为生产者。

2. 销售者

销售者是指生产者外的产品经销商。由于销售者的过错使产品存在缺陷,造成他人人身、财产损害的,销售者应当承担赔偿责任。销售者不能指明缺陷产品的生产者或不能指明缺陷产品的供货者的,销售者应当承担赔偿责任。产品责任中的销售者应满足的条件是:(1)以经营该产品为业的人;(2)此种经营应是长期的,而不是临时或偶尔的;(3)不要求该致害产品是其主营业

或唯一的营业,例如影院出售的爆米花。

(三)产品责任的不真正连带责任

《侵权责任法》第 41 条至第 43 条规定的是生产者与销售者在承担产品责任时的基本责任形态,这种责任形态是不真正连带责任。

在产品侵权责任中,生产者和销售者之间的责任就是不真正连带责任,不论受害人向法院起诉生产者还是起诉销售者,只要生产或者销售的产品有缺陷,造成了损害,就应当由被起诉的被告承担责任,如果起诉的是销售者,而产品缺陷又是生产者造成的,那么,销售者在承担了侵权责任之后,可以向生产者求偿。

1. 不真正连带责任的对外关系

产品责任不真正连带责任的对外关系,是第 43 条第 1 款规定的内容,即"因产品存在缺陷造成损害的,被侵权人可以向产品的生产者请求赔偿,也可以向产品的销售者请求赔偿"。其要点如下。

(1)被侵权人对于产品生产者或者销售者均享有损害赔偿请求权,可以从中选择一个,作为侵权责任人。对此,被侵权人享有选择权,法官应当完全尊重被侵权人的选择。在这种情况下责任人承担的责任是中间责任,而不是最终责任。

(2)不论是生产者还是销售者承担中间责任,都适用无过错责任原则。这个规则,对生产者没有意义,因为生产者无论承担中间责任还是最终责任,都适用无过错责任。对于销售者则不同,承担最终责任为过错责任,承担中间责任为无过错责任。在被侵权人主张销售者承担中间责任的时候,销售者不得以自己对产品缺陷的产生无过错而进行抗辩。

(3)在司法实践中,如果被侵权人将两个被告同时起诉,具体做法有两种:一是判决直接确定负有最终责任的一方承担赔偿责任,直接确定最终责任;二是确定各个被告的总体责任,负有不真正连带责任,被侵权人可以主张任何一方承担中间责任。对此,均可采用。

(4)不真正连带责任不分份额,在一般情况下,不能判决生产者与销售者承担不同的份额,既不能按份承担,也不能连带承担。除非在对于产品缺陷的产生,是由生产者和销售者共同原因造成的。不过,如果是这样,则成立共同侵权责任,当然是连带责任。

2. 不真正连带责任的对内关系

产品责任不真正连带责任的对内关系,就是承担中间责任的一方向应当承担最终责任的一方的追偿关系。其要点如下。

(1)在第 43 条第 2 款规定的情形,"产品缺陷由生产者造成的,销售者赔偿后,有权向生产者追偿",是销售者对产品缺陷的产生没有过错,而产品缺陷是由生产者造成的,在被侵权人向其主张损害赔偿请求权,承担了中间责任之后,可以向生产者主张追偿。生产者应当承担最终责任,向销售者赔偿损失。

(2)在第 43 条第 3 款规定的情形,即"因销售者的过错使产品存在缺陷的,生产者赔偿后,有权向销售者追偿",是销售者对产品缺陷的产生有过错,即因销售者的过错造成产品缺陷,而被侵权人主张对产品缺陷产生没有过错的生产者承担中间责任,生产者承担了中间责任之后,对销售者享有承担最终责任的追偿权。生产者行使该追偿权,可以向销售者追偿,请求承担最终责任,赔偿生产者因此造成的损失。

3. 不真正连带责任的最终责任

不真正连带责任的最终责任,是第 41 条和第 42 条规定。产品生产者的最终责任,是因产品存在缺陷造成他人损害的,生产者承担最终责任,实行无过错责任原则,无论有无过错都应当承担责任。销售者承担最终责任,是因销售者的过错使产品存在缺陷造成他人损害,销售者承担最终责任,实行过错责任原则;如果销售者不能指明缺陷产品的生产者也不能指明缺陷产品的供货者的,对销售者则实行无过错责任原则,应当承担最终责任。

四、产品责任的免责事由与诉讼时效

(一)免责事由

1. 特有免责事由

根据《产品质量法》第41条规定,产品生产者能够证明有下列情形之一的,不承担赔偿责任:(1)未将产品投入流通的;(2)产品投入流通时,引起损害的缺陷尚不存在的;(3)将产品投入流通时的科学技术水平尚不能发现缺陷的存在的。对此,《侵权责任法》没有规定,应当按照第5条规定,适用《产品责任法》的规定。

(1)未将产品投入流通。这是各国产品责任法普遍规定的免责事由。投入流通的含义,包括任何形式的出售、出租、租赁以及抵押、出质、典当等。处于生产阶段或者已经生产完毕但没有出厂而是在仓储中,不认为已经投入流通。未投入流通的产品,即使有缺陷并造成了他人损害,生产者不承担责任。例如工人在生产线或者成品库中夹带出厂的产品,即使有缺陷并造成损害,不得请求生产者承担损害赔偿责任。

(2)产品投入流通时引起损害的缺陷不存在。对此,生产者不承担赔偿责任;如果在销售环节也不存在缺陷的,则销售者也不承担赔偿责任。投入流通,是指产品从生产厂家出厂进入流通环节,将产品交付给使用者之前。如果生产者将产品投入流通时,产品无缺陷而在销售中形成缺陷,则不适用该免责事由,生产者与销售者应当承担不真正连带责任。

(3)将产品投入流通时的科学技术水平尚不能发现缺陷的存在的。称作发展风险抗辩或者科技发展水平抗辩。各国法律用语或表述略有不同,理解大体一致,即制造者无法控制的产品致损风险。对此,我们的立法规定是明确的。应当注意的是,适用发展风险抗辩,应当与《侵权责任法》第46条的跟踪观察缺陷相联系,即"将产品投入流通时的科学技术水平尚不能发现缺陷的存在的",应当规定其生产者以跟踪观察义务,为强制性义务,发现危险或者损害,必须召回,否则构成跟踪观察缺陷,应当承担产品责任。

2. 一般免责事由

在实践中,以下事由也可据以抗辩。

(1)受害人自身的原因引起的损害。例如,受害人在使用产品的时候,没有按照产品所标示的使用说明加以使用,产品的销售者或者制造者不承担损害赔偿责任。

(2)第三人的原因导致产品缺陷。如果产品造成的使用者或者第三人的损害,是由于第三人的原因而引起的,则应当由该第三人承担责任,不能由产品的制造者或者销售者承担责任。

(3)旧产品。美国《产品责任示范法》规定,产品出售人只对产品在有效期限内造成的损害负责①。

(4)明显的危险无警告义务。明显的危险性就是指公众普遍认知或意识到的产品危险性。这种危险性本身就能引起消费者、所有者的注意,如果使用者知其危险而不权衡利弊,减少乃至避免此风险,则可将此理解为受害人的"同意"。即受害人自甘风险,或将其作为重大共同过失。法律要求制造人对于产品的可预见的危险予以警告以避免损害的发生,但不应不合理地要求制造人对产品引起的每一损害承担责任,如刀口锋利可以伤人等。

(二)诉讼时效

《民法通则》、《产品质量法》和《消费者权益保护法》等法律规定的诉讼时效期间各不相同,相

---

① 参见朱克鹏、田卫红:"论产品责任法上的产品缺陷",《法学评论》1994年第6期。

较而言,《产品质量法》第 45 条规定较为全面。按照《侵权责任法》第 5 条关于"其他法律对侵权责任另有特别规定的,依照其规定"的规定,应当适用《产品质量法》的这一规定,即因产品存在缺陷造成损害要求赔偿的诉讼时效期间为 2 年,自当事人知道或者应当知道其权益受到损害时起计算。因产品存在缺陷造成损害要求赔偿的请求权,在造成损害的缺陷产品交付最初消费者满 10 年丧失;但是,尚未超过明示的安全使用期的除外。

五、关于产品责任的特别规定

（一）产品责任的第三人责任

《侵权责任法》第 44 条规定:"因运输者、仓储者等第三人的过错使产品存在缺陷,造成他人损害的,产品的生产者、销售者赔偿后,有权向第三人追偿。"本条规定的是产品责任的第三人责任,即第三人的过错使产品存在缺陷造成他人损害,生产者或者销售者先承担的替代性不真正连带责任。

这种替代性不真正连带责任构成时,造成损害的产品存在缺陷,已经造成了他人的损害,存在因果关系,但产品缺陷的形成不是由于生产者或者销售者的过错,而是由于运输者、仓储者等第三人的过错所致。符合这种要求的,就构成产品责任的第三人责任,被侵权人有权主张生产者或者销售者承担中间责任的赔偿责任,生产者或者销售者承担赔偿责任之后,有权向第三人追偿。

在司法实践中应用本条规定的"因运输者、仓储者等第三人的过错使产品存在缺陷,造成他人损害的,产品的生产者、销售者赔偿后,有权向第三人追偿"规则,应当掌握以下三点。

（1）由于生产者或者销售者承担的产品责任中间责任是无过错责任,因此,无论有无过错,都应当对被侵权人承担赔偿责任。

（2）产品的生产者或者销售者承担了中间责任之后,对仓储者或者运输者等第三人享有追偿权。

（3）至于何为第三人,本条明确规定的有运输者和仓储者,在其后规定的"等"字中包含的,还有原材料提供者、零部件提供者以及进口商等。凡属于生产者、销售者之外的其他对产品缺陷产生具有过错的人,都是第三人。生产者或者销售者承担了赔偿责任之后,都有权对他们进行追偿。

（二）跟踪观察缺陷产品责任

德国在司法实务中,为了克服发展风险抗辩所招致损害的分配有违公平正义的弊端,更好地保护消费者的合法权益,确立了制造商的跟踪观察义务。制造商将产品投入流通之后,还负有跟踪监视义务,即必须对所生产产品的性能以及实际使用效果进行不间断的了解,必要时必须作出警告直至召回产品。由于人类的认识能力和科技水平不断提高,生产者应及时了解最新的科技成果,对新发现的产品危险应及时予以警告、说明①。制造商将新产品投放市场后,必须尽到详尽的跟踪观察义务,对于用户反映和提出的问题必须付诸行动,要进行研究,并且提出改进的方法。如果产品制造商对于投放市场的新产品没有尽到跟踪观察义务,应当发现而没有发现新产品存在的缺陷,或者已经发现新产品的缺陷而没有及时召回,或者没有进行必要的警示说明,致使消费者受到侵害的,应当确认构成跟踪观察缺陷,承担侵权责任②。受害人可以据此对抗"将产品投放流通时的科学技术尚不能发现缺陷存在"的免责事由。这种做法值得借鉴。

---

① 赵相林、曹俊:《国际产品责任法》,中国政法大学出版社 2000 年版,第 105 页。
② 参见杨立新:《产品跟踪观察缺陷与警示说明缺陷的认定》,http://www.civillaw.com.cn/article/default.asp?id=28032。

在产品推向市场时的科学技术水平不能发现该产品是否存在缺陷的,生产者应当负有跟踪观察义务,发现缺陷应当及时召回产品,应当发现而没有发现或者已经发现没有及时召回,即构成跟踪观察缺陷①。《侵权责任法》第46条对跟踪观察缺陷予以确认。

跟踪观察缺陷侵权的归责原则应当适用过错推定原则。在司法实践中应用本条,最主要的是应当把握跟踪观察缺陷产品责任的构成要件。产品跟踪观察缺陷的侵权责任构成要件包括以下四个方面。

(1)违法行为。违反产品跟踪观察义务的不法行为包括不履行跟踪观察义务和不当履行跟踪观察义务的行为。例如,产品存在致人重大损害的危险或该损害已实际发生时,生产者对该产品应当召回,没有召回,就违反法定义务,构成行为不法。不当召回,是生产者虽然实施了召回措施,但违反通常标准采取补救措施不力,同样也是违法行为。

(2)已经造成损害。跟踪观察缺陷所致损害,主要是对生命、健康权的损害,以及由此而生的财产损失和精神痛苦。在损害事实方面,跟踪观察缺陷产品责任没有特别的要求。

(3)因果关系。跟踪观察缺陷产品责任的因果关系确定,应当适用相当因果关系规则。依照社会通常观念,该种缺陷产品能够造成该种损害,且在实际上已经由该种产品造成了该种损害,该种产品的缺陷为损害发生的适当条件的,就应当确认其具有因果关系。

(4)生产者或者销售者未尽跟踪观察义务,有主观过失。判断生产者违反产品跟踪观察义务中的过失的判断标准,应当采取"理性人"的分析方法,同时适用消费者合理期待的标准。以理性人的标准要求生产者在履行产品跟踪观察义务时,未尽到善尽交易上的注意(以善良管理人的注意为妥)即可认定为有过失,当然这种义务的要求不能绝对化,而应该进行个案的分析。由于消费者对产品安全需求会因个人因素而异,即使是一般典型理性消费者期待产品应有的安全性,也会受到制造商于设计、制造过程或透过产品呈现、指示或其他形式,赋予产品使用的目的与标准,影响消费者对于产品之认识与安全期待②。所以,在过失判断上应当以生产者所履行的产品跟踪观察义务,不背离一般消费者的通常安全期待为标准。

(三)恶意产品责任的惩罚性赔偿

《侵权责任法》第47条规定了恶意产品责任的惩罚性赔偿制度。设定恶意产品责任的惩罚性赔偿责任制度,目的在于参酌英美法系关于惩罚性赔偿制度的做法,以惩罚不法行为,并吓阻不法行为再度发生,而维护消费者之合法权益③。实践证明,《侵权责任法》设立惩罚性赔偿责任的这种立法思想是正确的。

恶意产品责任适用惩罚性赔偿责任的要件如下。

1. 明知产品存在缺陷

明知产品存在缺陷,是生产者或者销售者已经确定地知道生产的或者销售的产品存在缺陷,具有损害他人生命或者健康的危险。在客观上,该产品确实存在缺陷,有造成他人生命健康损害的危险;在主观上,则生产者或者销售者已经明确地知道该产品存在缺陷,有造成他人生命健康损害的危险。

2. 仍然生产、销售

仍然继续生产销售,是生产者或者销售者继续将缺陷产品投入流通,并且希望其销售到消费者的手中。仍然生产、销售,是明知之后或者明知当中所为,但也包括在生产销售之后,通过已经

---

① 杨立新:《侵权损害赔偿》,法律出版社2008年第四版,第227页。
② 朱伯松:《德国商品制造商责任论——侵权行为责任法的分析》(下),载《法学丛刊》第36卷第3期。
③ 戴志杰:《两岸〈消保法〉惩罚性赔偿金制度之比较研究》,载台湾《台湾地区大学法学论丛》第53期。

发生损害之后明知。无论怎样,只要是明知产品有缺陷可能造成他人损害,仍然生产、销售的,就具备本要件。

3. 造成他人生命健康损害

造成他人生命健康损害,是所有侵权行为人承担人身损害赔偿责任的要件,恶意产品责任当然须具备本要件。所不同的是,恶意产品责任的人身损害后果其实在恶意产品责任人的主观意料之中,不出其所料。因此,确定其承担惩罚性赔偿责任,具有科以惩罚性赔偿责任的必要性,是完全应当的。

确定惩罚性赔偿责任的计算标准及方法,应当着重解决以下三个问题:(1)应当以损失额为计算标准;(2)最高限额应当以损失额的三倍以下计算为妥;(3)法官可以根据具体案件情节,在最高限额之下确定具体的赔偿数额。

第二节 机动车交通事故责任

一、机动车交通事故责任的概念

(一)道路交通事故概念和特征

机动车交通事故,是指机动车与非机动车驾驶人员、行人、乘车人以及其他在公路、城市道路和虽在单位管辖范围但允许社会机动车通行地方,以及广场、公共停车场等用于公众通行的场所上进行交通活动的人员,因违反《道路交通安全法》和其他道路交通管理法规、规章的行为,过失或者意外造成的人身伤亡或者财产损失的事件。

机动车交通事故责任的法律特征:(1)机动车交通事故责任发生在道路交通领域;(2)责任人与受害人在事故发生之前不存在相对性的民事法律关系;(3)机动车交通事故责任的主要形式是人身损害赔偿,但常有财产损害赔偿;(4)机动车交通事故责任既受特别法调整,也受基本法调整。

(二)构成机动车交通事故的要素

1. 车的要素

在机动车交通事故责任法律关系中,车的要素是其客体要素,包括机动车和非机动车。《道路交通安全法》第119条第1款第(3)项规定:"'机动车',是指以动力装置驱动或者牵引,上道路行驶的供人员乘用或者用于运送物品以及进行工程专项作业的轮式车辆。"第(4)项规定:"'非机动车',是指以人力或者畜力驱动,上道路行驶的交通工具,以及虽有动力装置驱动但设计最高时速、空车质量、外形尺寸符合有关国家标准的残疾人机动轮椅车、电动自行车等交通工具。"

2. 人的要素

在机动车交通事故责任法律关系中,人的要素是主体要素,是该法律关系的责任主体、行为主体和权利主体要素。

(1)机动车保有人。机动车保有人是指保有机动车并且对机动车享有支配权和利益归属的法人、其他组织或者自然人。简言之,机动车保有人实际上就是车主。使用车主这个概念更为简洁,并且更符合我国语言习惯,便于群众理解。

(2)机动车驾驶人。机动车驾驶人是指符合国务院公安部门规定的驾驶许可条件,依法取得机动车驾驶证,在道路上正在驾驶机动车的自然人。

(3)非机动车驾驶人。非机动车驾驶人包括:一是年满12周岁,在道路上驾驶自行车、三轮车的人;二是年满16周岁,在道路上驾驶电动自行车、残疾人机动轮椅车的人;三是年满16岁,在道路上驾驭畜力车的人。除了这三种非机动车驾驶人之外,还有其他能够驾驶不属于机动车,同时也不属于高速运输工具的机动车的自然人,例如驾驶设计时速不超过20公里的轮式手扶拖拉机的人。

(4) 行人。是指在道路上行走的自然人。

(5) 受害人。机动车交通事故责任中的受害人,是损害赔偿法律关系的权利主体,享有侵权损害赔偿的请求权,有权向机动车交通事故责任人请求承担侵权责任。

3. 道路与交通的要素

(1) 道路。道路是指公路、城市道路和虽在单位管辖范围但允许社会机动车通行的地方,包括广场、公共停车场等用于公众通行的场所。

(2) 交通。交通是指机动车、非机动车以及行人在道路上往来通达,实现交往沟通目的的社会活动。

二、机动车交通事故责任的归责原则及构成要件

(一) 归责原则

我国《道路交通安全法》新修订的第76条规定了机动车交通事故责任归责原则的二元体系,包括过错推定原则和过错责任原则。

适用过错推定原则的机动车交通事故,是机动车造成非机动车驾驶人或者行人人身损害的交通事故。

适用过错责任原则的情形是:(1)机动车相互之间发生交通事故的实行过错责任原则;(2)非机动车驾驶人或者行人相互之间造成损害的适用过错责任原则;(3)非机动车驾驶人或者行人与机动车之间发生交通事故造成财产损害的适用过错责任原则。

(二) 构成要件

1. 道路交通事故的违法行为

机动车交通事故责任中的违法行为是指在道路交通过程中,道路交通参与人违反法律规定的权利的不可侵义务以及以保护他人为目的的法律所规定的义务的作为和不作为。

对于机动车交通事故责任中行为的违法性,是指道路交通事故加害人的行为在客观上与法律的规定相悖,有违于法律所确认的法律秩序,其中主要是结果不法以及违反保护他人为目的的法律。

对于机动车作为一方的机动车交通事故责任中,机动车处于运行的状态是其违法行为的必要条件。

2. 道路交通事故的损害事实

机动车交通事故责任中的损害事实,是指由于道路交通参与人的过失行为造成的权利主体的人身权利以及财产权利的不利状态,机动车交通事故责任中的损害主要是人身权利受到侵害,也存在财产权利受到侵害的情况。道路交通事故中的损害可以分为人身损害、精神损害和财产损害。

3. 道路交通事故的因果关系

机动车交通事故责任中的因果关系,是道路交通参与人的违法行为作为原因,对于损害事实的引起与被引起的关系,他们之间存在前者引起后者,后者被前者所引起的客观联系。

机动车交通事故责任中的因果关系具有复杂化和多样化,确定道路交通事故中的因果关系在理论上和实践中具有重要意义,道路交通事故中因果关系的判断可以采纳直接因果关系规则、相当因果关系规则等确定。

4. 机动车交通事故责任的主观过错

机动车交通事故责任中的过错，在一般情况下都表现为过失，只有在受害人故意引起道路交通事故损害的时候，才表现为故意。故意以交通肇事伤害他人，构成刑事犯罪。

在机动车交通事故责任中，机动车一方违反善良管理人的注意义务，为有过失；违反普通人的注意义务，则为重大过失。非机动车驾驶人或者行人一方违反与处理自己的事务为同一注意，为有过失；违反普通人的注意义务，为重大过失。

三、机动车交通事故责任的责任形态

机动车交通事故责任就是道路交通事故损害赔偿责任，其基本责任形态是替代责任和自己责任。替代责任是常态，凡是机动车保有人与机动车驾驶人相分离的机动车交通事故责任，都属于替代责任；机动车保有人自己驾驶机动车造成交通事故致人损害的，是自己责任。同时，道路交通事故构成共同侵权，则无论是自己责任还是替代责任，都构成连带责任。

（一）机动车交通事故责任中的替代责任

道路交通事故替代责任，是指机动车保有人作为责任主体，为机动车驾驶人的过失行为造成的道路交通事故致他人人身损害或者财产损害，应当承担赔偿责任；机动车保有人承担了赔偿责任之后，有权向有过错的机动车驾驶人追偿的侵权责任形态。在侵权法的侵权责任形态体系中，自己责任是常态，替代责任是非常态。但在机动车交通事故责任中，由于道路交通事故是特殊侵权行为，因此，替代责任是机动车交通事故责任的常态，而自己责任则是非常态。

承担替代责任的机动车交通事故责任的类型主要有：(1) 法人或者其他组织作为所有人与其工作人员作为机动车驾驶人的替代责任；(2) 雇主雇用雇工驾驶机动车的替代责任；(3) 机动车保有人借用他人作为机动车驾驶人的替代责任；(4) 承揽人为定作人执行承揽活动的特殊情形的替代责任；(5) 未成年子女驾驶机动车发生交通事故致人损害。

（二）机动车交通事故责任中的自己责任

道路交通事故自己责任，就是机动车保有人自己驾驶机动车，或者家庭成员驾驶家庭保有的机动车，由于自己的过错造成道路交通事故致他人人身损害或者财产损害，应当由自己或者家庭承担赔偿责任的道路交通事故的责任形态。在道路交通事故损害赔偿的责任形态中，作为侵权责任形态常态的自己责任却成为非常态，是机动车交通事故责任中非常态的责任形态。虽然如此，自己责任也是机动车交通事故责任的基本形态之一，与替代责任一起构成基本的侵权责任形态体系。

适用自己责任的机动车交通事故责任主要有以下三种类型：(1) 自己驾驶自己保有的机动车；(2) 驾驶私家车的责任；(3) 合伙事务执行人驾驶合伙共有机动车。

（三）机动车交通事故责任中的连带责任

机动车交通事故责任存在共同侵权行为，因此存在连带责任的侵权责任形态。机动车交通事故责任中的共同侵权有两种情形：(1) 两个以上的机动车因为共同过失造成同一个受害人损害，其因果关系具有同一性，造成的损害不可分割，两个以上的机动车构成共同侵权行为。(2) 共有的机动车发生道路交通事故致人损害，数个机动车共有人应当承担的责任也是共同侵权责任。这两种共同侵权的责任，都是连带责任，存在替代责任的连带责任和自己责任的连带责任。与替代责任和自己责任在机动车交通事故责任中的地位一样，本来应当作为连带责任常态的自己责任，在机动车交通事故责任中却成为非常态；而作为非常态的连带责任的替代责任，却成为机动车交通事故责任中的常态，是常见的连带责任方式。

四、遵守《道路交通安全法》第76条规定的交通事故责任基本规则

《侵权责任法》第48条规定："机动车发生交通事故造成损害的，依照道路交通安全法的有关

规定承担赔偿责任。"按照这一规定,首先必须准确理解《道路交通安全法》第76条规定的基本规则。

在司法实践中应用本条,应当特别掌握《道路交通安全法》第76条规定的基本规则。

（一）保险优先原则

机动车发生交通事故,首先是由机动车强制保险赔付。在强制保险范围内,不适用侵权法的规则,不问过错,只按照机动车强制保险的规则进行。机动车强制保险赔付不足部分,适用侵权责任法的规则处理。

（二）二元规则原则体系

机动车交通事故责任的归责原则为二元化归责原则体系：机动车造成非机动车驾驶人或者行人人身损害的,适用过错推定原则,实行过错推定。机动车相互之间造成损害,以及其他机动车交通事故责任,适用过错责任原则。

（三）过失相抵规则

机动车与非机动车驾驶人或者行人在交通事故中各有过错的,构成与有过失,实行过失相抵规则。应当注意的是,由于实行优者危险负担规则,因此,在按照过错程度和原因力规则确定了机动车一方的责任后,应当适当增加,以不超过百分之十为妥。例如,双方责任为同等责任,则机动车一方应当承担不超过百分之六十的责任。

（四）机动车一方无过错

机动车一方无过错,损害是由非机动车驾驶人或者行人一方的过失引起的,机动车一方承担不超过百分之十的责任。具体数额,可以按照非机动车驾驶人或者行人的过错程度具体确定,不应低于百分之五。

（五）受害人故意

交通事故损失是因非机动车驾驶人或者行人的故意引起的,机动车一方不承担责任。对此,新修订的《道路交通安全法》第76条规定为"故意碰撞机动车",其范围过窄,应当依照《侵权责任法》第27条规定,凡是非机动车驾驶人或者行人故意引起的交通事故造成损失,都应当免除机动车一方的责任。

五、道路交通事故损害赔偿特殊责任主体

机动车交通事故的特殊责任主体,是机动车保有人和机动车使用人在机动车交通事故责任究竟应当由谁承担侵权责任的问题。

在理论和实践中,对于道路交通事故赔偿责任主体认定存在的差异,大都源于对运行支配理论与运行利益理论结合"二元说"的广义与狭义认识的不同。法学界通说认为,以运行支配与运行利益作为机动车交通事故的责任主体的认定标准,即某人是否为机动车交通事故责任主体,要同时符合两个标准,既要看其对该机动车的运行是否在事实上处于支配管理地位,又要看其对该机动车的运行本身是否获得利益。就一般情况而言,依该原则确定赔偿责任主体是可行的,但在一些特殊情况下,认定依据只能是运行支配。因为支配足以决定一切,况且在有些情况下,运行利益与运行支配的归属是分离的。例如,机动车保有人令机动车驾驶人为朋友无偿搬运物品,运行利益归属其友人,而运行支配管理权仍属于机动车保有人,若依据运行支配与运行利益两个标准则无法确切认定①。

对待道路交通事故赔偿责任主体的认定应该将运行支配理论与运行利益理论结合起来考

---

① 王志娟:"论机动车交通事故的赔偿主体",载《当代法学》2003年第4期。

量,以运行支配理论为基础,强调支配者应承担责任,在特定情形下加入运行利益理论作为补充。

(一)出租、出借机动车损害责任

《侵权责任法》第 49 条规定:"因租赁、借用等情形机动车所有人与使用人不是同一人时,发生交通事故后属于该机动车一方责任的,由保险公司在机动车强制保险责任限额范围内予以赔偿。不足部分,由机动车使用人承担赔偿责任;机动车所有人对损害的发生有过错的,承担相应的赔偿责任。"

光车出租,是出租公司仅出租机动车,并不带驾驶人。这种情况应当完全按照本条规定确定责任。承租人租用机动车使用,发生交通事故,承租人作为使用人,应当承担赔偿责任。本条规定的机动车出租,主要是指这种机动车租赁业务。如果出租人有过错,按照本条规定,应当承担相应的赔偿责任。确定相应的赔偿责任应当以出租人的过错程度以及行为的原因力确定。

《侵权责任法》第 49 条将机动车出租和出借两种情形规定在一起,适用同样的规则。首先,借用人借用他人机动车造成交通事故,借用人应当自己承担损害赔偿责任,机动车的出借人不承担责任。其次,机动车所有人即出借人对损害的发生有过错的,承担相应的赔偿责任。这种过错,应当是重大过失。理由是,友情出借机动车并不存在运行物质利益,而且机动车主即出借方对机动车的运行也没有支配力。

(二)买卖未办理过户登记的机动车损害责任

《侵权责任法》第 50 条规定:"当事人之间已经以买卖等方式转让并交付机动车但未办理所有权转移登记,发生交通事故后属于该机动车一方责任的,由保险公司在机动车强制保险责任限额范围内予以赔偿。不足部分,由受让人承担赔偿责任。"在二手机动车的买卖中,原机动车所有人(登记机动车保有人,也叫做登记车主)将机动车交付给买受人(实际机动车保有人,也叫做事实车主)后,并未照规定办理过户手续,导致登记机动车保有人和实际机动车保有人相分离的现象。

对此,最高人民法院曾经作出《关于连环购车未办理更名过户手续原机动车保有人是否对机动车发生交通事故致人损害承担责任的复函》,规定连环购车未办理过户手续,因机动车已交付,原机动车保有人既不能支配该车的运营,也不能从该车的运营中获得利益,故原机动车保有人不应对机动车发生交通事故致人损害承担责任。《侵权责任法》仍然坚持这样的立场,明确规定了"当事人之间已经以买卖等方式转让并交付机动车但未办理所有权转移登记,机动车发生交通事故后,属于机动车一方责任的,由受让人承担赔偿责任"的规则。

> **案例 16-2**
>
> 王某将机动车转让给秦某,车款两清,但一直没有办理过户手续。某晚雨天,秦某驾驶机动车运输玉米,在行驶过程中发生交通事故,将一行人张某撞成重伤,交通事故认定书认定秦某负全部责任。张某向秦某、王某索赔无果,诉至法院。法院经审理后认为,王某将机动车转让给秦某,虽未办理过户手续,但秦某已经实际取得并占有了该车,对该车有管理、使用和收益的权利。王某已经失去对该车的支配权,也不能从该车运营中获得利益,对事故的发生无法控制和预防。故此,应由车辆实际占有人秦某承担损害赔偿责任,名义车主王某不应对该车发生的交通事故承担损害赔偿责任。

(三)非法转让机动车损害责任

《侵权责任法》第 51 条规定:"以买卖等方式转让拼装或者已达到报废标准的机动车,发生交通事故造成损害的,由转让人和受让人承担连带责任。"这里规定的是非法转让机动车造成交通事故致人损害的连带责任。

在机动车管理中,严禁拼装机动车,也不准转让已经达到报废标准的机动车。违反法律规定,非法转让拼装的机动车或者已经达到报废标准的机动车,属于严重的违法行为,在转让人和受让人的主观上,都具有故意违法的意图。采取这种非法方式转让拼装的机动车或者达到报废标准的机动车,并且发生交通事故造成损害的,无论是造成他人损害,还是造成自己的损害,对于损害的发生,就将双方在非法转让中的故意,视为对损害发生的放任,因此,在转让人和受让人之间就具有共同的间接故意。具有共同的故意,又发生了交通事故造成损害,构成共同侵权行为。规定由转让人和受让人承担连带责任,完全符合侵权责任法原理,也符合《侵权责任法》第8条关于共同侵权行为应当承担连带责任的规定。

(四)盗抢机动车损害责任

在盗窃、抢夺或者抢劫驾驶机动车的情况下,机动车处于非法持有者的完全控制之下,原机动车保有人此时对机动车既不存在实际的运行支配,又没有对机动车享有运行利益,因此,非法持有机动车的人既是机动车的运行支配者,又是运行利益的归属者,理应成为损害赔偿的责任主体。因此,《侵权责任法》第52条规定:"盗窃、抢劫或者抢夺的机动车发生交通事故造成损害的,由盗窃人、抢劫人或者抢夺人承担赔偿责任。保险公司在机动车强制保险责任限额范围内垫付抢救费用的,有权向交通事故责任人追偿。"

盗窃、抢夺或者抢劫作为一种非法行为,其发生往往具有突发性和不可预见性,非法行为的发生中断了机动车保有人对机动车的运行支配,也切断了其对机动车运行利益的合法归属,而且机动车保有人对机动车管理的过失与交通事故的发生结果之间并无直接因果关系,交通事故的发生完全是非法行为人独立支配机动车运行的结果,因此,要求机动车保有人承担赔偿责任确有不当①。

在这种情况下,经常会出现没有直接责任人的情形,如盗窃、抢夺、抢劫机动车发生肇事后罪犯逃逸,受害人无法得到赔偿。由于该机动车车主有强制保险,因此,强制保险应当在责任范围内垫付抢救费用。对此,保险公司在垫付了抢救费用的,对肇事的责任人取得追偿请求权,当肇事的责任人出现时,有权向其追偿。对于没有投保交强险的,在制定《侵权责任法》过程中讨论过,因为交强险是每一个车主都必须投保的强制性保险,是必须投保的,没投保就有过错,因此,车主应当在交强险保险的范围内,承担赔偿责任。

六、机动车驾驶人肇事逃逸的责任负担

《侵权责任法》第53条规定了机动车驾驶人肇事逃逸的责任负担问题。这一规定分为三个问题。

(1)机动车驾驶人发生交通事故后逃逸的,该机动车参加强制保险的,由保险公司在机动车强制保险责任限额范围内予以赔偿。在发生交通事故后,机动车驾驶人逃逸的,只要该机动车参加了强制保险,就由保险公司按照强制保险责任的限额赔偿范围内予以赔偿。这是机动车交通事故责任保险优先原则的体现,无论何种情况,只要参加了机动车强制保险,出现事故造成损害就应当按照强制保险的规则理赔。

(2)机动车不明或者该机动车未参加强制保险,需要支付被侵权人人身伤亡的抢救、丧葬等费用的,由道路交通事故社会救助基金垫付。所谓"机动车不明"是指机动车的权属不明,即不知道该机动车归属于谁所有。在这种情况下发生机动车交通事故,以及发生交通事故的机动车未

① 彭思颖:"论道路交通事故损害赔偿案件中的责任主体",《西安政治学院学报》2005年第4期。

参加强制保险的,就无法得到强制保险的赔偿。为了保护受害人的合法权益,使其损害得到及时救济,法律规定由道路交通事故社会救助基金垫付被侵权人的人身伤亡的抢救、丧葬等费用。救助基金承担的,不是赔偿责任,也不是补偿责任,而是垫付责任,即不应当由其承担的责任,暂时为侵权人垫付。

(3)道路交通事故社会救助基金垫付后,其管理机构有权向交通事故责任人追偿。应当注意的是,道路交通事故社会救助基金享有追偿权的,仅仅是其已经垫付的部分,没有垫付的其他损害的请求权,仍由被侵权人享有,仍然有权向侵权人行使,以保护好自己的权益。

第三节 医疗损害责任

一、《侵权责任法》改革医疗损害责任的背景和目标

(一)医疗损害责任改革的背景

《侵权责任法》规定医疗损害责任制度的背景,是我国现行司法实务实行的由三个双轨制构成的二元化医疗损害责任制度。三个双轨制的具体内容:(1)医疗损害责任诉因的双轨制,既有医疗事故责任,又有医疗过错责任;(2)医疗损害赔偿标准的双轨制,医疗事故责任按照《医疗事故处理条例》规定的赔偿标准赔偿,数额很低,医疗过错责任适用人身损害赔偿标准,数额较高;(3)医疗损害责任鉴定的双轨制,医学会作为官方代表进行医疗事故责任鉴定,司法鉴定机构进行医疗过错责任鉴定。据此形成了二元化的医疗损害救济机制,典型地表现了我国医疗损害责任制度的现实状况和法律适用的混乱程度。

我国医疗损害责任制度形成二元化结构的基本原因:(1)行政机关片面强调医疗机构的特殊性用不适当的方法予以特别保护;(2)受害患者一方寻找医疗事故责任之外的新的保护方法;(3)司法机关将错就错认可医疗事故和医疗过错的差别。二元结构的医疗损害责任制度存在的弊病是:(1)分割完整的医疗损害责任制度,造成受害患者一方相互之间的矛盾;(2)加重医疗机构举证责任,形成防御性医疗,损害全体患者的利益;(3)造成审判秩序混乱,损害司法权威。

(二)医疗损害责任改革的理论基础和基本目标

医疗损害责任改革所依据的理论基础:(1)坚持人格平等,实行统一的医疗损害责任制度,是医疗损害责任改革的基本方向;(2)兼顾受害患者、医疗机构和全体患者利益关系,是医疗损害责任制度改革的基本要求;(3)过错责任原则是建立和谐医患关系调整三者利益的最佳平衡器;(4)坚持民事诉讼武器平等原则,妥善处理诉讼机会和诉讼利益的平衡。

改革我国医疗损害责任制度应当遵循的基本目标是,建立一个一元化结构的医疗损害责任制度,改变二元结构医疗损害责任的法律适用矛盾状况,建立统一的、完善的医疗损害责任制度,统筹兼顾,公平、妥善地处理受害患者的利益保护、医疗机构的利益保护以及全体患者利益保护之间的平衡关系,推进社会医疗保障制度的健全发展,保障全体人民的医疗福利。

(三)医疗损害责任改革的主要内容

《侵权责任法》重新构造我国的医疗损害责任制度,其基本内容是"一元化三类型",包括以下七个方面:(1)统一医疗损害责任概念。《侵权责任法》应当摒弃医疗事故责任和医疗过错责任两个不同概念,使用统一的"医疗损害责任"概念。(2)确定医疗损害责任的归责原则。(3)根据医疗损害责任的具体情形和法律规则的不同,将医疗损害责任分为三种基本类型,即医疗技术损害责任、医疗伦理损害责任和医疗产品损害责任,分别适用不同的归责原则和具体规则。(4)确定认定医疗过失的一般标准。《侵权责任法》明确规定认定医疗过失的标准是违反注意义务,医

疗机构违反自己的注意义务,即存在医疗过失①。根据不同医疗损害责任的类型,将医疗过失分为医疗技术过失和医疗伦理过失。分别确定医疗技术过失的标准和医疗伦理过失的标准。(5)确定医疗损害责任纠纷案件举证责任规则。在三种不同的医疗损害责任类型中,分别适用不同的举证责任,科学分配诉讼风险。(6)适用统一的人身损害赔偿标准并予以适当限制。医疗损害责任的赔偿不应当单独制定标准,实行统一的人身损害赔偿标准。应当特别注意的是,医疗损害责任的赔偿有自己的特点,为了保障全体患者的利益不受损害,对医疗机构的损害赔偿责任应当进行适当限制②。(7)医疗损害责任鉴定的性质为司法鉴定。《侵权责任法》对医疗损害责任的鉴定没有明文规定,但既然医疗损害责任不再以医疗事故作为基本类型,那么,也就没有必要执行《条例》关于医疗事故鉴定制度的规定。

二、医疗损害责任的类型

(一)医疗技术损害责任

医疗技术损害责任,是指医疗机构及医务人员在医疗活动中,违反医疗技术上的高度注意义务,具有违背当时的医疗水平的技术过失,造成患者人身损害的医疗损害责任。这种医疗损害责任的构成,必须具备医疗技术过失的要件,即违背当时医疗水平的疏忽和懈怠,造成患者人身损害,因而应当承担的侵权责任。

医疗技术损害责任的法律特征是:(1)构成医疗技术损害责任以具有医疗过失为前提;(2)医疗技术损害责任的过失是医疗技术过失;(3)医疗技术过失的认定方式主要是原告证明;(4)医疗技术损害责任的损害事实只包括人身损害事实。

1. 医疗技术损害责任的类型

(1)诊断过失损害责任。诊断过失损害责任是常见的医疗技术损害责任。最典型的诊断过失就是误诊。只有当根本未进行一些基本的诊断程序或者在进一步的治疗过程中,未对初始的诊断发现并加以审查时,才能构成误诊,并导致赔偿责任。判断误诊的标准是,一个理性的医师在疾病诊断中,作出了不符合医疗时的医疗水平的对患者疾病的错误判断,而如果是一个理性的医师是不可能出现这样的错误,就是诊断过失。

(2)治疗过失损害责任。医疗机构及医务人员在治疗中,未遵守医疗规范、规章、规程,未尽高度注意义务,实施错误的治疗行为,造成患者人身损害的,即为医疗过失损害责任。

(3)护理过失损害责任。医护人员在护理中违反高度注意义务,造成患者人身损害,也构成医疗技术损害责任。

(4)感染传染损害责任。医疗机构承担的是治病救人的高尚职责,在医疗机构内部,必须管控感染,防止感染、传染。如果医疗机构以及医务人员未善尽高度注意义务,出现院内感染或者传染,造成患者感染新的疾病损害生命健康的,应当承担医疗过失损害责任③。

(5)孕检生产损害责任。在妇产科医疗机构中,由于孕检中未能检出胎儿畸形,请求"错误出生"医疗损害责任不断出现。这种医疗技术损害责任是在妇产科医院中,对胎儿状况的检查存在医疗疏忽或者懈怠,应当发现的胎儿畸形而未发现,使胎儿出生后才发现畸形造成损害的医疗技术损害责任。

(6)组织过失损害责任。医疗机构在医疗组织中,违反医院管理规范,疏于及时救助义务,

---

① 对于医疗过失的一般标准,参见杨立新:"医疗过失的证明及举证责任",《法学杂志》2009年第6期。
② 对此,可参见杨立新:"医疗过失损害赔偿责任的适当限制原则",《政法论丛》2008年第6期。
③ 对此,台湾成功大学侯英泠有专门的研究,见侯英泠:《论院内感染之民事契约责任》,台湾正典出版文化有限公司2004年版。

或者延误治疗时间等,构成组织过失损害责任。

2. 医疗技术损害责任的归责原则和构成要件

医疗技术损害责任适用过错责任原则确定侵权责任。据此,确定医疗机构承担侵权赔偿责任,应当具备侵权责任的一般构成要件,即违法行为、损害事实、因果关系和医疗过失。在证明责任上,实行一般的举证责任规则,即"谁主张,谁举证",四个要件均须由受害患者承担举证责任。

构成医疗技术损害责任,应当具备以下四个要件。

(1) 医疗机构在医疗活动过程中的违法行为。医疗技术损害责任的违法行为必须发生在医疗活动过程中,否则不构成医疗侵权责任。行为的违法性,是指医疗机构违反了对患者的生命权、健康权、身体权不得侵害的法定义务。

(2) 医疗技术损害责任的损害事实是人身损害事实。医疗侵权责任构成中的损害事实,是医疗机构及其医护人员在医疗活动中,造成患者人身损害的事实。

(3) 医疗技术损害责任的因果关系。构成医疗技术损害责任,医疗违法行为与患者人身损害后果之间必须具有因果关系。医疗机构只在有因果关系存在的情况下,才就其过失行为负赔偿之责。

(4) 医疗技术过失。构成医疗技术损害责任,医疗机构必须具备医疗技术过失。这是对医疗机构违法性医疗行为中的主观因素的谴责,正因为医疗机构具有过失,才对其科以侵权责任,以示对医疗机构过失的法律谴责。医疗行为造成患者损害,如果医疗机构及医务人员没有过错,医疗机构就不承担医疗技术损害责任。

> **案例 16-3**
> 　　新疆生产建设兵团某医院在给一位患者注射青霉素注射液的时候,医护人员先对其过敏史进行了询问,之后进行了皮试,直到过了规定的时间没有发现过敏症状后,才给病员注射,接着又在注射室观察了10分钟。但是,病员回家之后3个小时,发生过敏,因抢救不及时死亡。死者家属要求追究医院的医疗过错责任,法院判决驳回诉讼请求。这种青霉素的延缓过敏现象是极为罕见的,是病员体质特殊,医院不具有医疗过失。法院的判决是正确的。

3. 医疗技术损害责任的责任形态

医疗技术损害责任的责任分担形态是替代责任。医务人员在执行职务中,由于违反技术规范等,造成患者人身损害,构成医疗技术损害责任的,其自己责任人是医疗机构,而不是医务人员。医疗机构对医务人员造成的损害承担责任,受害患者一方应当直接向医疗机构请求赔偿。医疗机构承担了侵权责任之后,可以向有过错的医务人员进行追偿,赔偿自己因承担赔偿责任而造成的损失。《侵权责任法》第54条规定的正是替代责任的规则。

(二) 医疗伦理损害责任

1. 医疗伦理损害责任的概念和特征

医疗伦理损害责任,是医疗损害责任的基本类型之一,是指医疗机构和医务人员违背医疗良知和医疗伦理的要求,违背医疗机构和医务人员的告知或者保密义务,具有医疗伦理过失,造成患者人身损害以及其他合法权益的医疗损害责任。

医疗伦理损害责任的法律特征:(1)构成医疗伦理损害责任以具有医疗过失为前提;(2)医疗伦理损害责任的过失是医疗伦理过失;(3)医疗伦理过失的认定方式是过错推定;(4)构成医疗伦理损害责任不仅包括患者的人身损害而且包括其他民事权益损害。

2. 医疗伦理损害责任的类型

(1) 违反资讯告知损害责任。是指医疗机构未对病患充分告知或者说明其病情,未对病患提供及时有用的医疗建议的医疗损害责任。这种医疗损害责任违反的是医疗良知和医疗伦理,没有善尽对患者所负的告知义务、说明义务、建议义务等积极提供医疗资讯义务的过失,侵害患者知情权的侵权行为。

(2) 违反知情同意损害责任。是指医疗机构及医护人员违反其应当尊重病患自主决定意愿的义务,未经病患同意,即积极采取某种医疗措施或者消极停止继续治疗的医疗损害责任。

(3) 违反保密义务损害责任。由于医患关系的特殊性,医生掌握着患者的病患情况、病史情况以及其他的个人重要信息,这些都是患者的重大隐私信息,医疗机构及医生和相关知情人员负有保密义务。《侵权责任法》第 62 条规定:"医疗机构及其医务人员应当对患者的隐私保密。泄露患者隐私或者未经患者同意公开其病历资料,造成患者损害的,应当承担侵权责任。"

(4) 违反管理规范损害责任。是医疗机构违反行政管理规范,造成受害患者的身份权等权利损害的医疗损害责任。在医疗过程中造成这种患者的损害,不能不认为是医疗损害责任。这种侵权行为的违法行为是违反管理规范,造成的尽管不是人身损害事实,但违反了医疗良知和医疗伦理,使受害患者的身份权受到损害,承担责任的也是医疗机构,认定为医疗损害责任是完全有道理的。

3. 医疗伦理损害责任的归责原则与构成要件

医疗伦理损害责任的构成要件如下。

(1) 违法行为。构成医疗伦理损害责任的违法行为,表现为违反法定义务。医疗机构和医务人员的告知或保密等义务是一种法定义务。行为人违反这些法定义务,其行为就具有了违法性。违反告知义务的类型:①未履行告知义务。②未履行充分告知义务。③错误告知。④迟延履行告知义务。⑤履行了告知义务,但未经同意而实施医疗行为。违反保密义务的损害事实是患者的隐私权;而抱错孩子的医疗伦理损害,其损害事实则是违反医疗管理规范造成亲权关系的损害。能够证明医疗机构及医务人员违反了保密义务,或者其他义务,使患者的隐私利益、亲权利益等受到损害,隐私权和侵权受到侵害的,就是没有尽到保密义务等绝对义务,具有违法性。

(2) 损害事实。医疗伦理损害责任构成要件的损害事实主要表现为侵害了患者的知情权、自我决定权、隐私权和身份权等,因此造成患者现实权益损害和期待利益的损害,以及其他间接性损害。

(3) 因果关系。医疗伦理损害责任构成中的因果关系主要表现为未善尽告知义务的行为与知情权、自我决定权、隐私权、身份权以及相关利益受到损害之间的引起与被引起的关系,前者为因,后者为果。这种因果关系的证明,受害患者一方应当承担举证责任。

(4) 医疗伦理过失。医疗伦理损害责任构成的过失要件采推定规则,即存在未善尽告知义务,即推定医疗机构和医务人员具有过失。

4. 医疗伦理损害责任的责任形态和赔偿范围

医疗伦理损害责任的责任分担形态是替代责任。医务人员在执行职务中,造成患者人身损害或者其他损害,构成医疗伦理损害责任的,其自己责任人是医疗机构,而不是医务人员。医疗机构对医务人员造成的损害承担责任,受害患者一方应当直接向医疗机构请求赔偿。医疗机构承担了侵权责任之后,可以向有过错的医务人员进行追偿,赔偿自己因承担赔偿责任而造成的损失。

确定医疗伦理损害责任损害赔偿范围的规则是:第一,如果违反告知或者保密等义务造成患者人身损害,能够确定违反告知或者保密等义务的医疗行为与损害后果具有因果关系的,当承担人身损害赔偿责任;第二,如果违反告知或者保密等义务,没有造成患者人身损害,仅仅是造成了知情同意权、自我决定权、隐私权、身份权等精神性民事权利损害的,则应当承担的赔偿责任是精神损害抚慰金赔偿,但这种赔偿通常是象征性赔偿。

(三) 医疗产品损害责任

1. 医疗产品损害责任的概念

医疗产品损害责任,是指医疗机构在医疗过程中使用有缺陷的药品、消毒药剂、医疗器械以及血液及制品等医疗产品,因此造成患者人身损害,医疗机构或者医疗产品生产者、销售者应当承担的医疗损害赔偿责任。《侵权责任法》第59条规定的是医疗产品损害责任。

医疗产品损害责任既是医疗损害责任,也是产品责任,是兼有两种性质的侵权行为类型,是医疗损害责任的基本类型。

2. 医疗产品损害责任的归责原则及责任构成

医疗产品损害责任适用无过错责任原则。医疗机构直接使用医疗产品,应用于患者造成损害的,医疗机构当然是责任主体,应当承担过错责任,如果医疗机构不能指明缺陷医疗产品的生产者,也不能指明缺陷产品的供货者,以及医疗机构就是医疗产品生产者的,应当承担无过错责任。

医疗产品损害责任的构成,应当具备产品侵权责任的构成要件要求,须具备以下要件。

(1) 医疗产品须为有缺陷产品。构成医疗产品损害责任的首要条件,是医疗产品具有缺陷。产品属于医疗产品,包括四种:一是药品;二是消毒药剂;三是医疗器械;四是血液及血液制品。医疗产品造成损害构成医疗产品损害责任,也必须具有缺陷。

(2) 须有患者人身损害事实。构成医疗产品损害责任,须将医疗产品应用于患者,由于医疗产品存在缺陷造成了患者的人身损害。

(3) 须有因果关系。医疗产品损害责任中的因果关系,是指医疗产品的缺陷与受害人的损害事实之间存在的引起与被引起的关系,医疗产品缺陷是原因,损害事实是结果。确认医疗产品责任的因果关系,要由受害人证明。

在医疗机构承担医疗产品损害责任中,在适用过错责任原则的情况下,应当具备过失的要件。

3. 医疗产品损害责任的责任形态

医疗产品造成患者损害,其责任分担形态是不真正连带责任,其基本规则如下。

(1) 责任主体是医疗机构和医疗产品的生产者、销售者。医疗产品损害责任的责任主体有三种:①医疗机构。医疗机构直接使用医疗产品,应用于患者身上,造成损害的,医疗机构当然是责任主体,应当承担过错责任,如果医疗机构不能指明缺陷医疗产品的生产者,也不能指明缺陷产品的供货者的,应当承担无过错责任。②医疗产品生产者,其制造了有缺陷的医疗产品,并且造成了患者的损害,应当承担责任。③医疗产品的销售者,按照《侵权责任法》第41条至第43条和《产品质量法》的相关规定,销售者对于缺陷产品造成损害具有过失,不论其是否为产品缺陷的生产者,都应当承担侵权责任;如果销售者不能指明缺陷产品的生产者,也不能指明缺陷产品的供货者,则销售者应当承担无过错责任。

(2) 实行最近规则。受害患者可以选择请求医疗机构、生产者或者销售者承担责任。按照产品责任的最近规则,受害患者有权在上述三种侵权责任主体中,根据自己的利益,选择对自己最为有利的、法律关系"最近"的一个请求权行使。

(3) 实行最终规则。准许首先承担责任的一方向缺陷生产者追偿。按照产品责任的最终规则,在有过失的医疗机构承担了赔偿责任之后,其取得对医疗产品缺陷生产者、销售者的追偿权。医疗机构可以向其请求承担因缺陷医疗产品造成损害的全部赔偿责任。

(4) 患者将医疗机构和生产者、销售者同时起诉的应按照最终规则处理。在诉讼中,如果受害患者将医疗机构、制造者和销售者一并作为共同被告起诉的,法院在审理中,应当直接适用最终规则,确定缺陷的直接制造者承担侵权责任,不必先实行最近规则让医疗机构先承担责任再进行追偿。

三、医疗过失的证明及举证责任

(一)医疗过失的概念和特征

医疗过失是指医疗机构在医疗活动中,医务人员未能按照当时的医疗水平通常应当提供的医疗服务,或者按照医疗良知、医疗伦理应当给予的诚信、合理的医疗服务,没有尽到高度注意义务,通常采用违反医疗卫生管理法律、行政法规、部门规章、医疗规范或常规,或者未尽法定告知、保密义务等的医疗失职行为作为标准进行判断的主观心理状态,以及医疗机构存在的对医务人员疏于选任、管理、教育的主观心理状态。简言之,医疗过失就是医疗机构及医务人员未尽必要注意义务的疏忽和懈怠。

医疗过失的法律特征是:(1)医疗过失的主体是医疗机构和医务人员;(2)医疗过失是主观要件而不是客观要件;(3)医疗过失的认定通常采用客观标准;(4)医疗过失违反高度注意义务的标准是当时的医疗水平或者违反医疗良知和医疗伦理。

(二)医疗过失的分类

医疗过失分为医疗技术过失和医疗伦理过失。

1. 医疗技术过失

医疗技术过失借鉴的是法国医疗科学过错[①]的概念,是指医疗机构及医务人员从事病情的检验、诊断、治疗方法的选择,治疗措施的执行以及病情发展过程的追踪,术后照护等医疗行为中,不符合当时的医疗专业知识或技术水平的疏忽或者懈怠。确定这种医疗过失,适用当时的医疗水平标准,适当考虑地区、医疗机构资质和医务人员资质,通常以医疗法律、法规、规章以及医疗诊断规范和常规的违反为客观标准。其表现形式是:

$$医疗技术过失=当时的医疗水平→高度注意义务→违反义务$$

2. 医疗伦理过失

医疗伦理过失,是指医疗机构及医护人员在从事各种医疗行为时,未对病患充分告知或者说明其病情,未对病患提供及时有用的医疗建议,未保守与病情有关的各种隐私、秘密,或未取得病患同意即采取某种医疗措施或停止继续治疗等,违反医疗职业良知或职业伦理上应遵守的告知、保密等法定义务的疏忽和懈怠。确定这种医疗过失,判断标准是医疗良知和医疗伦理,通常为违反法律、法规、规章、规范、常规规定的医务人员应当履行的告知、保密等法定义务为标准,违反之,即为有过失,因此,通常并不需要医疗过失的鉴定,法官即可依据已知的事实作出推定。其表现形式是:

$$医疗伦理过失=医疗职业良知和职业伦理→告知保密等义务→未履行$$

(三)医疗技术过失的证明及举证责任

1. 医疗技术过失的认定标准是当时的医疗水平

医疗技术过失就是合理的医师未尽高度注意义务。因此,认定医疗技术过失的注意义务,应当采纳当时的医疗水平为标准确定。医疗水平是指已由医学水平加以解明的医学问题,基于医

[①] 关于法国医疗科学过错的概念,请参见陈忠五:《法国法上医疗过错的举证责任》,载朱伯松等:《医疗过失举证责任之研究》,台湾元照出版公司2008年版,第124页。

疗实践的普遍化并经由临床经验研究的积累,且由专家以其实际适用的水平加以确定的,已经一般普遍化的医疗可以实施的目标,并在临床可以作为论断医疗机关或医师责任基础的医疗时的医疗水平。

确定医疗过失,应以医疗当时的医疗水平为标准,同时参考地区、医疗机构资质和医务人员资质,确定医疗机构和医务人员应当达到的高度注意义务。违反这样的注意义务,就是医疗过失。在具体判断医务人员注意义务是否违反时,还应当适当考虑不同地区、不同医疗机构资质、不同医务人员资质等因素。

在医疗技术损害责任诉讼中,受害患者一方承担举证责任。其证明程度应如何界定,应当考虑医疗活动中患者不具备医疗专业知识、相较于医师和医疗机构处于资讯绝对不对称的劣势地位的基本特点,既不能使受害患者一方推卸证明责任,而使医疗机构陷入完全被动的诉讼地位,也不能完全不考虑现实情况,而使受害患者一方无力承受重大的诉讼压力,以至于完全不能证明而丧失胜诉机会。

2. 医疗技术过失推定的法定事由

按照《侵权责任法》第58条规定,受害患者如果能够证明医疗机构存在三种法定情形之一的,即可推定医疗过失。

(1) 医疗机构及医务人员违反法律、行政法规、规章等有关诊疗规范的规定。在制定《侵权责任法》过程中,很多学者提出,违反法律、行政法规、规章等有关诊疗规范的规定的,其实就是有过失,因为证明医疗技术过失的标准之一,就是违反有关诊疗规范的规定。因此,具备本项规定的要求的,为有技术过失,没有举证责任倒置的问题。

(2) 医疗机构及医务人员隐匿或者拒绝提供与纠纷有关的病历资料。医疗机构及医务人员在发生医疗损害责任纠纷时,隐匿或者拒绝提供上述病历资料的,就可以直接推定存在医疗技术过失,原告不必再举证证明。

(3) 医疗机构及医务人员伪造、篡改或者销毁病历资料。前项规定的推定过错事由,是对病历资料采取的态度消极行为,是隐匿或者拒绝提供,属于不作为。而本项规定的行为,是对病历资料采取的积极行为,即伪造、篡改或者销毁。对此,同样应当推定有医疗技术过失。

案例 16-4

原告之妻因孕41周于2005年9月28日上午9时在被告处入院待产,经常规检查,初步诊断:1. 宫内孕、孕2产1、孕41周;2. LOA;3. 羊水过多。下午5:20产妇胎膜破裂后自然分娩,在胎儿娩至腹部时,产妇突然出现抽搐、昏迷、意志丧失、无自主呼吸,考虑为羊水栓塞,立即抢救,晚6:10,产妇出血1 000 ml,输血,给予宫腔纱布填塞,仍不能止血,后行子宫切除手术,手术进行2分钟患者血压降至0,14分钟无自主呼吸,心脏停搏,晚11:50抢救无效死亡,产妇总出血量约8 000 ml。9月29日,双方委托某医院进行病理解剖,临床病历结论:推测死者系子宫弛缓性出血,引起失血性休克导致死亡。原告起诉后,被告申请医学会进行医疗事故鉴定,但由于被告存在篡改病历的行为,且病程日志、手术志愿书、麻醉前谈话记录均系签字后填写,被告2006年4月4日申请医疗事故技术鉴定被驳回,起诉后法院拟委托医学会鉴定,基于同样的理由医学会未予受理。经审理,法院认定:1. 产妇与医疗机构的医疗服务合同依法成立;2. 医疗机构存在伪造、篡改病历的行为;3. 患者的知情同意权没有受到尊重;4. 由于病历的真实性存在问题导致医疗事故鉴定不能,因此应认定医疗机构未能完成其"不存在医疗过失及医疗过失与损害后果不存在因果关系"的举证责任,依法推定被告存在医疗过失,其医疗过失与产妇死亡的损害后果之间具有因果关系。因此判决院方向患者家属赔偿169 977元。

（四）医疗伦理过失的证明及举证责任

医疗伦理过失，是指医疗机构或医护人员从事医疗行为时，违反医疗职业良知或职业伦理应遵守的告知、保密等法定义务的疏忽和懈怠。具体表现是未对病患充分告知或者说明其病情，未对病患提供及时有用的医疗建议，未保守与病情有关的各种隐私、秘密，或未取得病患同意就采取某种医疗措施或停止继续治疗，或者违反管理规范造成患者其他损害。事实上，医疗伦理过失就是医疗机构及医务人员未善尽告知、保密等法定义务的过失，这本身就构成医疗过失。

医疗伦理过失的证明责任，实行推定过错，过错要件的举证责任倒置。如前所述，这种医疗过失的概念来源于法国医疗责任法的医疗伦理过错概念。

确定医疗伦理过失，判断标准采用医疗良知和医疗伦理，通常为违反法律、法规、规章规定的医务人员应当履行的告知义务为标准，违反之，即为有过失，因此，通常并不需要医疗过失的鉴定，法官即可推定。同样，医疗机构未履行保密等义务也推定其有过失。

四、医疗机构的免责事由和对患者及医疗机构的特别保护

（一）医疗机构的免责事由

《侵权责任法》第60条规定了医疗机构免除责任的法定事由。由于医疗活动和医疗事故的特殊性，医疗事故责任的免除事由与一般的侵权责任免除事由并不相同。

1. 患者或者其近亲属不配合医疗机构进行符合诊疗规范的诊疗

在诊疗护理过程中，医护人员对患者进行诊疗护理，必须得到患者及其家属的配合，否则会出现不利于治疗的后果。如果由于患者及其家属的原因而延误治疗，造成患者的人身损害后果，说明受害患者一方在主观上有过错。按照过错责任原则，如果损害后果完全是由于患者及其家属延误治疗造成的，就证明对损害的发生，医疗机构没有过错，应免除医疗机构的赔偿责任。

如果患者及其家属不配合治疗是构成医疗损害后果的原因之一，医护人员也有医疗过失，构成与有过失，应当依据《侵权责任法》第26条关于过失相抵的规定，减轻医疗机构的赔偿责任。

2. 医务人员在抢救生命垂危的患者等紧急情况下已经尽到合理诊疗义务

在抢救危急患者等紧急情况下，例如患者生命垂危必须采取紧急医学措施，都有可能造成不良后果。在这种情况下，由于紧急抢救措施是在危急情况下采取的，为了挽救患者生命，对紧急措施可能出现的不良后果不再考虑，两项衡量，抢救生命是第一位的，只要医务人员已经尽到合理注意义务的，即使造成不良后果，对患者的身体有一定的损害，也不认为构成医疗损害责任，因此，医疗机构不承担赔偿责任。例如，在抢救非典患者的生命时，其实都预料到大剂量注射激素类药物会有副作用，但舍此没有别的医疗措施可用，因此，对造成的后遗症等，医疗机构不承担责任。

3. 限于当时的医疗水平难以诊疗的

在人类发展过程中，人类对于自己的认识是不断发展的，直至今天也不能全部认识自己。因此，医疗技术和医学水平总是有局限性的。正因为如此，限于当时的医疗水平难以诊疗的病症，医务人员无法治愈，就是正常的。《侵权责任法》一方面将当时的医疗水平作为确定医疗技术过失的标准，另一方面将限于当时的医疗水平难以诊疗的作为免责事由，在这个问题的两端作出了合理的规定。对此，应当注意条文使用的"当时的医疗水平"，与第57条规定的内容完全一致，适用时，一定要与当时的医学科学水平相区别，不能采用当时的医学科学水平，也不能采用当时的医学科学技术的水平作为标准。在当时的医疗水平条件下，医疗机构对所发生的不良医疗后果无法预料，或者已经预料到了但没有办法防免，因此而造成的不良后果，不构成医疗技术损害责任，医疗机构不承担赔偿责任。

（二）《侵权责任法》对患者权利和医疗机构权益的特别保护

《侵权责任法》第61条、第63条和第64条规定的是对患者权利和医疗机构权益的特殊保护。

1. 医疗机构对医学文书资料的保管查询义务

依照《侵权责任法》第61条的规定，医疗机构及其医务人员应当按照规定填写并妥善保管住院志、医嘱单、检验报告、手术及麻醉记录、病理资料、护理记录、医疗费用等病历资料。患者要求查阅、复制前款规定的病历资料的，医疗机构应当提供。

违反该义务的后果，《侵权责任法》第58条在规定推定医疗过失的规定中明确规定"隐匿或者拒绝提供与纠纷有关的病历资料"，"伪造、篡改或者销毁病历资料"的行为可以直接推定医疗过失，其基础也在于本条规定的医务人员对医疗文书和资料负有的义务，这种推定过失就是违反该义务的法律后果。

2. 不必要检查的防范与责任

《侵权责任法》第63条规定"医疗机构及其医务人员不得违反诊疗规范实施不必要的检查"的内容，针对的是医疗机构的防御性医疗行为。医疗机构及医务人员为了保护自己，采取对患者进行不必要检查的措施，既用患者的钱为自己保存了诉讼证据，以保护自己，同时又增加了医疗机构的收入，这是防御性医疗行为。这样的防御性医疗行为对患者极为不利，是必须纠正的。

3. 患者不得干扰医疗秩序和医务人员工作、生活的义务

《侵权责任法》第64条规定"医疗机构及其医务人员的合法权益受法律保护。干扰医疗秩序，妨害医务人员工作、生活的，应当依法承担法律责任"的内容，针对的是部分患者的"医闹"行为。这一规定要求患者遵守法律，保护好医疗机构和医务人员的合法权益，禁止"医闹"行为，违反者，应当依法承担法律责任。

第四节　环境污染责任

一、环境污染责任的概念和特征

环境污染责任，是指污染者违反法律规定的义务，以作为或者不作为的方式污染环境，造成损害，依法不问过错，应当承担损害赔偿等法律责任的特殊侵权责任。

《侵权责任法》规定的环境污染责任有以下五个特征：(1)环境污染责任是适用无过错责任原则的特殊侵权责任。(2)环境侵权责任保护的环境属于广义概念，包括生活和生态环境。(3)污染行为人是污染者的作为或者不作为。(4)环境污染责任保护的被侵权人范围。(5)环境污染责任方式范围广泛，可以适用停止侵害、排除妨碍、消除危险、返还财产、恢复原状、赔偿损失等多种责任方式，而不局限于损害赔偿责任。

二、环境污染责任的归责原则与构成要件

（一）环境污染责任的归责原则

《侵权责任法》规定环境污染责任为无过错责任。其理由是：(1)环境污染责任适用无过错责任是各国立法的通例，采用这一立法例，可以顺应世界侵权法的发展潮流，有利于我国民商法与国际民商法接轨。(2)适用无过错责任，有利于使社会关系参加者增强环境意识，强化环境观念，强化污染环境者的法律责任，履行环保义务，严格控制和积极治理污染。(3)适用无过错责任，可以减轻被侵权人的举证责任，加重加害人的举证责任，更有利于保护被侵权人的合法权益。因

此，应当确认污染环境致害责任是无过错责任。

(二)环境污染责任的构成要件

构成环境污染责任须具备以下三个要件。

1. 须有违反环境保护法律的环境污染行为

这种行为首先必须是环境污染的行为。环境污染，是指工矿企业等单位所产生的废气、废水、废渣、粉尘、垃圾、放射性物质等有害物质和噪声、震动、恶臭排放或传播到大气、水、土地等环境之中，使人类生存环境受到一定程度的危害的行为。

违法性是侵权责任构成的一般要件，环境污染行为具备违法性要件也是必然的，况且环境污染行为必定是违反环境保护法律的行为，作此要求，并不会对保护被侵权人的权益不利。因此，应当坚持环境污染行为须违反国家环境保护法律的要件。

2. 须有客观的损害事实

环境污染的损害事实，就是指污染危害环境的行为致使国家的、集体的财产和公民的财产、人身及环境受到损害的事实。环境污染的损害以人身损害事实为最常见。污染水源、空气等，都可以造成大范围的人身伤害。污染环境所造成的人身损害具有一个显著的特点，即多数损害具有潜在性和隐蔽性，即被侵权人往往在开始受害时显露不出明显的损害，但随着时间的推移，损害逐渐显露，如早衰、人体功能减退等。对于这种潜在的危害，也应作为人身伤害的事实。环境污染造成财产损害，主要是财产本身的毁损，使其丧失价值和使用价值。它也包括直接损失和间接损失。

3. 须有因果关系

环境污染行为与污染损害事实之间要有因果关系。这一要件指的是环境污染行为与损害事实之间必须具有引起与被引起的客观联系。

环境污染侵权作为一种特殊侵权，在构成要件的因果关系方面也有特殊性，实行推定因果关系规则，即在环境污染责任中，只要证明企业已经排放了可能危及人身健康或造成财产损害的物质，而公众的人身或财产已在污染后受到或正在受到损害，就可以推定这种危害是由该污染行为所致。

案例 16-5

2007年冬天，某市一药品制剂厂在生产过程中，由于生产工人疏忽，造成氯气泄漏，长达30分钟。氯气从生产车间所在的山洞向外扩散，致周围居民区空气污染，30多名群众中毒，金属器具受到腐蚀。事故发生后，经及时采取措施，消除了危险，将病患者收住医院。在这一案件中，损害事实是30多名群众的健康受损，该制剂厂工人不遵守操作规程造成化学毒品外泄，违反了国家环保法律；该厂污染环境行为与该损害事实之间，按照通常的道理，氯气完全可以造成此类人身伤害和财物损害，而且从发病集中看，症状相同，财物损害亦一致，又没有其他可以造成这种损害的原因，故两者之间可以认为具有因果关系。据此这一案件符合污染环境侵权民事责任构成要件的要求，该制剂厂与受害30余名群众间产生损害赔偿的权利义务关系，并应以国家强制力保证这些受害人得到赔偿。

三、环境污染责任的具体类型

根据不同的标准，环境污染和危害有不同的分类：按环境要素可分为大气污染、水污染等；按污染物的性质可分为生物污染、化学污染等；按照污染物的形态可分为废气污染、固体废物污染等。对此，《侵权责任法》没有具体规定。以下以环境要素污染和有毒有害物质污染为基本标准,对环境污染责任的具体表现形式进行分析。

(一)转基因农产品污染侵权行为

基因污染是在天然的生物物种基因中掺进了人工重组的基因。这些外来的基因可随被污染的生物的繁殖而得到增殖,再随被污染生物的传播而发生扩散。因此,基因污染是一种非常特殊又非常危险的环境污染。

转基因产品是现代科学技术的产物。正确使用转基因产品,对人体的健康有益;但是,转基因产品使用不正确,会造成人体的严重损害。因此,生产、销售转基因产品,未尽说明义务,造成污染损害的,构成侵权责任。

(二)水污染侵权行为

水污染是指水体因某种物质的介入而导致其化学、物理、生物或者放射性等方面特性改变,从而影响水的有效利用,危害人体健康、破坏生态环境,造成水质恶化的现象。由于我国水资源严重紧缺,水污染防治在我国具有特殊重要的意义。

向水体中排放或者向地下渗透污水或废液污染水环境,对他人的人身、财产造成损害的,污染者有责任消除危害,并对直接被侵权人赔偿损失。同时,水资源受到污染,给国家造成环境损害的,可以由行政主管部门代表国家,对责任者提出损害赔偿要求。

(三)大气污染侵权行为

大气污染是人类最常见的环境污染。大气污染,是指因自然现象或人为活动使某种物质进入大气而导致其化学、物理、生物或者放射性等方面的特性改变,使人们的生产、生活、工作、身体健康和精神状态、设备及财产等直接或间接遭受破坏或者受到恶劣影响的现象。能够引起大气污染的物质称为大气污染物。为了进一步保护大气环境,应当确定两个层次的责任:首先,向大气中排放或者飞散有害物质污染大气环境,排放者有责任消除危害,凡是排放者就应当承担这样的责任;其次,对他人的人身、财产造成直接损害的,应当承担赔偿损失责任。

(四)固体废弃物污染侵权行为

固体废弃物污染是指因不适当地排放、扬弃、贮存、运输、使用、处理和处置固体废弃物而造成的各种环境污染。固体废弃物本身就是污染物,同时还可以造成土壤污染、大气污染和水污染等。

向环境排放、堆放固体废物,污染环境的,同样是污染环境的侵权行为。确定这种侵权行为,应当从实体和程序两个方面考察:从实体上,向环境中排放或者堆放固体废物污染环境,对他人的人身、财产造成损害的,一是排放者有责任排除危害,二是排放者对直接被侵权人应当承担赔偿损失的责任。从程序上,规定固体废弃物污染国有土地资源,给国家造成环境损害,国家可以起诉,由行政主管部门代表国家对责任者提出损害赔偿要求。

(五)海洋污染侵权行为

海洋污染是指人类直接或间接地把物质或能量引入海洋环境,以致造成或可能造成损害海洋生物资源、危害人体健康,妨害渔业和海上其他合法活动,损害海水使用素质和减损环境质量等有害影响的现象。

向海洋中排放或者倾倒有害物质污染海洋环境,并对他人的人身、财产造成损害的,一是排放者应当承担消除危害的责任,二是对直接被侵权人应当承担赔偿损失的责任。同样,对于海洋环境的损害,如破坏海洋生态、海洋水产资源、海洋保护区,给国家造成环境损害的,国家可以起诉,检察机关可以代表国家对责任者提出损害赔偿要求。

(六)能量污染侵权行为

由于科学技术的发展,能量的污染日益严重,对人们的损害是现实的、严重的。例如,城市内大量建设玻璃幕墙,形成光污染,就是一种能量污染行为。超过标准造成损害的,构成侵权责任。违反法律规定,向环境中排放噪声、电磁波、光波、热能等能量,对他人人身、财产造成损害的,排放者一是有责任消除危害,二是对直接被侵权人应当承担赔偿损失的责任。如果向环境中排放的能量未超过国家规定标准,但被侵权人证明其正常的生活、工作和学习受到严重干扰的,排放者有责任消除危害。

(七)有毒有害物质污染侵权行为

有毒有害物质是指人们在生产或日常生活中使用的在一定条件下会污染环境、危害人体或者动植物生命和健康的物质。有毒有害物质主要包括化学物质、农药、放射性物质、电磁波辐射等。

危险物品对环境污染的损害有更为可怕的后果,应当进行重点防治和惩治,以加强对被侵权人的保护。向环境中排放放射性物品、有毒化学品、农药等危险品污染环境,并对他人人身、财产造成损害的,排放者一是要承担消除危害的责任,二是对直接被侵权人承担赔偿损失的责任。

(八)环境噪声污染侵权行为

环境噪声是指在工业生产、建筑施工、交通运输和社会生活中所产生的干扰周围生活环境的声音。环境噪声污染是指所产生的环境噪声超过国家规定的环境噪声排放标准,并干扰他人正常生活、工作和学习的现象。当噪声污染侵权达到一定程度,超过合理限度,有关行为人应当对遭受噪声损害的被侵权人承担侵权责任。

(九)生态损害责任

在制定《侵权责任法》中,有的专家建议规定生态损害责任,理由是在环境污染责任中无法涵盖生态损害责任。如湖北发生过这样一个案例,进口的树种栽在路旁,结果寄生某种蛾,使周边30公里的梨树生产受到严重损害。受害人起诉后,一审法院判决构成侵权,适用《民法通则》第124条环境污染责任的规定,但被二审法院驳回起诉,因为该行为损害的是生态而不是环境。为了防止这种情况发生,《侵权责任法》第65条规定"因污染环境造成损害"的内容中,已经涵盖了生态损害责任。

四、环境污染侵权的损害赔偿责任

(一)环境污染侵权赔偿法律关系和责任方式

环境污染侵权法律关系的性质,是物件致害的特殊侵权责任,其法律关系主体中的权利主体是被侵权人,义务主体是污染环境行为人。其基本关系与其他物件致害的赔偿关系没有原则的区别。

我国《环境保护法》规定的环境污染责任方式包括排除危害和赔偿损失两种。《环境保护法》、《水污染防治法》、《大气污染防治法》等环境保护有关法律、法规,都把"排除危害"和"赔偿损失"作为承担民事责任的主要形式。

环境法上的排除危害,是指国家强令已造成或者可能造成环境危害者,排除可能发生的危害或者停止已经发生的危害,并消除其影响的民事责任方式。排除危害主要适用于已经实施了侵权行为或侵权行为正在造成被侵权人损害的情形,具有防止造成损害结果的发生或避免造成更严重的损害后果的功能,是一种积极的有预防和防止作用的责任方式,在环境污染责任中应尽量采用。

环境法上的赔偿损失,是指国家强令污染危害者以自己的财产弥补对他人所造成的财产损失的民事责任方式。这是环境污染民事责任中最常采用的,也是最纯粹的民事责任方式。赔偿损失主要适用于侵害行为发生以后,已经造成了损害的情形,在补偿被侵权人的经济损失方面具有重要作用。

(二) 免责条件和诉讼时效

1. 免责条件

环境污染侵权的免责事由,是指环境法所规定的在因环境污染侵权致人损害时加害人可以不承担民事责任的事由。它通常是由环境污染责任的归责原则和构成要件所决定的,各国立法上规定不尽一致。

环境污染责任的免责条件是:

(1) 不可抗力。不可抗拒的自然灾害为民事责任的免责事由。《环境保护法》规定的不可抗力免责条件,附加了诸多的限制。须为不可抗拒的自然灾害,并且由加害人及时采取了合理措施,仍不能避免造成环境污染致人损害时,才可以免责。构成环境污染的免责条件:①不可抗力仅包括不可抗力中的自然原因;②对不可抗拒的自然灾害及时采取了合理措施仍不免损害。具备了这样两个条件的不可抗力,才可以免责。对免责条件限制严格,有利于保障被侵权人得到赔偿。

(2) 被侵权人过错。我国《水污染防治法》等法律中规定,如果损害是由于被侵权人自身的责任所引起的,污染者不承担责任。被侵权人对损害的发生具有故意或重大过失,足以表明被侵权人的行为是损害发生的直接原因,即该损害与污染者无因果关系,则免除污染者的责任,但被告应对被侵权人的过错举证。

(3) 其他免责条件。我国《海洋环境保护法》第43条规定,战争行为是海洋污染造成损害的免责条件。负责灯塔或者其他助航设备的主管部门在执行职责时的疏忽或者其他过失行为造成海洋、水污染损害的,为免责条件;此外,我国《民法通则》中规定的作为一般民事免责条件的正当防卫和紧急避险,也适用于环境污染责任制度。

2. 环境污染责任的诉讼时效

《环境保护法》第42条规定:"因环境污染损害赔偿提起诉讼的时效期间为三年,从当事人知道或者应当知道受到污染损害时起计算。"这一规定,与《民法通则》规定的普通诉讼时效期间不同。按照特别法优于普通法的原则,应当适用《环境保护法》的特别规定。

五、环境污染责任的因果关系推定

《侵权责任法》第66条规定了环境污染责任的因果关系推定规则,即"因污染环境发生纠纷,污染者应当就法律规定的不承担责任或者减轻责任的情形及其行为与损害之间不存在因果关系承担举证责任"。

在环境污染责任的构成中,环境污染行为与损害事实之间的因果关系要件具有非常重要的地位。原因在于,环境污染责任适用无过错责任原则,在确定责任构成中,无须具备过错要件,即不问过错,那么,确定是否构成环境污染责任的最后判断标准,就是因果关系。只要能够确定被侵权人的损害事实与环境污染行为之间存在引起与被引起逻辑联系的客观依据,具有因果关系,就能够确定环境污染行为的污染者对被侵权人承担侵权责任。在环境污染责任中,因果关系不仅是判断污染者与被侵权人的损害事实之间是否具有引起与被引起的逻辑联系的客观依据,更是判断污染者的环境污染行为是否为被侵权人造成的损害承担侵权责任的客观依据。

(一) 适用推定因果关系的必要性

因果关系推定的学说和规则,是大陆法系为了适应环境污染责任因果关系举证困难的实际情况而创设的,就是为了解决这个问题提出的法律对策。

在环境污染责任中,由于相当因果关系学说不能充分运用,各国法律界开始重新检讨因果关系理论,如何减轻原告方的举证责任,降低因果关系的证明标准,成为研究的重点问题。于是,推定因果关系的各种学说和规则不断出现,并被应用于司法实践。

因果关系推定规则产生于公害案件,后来有向其他领域扩展的趋向。因果关系推定的主要规则,是盖然性因果关系。盖然性因果关系说也叫做推定因果关系说,是在原告和被告之间分配证明因果关系的举证责任的学说,是日本学者在研究德国法中,针对矿业损害事件诉讼而提出的一种见解。

(二)因果关系推定的具体规则

1. 被侵权人证明存在因果关系的相当程度的可能性

被侵权人在诉讼中,应当首先证明因果关系具有相当程度的盖然性,即环境污染行为与损害事实之间存在因果关系的可能性。相当程度的盖然性就是很大的可能性,其标准是,一般人以通常的知识经验观察即可知道两者之间具有因果关系。

2. 法官对因果关系实行推定

法官在原告上述证明的基础上,可以作出因果关系推定。推定的基础条件是:(1)如果无此行为发生通常不会有这种后果的发生。(2)不存在其他可能原因,包括原告或者第三人行为或者其他因素介入。(3)判断有因果关系的可能性的标准是一般社会知识经验。

实行因果关系推定,就意味着被侵权人在因果关系的要件的证明上不必举证证明医疗损害因果关系的高度盖然性,而是在原告证明了因果关系盖然性标准的基础上,由法官实行推定。

3. 举证责任倒置由污染者证明污染行为与损害没有因果关系

在法官推定因果关系之后,污染者认为自己的污染行为与损害结果之间没有因果关系,则须自己举证证明。只要举证证明污染行为与损害事实之间无因果关系,就可以推翻因果关系推定,能够免除自己的责任。

4. 污染者举证的不同后果

如果污染者无因果关系的证明是成立的,则推翻因果关系推定,不构成侵权责任;污染者不能证明或者证明不足的,因果关系推定成立,具备因果关系要件。其证明的标准,应当是高度盖然性才能够推翻因果关系推定①,污染者证明因果关系的不存在达到高度盖然性标准的时候,才能够推翻因果关系推定。

六、市场份额规则和第三人过错

(一)市场份额规则的适用

《侵权责任法》第67条规定的是在环境污染责任中的市场份额规则,即"两个以上污染者污染环境,污染者承担责任的大小,根据污染物的种类、排放量等因素确定"。

在环境污染责任中,存在适用市场份额规则的条件。在两个以上的污染者污染环境,不能确定究竟是谁的污染行为造成的损害,但都存在造成损害的可能性。这种情况与产品责任中适用市场份额规则的条件完全相同,应当适用同样的规则。

《侵权责任法》第67条规定环境污染共同危险行为采用的是市场份额规则,有两点与共同危险行为不同:(1)每一个污染者污染行为的情形不同,对造成损害的可能性并不一样,因此,确定每一个污染者的责任份额并不相同,应当"根据污染物的种类、排放量等因素确定"。(2)承担的责任没有规定为连带责任,仅仅规定"应当承担侵权责任"。看起来,这个规定没有规定这种侵权责任的形态,但根据市场份额规则,每一个可能造成损害的污染者应当承担的是按份责任,因为本条后段明确规定了"污染者承担责任的大小,根据污染物的种类、排放量等确定",已经明确了按份责任的性质。

① 德本镇:《企业的不法行为责任之研究》,一粒社1974年版,第130页以下,转引自夏芸:《医疗损害赔偿法》,法律出版社2007年版,第181页。

(二)第三人过错的不真正连带责任

《侵权责任法》第68条规定了环境污染责任中第三人过错的不真正连带责任规则,第三人过错造成环境污染损害的,不适用《侵权责任法》第28条关于"损害是由第三人造成的,第三人应当承担侵权责任"的一般性规定,而采用不真正连带责任规则,即因第三人的过错污染环境造成损害的,被侵权人可以向污染者请求赔偿,也可以向第三人请求赔偿。污染者赔偿后,有权向第三人追偿。

第五节 高度危险责任

一、高度危险责任的概念和特征

高度危险责任,是指高度危险行为人实施高度危险活动或者管领高度危险物,造成他人的人身损害或者财产损害,应当承担损害赔偿责任的特殊侵权责任。

高度危险责任必须具备以下基本特征:(1)某一活动或物品对周围环境具有高度危险性,这种危险性是对人身安全的威胁和财产安全的威胁,是对周围环境致害,而不是对自己致害。(2)该活动或物品的危险性变为现实损害的几率很大,危险活动和危险物对周围环境的危险性,必须达到较高的程度,超过了公认的一般危险程度。(3)该种活动或物品只有在采取技术安全的特别方法时才能使用。第四,涉及该种活动或物品的高度危险作业具有合法性。

二、高度危险责任的归责原则和构成要件

(一)高度危险责任的归责原则

《侵权责任法》第69条明确规定,高度危险责任应当适用无过错责任原则。不论何种高度危险责任,采取何种不同规则,都同样适用无过错责任原则。

(二)高度危险责任的构成要件

高度危险责任的构成要件如下。

1. 须有危险活动或危险物对周围环境致损的行为

危险活动中的活动,是指完成特定任务的活动,一般是指生产经营活动,也包括科研活动和自然勘探活动,不包括国家机关的公务活动和军队的军事活动。活动和物的危险性,是对周围环境造成损害的概率高,足以超过一般性作业的损害概率。周围环境,是危险活动以外的,处于该危险活动及其发生事故可能危及范围的一切人和财产,它的特点是,并非指特定的人和财产,而是某一范围内的一切人和财产。

2. 须有损害后果存在或者严重危险的存在

危险活动或危险物的致害后果,包括人身损害和财产损害。其中人身损害包括致伤、致残、致死,财产损害包括直接损失和间接损失,其计算方法,与一般侵权行为损害后果的计算相同。只要危险活动或危险物造成人身损害或财产损害,就构成这一要件。

当损害结果还没出现,仅仅出现致害的危险时,可以请求承担其他民事责任方式,作为防止危险的必要措施。《侵权责任法》第21条对此作出了明确规定。

3. 须有因果关系存在

危险活动或危险物与损害后果(包括某些严重危险)之间须有因果关系,才构成高度危险责任的侵权责任。这种因果关系,原则上应由受害人证明。如果在某些高科技领域,受害人只能证明危险活动或危险物和损害事实在表面上的因果关系,甚至仅能证明危险活动或危险物是损害

后果的可能原因的,可以依据这些事实推定因果关系存在,如果危险活动人或危险物保有人不能证明危险活动或危险物与损害结果之间没有因果关系,则推定成立,确认其因果关系要件成立,构成侵权责任。

> **案例 16-6**
>
> 　　2009年12月5日00:20,一辆装载黑火药的大货车行驶至京珠高速湖北段时起火发生爆炸,造成现场4人死亡,高速路面严重损毁,并造成附近10个行政村共有2000余户居民的房子不同程度受损,29名村民受伤。按规定,危险品运输企业必须符合一系列严格条件并经专门许可,从业人员必须获得从业资格证,运输车辆必须是配有专门设备的专用车辆,还应当为危险货物投保承运人责任险。但在缺乏各方监管的情况下,这辆装载危险品货车行驶上高速公路,导致了重大的人员伤亡和财产损失。

三、高度危险责任的损害赔偿内容

(一) 赔偿法律关系主体

危险活动或危险物的作业人是赔偿责任主体。作业人可以是危险活动和危险物的所有人,也可以是危险活动和危险物的经营者。当所有人与占有人相分离时,应当如何确定赔偿责任主体,有不同的认识。例如,危险活动和危险物由他人承包,所有人与承包人相分离,有的认为由所有人承担,有的认为由承包人承担,有的认为由承包人与所有人共同承担。我们认为,承包人承包危险活动和危险物后,承包人是危险活动和危险物的占有人,由他进行具体作业,因而应由他作为赔偿责任主体,承担赔偿责任,所有人不承担责任,但承包合同另有规定的除外。

高度危险责任的赔偿权利主体是受害人。受害人死亡或终止后,由其权利承受人享有赔偿请求权。

(二) 责任方式

1. 停止侵害

对于尚在持续的危险活动,受害人有权请求危险活动人停止侵害。

2. 消除危险

《侵权责任法》第21条将严重威胁他人人身、财产安全作为可以提起"消除危险"的诉因。严重威胁他人人身和财产安全是指危险活动和危险物出现了特别异常的危险情况,如核电站出现泄漏、有毒物品外溢、高压输电电缆落地等。这种特别异常的危险情况超出了危险活动和危险物通常所具有的危险性,对他人的人身和财产具有迫在眉睫的危险。在此情形下,一切受到威胁的人均可提起诉讼,请求消除危险。

3. 损害赔偿

对于危险活动和危险物的损害赔偿,大多数国家都设有最高赔偿限额,我国某些法律或法规也设有类似规定,如我国《海商法》第210条对人身伤亡的赔偿请求及非人身伤亡赔偿请求的限制,航空管理法规对空难人员赔偿额的限制等。

(三) 免责事由

高度危险责任是无过错责任,一般的免责条件并不适用。法律规定以下条件为高度危险责任的免责条件。

1. 不可抗力

不可抗力作为高度危险责任的免责事由,《侵权责任法》作了不同规定。在第70条,规定的是战争等情形,战争是不可抗力的一种。第71条没有明确规定不可抗力。第72条和第73条明确规定不可抗力是免责事由。《铁路法》也将不可抗力规定为免责条件。对此,应当依照法律规定确定。

2. 受害人故意

《侵权责任法》第70条至第73条都规定了受害人故意是免责事由。受害人的故意,包括直接故意和间接故意。前者如自杀或自伤,是直接追求损害的后果。后者是放任后果的发生,如擅自侵入严禁人内的危险区域,造成伤残后果。

应当研究的问题是,该条规定的故意,是指对损害后果的故意,还是对行为本身的故意。《铁路法》第58条规定:"因铁路行车事故及其他铁路运营事故造成人身伤亡的,铁路运输企业应当承担赔偿责任;如果人身伤亡是因不可抗力或者由于受害人自身的原因造成的,铁路运输企业不承担赔偿责任。""违章通过平交道口或者人行过道,或者在铁路线路上行走、坐卧造成的人身伤亡,属于受害人自身的原因造成的人身伤亡。"这里规定的自身原因,应当是指行为的故意。如果认为其行为上有故意,即故意实施违章行为,就是放任其伤亡后果的间接故意,显然过于牵强,充其量应属于过于自信的过失。

3. 法律的其他规定

按照《侵权责任法》第76条规定,在依法划定的高度危险活动区域或高度危险物存放区域内,高度危险活动人或高度危险物的所有人,占有人或者管理人已通过设置明显标志和采取安全措施等方式尽到充分的警示、保护义务的,未经许可进入该区域的,高度危险活动人或高度危险物的所有人、占有人或者管理人对其在该区域内所遭受的损害不承担民事责任。这种免责事由的构成:(1)必须在高度危险活动区或者高度危险物的存放区;(2)高度危险活动人或者高度危险物占有人、所有人、管理人已经相当注意,设置了明显标志和安全措施,尽到了充分的警示、保护义务;(3)受害人未经许可进入该区域,造成损害。具备这三种条件,应当免责。

(四)高度危险责任的过失相抵

《侵权责任法》第九章规定高度危险责任,对不同的类型规定了不同的过失相抵规则:(1)第70条和第71条对于核事故损害责任和民用航空器损害事故,就没有规定实行过失相抵;(2)第72条规定易燃、易爆、剧毒放射性损害责任,规定受害人重大过失实行过失相抵;(3)第73条规定高空、高压、地下挖掘及高速轨道运输工具损害责任,则受害人过失即可实行过失相抵。

四、各种具体的高度危险责任

(一)民用核设施发生核事故损害责任

《侵权责任法》第70条规定:"民用核设施发生核事故造成他人损害的,民用核设施的经营者应当承担侵权责任,但能够证明损害是因战争等情形或者受害人故意造成的,不承担责任。"民用核设施,就是非军用的核能设施,是指经国家有关部门批准,为和平目的而建立的核设施,如核电站等。广义的核设施,还包括为核设施运输的核燃料、核废料及其他核物质。这些民用核设施以及为核设施运输的核燃料、核废料及其他核物质,因其放射性或放射性并合剧毒性、爆炸性或其他危害性,造成他人损害的,构成侵权行为。承担侵权责任的主体,是核设施的所有人或国家授权的经营人,应当由所有人或者国家授权的经营人承担民事责任。

(二)民用航空器损害责任

《侵权责任法》第71条规定:"民用航空器造成他人损害的,民用航空器的经营者应当承担侵权责任,但能够证明损害是因受害人故意造成的,不承担责任。"民用航空器,是指经国家有关部门批准而投入营运的民用航空器,例如各类民用的飞机、热气球等。现代社会,民用航空器造成损害的,后果非常严重,对这种损害的赔偿责任必须重点规定,以保障受害人损害赔偿权利的实现。

民用航空器致害,主要是因民用航空器失事造成的他人损害,同时也包括从航空器上坠落或者投掷人或物品、能量造成他人的损害。前者是航空器失事所造成的后果,如飞机空难,坠落后对地面的人员和财产造成损害。后者是航空器上的人或者物品、能量,因自主或者不自主地投掷或者坠落,造成地面的人员和财产的损害。总之,这种危险活动的损害,是指对地面人员和财产的损害,而不是对航空器本身所载的人或者财产的损害。

(三) 占有或者使用易燃、易爆、剧毒、放射性危险物损害责任

《侵权责任法》第72条规定:"占有或者使用易燃、易爆、剧毒、放射性等高度危险物造成他人损害的,占有人或者使用人应当承担侵权责任,但能够证明损害是因受害人故意或者不可抗力造成的,不承担责任。被侵权人对损害的发生有重大过失的,可以减轻占有人或者使用人的责任。"本条规定的是占有或者使用易燃、易爆、剧毒、放射性等高度危险物损害责任。

在工业生产中,占有、使用易燃、易爆、剧毒、放射性等高度危险物,对周围环境和人员具有高度危险性,使用这样的高度危险物进行制造、加工、使用、利用的,必须高度注意,采取安全保障措施,防止造成损害。但是,即使是这样,也难免造成他人损害,因此,对高度危险物造成的损害,应当适用无过错责任归责,即使是其所有人、占有人、管理人在主观上没有过错的,也应当承担侵权责任。

占有、使用易燃、易爆、剧毒、放射性等高度危险物,因物的危险性质造成他人损害的,其所有人、占有人或管理人应当承担民事责任。按照举证责任倒置的规则,如果高度危险物的所有人、占有人、管理人能够证明该损害是由于受害人故意或不可抗力造成的,则应当免除其责任。

(四) 从事高空、高压、地下挖掘、使用高速轨道运输工具损害责任

《侵权责任法》第73条规定:"从事高空、高压、地下挖掘活动或者使用高速轨道运输工具造成他人损害的,经营者应当承担侵权责任,但能够证明损害是因受害人故意或者不可抗力造成的,不承担责任。被侵权人对损害的发生有过失的,可以减轻经营者的责任。"

1. 高空作业致害

高空作业,是指超过正常的高度进行作业。高空作业致人损害的侵权行为的规则是:首先,损害应当由组织作业的人承担民事责任;其次,组织作业的人能够证明该损害系因受害人故意或者不可抗力造成的,免除其责任。

2. 高压致害

高压,是指压力超过通常标准,高于通常标准的压力。以高压制造、储藏、运送电力、液体、煤气、蒸汽等气体,因高压作用造成他人损害的,其所有人、占有人或管理人应当承担民事责任。受害人的故意和不可抗力是工业高压的免责事由,能够证明该损害系因受害人故意或者不可抗力造成的,不承担民事责任。

3. 地下挖掘

地下挖掘,是一种高度危险行为,是指在地下掘井、构筑坑道、挖掘隧道、构筑地铁等在地下进行的具有高度危险的施工活动。地下挖掘的基本安全保障,是建立足够的地下支撑。地下挖掘高度危险责任,是指在地下挖掘活动中,没有采取必要的、可靠的地下支撑,致使地表塌陷等后果,造成他人人身损害或者财产损害的高度危险责任。在地下挖掘过程中,必须采取必要的、切实可靠的地下支撑,以保证地下和地上的安全。因此,地下挖掘造成损害,是否应当承担侵权责任,就在于地下挖掘是否设立必要和可靠的支撑。没有建立必要的、可靠的支撑,造成地表塌陷或者其他损害,就构成地下挖掘高度危险责任。

4. 高速轨道运输工具

高速轨道运输,包括铁路、地铁、城铁、有轨电车等通过轨道高速行驶的交通运输工具,不包

括游乐场所的小火车等轨道运输工具。高速轨道运输工具是具有高度危险性的运输活动。铁路事故,是高速运输工具造成的损害事故,其性质是无过错责任,在责任构成上不考虑责任人的过错要件,只要具备违法行为、损害事实和因果关系三个要件,就构成侵权责任。

(五)遗失、抛弃高度危险物损害责任

《侵权责任法》第74条规定:"遗失、抛弃高度危险物造成他人损害的,由所有人承担侵权责任。所有人将高度危险物交由他人管理的,由管理人承担侵权责任;所有人有过错的,与管理人承担连带责任。"

遗失抛弃高度危险物的致害责任,是指公民、法人或者其他组织所有、占有、管理的危险物造成他人损害的,所应当承担的民事责任。规则是:(1)遗失、抛弃高度危险物造成他人损害的,由所有人承担侵权责任。其理由在前文已经说明。遗失高度危险物,所有权人并未丧失所有权,抛弃高度危险物,所有权人已经丧失所有权,因此是原所有权人。(2)所有人将高度危险物交由他人管理的,由于管理人管理不善,造成他人损害的,应当由管理人承担侵权责任,所有权人不承担赔偿责任。(3)所有人将高度危险物交由他人管理,造成他人损害,所有人有过错的,所有人与管理人承担连带责任。在对外关系上,被侵权人可以请求一方或者双方承担责任,在对内关系上,双方应当按照原因力的规则确定各自的责任份额,超出自己应当承担的责任份额的,有权对被侵权人进行追偿。

(六)非法占有高度危险物损害责任

《侵权责任法》第75条规定:"非法占有高度危险物造成他人损害的,由非法占有人承担侵权责任。所有人、管理人不能证明对防止他人非法占有尽到高度注意义务的,与非法占有人承担连带责任。"

确定非法占有高度危险物损害责任,应当采用以下办法确定侵权责任的承担:(1)被他人非法占有的危险物致人损害的,无论是造成他人人身损害还是财产损害,都由该非法占有人承担民事责任,危险物品的所有人不承担责任。(2)该危险物的所有人如果不能证明自己对他人非法取得占有已尽到高度注意义务,即对危险物的管理存在过失的,应当与危险物的非法占有人承担连带的侵权赔偿责任。(3)非法占有高度危险物,造成非法占有人自己损害的,在原则上应当适用前两项规则,即高度危险物的所有人或者管理人能够证明自己已经尽到高度注意义务的,免除赔偿责任;不能证明的,则应当与非法占有人双方按照《侵权责任法》第26条规定的过失相抵规则处理。

五、无过错责任的限额赔偿

《侵权责任法》第77条规定:"承担高度危险责任,法律规定赔偿限额的,依照其规定。"这是我国关于侵权责任的立法第一次确认高度危险责任适用限额赔偿规则的规定。

在我国现行法律、法规中也存在限额赔偿的规定。但是,由于规定限额赔偿制度的法律、法规层次较低,往往不被法官所重视,并且经常将限额赔偿与全部赔偿对立起来,因此,并没有得到特别的研究和适用,无过错责任与限额赔偿责任的法律适用规则并没有正确地建立起来。

我国现行法律法规中有一些关于限额赔偿责任的规定,主要集中在以下四个法规和文件中。(1)核损害赔偿,国务院《关于核事故损害赔偿责任问题的批复》第7条规定:一次事故的损害赔偿限额,企业承担的最高限额为3亿元,不足部分,国家承担的仍然是限额赔偿,为8亿元。(2)铁路交通事故赔偿,《铁路交通事故应急救援和调查处理条例》第33条规定:对于铁路旅客的伤亡赔偿,实行限额赔偿,最高赔偿额为15万元,自带行李也实行限额赔偿,最高额为2 000元。(3)国内航空事故赔偿,《国内航空运输承运人赔偿责任限额规定》第3条规定:对每名旅客的赔偿责任限额为人民币40万元;对每名旅客随身携带物品的赔偿责任限额为人民币3 000元。

(4)海上运输损害赔偿。《港口间海上旅客运输赔偿责任限额规定》第3条规定:旅客人身伤亡的,每名旅客不超过4万元人民币,海上旅客运输的旅客人身伤亡赔偿责任限制,按照4万元人民币乘以船舶证书规定的载客定额计算赔偿限额,但是最高不超过2 100万元人民币。

上述法规、规章规定限额赔偿使用两种不同的方法:(1)规定企业应当承担损害赔偿责任的总额,如核事故损害赔偿责任的3亿元和8亿元人民币的限额;(2)规定对受害人个体的赔偿限额。例如,铁路运输损害赔偿责任和航空运输损害赔偿责任,最高限额为个人15万元人民币和40万元人民币。

在上述规定中,限额赔偿规定适用的对象包括两种:第一种是合同当事人的损害。例如,铁路运输、航空运输、海上运输损害赔偿的限额赔偿,都是规定对旅客的损害适用,并没有包括运输合同之外的其他人的损害。第二种是既包括企业内部的损害,也包括企业外部的损害,如核事故损害赔偿责任。后者的适用对象更为广泛,前者实际上只约束合同当事人。

第六节　饲养动物损害责任

一、饲养动物损害责任概述

(一)饲养动物损害责任的概念和特征

饲养动物损害责任是指动物饲养人或者管理人在饲养的动物造成他人损害时,根据致害动物的种类和性质适用无过错责任原则或者过错推定原则,应当承担赔偿责任的特殊侵权责任。

饲养动物损害责任的特征是:(1)致害动物是饲养的动物;(2)责任形态为对物的替代责任;(3)《侵权责任法》对于饲养动物损害责任的规定,既规定了一般条款,也规定了特殊责任,实行的是一般条款下的特殊责任的立法体例。

(二)动物饲养人的法定义务

《侵权责任法》第84条规定了饲养动物的人应当遵守的法定义务,即"饲养动物应当遵守法律,尊重社会公德,不得妨害他人生活"。本条规定动物饲养人或者管理人应当遵守的义务是:(1)遵守法律。动物饲养人或者管理人遵守法律,最主要的是遵守关于饲养动物所应当遵守的法律和法规。(2)尊重社会公德。动物饲养人或者管理人在饲养动物时,应当遵守社会公德。(3)不得妨害他人生活。按照规定饲养动物,是人的自由,但饲养动物而妨害他人生活,为法律所禁止。

二、饲养动物损害责任的归责原则和构成要件

(一)饲养动物损害责任的归责原则

《侵权责任法》确定我国饲养动物损害责任的二元化归责原则体系。

在《民法通则》实施之前,在司法实践中,对于饲养动物损害责任的归责原则,对致人损害的危险性较大的凶猛野兽或者猛禽适用无过错责任原则,对于一般饲养的动物适用过错推定原则。《民法通则》第127条对此实行无过错责任原则①。《侵权责任法》改变了《民法通则》确立的一元归责原则体系,而是根据具体情形分别适用无过错责任与过错推定责任的二元归责原则体系。

无过错责任原则调整的饲养动物损害责任,首先是第78条规定的一般条款的适用范围。按照该条规定,对于一般的饲养动物致人损害,并不要求有过错的要件存在即可构成侵权责任,因

① 张新宝:《中国侵权法》(第二版),中国社会科学出版社1998年版,第553页。

此是无过错责任。在特别规定的饲养动物损害责任中,以下三种适用无过错责任原则:(1)违反管理规定未对动物采取安全措施造成他人损害的;(2)《侵权责任法》第 80 条规定的禁止饲养的烈性犬等动物造成他人损害的;(3)《侵权责任法》第 82 条规定的遗弃动物或者逃逸动物造成他人损害的责任。

确定为过错推定原则的饲养动物损害责任,是第 81 条规定的动物园的动物造成他人损害的责任。

(二)饲养动物损害责任的构成要件

1. 动物加害行为

动物加害行为,为动物施加于他人损害的行为。动物加害行为是指人对于其所管领的动物管束不妥因而致人损害的间接行为,尽管致害的是动物而不是人,但是在动物加害中,包含了人的间接行为,因此,动物加害仍然是行为,其性质是动物饲养人或者管理人的间接行为,而不是直接的加害行为。

2. 损害的存在

对于饲养动物损害责任构成要件中的损害事实要件,是对民事主体的权利损害,包括人身损害和财产损害。饲养动物损害责任的损害包括妨害。动物妨害是客观存在,比如学童因恶犬常立于其赴校必经之路而不敢上学等①,是一种对他人合法权益的侵害,对此应当通过饲养动物损害责任予以解决。

3. 因果关系

在饲养动物损害责任中的因果关系,是被侵权人的损害与动物加害行为之间的引起与被引起的客观关系,只有被侵权人的损害与动物加害行为之间存在因果关系,饲养动物损害责任才能成立,否则不构成饲养动物损害责任。

4. 动物为饲养人或者管理人所饲养或者管理

饲养动物损害责任的责任人也就是行为主体,应当是动物饲养人或者管理人。

在动物饲养人或者管理人的确定上,应当以直接保有关系存在的直接饲养人为责任主体,管理动物的人当然也是责任主体。

饲养人与管理人不一致的情形,即动物被短期性借用于他人,如甲的耕牛借用给乙犁田,则乙仅是管理人,而甲还是饲养人,对此,应当直接将管理人认定为动物的损害承担赔偿责任。

三、饲养动物损害责任的承担

(一)责任形态

饲养动物损害责任是典型的对物替代责任。对物的替代责任,就是责任人对自己管领下的物造成的损害所承担的责任。区别对物的替代责任的意义在于,唆使、利用物侵害他人是直接行为,对物管束不当致使物造成他人损害是间接行为,在法律适用方面是不同的,前者是一般侵权责任,后者是特殊侵权责任。对此,应当明确区分,不能混淆。

对于第三人过错造成饲养动物损害责任的,第 83 条规定的是不真正连带责任。

(二)饲养动物损害责任的免责事由

1. 受害人的故意

《侵权责任法》第 78 条没有规定受害人故意为免责事由,应当适用《侵权责任法》第 27 条关于受害人故意免责的一般规则,应当免除动物饲养人或者管理人的赔偿责任。

---

① 王家福主编:《中国民法学·民法债权》,法律出版社 1991 年版,第 525 页。

2. 被侵权人重大过失

饲养动物造成他人损害,受害人具有重大过失能否实行过失相抵,《侵权责任法》第78条明确规定,能够证明损害是因被侵权人的重大过失造成的,可以减轻或者免除责任,因此是减责或者免责的事由。

四、各种具体的饲养动物损害责任

(一)未采取安全措施的饲养动物损害责任

《侵权责任法》第79条规定:"违反管理规定,未对动物采取安全措施造成他人损害的,动物饲养人或者管理人应当承担侵权责任。"违反管理规定未对动物采取安全措施造成他人损害的,应当适用无过错责任原则确定侵权责任。尽管从条文的含义看,"违反管理规定,未对动物采取安全措施"本身就是过错,但应当按照管理规定饲养的动物的危险性,其实要超出第78条规定的一般动物的危险性,按照逻辑推论,一般饲养动物损害责任尚须适用无过错责任原则,那么对于危险性更为严重或者更为明显的须按管理规定饲养的动物,更应当适用无过错责任原则。那么,既然动物饲养人或者管理人违反管理规定未对动物采取安全措施造成他人损害,就无须考察动物饲养人或者管理人的过错,直接按照无过错责任原则确定侵权责任即可。

(二)禁止饲养的饲养动物损害责任

《侵权责任法》第80条规定:"禁止饲养的烈性犬等危险动物造成他人损害的,动物饲养人或者管理人应当承担侵权责任。"禁止饲养的烈性犬等危险动物造成他人损害的,是饲养动物损害责任中最为严格的责任,适用无过错责任原则,并且没有规定免责事由,是最为严格的无过错责任。

禁止饲养动物,包括两个部分:第一种,属于家畜、家禽中的凶猛动物,例如藏獒,性情暴烈的其他犬类,都属于烈性犬。在家畜、家禽中具有这种性情的动物,应当划为此类动物。第二种,禁止饲养的野生动物,属于危险动物,应当适用本条规定,确定侵权责任应当适用严格的无过错责任原则,不得主张被侵权人有过错而免责。例如野猪、狼、豺、虎、豹、狮等,都是禁止饲养的动物。

凡是饲养禁止饲养的动物,造成损害的,《侵权责任法》没有规定特定的免责事由。如果受害人故意引起损害,由于动物饲养人或者管理人违反禁止饲养的规定,可以构成过失相抵,不能免除责任。受害人具有过失或者重大过失,则不为免责事由,也不应当减轻责任。

(三)动物园饲养动物损害责任

《侵权责任法》第81条规定:"动物园的动物造成他人损害的,动物园应当承担侵权责任,但能够证明尽到管理职责的,不承担责任。"动物园饲养野生动物,必须按照法律法规的规定进行管理,以善良管理人的标准,善尽管理职责。《侵权责任法》规定动物园的饲养动物损害责任,明确规定为过错推定原则。动物园的动物造成他人损害,首先推定加害人具有过错,加害人主张自己无过错的,实行举证责任倒置,必须证明自己已经尽到管理职责。能够证明已经尽到管理职责的,为无过错,免除侵权赔偿责任;不能证明者,为有过错,应当承担赔偿责任。

案例 16-7

福建省闽西某公园的湖中岛放养野生猴子,游人可以上岛与猴子嬉戏。受害人夜间潜入公园,偷出游船上岛,遭受猴子的攻击致伤,向法院起诉,请求公园赔偿其损害。一审法院判决支持受害人的请求,二审法院判决驳回其诉讼请求。本案原告受到动物的损害,完全是自己故意所为,应当自己承担损害,公园不承担侵权责任。

实行过错推定原则的动物园的动物造成他人损害的饲养动物损害责任,应当具备构成饲养动物损害责任的一般构成要件,除此之外,还应当具备过失的要件。过失要件的证明,采取如上的推定规则。动物园动物证明自己没有过失的内容,是证明自己已经尽到管理职责。能够证明者,即为无过失。

(四)遗弃、逃逸饲养动物损害责任

《侵权责任法》第82条规定:"遗弃、逃逸的动物在遗弃、逃逸期间造成他人损害的,由原动物饲养人或者管理人承担侵权责任。"遗弃、逃逸动物,称为丧失占有的动物,是指动物饲养人或者管理人将动物遗弃或者逃逸,而使动物饲养人或者管理人失去了对该动物的占有。例如遗弃宠物猫、狗而形成流浪猫、狗。驯养的野生动物经遗弃或者逃逸而回归野生状态,也属于这类动物。

遗弃、逃逸饲养动物损害责任适用无过错责任原则。对此,条文也没有规定免责或者减轻责任的事由,适用无过错责任原则没有争议。

五、第三人的过错造成的饲养动物损害责任

《侵权责任法》第83条规定,对饲养动物损害责任适用不真正连带责任,被侵权人既可以向动物饲养人请求赔偿,也可以向第三人请求赔偿。这两个请求权,被侵权人只能选择一个行使,该请求权实现之后,另一个请求权消灭。按照不真正连带责任的规则,如果是向动物饲养人或者管理人行使请求权的,动物饲养人或者管理人承担的赔偿责任为中间责任,并非最终责任。在其承担了赔偿责任之后,有权向第三人追偿,第三人承担的赔偿责任才是最终责任。有过错的第三人有义务承担动物饲养人或者管理人因承担赔偿责任而造成的一切损失。

第七节 物件损害责任

一、物件损害责任的概念和特征

物件损害责任,即是为自己管领下的物件造成他人损害,应当由物件的所有人或者管理人承担侵权责任的特殊侵权责任。

物件损害责任具有以下法律特征:第一,物件损害责任是一种特殊侵权责任;第二,物件损害责任是为物的损害负责的行为;第三,物件损害责任是过错推定责任。

二、物件损害责任的归责原则和构成要件

(一)物件损害责任适用过错推定原则

物件损害责任适用过错推定责任原则。

由于物件损害责任适用过错推定责任,因而对免责事由应当严格限制,只有不可抗力、受害人以及第三人原因造成损害才能免责。即便发生了意外事故,也应当承担责任。物件致人损害通常是物件本身存在某种缺陷,这就表明所有人没有及时发现或者消除,是有过错的,这种缺陷不是受害人能够发现或者举证的,这就应当适用过错推定责任。

(二)物件损害责任的责任构成要件

1. 须有物件致害行为

这种行为,法律规定倒塌、脱落、坠落、抛掷、索道崩断、表面剥落等均为致害方式。只要具有以上致害行为之一,即构成此要件。

2. 须有受害人的损害事实

物件损害事实,既包括人身伤害,也包括财产损害。物件倒塌、脱落、坠落等,造成受害人人

身伤害或者财产损害,即构成此要件。人身伤害,包括致人轻伤、重伤致残和死亡。其侵害的是生命健康权,造成财产的损失。赔偿范围按照人身伤害的赔偿范围确定。财产损害,应当包括直接损失和间接损失。

3. 损害事实须与物件致害行为之间有因果关系

物件与损害事实之间的因果关系,是这两者之间的引起与被引起的关系,物件倒塌、脱落、坠落等,直接造成受害人的人身伤害或财产损害,为有因果关系;倒塌、脱落、坠落等的物理力并未直接作用于他人的人身、财产,而是引发其他现象,致他人的人身、财产受损害,亦为因果关系①。

4. 须物件所有人或管理人有过错

物件损害责任构成要件的主观过错,是指设置或管理、管束不当或缺陷,设计、施工缺陷,也可能是使用方法不当,均为过失方式。因此,这种过失就是不注意的心理状态,是违反注意义务的过失。故意以物件致人损害,是犯罪行为,在侵权责任法是直接行为,属于一般侵权责任,应当适用《侵权责任法》第 6 条第 1 款规定,不构成这种特殊侵权责任。

这种过失的心理状态是疏忽或者懈怠。确定形式采推定方式。凡物件致人损害,首先推定工作物所有人或管理人有过失,认定其未尽注意义务,无须受害人证明。

三、物件损害责任的赔偿法律关系

(一)赔偿法律关系主体

物件损害责任的赔偿权利主体是受害人,可以直接向该赔偿法律关系的责任主体索赔。

按照《侵权责任法》的规定,物件损害责任的赔偿责任主体是物件的所有人和管理人。根据实际情况,其赔偿责任主体有以下几种。

1. 所有人

物件的所有人,是物件致人损害的最直接的赔偿责任主体。当物件的所有人直接占有、管理该物时,该物件致人损害,该所有人应当承担赔偿责任。

2. 管理人

物件由非所有人管理、使用时,其赔偿责任主体不再是所有人,而是由管理人作为赔偿责任主体。根据委托关系为所有人管理物件的人,也是管理人。

3. 其他占有人

其他占有人作为赔偿责任主体,分为两种情况。第一,依承包、租赁等法律行为经营、使用他人物件的,原则上由承包、租赁者承担责任,但如果承包、租赁者能证明其管理没有过错或者为防止损害发生已尽必要注意时,则应由所有人承担赔偿责任。第二,原则上其他占有人不对物件损害他人承担赔偿责任。

(二)免责事由

1. 物件的所有人或管理人无过错

所有人或管理人能够证明自己无过错的,免除其赔偿责任。物件所有人或管理人证明自己无过错,是否定自己过错要件的证明,既然不存在过失的要件,因而不构成物件损害责任。

2. 不可抗力

如果物件造成损害是因不可抗力造成的,依照《侵权责任法》第 29 条规定,应当免除所有人、管理人的赔偿责任。

3. 第三人过错

完全由于第三人的过错造成物件损害他人,应当适用《侵权责任法》第 28 条规定,损害是由

---

① 王利明、杨立新等:《民法·侵权行为法》,中国人民大学出版社 1993 年版,第 468 页。

第三人造成的,第三人应当承担侵权责任,物件所有人、管理人免责,赔偿责任应由第三人承担。

4. 受害人故意或者过失

完全由于受害人自己的故意造成物件损害的,依照《侵权责任法》第27条规定,免除物件所有人、管理人的赔偿责任;完全由于受害人自己的过失造成物件损害的,尽管《侵权责任法》第27条没有规定,但基于损害的过错和原因力均为受害人一方,物件所有人或管理人没有过失,也没有原因力,因此,当然不承担责任。

四、各种具体的物件损害责任

（一）建筑物、构筑物或者其他设施及其搁置物、悬挂物损害责任

建筑物、构筑物或者其他设施及其搁置物、悬挂物损害责任,是指建筑物、构筑物或者其他设施及其搁置物、悬挂物因设置或保管不善而脱落、坠落等,给他人人身或财产造成损害,物件所有人、管理人或者使用人应当承担损害赔偿责任的特殊侵权责任。

建筑物、构筑物或者其他设施及其搁置物、悬挂物损害责任的特点是:(1)建筑物、构筑物或者其他设施及其搁置物、悬挂物是造成损害的物件;(2)建筑物、构筑物或者其他设施及其搁置物、悬挂物的类型,包括人工搁置物、悬挂物和自然搁置物、悬挂物;(3)建筑物、构筑物或者其他设施及其搁置物、悬挂物损害责任的主体,包括一般民事主体,也包括国家机关、企事业单位。在建筑物、构筑物或者其他设施倒塌损害责任中,其责任主体自然是建筑物、构筑物或者其他设施的所有人、管理人或者使用人。在搁置物、悬挂物造成他人损害的,并不是作为搁置物、悬挂物致人损害的场所的所有人、管理人或者使用人,而应当是搁置物、悬挂物的所有人、管理人承担侵权责任。

搁置物或者悬挂物损害责任,首先由建筑物、构筑物或者其他设施的所有人、管理人或者使用人承担赔偿责任,在建筑物、构筑物或者其他设施的所有人、管理人或者使用人承担赔偿责任之后,有权向建筑物、构筑物或者其他设施及其搁置物、悬挂物的所有人、管理人或者使用人追偿。

（二）建筑物、构筑物或者其他设施倒塌损害责任

《侵权责任法》第86条规定的是建筑物、构筑物或者其他设施倒塌损害责任。建筑物、构筑物或者其他设施倒塌损害责任适用过错推定原则,不适用过错责任原则和无过错责任原则。

建筑物、构筑物或者其他设施倒塌损害责任分为两种类型:一为设置缺陷,二为管理缺陷。设置和管理缺陷,是指建筑物、构筑物或者其他设施设置和管理上的不完全、不完备的状态,因而致该建筑物、构筑物或者其他设施缺少通常应具备的安全性。

设置缺陷,也叫做建造缺陷,是指建筑物、构筑物或者其他设施在设置时,即已存在设计不良、位置不当、基础不牢、施工质量低劣等不完备的问题,致使建筑物、构筑物或者其他设施的设置存在缺陷。

管理缺陷,是指建筑物、构筑物或者其他设施在设置后,存在维护不周、保护不当、疏于修缮检修等不完善的问题,使建筑物、构筑物或者其他设施不具备通常应当具备的安全性。

建筑物、构筑物或者其他设施的设置缺陷损害责任,其责任主体是建设单位或者施工单位。法律规定,对此应当有建设单位和施工单位承担连带责任。如果造成建筑物、构筑物或者其他设施的设置缺陷并非建设单位、施工单位过错所致,则应当首先由建设单位、施工单位承担连带责任。建设单位、施工单位赔偿后,有权向其他责任人追偿。其他责任人包括勘测、设计、监理单位等。

建筑物、构筑物或者其他设施管理缺陷损害责任,《侵权责任法》第86条第2款规定了责任形态。建筑物、构筑物或者其他设施倒塌责任的责任主体是其所有人、管理人或者使用人,所有人、

管理人或者使用人对由于自己的过错造成的管理缺陷,并因此造成他人损害后果,承担赔偿责任。

(三)抛掷物坠落物损害责任

《侵权责任法》第87条规定的是抛掷物坠落物损害责任。规定这个规则的依据:(1)确定抛掷物致害责任是基于公平考虑,而不是基于过错责任原则确定。(2)承担的责任是适当的补偿责任,而不是侵权责任。(3)这样规范的作用,是为了更好地预防损害,制止人们高空抛物。(4)这种侵权行为的性质是物件损害责任,而不是人的责任。

案例 16-8

重庆郝某被楼上坠落的烟灰缸砸中头部,伤害严重,公安机关经过侦查现场,难以确定该烟灰缸的所有人。后来,郝某将位于出事居民楼二层以上的居民告上法庭,要求他们共同赔偿。法院经审理认为,除事发当晚无人居住外,其余房屋的居住人均不能排除扔烟灰缸的可能性,根据过错原则,由当时有人居住的有扔烟灰缸嫌疑的22户住户分担该责任赔偿。

在司法实践中应用本条规定应当遵守以下规则:(1)由可能加害的建筑物使用人作为赔偿责任主体,建筑物的抛掷物、坠落物致人损害,难以确定具体加害人的,应当由可能加害的建筑物使用人承担责任。(2)承担的责任是补偿责任,而不是赔偿责任。(3)应当依照《侵权责任法》第12条关于按份责任的规定,平均承担补偿责任中自己的份额,不连带负责。(4)能够证明自己不是加害人的免除责任。

(四)堆放物损害责任的概念和特征

堆放物致害责任,是指由于堆放物滚落、滑落或者倒塌,致使他人人身或者财产权益受到损害,由所有人或者管理人承担赔偿责任的物件损害责任。

堆放物损害责任的赔偿权利主体是被侵权人,可以直接向该赔偿法律关系的责任主体索赔。根据该条规定,堆放物损害责任的赔偿责任主体是堆放人,即堆放物是由谁堆放的,谁就是损害赔偿责任主体。

(五)障碍通行物损害责任

《侵权责任法》第89条规定的是障碍通行物损害责任。障碍通行物损害责任,是指在公共道路上堆放、倾倒、遗撒妨碍通行的障碍物,造成他人损害的,实施该行为的有关单位或者个人应当承担损害赔偿等责任的物件损害责任。

法律规定对障碍物损害责任规定的规则比较特殊,不是规定物件的所有人或者管理人,也不是规定物件的占有人,而是规定为"有关单位或者个人"。对于堆放物,比较容易确定行为人,而对于倾倒物、遗撒物的行为人则较难确定,因而可能存在对遗撒的障碍物存在管理职责的人是应当承担侵权责任的人。"有关单位或者个人"为侵权责任主体,说的就是这个意思。

当有关单位或者个人是应当间接负责的单位或者个人的时候,在承担了赔偿责任之后,对倾倒、遗撒障碍物的行为人享有追偿权,在其发现了遗撒障碍物的行为人之后,有权请求其赔偿损失。

(六)林木损害责任

林木损害责任,是指林木折断,造成他人人身损害、财产损害的,由林木所有人或者管理人承担损害赔偿等责任的物件损害责任。《侵权责任法》第90条规定:"因林木折断造成他人损害,林木的所有人或者管理人不能证明自己没有过错的,应当承担侵权责任。"

林木损害责任的赔偿权利主体是被侵权人,可以直接向赔偿责任主体请求赔偿。林木损害责任的赔偿责任主体,按照本条规定,是林木的所有人或者管理人。林木的所有人,是林木致人损害的最直接的赔偿责任主体。当林木的所有人直接占有、管理该林木时,该林木致人损害,所有人应当承担赔偿责任。林木由非所有人管理、使用时,其赔偿责任主体不再是林木所有人,而是由林木管理人作为赔偿责任主体。

(七)地下工作物损害责任

《侵权责任法》第91条规定的是地下工作物损害责任规则。

地下工作物损害责任,是指在公共场所或者道路等地表以下挖坑、修缮、安装地下设施等形成的地下工作物,以及窨井等地下工作物,由于其施工人或者管理人没有设置明显标志和安全措施或者没有尽到管理职责,造成他人人身或者财产损害,施工人或者管理人应当承担赔偿损失责任的物件损害责任。

《侵权责任法》第91条第2款规定与第1款的区别在于:第1款规定的地下工作物是正在施工中的地下工作物,而第2款规定的窨井等地下工作物是非施工中的地下工作物。同样都是窨井,前者是指窨井在修缮、安装过程中造成他人损害,后者是窨井在使用中而不是修缮、安装过程中造成他人损害。因此,前者是施工中"没有设置明显标志和采取安全措施",后者是"管理人不能证明尽到管理职责",对前后两种工作物损害责任的要求是不一样的。

地下工作物损害责任适用过错推定原则,因此,其构成要件仍然是违法行为、损害事实、因果关系和主观过错。在地下工作物损害责任中,其责任构成有以下特点:

地下工作物损害责任的赔偿责任主体为地下工作物的施工人或者管理人,已经明确。值得研究的是,如果地下工作物的所有人对未设置明显标志未采取安全措施,以及未尽管理职责,致使施工人或者管理人在施工中或者管理中造成损害后果,应当如何承担损害赔偿责任。对此,可以有两个办法:(1)首先依照本条规定,由施工人或者管理人承担赔偿责任。在其承担了赔偿责任之后,如果地下工作物所有人对于损害的发生有过错,则比照《侵权责任法》第68条以及第83条关于第三人造成损害的规定,有权向地下工作物的所有人追偿。(2)依照定作人指示过错责任规则处理。如果是施工人或者管理人在施工中或者管理中致使地下工作物造成他人损害,是由于地下工作物所有人的指示过失选任、指示过失所致,则完全符合定作人指示过错责任的规则要求,应当由地下工作物所有人承担损害赔偿责任。以上两个办法,都符合《侵权责任法》确定侵权责任的规则,都可以采纳。

本 章 小 结

本章介绍《侵权责任法》第五章至第十一章规定的产品责任、机动车交通事故责任、医疗损害责任、环境污染责任、高度危险责任、饲养动物损害责任和物件损害责任。产品责任是指产品生产者、销售者因生产、销售缺陷产品致使他人遭受人身伤害、财产损失或有致使他人遭受人身、财产损害之虞而应承担的赔偿损失、消除危险、停止侵害等责任的特殊侵权责任。机动车交通事故,是指机动车与非机动车驾驶人员、行人、乘车人以及其他在公路、城市道路和虽在单位管辖范围但允许社会机动车通行地方,以及广场、公共停车场等用于公众通行的场所上,进行交通活动的人员,因违反《道路交通安全法》和其他道路交通管理法规、规章的行为,过失或者意外造成的人身伤亡或者财产损失的事件。医疗技术损害责任,是指医疗机构及医务人员在医疗活动中,违反医疗技术上的高度注意义务,具有违背当时的医疗水平的技术过失,造成患者人身损害的医疗损害责任。这种医疗损害责任的构成,必须具备医疗技术过失的要件,即违背当时医疗水平的疏忽和懈怠,造成患者人身损害,因而应当承担的侵权责任。医疗伦理损害责任,是医疗损害责任的基本类型之一,是指医疗机构和医务人员违背医疗良知和医疗伦理的要求,违背医疗机构和医务人员的告知或者保密义务,具有医疗伦理过失,造成患者人身损害以及其他合法权益的医疗损害责任。医疗产品损害责任,是指医疗机构在医疗过程中使用有缺陷的药品、消毒药剂、医疗器械以及血液及血制品等医疗产品,因此造成患者人身损害,医疗机构或者医疗产品生产者、销售者应当承担的医疗损害赔偿责任。《侵权责任法》第 59 条规定的是医疗产品损害责任。环境污染责任,是指污染者违反法律规定的义务,以作为或者不作为的方式污染环境,造成损害,依法不问过错,应当承担损害赔偿等法律责任的特殊侵权责任。高度危险责任,是指高度危险行为人实施高度危险活动或者管领高度危险物,造成他人的人身损害或者财产损害,应当承担损害赔偿责任的特殊侵权责任。饲养动物损害责任是指动物饲养人或者管理人在饲养的动物造成他人损害时,根据致害动物的种类和性质适用无过错责任原则或者过错推定原则,应当承担赔偿责任的特殊侵权责任。

【关键术语】

产品缺陷　机动车交通事故　医疗损害　环境污染　危险活动和危险物　饲养动物　建筑物、构筑物或者其他设施

【思考题】

1. 产品责任的责任人应当依据何种规则承担侵权责任?
2. 机动车交通事故责任适用何种归责原则?
3. 医疗损害责任的基本类型有哪些?
4. 认定环境污染责任的因果关系要件的特殊性是什么?
5. 高度危险责任在何种情况下适用过失相抵规则?
6. 饲养动物损害责任如何确定减责和免责事由?
7. 建筑物、构筑物或者其他设施倒塌损害责任有哪些种类?承担责任的规则是什么?
8. 对于建筑物、抛掷物、坠落物造成损害,应当适用何种规则处理?

参考书目

王胜明主编:《中华人民共和国侵权责任法解读》,中国法制出版社2010年版。
王胜明主编:《中华人民共和国侵权责任法释义》,法律出版社2010年版。
奚晓明主编:《〈中华人民共和国侵权责任法〉条文理解与适用》,人民法院出版社2010年版。
杨立新:《中华人民共和国侵权责任法精解》,知识产权出版社2010年版。
杨立新:《中华人民共和国侵权责任法条文释义与司法适用》,人民法院出版社2010年版。
杨立新:《侵权责任法》,法律出版社2010年版。
全国人大常委会法制工作委员会民法室编:《侵权责任法及其相关规定对照手册》,法律出版社2010年版。
全国人大常委会法制工作委员会民法室编:《侵权责任法立法背景与观点全集》,法律出版社2010年版。
陈璐:《产品责任》,中国法制出版社2010年版。
王利明主编:《中华人民共和国侵权责任法释义》,中国法制出版社2010年版。
陈现杰:《中华人民共和国侵权责任法条文精义与案例解析》,中国法制出版社2010年版。
杨立新:《侵权损害赔偿》,吉林人民出版社1988年版。
王利明:《侵权行为法研究(上卷)》,中国人民大学出版社2004年版。
王利明主编:《民法·侵权行为法》,中国人民大学出版社1993年版。
王利明、杨立新:《侵权行为法》,法律出版社1996年版。
张新宝:《中国侵权行为法》,中国社会科学出版社1998年版。
张新宝:《侵权责任法原理》,中国人民大学出版社2005年版。
杨立新:《侵权法论》,人民法院出版社2004年第二版。
杨立新:《侵权行为法专论》,高等教育出版社2005年版。
王泽鉴:《侵权行为法·基本理论·一般侵权行为》,台湾1998年作者自版。
王卫国:《过错责任原则·第三次勃兴》,浙江人民出版社1987年版。
曾隆兴:《现代损害赔偿法论》,台湾泽华彩色印刷公司1988年版。
何孝元:《损害赔偿之研究》,台湾商务印书馆1982年版。
游先德:《民事侵权与损害赔偿》,中国经济出版社1990年版。
王利明主编:《民法典·侵权责任法研究》,人民法院出版社2003年版。
杨洪逵:《侵权损害赔偿案例评析》,中国法制出版社2003年版。
王成:《侵权损害赔偿的经济分析》,中国人民大学出版社2002年版。
陶广峰、刘艺工:《比较侵权行为法》,兰州大学出版社1996年版。
李仁玉:《比较侵权法》,北京大学出版社1996年版。
潘同龙、程开源:《侵权行为法》,天津人民出版社1995年版。
刘士国:《现代侵权损害赔偿研究》,法律出版社1998年版。
姚志明:《侵权行为法研究(一)》,台湾元照出版公司2003年版。
陈聪富:《侵权归责原则与损害赔偿》,台湾元照出版公司2004年版。
姚志明:《侵权行为法》,台湾元照出版公司2005年版。
麻昌华:《侵权行为法地位研究》,中国政法大学出版社2004年版。
何美欢:《民事侵权法概论》,香港中文大学出版社1992年版。
刘兴善译:《美国法律整编·侵权行为法》,台湾司法周刊杂志社1986年版。

潘维大:《英美侵权行为法案例解析》,台湾瑞兴图书股份有限公司 2002 年版。
张民安:《现代法国侵权责任制度研究》,法律出版社 2003 年版。
于敏:《日本侵权行为法》,法律出版社 1998 年版。
徐爱国:《英美侵权行为法》,法律出版社 1999 年版。
李响:《美国侵权法原理及案例研究》,中国政法大学出版社 2004 年版。
[美]文森特·R·约翰逊:《美国侵权法》,赵秀文译,中国人民大学出版社 2004 年版。
[德]克雷斯蒂安·冯·巴尔:《欧洲比较侵权行为法》,张新宝、焦美华译,法律出版社 2001 年版。

图书在版编目(CIP)数据

侵权责任法/杨立新主编. —2 版. —上海:复旦大学出版社,2016.10
(复旦博学·法学系列)
ISBN 978-7-309-12544-3

Ⅰ.侵… Ⅱ.杨… Ⅲ.侵权行为-民法-研究-中国 Ⅳ.D923.04

中国版本图书馆 CIP 数据核字(2016)第 211966 号

侵权责任法(第二版)
杨立新 主编
责任编辑/张 炼

复旦大学出版社有限公司出版发行
上海市国权路 579 号 邮编:200433
网址:fupnet@fudanpress.com http://www.fudanpress.com
门市零售:86-21-65642857 团体订购:86-21-65118853
外埠邮购:86-21-65109143
上海浦东北联印刷厂

开本 787×960 1/16 印张 21 字数 536 千
2016 年 10 月第 2 版第 1 次印刷

ISBN 978-7-309-12544-3/D·839
定价:45.00 元

如有印装质量问题,请向复旦大学出版社有限公司发行部调换。
版权所有 侵权必究